Spanish American Literature

A Collection of Essays

Series Editors

David William Foster
Arizona State University

Daniel Altamiranda
Universidad de Buenos Aires

A GARLAND SERIES

Contents of the Series

Writers of the
Spanish Colonial Period

Edited with introductions by

David William Foster
Arizona State University

Daniel Altamiranda
Universidad de Buenos Aires

GARLAND PUBLISHING, INC.
A MEMBER OF THE TAYLOR & FRANCIS GROUP
New York & London
1997

Library of Congress Cataloging-in-Publication Data

Writers of the Spanish colonial period / edited with introductions by
David William Foster and Daniel Altamiranda.
     p.   cm. — (Spanish American literature : a collection of
essays ; 2)
     Includes bibliographical references.
     ISBN 0-8153-2677-7 (set : alk. paper). — ISBN 0-8153-2678-5
(v. 2 : alk. paper)
     1. Spanish American literature—To 1800—History and criticism.
I. Foster, David William. II. Altamiranda, Daniel. III. Series:
Spanish American literature ; 2.
PQ7081.A1W75 1997
860.9'868—dc21   97-40789
                                                                CIP

Printed on acid-free, 250-year-life paper
Manufactured in the United States of America

Contents

Juan del Valle y Caviedes (1652?–1697?)

Alonso Carrió de la Vandera (1715–1778?)

José Joaquín Fernández de Lizardi (1776–1827)

Series Introduction

Many and varied are the factors that underlie the growing interest in recent decades in the literary production of Latin American writers, such as, for instance, the international recognition of several Latin American writers such as the Argentine Jorge Luis Borges, the Colombian Gabriel García Márquez, the Mexican Carlos Fuentes, and the Chilean Pablo Neruda, to name only a few of the most renowned figures. Out of these writers, two are Nobel Prize Literature winners: García Márquez and Neruda. Another factor that has fueled this interest is their commercial success and the accompanying cultural diffusion of the so-called Boom of Latin American fiction. And last but not least, is the new and vigorous feminist body of writing, quite unique in Hispanic letters for the richness and variety of its innovations.[1]

Despite the fact that the task of translating some authors into English, such as the Cuban Alejo Carpentier, had begun a little before the crucial decade of the 1960s, it is only beginning in this latter period that there arises an explosion of publishing activity oriented toward making Latin American texts known among English-speaking readers. Furthermore, the creation of Latin American studies programs in numerous North American universities resulted in the institution of a specific field of research that comes to be considered a natural adjunct of Spanish literature. It is evident that all of the interest is not an exclusive result of the internal development of literary history, as though such a thing could occur in the abstract, but rather it presupposes a concrete response to the sociopolitical circumstances of the period: the triumph of the Castro Revolution in 1959, which turned Cuba into a center of enormous political and cultural consequences and whose influence began to be felt early on in the farthest reaches of Latin America.

The factors mentioned above provided the context for the development of extensive research programs whose goals included the elaboration and periodic examination of the literary canon, the analysis of specific texts, authors, periods, and problems. All of this activity has resulted in innumerable dissertations, theses, and books published by academic and trade presses, as well as articles that appeared in journals traditionally devoted to literary history and philology, along with the flourishing of new specialized journals and the organization of national and international congresses on specific themes.

In the face of such an enormous proliferation of commentary and study, it is necessary to offer students undertaking the study of Latin American literature a body of basic texts to assist them in providing an initial orientation in the diverse research areas that have emerged. Consequently, we have chosen to include essays and articles that have appeared in periodical publications, some of which are difficult to obtain by the Anglo-American student. These articles are not limited to philological minutiae or the discussion of highly specific aspects. Rather, they address major texts and problems from an interpretive and critical point of view. Although principally directed toward neophyte students, the present selection will undoubtedly be useful to advanced students and researchers who find themselves in need of a quick source of reference or who wish to consult newer issues and approaches to Spanish American literary studies.

Notes

[1] Although the term "Latin America" will be used throughout as a synonym of "Spanish American," it should be noted that, in its most precise usage, the former includes the other non-Spanish but Romance language-speaking areas to the south of the United States and in the Caribbean. This collection has not sought to include a representation of Portuguese and French-speaking authors on the assumption that it will be used principally in nonresearch institutions where Brazilian and Francophone Caribbean literature is not customarily taught.

Volume Introduction

The notion of "colonial period," used to characterize the period that extends from the discovery and colonization of Latin America to the beginnings of the nineteenth century when the various independence movements began, has a long history that goes well beyond the emergence of current (post)colonial theories. The use of this notion, which is clearly based on historical criteria that took into account the conquest and political-administrative domination of the recent occupied territories, as well as the implantation of a general system for economic exploitation and extraction, has ended up imposing a Eurocentrist logic on the development of Latin American culture. And in spite of the prevailing relation of dependency on Peninsular cultural movements during the period that is undeniable, there is no doubt that this logic has contributed to producing the image of a one-way flow of culture that has privileged those texts that fit the mold of European styles and tastes or that contributed to the diffusion of and familiarity with the new territories and the experiences that the New World held in store, principally in the context of Spanish interests and priorities. The result has been, in the establishment of the textual canon for the colonial period, the inclusion of what was written in Latin America, but also a large number of materials produced in Europe, both by Spaniards and by writers born on this side of the Atlantic who reflected a Latin American experience dominated by the official metropolitan history.

Initially, little literature proper was produced in Latin America, so researchers went in for studing texts corresponding to hybrid, marginal genres. Slowly, it begun to establish a stream of literary works, which included poetry, documentary narratives, and prenovelistic pieces, in two different modalities: purely literary and evangelical. To this, it is necessary to add a varied list of works from the indigenous oral culture that were written down in their original languages and, sometimes, translated into Spanish, and stored for future use.

As the works included in the section on Colonial and Postcolonial Issues in volume one demonstrate, the current research agenda on the colonial period has concentrated its attention on the revision of the premises of traditional historiography and the reevaluation of the texts that make up the literary canon. The present volume brings together a series of critical studies that propose innovative readings and overall reformulations of the texts and authors that stand as representative of the period for the contemporary reader. These studies are grouped into three sections. The first refers to reports, chronicles, and Renaissance epics, a vast block of texts that fall in most cases halfway between history and narrative fiction. These texts view the experiences of the discovery, the conquest, and the colonization of the new territories in the light of European writing conventions. The second grouping concentrates on regionally marked texts from the Baroque period, especially those of the central figure of the Mexican nun poet and intellectual, Sor Juana Inés de la Cruz. Finally, there are some essays on representative texts of the latter part of the colonial period.

The first section opens with a study on Fray Bartomolé de las Casas, whose works were central as much to the controversial question concerning the human condition of the native populations of the Americas as to the formation of the Black Legend concerning the actions of the Spanish conquerors. Through a reading of a fictional episode in de las Casas's *Historia de las Indias* (*History of the Indies*; written 1527, published 1875–1876), utilizing concepts drawn from various tendencies of current theory—Jacques Derrida's deconstructionism, Jacques Lacan's psychoanalysis, historiographic theories—Antonio Benítez Rojo describes the unique situation of the author in the face of the question of the introduction of African slaves into the Caribbean to replace local indigenous laborers on the sugar plantations.

In the enormous corpus of chronicles and reports that have come down to us, one of the texts that has most attracted attention in recent years has been *Naufragios* (Shipwrecks; 1542) by the ill-fated conqueror Alvar Núñez Cabeza de Vaca. The interest derives from the way in which the text provides, instead of a vision of the victors that we are used to finding in the rest of the chronicles, the story of a conqueror tossed at the mercy of and incorporated into the indigenous world. Among the studies dedicated to this work, Lee Dowling offers a useful introduction that serves to bring up to date the principal results of specialized scholarship. Sylvia Molloy, for her part, focuses on the question of the construction of the self and the process of textualization of experience in the context of a writing that attempts to reformulate historical facts in order to ensure royal recognition. Finally, the study by Antonio Carreño, although concentrated on the commentary of the textual surface, establishes numerous relations with the two major narrative genres of the sixteenth century, the chronicle and the picaresque novel.

Another basic text of the period, one that shares with Alvar Núñez's the same intent to portray itself as an example of alternative writing, is the *Historia verdadera de la conquista de Nueva España* (*The Discovery and Conquest of Mexico, 1517–1521*; written in 1564 and published in 1632) by the soldier Bernal Díaz del Castillo. His dual role as both a participant and a witness to the events allows him to offer his own story of the conquest in the face of official versions, most specifically that of the *Historia de las Indias y la conquista de México* (History of the Indies and the Conquest of Mexico) by the historian Francisco López de Gómara. Anthony J. Cascardi undertakes the analysis of the relation between narrative structure and memory in the preparation of Bernal Díaz's text, in addition to the features of his style that combines elements of orality with devices of undeniable literary extraction. Robert Brody applies the ideas of the historiographer Hayden White in a reading of the text of the *Historia verdadera* to underscore its hybrid nature as a mixture of history and literature. David A. Boruchoff, via the comparison of Bernal Díaz's discourse with that of other chroniclers, identifies a permanent effort to free the narration of the prevailing socioreligious rhetoric. In addition to the aforementioned features, the *Historia verdadera* has been held in particular esteem because, by contrast to the rest of the chronicles of the period, it uncovers the role of women during the conquest of Mexico and comes thereby to be a point of departure for the (re)presentation of women in Latin American literature. Julie Greer Johnson has analyzed this aspect, and she finds that, beginning with the historical figure of Doña Marina (Malinche), Bernal Díaz constructs something like an epic heroine.

Among native-born Latin Americans who chose to pursue letters in order to provide an alternative vision of history, the Inca Garcilaso de la Vega is a prominent figure. Margarita Zamora concentrates on the rhetoric of authorship, which is evident as much in *La Florida del Inca* (The Florida of the Inca; 1605) as in *Comentarios reales de los Incas* (*Royal Commentaries of the Incas*; 1609), which is based on the skillful inversion of the negative connotations that were attached to Creole (i.e., native-born) and mestizo. The author legitimates his historiographic role on the basis of his direct knowledge of the pre-Columbian language and culture, and he offers his retelling of events and traditions with the goal of correcting the distorted image traditional histories have produced. In this sense, the essay by Raquel Chang-Rodríguez contributes to the placing of the work of the Inca in the cultural context of the shock suffered by the aborigines with the arrival of the Spaniards and the destruction of the former's social order. Finally, Julio Ortega highlights the political dimension of the Inca's literary production, to the extent that it cannot be—as has been sustained by classical interpretations of the author—a masterpiece of mestizo culture, but rather one of a truly "Indian" writing. As such, it does not aspire to the elaboration of cultural synthesis, but rather to emphasizing the contrast between the European and the Incan worlds.

Alonso de Ercilla y Zúñiga's vast poem *La Araucana* (The Araucaniad; written in 1569, 1578, and 1589, with the complete version published in 1597) is, without a doubt, the composition that has been most studied in the framework of the Renaissance epic. Isaías Lerner underscores its testimonial value and its autobiographical character. As a consequence, the poem has been employed as a documentary source for knowledge concerning the history of the conquest of Chile and its original population, and the poem is also important for its relation to the European rhetorical tradition to the extent that it serves as a site for multiple literary traditions. On the other hand, Rosa Perelmuter-Pérez points out that, beyond its testimonial nature, when the author engages in the description of nature, he follows the rhetorical conventions of the Renaissance, especially those of pastoral literature, all of which enables one to discern the humanistic formation of the author.

The influence of Spanish baroque authors on Latin American literature has been enormous, resulting in a long inventory of followers and epigones in intellectual and university circles during the colonial period. But three figures stand out in particular, that of the two Mexicans Carlos Sigüenza y Góngora and Sor Juana Inés de la Cruz and that of the Peruvian Juan del Valle y Caviedes. In the case of the first of them, the author of the *Infortunios de Alonso Ramírez* (The Misfortunes of Alonso Ramírez; 1690), we have included a study by Juan José Arrom, who concerns himself with the analysis of the intense debate surrounding the nature of this text. By contrast to the two primary positions—that of those who consider the text to be a travelogue with a basis in history and those who insist that it is a work of fiction in the tradition of the picaresque or the autobiographical narrative—Arrom leaves the question open as regarding the degree of historicity of the events Alonso Ramírez narrates, and he places Sigüenza's text alongside the *Peregrinación de Bartolomé Lorenzo* (written 1586), by the Jesuit José de Acosta.

Because of her importance in the history of Latin American literature, Sor Juan Inés de la Cruz is represented by a large number of entries. The selection opens with an essay published in 1926 by Dorothy Schons that is considered a classic for the way in which it reformulates the widely debated question of Sor Juana's religious vocation. Schons examines available documents and reconstructs the historical conditions of life in New Spain in the seventeenth century. Nina M. Scott returns to this topic through a comparative reading of three of Sor Juana's basic documents, the "Carta atenagórica," the "Respuesta a Sor Filotea de la Cruz," and the "Sueño." She bases herself on the way in which Sor Juan made use of scripture and patristic texts to develop and argument based on authority. This effort to enter into the traditionally masculine discourse of rationality is at the center of the study by Yolanda Martínez-San Miguel, for whom the strategies employed by Sor Juana in order to legitimate her discourse are the result of her triply subaltern situation: the fact of her being a woman, born in the New World, and devoted to literature in a society dominated by men who were Spanish and principally involved in the accumulation of wealth.

Aside from these articles general in scope, there are three that deal with specific issues. Rosa Perelmuter Pérez analyses the "Respuesta," a text that is increasingly read as a feminist document avant-la-lettre. She focuses on the "Respuesta" as a discourse that continues the tradition of forensic oratory as it was conceived of by classical rhetoric, containing features of autobiography and self-defense. Georgina Sabat Mercadé reconstructs in detail the history of the general theme of the dream in Spanish poetry prior to the baroque, and she studies the way in which Sor Juana employs the diverse aspects inherited from this tradition in the construction of her elaborate poem, the "Sueño," which together with Luis de Góngora's "Soledades" and his "Fábula de Polifemo y Galatea" have come to be considered monuments of Baroque difficulty. Finally, Frederick Luciani provides a new placement for Sor Juana's sonnets, which traditional criticism has had difficulty in dealing with, in the context of the burlesque vein of the courtly love tradition.

The trio of the fundamental writers of the Latin American Baroque closes with the Peruvian poet and dramatist Juan del Valle y Caviedes. Luciani studies Caviedes's extensive use of conceits in *Amor médico*, a text that belongs to a dramatic form known as the *baile* (dance) and that, because of its theme and treatment, derives from the tradition of secular satire directed against doctors of medicine.

Two long narratives stand out as best representative of the end of the colonial period: on the one hand, *El lazarillo de ciegos caminantes* (1776), a curious prose work penned by the Spaniard Alonso Carrió de la Vandera under the pseudonym of Concolorcorvo; on the other hand, the picaresque novel *El Periquillo Sarniento* (1816, 1930–1931) by the Mexican José Joaquín Fernández de Lizardi. The former has attracted critical attention for some perplexing aspects surrounding its writing: the figure of the author, the circumstances of publication and the anti-Indian ideology of the dominant white population as it is registered in multiple commentaries and digressions within the text. Rafael Ocasio stresses the value of the *Lazarillo* as historically and anthropologically unique for its day and as a channel of access for knowledge regarding the structure of colonial society. Edmond Cros analyzes a contradiction that seems to work at the basis of Periquillo's discursive practices. The contradiction implies two irreconcilable elements: the subsistence of a keen subordination to Spanish standards and the forming of a New World linguistic identity. Thus, Cros underscores the values of liberalism in the novel, a set of values that might be reduced to the idea of a contract which always suggests the autonomy of will—in this particular case, that of the colonies opposed to Spain.

Bartolomé de Las Casas: entre el infierno y la ficción

Antonio Benítez-Rojo

I

En 1875, tres siglos y medio después de haber sido iniciada, se publicaban en Madrid los primeros volúmenes de la *Historia de las Indias*, de Bartolomé de Las Casas.[1] La aparición de esta notable obra, que a juicio de Ticknor constituía "un verdadero tesoro de noticias",[2] se había debido a los infatigables esfuerzos del historiador cubano José Antonio Saco. Es fácil ver por qué Saco había resuelto erigirse en el campeón del voluminoso manuscrito de Las Casas. En primer lugar está el hecho de que la *Historia de las Indias* era en realidad una historia del Caribe,[3] mejor aún, la primera historia del Caribe, y Saco fue sin duda el primer científico social caribeño que investigara profesionalmente la problemática del área.[4] En segundo término, desde 1841 Saco trabajaba en su proyectada *Historia de la esclavitud*,[5] y el texto de Las Casas, al dar

---

[1] *Historia de las Indias escrita por Fray Bartolomé de Las Casas Obispo de Chiapa*, 5 tomos (Madrid 1875-76). La edición de la obra estuvo a cargo del Marqués de la Fuensanta y de Jose Sancho Rayón, y fue publicada con un comentario de George Ticknor. Las Casas inició la escritura del manuscrito en 1527; los hechos relacionados llegan hasta el año 1520.

[2] *Ibid.*, I, p. x.

[3] Esto no ha sido enfatizado lo suficiente. Téngase presente que en 1520 las Indias eran en lo fundamental lo que hoy llamamos la Cuenca del Caribe. Recuérdese que Tenochtitlán cayó definitivamente en manos de Cortés en agosto de 1521.

[4] Ver mi trabajo "Power/Sugar/Literature: Towards a Reinterpretation of Cubanness", en el anuario de *Cuban Studies*, 1986.

[5] En realidad Saco preparaba entonces una *Historia de la Trata*. Más tarde el proyecto incluiría dos obras distintas: *Historia de la esclavitud desde los tempos más remotos hasta nuestros días*, 3 tomos (Paris, 1875-77), y luego *Historia de la esclavitud de la raza africana en el Nuevo Mundo y en especial en los países américo-hispanos* (Barcelona, 1879), de la cual alcanzara a publicar un tomo.

noticia de cómo, cuándo y por qué había emergido la esclavitud africana en las Antillas, constituía un "origen" al cual podía referir su propia *Historia* en busca de legitimación. Tanto más cuanto que precisamente Las Casas había sido uno de los que aconsejaran a la Corona la introducción de esclavos negros con destino a las primeras plantaciones del Nuevo Mundo y, a la vez, uno de los que primero lamentaran las consecuencias del tráfico esclavista. Saco, pues, vería en Las Casas algo así como un "fundador" de sus propias contradicciones en tanto caribeño y en tanto historiador.

Los sentimientos "filiales" de Saco con respecto a Las Casas se expresan con claridad en el hecho de que en 1879, cuando apareciera su *Historia de la esclavitud de la raza africana,* ésta incluyera en el Apéndice su artículo "La *Historia de las Indias* por Fray Bartolomé de las Casas y la Real Academia de la Historia de Madrid", publicado catorce años atrás, donde abogaba con singular ardor por la impresión del manuscrito de Las Casas y reprochaba a la Academia el haber relegado la obra por razones políticas.[6] De esta manera Saco no sólo subrayaba su rol como defensor y reivindicador de Las Casas, sino también exhibía la "prueba" de que su *Historia de la esclavitud* se insertaba en el discurso lascasiano en lo que éste tenía de *ruptura* con relación a las prácticas discursivas que justificaban la Conquista, la Encomienda y la Trata, y de *fundación* en lo que éste podía significar en tanto utopía económico-social del Nuevo Mundo; esto es, un espacio providencial para que europeos, aborígenes y africanos vivieran hacendosamente bajo cánones civiles y religiosos, y donde la violencia hacia el indio y el negro fuera condenada tanto por el poder terrenal de la Corona como por la justicia espiritual de la Iglesia.[7]

La circunstancia de que Las Casas hubiera sido alguna vez encomendero y esclavista, conferían a su *Historia* una carga de culpa y una capacidad de rectificación de las que carecían otros textos de los que solemos estudiar hoy bajo el rubro de Crónicas de América, u otros similares. También—y en esto sí admite comparación con otras Crónicas, por ejemplo, *El primer nueva corónica y buen gobierno,* de Huaman Pouma de Ayala—el texto de Las Casas puede tomarse como la base histórica de un argumento "reformista" dirigido a atenuar la dureza del regimen colonial español en

[6] Ver para más detalles el estudio preliminar de Lewis Hanke, "Bartolomé de Las Casas, historiador", *Historia de las Indias* (México: Fondo de Cultura Económica, 1965), edición de Agustín Millares Carlo, pp. xlii-xliii.

[7] *Ibid.,* p. xxxix.

América. De ahí que Saco, que alcanzara su conciencia de cubano a partir de la culpa, la responsabilidad y el temor a la total africanización esclavista de su isla y, a la vez, fuera el constructor más consecuente del pensamiento reformista de su país, se reconociera mejor en las ideas de Las Casas que en las de cualquier otro cronista o historiador de Indias. Así, a sus ojos, su *Historia* no podía encontrar antecedente más legítimo que en la *Historia* hasta entonces proscrita de Bartolomé de Las Casas.

¿Cuáles habían sido las razones que obstaculizaran la publicación de la *Historia de las Indias* durante tantos años? Hay que recordar que Las Casas fue "el enemigo público número uno" de los conquistadores, de los funcionarios reales, de los colonizadores e incluso de los historiadores y cronistas de Indias de su época. Su decisiva participación en la puesta en vigor de las llamadas Leyes Nuevas, que ofrecían protección al indio de los desafueros de la Encomienda, y, sobre todo, la publicación en 1552 de su *Brevísima relación de la destrucción de las Indias,* levantaron protestas de tal magnitud en España y en América, que no disminuyeron ni siquiera con su muerte. Estos recios y continuos ataques—como dice Lewis Hanke—pueden haber contribuido a la decisión de Las Casas de demorar, por lo menos cuarenta años después de su deceso, la publicación del manuscrito. Pero pasados éstos, la *Brevísima relación* se había convertido en el texto generador por excelencia de la "leyenda negra" contra la empresa colonial española, al punto que era reimpresa constantemente por las potencias rivales de España. Esta situación dio motivo a que en 1660 la Inquisición se pronunciara condenando el panfleto de Las Casas, y que, consecuentemente, fuera recogido a lo largo de todo el período colonial por "infamar los célebres conquistadores del mundo nuevo."[8] y por ser "un libro pernicioso para el justo prestigio nacional".[9] Las ideas de Las Casas cobraron particular importancia en las primeras décadas del siglo XIX, cuando la gran mayoría de las colonias españolas de América se rebelaban para conseguir la independencia. Nuevas ediciones de la *Brevísima relación* aparecieron impresas en Bogotá, Puebla, París, Londres, Filadelfia, y es fácil comprender que en ese clima revolucionario no se publicara la *Historia de las Indias,* cuyo texto, como se sabe, no difiere en intenciones al de la *Brevísima relación.*

[8] Juicio del fiscal del Consejo de Indias en 1748. Cita tomada de Hanke, p. xl.
[9] Real orden de confiscación. Cita tomada de Hanke, p. xli.

En todo caso, cuando la Real Academia de la Historia decidió apadrinar la publicación de alguno de los grandes manuscritos históricos de Indias que aún permanecían inéditos, sólo se mostró favorable a la obra de Oviedo, la cual apareció impresa lujosamente en 1851 con extensas notas y una introducción elogiosa.[10] Las razones de la Academia para no imprimir el manuscrito de Las Casas se fundaban en que la información más valiosa ofrecida por éste, ya había sido recogida en las *Décadas* de Herrera,[11] y que el resto, según declaraba Fernández de Navarrete, consistía en "prolijas e importunas digresiones que hacen pesada y fastidiosa la lectura, contradiciendo siempre el derecho de los españoles a la conquista y acriminando siempre su conducta".[12]

A esta altura, pienso que habría que aclarar que la intención de mi trabajo es, precisamente, analizar y discutir una de las tantas "digresiones" que hizo indeseable para la Academia la publicación de *Historia de las Indias*. Pero el acto de releer aquello que por siglos fue desestimado y sólo mereció una única y apresurada lectura, sin duda precisa de una reflexión. Cuando Fernández de Navarrete, portavoz de la Academia, decía que las "digresiones" de Las Casas iban contra "el derecho" de España a la Conquista, actuaba doblemente como censor. Ciertamente editaba el discurso de la Conquista de modo tal que sólo comunicara "el derecho" de los españoles y no el de los indoamericanos, pero también, al mismo tiempo, censuraba el texto en su mismo plano expresivo, ya que sus "digresiones" conspiraban contra una unidad retórica. Así, hay que concluir que la Real Academia de la Historia, al menos en aquellos años, no se mostraba proclive a tolerar diferencias de forma y contenido en los textos que editaba. Para Fernández de Navarrete, las "digresiones" que exhibía el texto de Las Casas eran sinónimo de costras o excrecencias que restaban "verdad" y "unidad" al discurso histórico de la Conquista, discurso que aún tenía mucho de teológico. Paralelamente, cuando Saco abogaba por la publicación de *Historia de las Indias*, lo hacía desde una posición francamente moderna. Saco, en tanto científico social moderno, deseaba la presencia discursiva de otras lecturas que transgre-

[10] Gonzalo Fernández de Oviedo y Valdés, *Historia general y natural de las Indias*, 4 tomos (Madrid, 1851). La obra fue publicada con una introducción del académico José Amador de los Ríos.
[11] Antonio de Herrera y Tordesillas, *Décadas o Historia general de los hechos de los castellanos en las islas y Tierra Firme del mar Océano*, 4 tomos (Madrid, 1601).
[12] Citado por Hanke, p. xlii.

dieran la supuesta "verdad" y la supuesta "unidad" de la lectura monológica de la Academia. Desterrado, víctima de interdicciones, polemista, atacado siempre de una parte y de otra, José Antonio Saco sabría por experiencia propia que había "verdades" (lecturas) relegadas que no eran menos ilegítimas que aquéllas ya establecidas, y que la Historia, si quería sobrevivir como disciplina, tenía que interesarse en ambas.

Podría decirse que las Crónicas, en tanto objetos de lectura, han seguido esta dirección descentralizadora. En efecto, la crítica hispanoamericanista más reciente—o al menos una parte de ella, y ciertamente no la menos prestigiosa—ha empezado a prestar atención particular a las numerosas "digresiones" que aparecen intercaladas en la variedad de textos sobre el descubrimiento, la conquista y la colonización de América que llamamos Crónicas. Tanto es así, que ya no parece pausible analizar individualmente cualquiera de estos textos sin dedicarle un espacio a las tales "digresiones", sobre todo cuando éstas intentan evadirse del discurso temático principal adoptando formas afines al cuento, a la pieza dramática, a la novela, es decir a la ficción.[13] Es fácil ver que el término "digresión" es de raíz logocéntrica y, por lo tanto, ya no aceptable para la crítica literaria más actual, que no ve razón alguna para subordinar el discurso literario al histórico, tanto más cuanto que éste se organiza en términos de *plot* al igual que el de la

---

[13] Los investigadores que más han trabajado este tipo de textos son José J. Arrom y Enrique Pupo-Walker. Una bibliografía tentativa de sus trabajos respectivos incluiría: José J. Arrom, "Becerrillo: comentarios a un pasaje narrativo del Padre las Casas", en *Homenaje a Luis Alberto Sánchez* (Lima: Universidad de San Marcos, 1968), pp. 41-44; "Hombre y mundo en el Inca Garcilaso", en *Certidumbre de América* (Madrid: Gredos, 1971), pp. 26-35; "Precursores coloniales del cuento hispanoamericano", en *El cuento hispanoamericano ante la crítica*, Enrique Pupo-Walker, ed. (Madrid: Castalia, 1973), pp. 24-36; "Prosa novelística del siglo XVII; 'un caso ejemplar' del Perú virreinal", en *Prosa hispanoamericana virreinal*, Raquel Chang-Rodriguez, ed. (Barcelona: Hispam., 1978), pp. 77-100; y Enrique Pupo-Walker, "Sobre la configuración narrativa de los *Comentarios reales*", *Revista Hispánica Moderna*, 39 (1976-77), pp. 123-135; "La reconstrucción imaginativa del pasado en *El carnero* de Juan Rodríguez Freyle", *Nueva Revista de Filología Hispánica*, 27 (1978), pp. 346-358; "Sobre las mutaciones creativas de la historia en un texto del Inca Garcilaso", en *Homenaje a Luis Leal*, Donald W. Belznick y J. O. Valencia, eds. (Madrid: Insula, 1978), pp. 145-161; "Sobre el discurso narrativo y sus referentes en los *Comentarios reales* del Inca Garcilaso", en *Prosa hispanoamericana virreinal*, Raquel Chang-Rodríguez, ed. (Barcelona: Hispam., 1978), pp. 21-42; "La ficción intercalada: su relevancia y funciones en el curso de la historia", en *Historia, creación y profecía en los textos del Inca Garcilaso de la Vega* (Madrid: Porrúa, 1982), pp. 149-193.

narrativa.[14] Enrique Pupo-Walker, el crítico que mejor y más extensamente ha estudiado estos breves textos, sustituye "digresión" por "ficción intercalada", "narración intercalada", "relato intercalado", "interpolaciones imaginativas o anecdóticas" y otros nombres.[15] Pienso que todos son válidos, y que el uso de uno u otro está en dependencia de la naturaleza del texto "intercalado" o "interpolado" que se analice. En todo caso, para terminar el necesario preámbulo de mi trabajo, transcribo a continuación la opinión de Pupo-Walker sobre la función de estos textos en las Crónicas:

> Se comprenderá, ante todo, que en la narración histórica la creación imaginativa o el registro anecdótico no es la materia prima del texto. En el enunciado informativo de la historia, el relato intercalado puede ser—y a menudo es—un acto de fabulación, pero en general constituye una forma complementaria del testimonio histórico . . . En la práctica, las funciones que cumple el relato intercalado en el discurso de la historia pueden ser muy diversas, y requieren, con frecuencia, mecanismos de enlace muy singularizados. Por ser así, la observación detenida de estos vínculos me parece indispensable si es que ha de llegarse a una apreciación integral del texto elegido. Pienso, a propósito, que el análisis histórico que percibe la materia interpolada, como mera espuma retórica o como residuos insignificantes de la actividad humana, nos conducirá, sin quererlo, a una lectura empobrecida. Lo afirmo en estos términos porque en la historia—y sobre todo en las crónicas de Indias —el material anecdótico o la fabulación misma permiten un conocimiento sutil que más de una vez emana de la capacidad creativa o de agudas intuiciones antropológicas . . . En estratos riquísimos de esos libros advertiremos, desde otro plano, que las inserciones imaginativas no son siempre espacios fortuitos de la narración, sino que aparecen— al verlas en conjunto—como un componente significativo e integral del discurso.[16]

---

[14] Ver de Hayden White sus libros *Metahistory* (Baltimore: Johns Hopkins University Press, 1973) y *Tropics of Discourse* (Baltimore: Johns Hopkins University Press, 1978), y, sobre todo, Paul Veyne, *Comment on ecrit l'histoire* (Paris: Éditions du Seuil, 1971).

[15] Ver "La ficción intercalada: su relevancia y funciones en el curso de la historia", en su *Historia, creación y profecía en los textos del Inca Garcilaso de la Vega* (Madrid: Porrúa, 1982), pp. 149-193. Este trabajo, a todos los efectos, debe considerarse el primer estudio a fondo de "la ficción intercalada" en las Crónicas, y va mucho más allá del análisis de los textos del Inca Garcilaso de la Vega.

[16] *Ibid.*, p. 154.

II

La narración intercalada que presentaré de inmediato, puede
leerse en el Capítulo CXXVIII del Libro III de *Historia de las
Indias*.[17] El escenario histórico del cual emerge se refiere a la sociedad de La Española hacia la segunda década del siglo XVI. Se
trata de un importante momento económico y social de la colonia.
En realidad, se trata de un momento crítico, pues según relata Las
Casas, sobrevino una plaga de viruelas que envió a la tumba a una
gran cantidad de indios, quedando muy pocos con vida. La escasez
resultante de mano de obra—cuenta Las Casas—hizo que los en-
comenderos, ya sin indios suficientes para continuar el negocio de
las minas, se dedicaran a "buscar granjerías y otras maneras de
adquirir, una de las cuales fué poner cañafístolos, los cuales se hicieron tales y tantos, que parecía no para otros árboles haber sido
criada esta tierra".[18] La cañafístola, como se sabe, se usaba extensamente por la farmacopea renacentista como catárico o purgante,
y sin duda representaba un renglón interesante de exportación.
En todo caso, prosigue Las Casas, "No poco estaban ya ufanos los
vecinos desta isla, españoles, porque de los indios no hay ya que
hablar, prometiéndose muchas riquezas, poniendo en la cañafístola toda su esperanza . . . pero cuando ya comenzaban a gozar del
fructo de sus trabajos y a cumplirse su esperanza, envía Dios sobre
toda esta isla y la isla de Sant Juan principalmente, una plaga . . .
Esta fué la infinidad de hormigas que por esta isla y aquélla hobo,
que por ninguna vía ni modo humano, de muchos que se tuvieron,
se pudieron atajar".[19]

Y es en este punto precisamente donde comienza la narración
fabulosa de Las Casas; es decir, el texto interpolado surge de un
vacío de indios y de metales preciosos que intenta llenarse con otro
vacío: el de la esperanza.

Por supuesto, no me es posible citar aquí el texto íntegro de la
narración de Las Casas. No obstante, transcribiré lo que considero
su esqueleto:

> hicieron ventaja las hormigas que en esta isla se criaron a las de la isla de
> Sant Juan, en el daño que hicieron en los árboles que destruyeron, y

---

[17] Las citas que tomaré de este texto se refieren a la edición ya citada del Fondo
de Cultura Económica.

[18] *Ibid.*, III, p. 271.

[19] *Ibid.*

aquéllas a éstas en ser rabiosas, que mordían y causaban mayor dolor que si avispas al hombre mordieran y lastimaran, y dellas no se podían defender de noche en las camas, ni se podía vivir si las camas no se pusieran sobre cuatro dornajos llenos de agua. Las de esta isla comenzaron a comer por la raíz los árboles, y como si fuego cayera del cielo y los abrasara, de la misma manera los paraban negros y se secaban; dieron tras los naranjos y granados, de que había muchas huertas y muy graciosas llenas en esta isla; . . . dan tras los cañafístolos, y, como más a dulzura llegados, más presto los destruyeron y los quemaron . . . Era, cierto, gran lástima ver tantas heredades, tan ricas, de tal plaga sin remedio aniquiladas; . . . solas las heredades que había de cañafístolos en la vega y las que se pudieran en ella plantar, pudieran sin duda bastar para proveer a Europa y Asia, aunque las comieran como se come el pan, por la gran fertilidad de aquella vega . . . Tomaron remedio algunos para extirpar esta plaga de hormigas, cavar alrededor de los árboles, cuan hondo podían, y matarlas ahogándolas en agua; otras veces quemándolas con fuego. Hallaban dentro, en la tierra, tres y cuatro y más palmos, la simiente y overas dellas, blancas como la nieve, y acaecía quemar cada día un celemín o dos, y cuando otro día amanecía, hallaban de hormigas vivas mayor cantidad. Pusieron los religiosos de Sant Francisco de la Vega una piedra de solimán, que debía tener tres o cuatro libras, sobre un pretil de una azotea; acudieron todas las hormigas de la casa, y en llegando a comer dél luego caían muertas; y como si enviaran mensajeros a las que estaban dentro de media legua y una alrededor, convocándolas al banquete del solimán, no quedó, creo, una que no viniese, y víanse los caminos llenos dellas que venían hacia el monasterio, y, finalmente, subían a la azotea y llegaban a comer del solimán y luego caían en el suelo muertas; de manera que el suelo de la azotea estaba tan negro como si lo hobieran rociado con polvo de carbón; y esto duró tanto cuanto el pedazo de solimán, que era como dos grandes puños y como una bola, duró; yo lo vide tan grande como dije cuando lo pusieron, y desde a pocos días lo torné a ver como un huevo de gallina o poco mayor. Desque vieron los religiosos que no aprovechaba nada el solimán, sino para traer basura a casa, acordaron de lo quitar . . . Viéndose, pues, los españoles vecinos desta isla en aflicción de ver crecer esta plaga, que tanto daño les hacía, sin poderla obviar por vía alguna humana, los de la ciudad de Sancto Domingo acordaron de pedir el remedio al más alto Tribunal: hicieron grandes procesiones rogando a nuestro Señor que los librase por su misericordia de aquella tan nociva plaga para sus bienes temporales; y para más presto recibir el divino beneplácito, pensaron tomar un Sancto por abogado, el que por suerte nuestro Señor declarase; y así, hecha un día su procesión, el obispo y clerecía y toda la ciudad echaron suertes sobre cuál de los Sanctos de la letanía ternía por bien la Divina Providencia darles por abogado; cayó la suerte sobre Sant Saturnino, y . . . celebráronle la

fiesta con mucha solemnidad. . . . Vídose por experiencia irse disminuyendo desde aquel día o tiempo aquella plaga, y si totalmente no se
quitó, ha sido por los pecados . . . La causa de donde se originó este
hormiguero, creyeron y dijeron algunos, que fué de la traída y postura
de los plátanos. Cuenta el Petrarca en sus *Triunfos*, que en la señoría de
Pisa se despobló una cierta ciudad por esta plaga que vino sobre ella de
hormigas . . . .y así, cuando Dios quiere afligir las tierras o los hombres
en ellas, no le falta con qué por los pecados las aflija y con chiquitas
criaturitas: parece bien por las plagas de Egipto.[20]

Aquí concluye la narración intercalada de Las Casas.

Ciertamente los elementos de ficción que veo en el texto no re-
siden ni en la epidemia de viruelas ni en la plaga de hormigas—
ambos sucesos están documentados por Oviedo—;[21] tampoco en
los servicios religiosos que ganaron la intercesión de San Saturnino
y, con ella, la extinción de la plaga—no es este el lugar para dudar
de los milagros. Lo que percibo claramente como ficción es lo que
constituye el "nudo" de la narración; esto es, la piedra solimán
atrayendo a todas las hormigas que se hallaban a legua y media a la
redonda y, sobre todo, la piedra solimán (un personaje) librando
su inútil batalla contra las hormigas, matándolas a millones pero
disminuyendo cada día más y más, perdiendo imperceptiblemente
su materia bajo las minísculas y tenaces mutilaciones infligidas por
los insectos.

Las Casas fue el primero—al releerse—en advertir que acababa
de desbordar los limites más tolerantes de la realidad, y antes de
pasar al desenlace de su narración, escribió:

De dos cosas se maravillaban (los religiosos del convento), y eran dignas
de admiración; la una, el instinto de naturaleza y la fuerza que aun a las
criaturas sensibles y no sensibles da, como parece en estas hormigas,
que de tanta distancia sintiesen, si así se puede decir, o el mismo instinto
las guiase y trujese al solimán; la otra, que como el solimán en piedra,
antes que lo muelan, es tan duro como una piedra de alumbre, si quizá
no es más, y cuasi como un guijarro, que un animalito tan menudo y
chiquito (como estas hormigas, que eran muy menudicas), tuviese tanta
fuerza para morder del solimán, y, finalmente, para disminuíllo y aca-
ballo.[22]

---

[20] *Ibid.*, pp. 271-273.
[21] Ver en su obra citada el Capítulo VI del Libro III, donde habla de la epidemia
de viruelas, y el Capítulo I del Libro XV, donde se refiere extensamente a la plaga
de hormigas.
[22] Las Casas, *op. cit.*, III, p. 272.

Pero todas estas prolijas explicaciones—junto con el "yo lo vide" de Las Casas—no hacen más que acentuar la imposibilidad real del suceso. No hay duda de que estamos en presencia de la ficción. ¿Qué tipo de ficción? Pienso que aquí tratamos con lo *uncanny*.

Antes de proseguir, quisiera aclarar que no es mi interés tomar parte en la polémica sobre la proclividad de las Crónicas a transformarse en ficción, o la inclinación de la ficción renacentista a vestir ropajes propios de la *relación*, el *memorial* y otras formas de retóricas civiles.[23] El texto que he citado de Las Casas me interesa porque se construye sobre una estructura dramática cuyo "nudo", cuyo haz de conflictos, permite una lectura literaria de lo *uncanny* según la percepción de Freud.[24] Pero me interesa aún más, porque ese "nudo" o "centro" conflictivo ha desplazado del texto a una presencia histórica insoslayable y ha usurpado su lugar. Nótese que la narración habla de indios y de españoles, pero no de negros; de la dulzura de los naranjos, granados y cañafístolos, pero no de la dulzura de la caña; de vegas, heredades, conventos, casas y ciudades, pero no de ingenios azucareros. El antagonismo entre el solimán y las hormigas ha desalojado del escenario de la significación al primer modelo de plantación esclavista que existió en América.

Pudiera pensarse que la plaga de hormigas ocurre antes de la emergencia de la plantación azucarera en La Española. Pero no es así. Las Casas la ubica hacia 1519,[25] y Oviedo lo corrobora agregando que se extendió hasta 1521.[26] Por otro lado, una suscinta cronología de los primeros años de la plantación en el Caribe, nos suministraría la siguiente información:[27]

---

[23] Ver sobre todo el ensayo de Roberto González-Echevarría titulado "Humanismo, Retórica y las Crónicas de la Conquista", en su libro *Isla a su vuelo fugitiva* (Madrid: Porrúa, 1983), pp. 9-25.

[24] Por supuesto me refiero a su conocidísimo ensayo "Das Unheimliche"—traducido al inglés como "The 'Uncanny' "—, publicado en *Imago*, V (1919).

[25] Las Casas, *op. cit.*, III, p. 270.

[26] Oviedo, *op. cit.*, II, p. 77. Cito por la conocida edición de la Biblioteca de Autores Españoles (Madrid: Ediciones Atlas, 1959). Es oportuno aclarar que he decidido citar a Las Casas y a Oviedo según los textos modernizados de ciertas ediciones. Me han animado dos razones: se trata de ediciones populares pero serias, que no omiten ni tergiversan la información ofrecida por ambos cronistas; al mismo tiempo, dada la abundancia de citas que precisa mi trabajo, he creído conveniente para el lector no familiarizado con el español del siglo XVI, una edición del texto original que, al tiempo que elimina obstáculos lingüísticos, conserva satisfactoriamente la textura del idioma según se escribía entonces.

[27] Tomo la información de cuatro fuentes. Las dos primeras son las respectivas *Historias* de Las Casas y Oviedo, ya citadas; las restantes son: Fernando Ortiz, *Con-*

1493   Introducción y siembra en La Española de la caña de azúcar. Por Cristóbal Colón.

1501   Se logra en La Española el primer cañaveral. Por Pedro de Atienza.

1506   Se producen en La Española los primeros azúcares con un aparato rústico llamado *cunyaya*. Por Miguel Ballester y/o un tal Aguiló o Aguilón.

1515   Ocurre en La Española la primera zafra con el primer *trapiche* de fuerza animal. Por Gonzalo de Velosa.

1516   Se implanta en La Española el primer *ingenio* de fuerza hidráulica. Por Gonzalo de Velosa y los hermanos Francisco y Cristóbal de Tapia.

1517   Llega a Sevilla una "caxeta" de azúcar de La Española en las naos de Juan Ginovés y Jerónimo Rodríguez.

1518   Cédula Real de Carlos V concediendo *licencia* de llevar 4,000 esclavos de Africa a las Antillas mayores. De ellos, 2,000 a La Española.

1522   Rebelión de esclavos en los ingenios de Diego Colón, Cristóbal Lebrón y el licenciado Suazo. Los esclavos se juntan para tomar la villa de Azua, próxima a Santo Domingo, pero son derrotados. La represión es sangrienta. Ese mismo año una nao de Alonso de Algaba carga en La Española 2,000 arrobas de azúcar con destino a Sevilla.

1523   Nueva *licencia* del rey para introducir otros 4,000 esclavos en el Caribe. De ellos, 1,500 son para La Española. En ese año ya hay 30 ingenios y trapiches en Jamaica. En Puerto Rico se fundan 3 ingenios: uno en Añasco, otro en Utuado y otro en la región de Toa. También hay una Real Cédula de esa fecha donde se da por sentado que en Cuba ya existe una manufactura azucarera.

De manera que en 1523 la plantación de azúcar, si bien todavía una máquina socio-económica rudimentaria, era una realidad en todas las Antillas mayores, sobre todo en La Española. En 1519-1521, cuando ocurre la plaga de hormigas en esta isla, ya hay ingenios y ya se han producido importaciones masivas de esclavos y exportaciones de azúcar a Sevilla. Entonces, ¿por qué Las Casas obvía la presencia de la plantación en su relato?

Esta es una de las preguntas que habrá que responder. Pero tambien hay otras. ¿Por qué esta omisión se logra a través de una territorialización de lo *uncanny*? O bien, ¿qué función desempeña esta singular "ficción intercalada" dentro del marco principal de

---

trapunteo cubano del tabaco y el azúcar, y Eric Williams, *From Columbus to Castro. The History of the Caribbean.*

Historia de las Indias, e incluso, qué rol juega dentro del proceso de formacion de la literatura del Caribe?

III

La plaga de hormigas (el evento) ha sido registrada verazmente por Las Casas y por Oviedo en sus respectivas *Historias;* se ha instalado en esos textos desde una realidad pública, compartida socialmente, una realidad de "afuera"; se trata sin duda de una plaga *histórica.* Pero mientras el texto de Oviedo se limita a dar noticia de esta memorable plaga—tamaño y color de las hormigas, daños que ocasionaron, duración de su azote, etc.—, la retórica escolástica de Las Casas se desestabiliza de súbito e irrumpe en ella, transgrediéndola, el pasaje *uncanny.* La capacidad transformativa de este pasaje es tal que, al colocarse como conflicto entre el comienzo y el final del discurso de la crónica, de inmediato reorganiza este discurso y lo rinde en términos de narración dramática (presentación, nudo, desenlace). La conclusión es que un mero "efecto" *uncanny*[28]—como viera Poe en su teoría del cuento—produce toda una narración *uncanny;* esto es, el "efecto" *uncanny* de la piedra devorada por las hormigas se trasmite a la crónica y la convierte en ficción, al punto que dudamos ya de la existencia real de la plaga y del auxilio pedido a San Saturnino. Esta "productividad" de lo *uncanny* ha de tenerse en cuenta al estudiar las Crónicas, pues basta un sólo "efecto" para que en nuestra diégesis una noticia histórica se transforme en una pieza literaria.

En todo caso, la irrupción de la ficción *uncanny* en una crónica noticiosa debe verse siempre rodeada de violencia. Se trata de materiales ya no sólo muy diferentes, sino también de procedencias muy diferentes. Lo *uncanny* viene de "adentro"; tiene mucho en común con ciertos sueños, pues según la experiencia de Freud procede de la represión de algún complejo, sobre todo el complejo de castración. Así, el pasaje *uncanny* de Las Casas (un sueño) se

---

[28] Espero que el lector me excuse por no ofrecerle una descripción del efecto que lo *uncanny* tiene en nosotros. Freud, al intentarla, falla lamentablemente; lo mismo ocurre con otros autores que han estudiado lo *uncanny,* digamos, Tzevetan Todorov en su conocida *Introduction à la litérature fantastique.* En todo caso, tanto uno como el otro, salen del paso dignamente al suministrar ejemplos de la literatura *uncanny.* He llegado a pensar, sin embargo, que la experiencia de lo *uncanny*—cuyo significado ni siquiera me atrevo a traducir al español—no es del todo objetiva, sino variable de individuo a individuo y, sobre todo, de cultura a cultura. Razones de más para no intentar aquí su definición.

diferencia en mucho del marco histórico donde se ha incrustado, o mejor, de donde ha eruptado, pues viene de "atrás" y de "adentro" (el subconsciente) como un abceso o tumor supurante. Su violenta erupción, pues, al destruir el tejido de la noticia, tiene por fuerza que haber dejado huellas, del mismo modo que un sueño incluye colgajos de realidades inmediatas a él. Quiero decir con esto que sea cual fuere la razón por la cual la plantación esclavista fue invadida por el pasaje *uncanny*—ya se verá—, la territorialización lograda por éste tiene que haber dejado ruinas de la escritura pretextual que organizaba el *plot* histórico de la plaga de hormigas. En efecto, en los extremos anteriores y posteriores del "nudo" (en realidad un nódulo fantasmal) que forma lo *uncanny,* encontramos restos de la crónica que Las Casas no alcanzó a escribir con la pluma. El primero de ellos en leerse aparece en forma de interpolación dentro de una frase, por cierto no recogida en mi cita. Dice Las Casas:

> La huerta que dije de Sant Francisco, que en la Vega estaba, yo la vide llena de naranjos que daban el fructo de dulces, secas y agrias, y granados hermosísimos y *cañafístolos, grandes árboles de cañas, de cañafístola,* de cerca de cuatro palmos en largo, y desde a poco la vide toda quemada.[29]

Obsérvese con detenimiento las palabras que he subrayado. Luego de enumerar los árboles—naranjos, granados y cañafístolos—, Las Casas escribe "grandes árboles (de cañas,) de cañafístola". En primer lugar la explicación de que el cañafístolo es el árbol de la cañafístola es totalmente innecesaria, y si lo fuera, en el texto mismo de la narración ya había sido aclarado. En segundo término préstese atención a la presencia inexplicable de la palabra "cañas", puesto que no hay "árboles de cañas", y el mismo Las Casas, al hablar anteriormente de la cañafístola, emplea la palabra "cañuto"[30] que implica una vaina hueca. Por otra parte, la información sobre La Española que hay de esos años, a la cual contribuyen en gran medida las *Historias* de Las Casas y de Oviedo, indica que fue precisamente en la Vega—región de extrema fertilidad en la isla—donde se obtuvieron los primeros azúcares. De modo que las "cañas" que Las Casas quiso desterrar de la Vega y escamotear de las hormigas, agregando a continuación "cañafís-

[29] Las Casas, *op. cit.,* III, pp. 271-272.
[30] *Ibid.,* p. 271.

tolas", como si se tratara de la repetición de dos sinónimos, pueden tomarse como un vestigio de la crónica desplazada por lo *uncanny*. Es de notar que cuando Oviedo da cuenta de la plaga de hormigas, y alude a los daños que éstas causaron, dice: "destruyendo e quemando los cañafístolos e naranjos . . . los *azúcares* e las otras haciendas".[31] En mi lectura, "cañas", de todas las palabras de la narración de Las Casas, es la única que no debo leer "*sous rature*"—según la conocida noción de Derrida—; el resto del pasaje *uncanny* puedo tacharlo; se trata de "trazas" que remiten a la ausencia de una presencia: la plantación esclavista.

La segunda huella que ha dejado en el texto el desplazamiento de la plantación es lo que Peirce llama "*index*", es decir, un signo que se conecta de manera fenomenológica o existencial con lo que intenta significar (otro signo). Esta pista o indicio se lee al final de la narración: "La causa de donde se originó este hormiguero, creyeron y dijeron algunos, que fué de la traída y postura de los plátanos". La frase se hace notar enseguida, puesto que Las Casas nos ha estado diciendo—y lo continuará diciendo hasta el final del capítulo—que la plaga se originó como castigo de Dios a los españoles por los pecados que cometían. Pero no es esta inconsistencia lo que interesa aquí, sino el hecho de que los plátanos *indican* la presencia de la plantación o, al menos, de los esclavos africanos. Esto es así, porque en esa época los españoles no comían plátanos, lo cual está perfectamente documentado por Oviedo. Veámos lo que éste nos dice al efecto:

> fue traído este linaje de planta de la isla de Gran Canaria, el año de mill e quinientos y diez y seis años, por el reverendo padre fray Tomás de Berlanga, de la Orden de los Predicadores, a esta cibdad de Sancto Domingo; e desde aquí se han extendido en las otras poblaciones desta isla y en todas las otras islas pobladas de cristianos . . . e yo los vi allí en la misma cibdad en el monesterio de Sanct Francisco el año de mill e quinientos e veinte . . . E también he oído decir que los hay en la cibdad de Almería, en el reino de Granada . . . e que a Almería vino del Levante e de Alejandría e de la India oriental.[32]

De esto sacamos en conclusión que en 1520—cuando hizo escala

---

[31] Oviedo, *op. cit.*, II, pp. 77-78.

[32] *Ibid.*, I, p. 248. Incluso en tiempos de Oviedo el plátano resultaba tan novedoso, que éste lo describía creyendo que era otro fruto: "Cuanto a la verdad, no se pueden llamar plátanos (ni lo son); mas aqueso que es, según he oído a muchos, fue traído este linaje de planta de la isla de Gran Canaria". A continuación Oviedo cree necesario dar noticia de cómo se come el plátano.

en Santo Domingo antes de proseguir hacia el Darién—Oviedo vio
por primera vez el plátano. La noticia de su existencia en Almería,
es un vago "he oído decir". Pero aun cuando fuera cierta, se tra-
taría de la única ciudad española donde se conocía el plátano. Entonces, ¿qué animaría a Tomás de Berlanga a llevar la planta de
Canarias a La Española? Mi respuesta sería: el conocimiento de
que el plátano era un elemento esencial en la dieta africana, al
punto que en muchos lugares del Caribe se le llama "guineo", es
decir, oriundo de la Guinea. En 1516, aun cuando todavía no se
había producido la primera importación masiva de esclavos, la
presencia de éstos en La Española era ya de bastante importancia,
como lo prueban las primeras noticias que se tienen de la colonización de la isla.[33] Además—vayase a la cronología presentada—,
desde 1506 se producían azúcares, y en 1515 y 1516, respectivamente, se instalaron allí trapiches e ingenios. El plátano, como
ciertos ñames y plantas de hojas comestibles, fueron traídos al
Caribe por constituir alimentos nada costosos de producir y predi-
lectos de los africanos. Es interesante observar que, todavía hoy, el
plátano majado conserva los nombres con que era designado en
Africa—*mofongo, fufú*,[34] etc.—, lo cual prueba que su uso se gener-
alizó a partir de una experiencia afro-antillana.

Asi el plátano, en tanto uno de los "orígenes" de la plaga de
hormigas, se nos revela como consecuencia de una causa mayor: el
traslado a través del Atlántico de la plantación azucarera que, procedente del Levante, había alcanzado las islas de Cabo Verde, las
Maderas, las Canarias y, finalmente, las Antillas, en primer término La Española.

Todo esto nos traería al punto de que la plantacion esclavista fue
borrada por lo *uncanny* en la crónica de Las Casas. ¿Por qué? ¿Qué
tienen que ver los esclavos de Africa, la caña de azúcar y los ingenios con el complejo de castración o con la represión de algo que
retorna de la interdicción bajo la apariencia fantasmal de lo *uncanny*?

Aquí ya se hace imprescindible hablar del capítulo siguiente al
que contiene la crónica *uncanny* de Las Casas. Se trata del Capítulo

---

[33] Ver, de Saco, su *Historia de la esclavitud de la raza africana en el Nuevo Mundo y en
especial en los países américo-hispanos;* también, de Fernando Ortiz, "Del inicio de la
trata de negros esclavos en América . . .", en su *Contrapunteo cubano del tabaco y el
azúcar.*

[34] Ver, Fernando Ortiz, "Fufú", en su *Nuevo catauro de cubanismos* (La Habana,
1923).

CXXIX del Libro III de *Historia de las Indias,* para hacer innecesaria una nota al pie. Una edición o manipulación más o menos objetiva del texto del mencionado capítulo, arrojaría la siguiente información:

> Entraron los vecinos desta isla en otra granjería, y ésta fué buscar manera para hacer azúcar, viendo que en grande abundancia se daban en esta tierra las cañas dulces . . . Antes que los ingenios se inventasen (1516), algunos vecinos, que tenían algo de lo que habían adquirido con los sudores de los indios y de su sangre, deseaban tener licencia para enviar a comprar a Castilla, algunos negros esclavos, como vían que los indios se les acababan, y aun algunos hobo . . . que prometían al clérigo Bartolomé de las Casas que si les traía o alcanzaba licencia para traer a esta isla una docena de negros, dejarían los indios que tenían para que se pusiesen en libertad; entendiendo esto el dicho clérigo, como venido el rey a reinar tuvo mucho favor . . . y los remedios destas tierras se le pusieron en las manos, alcanzó del rey que para libertar los indios se concediese a los españoles destas islas que pudiesen llevar de Castilla algunos negros esclavos. Determinó el Consejo . . . que debía darse licencia para que se pudiesen llevar 4.000, por entonces (1518), para las cuatro islas . . . Deste aviso que dio el clérigo, no poco después se halló arrepiso, juzgándose culpado por inadvertente, porque como después vido y averiguó, según parecerá, ser tan injusto el captiverio de los negros como el de los indios, aunque él suponía que eran justamente captivos, *aunque no estuvo cierto que la ignorancia que en esto tuvo y buena voluntad lo excusase delante el juicio divino* . . . pero dada esta licencia y acabada aquélla, siguiéronle otras muchas siempre, de tal manera que se han traído a esta isla sobre 30.000 negros, y a todas estas Indias (el Caribe) más de 100.000, según creo . . . y como crecían los ingenios de cada día, creció la necesidad de poner negros en ellos. (Los portugueses), viendo que nosotros mostrábamos tanta necesidad y que se los comprábamos bien, diéronse y danse cada día a robar y captivar dellos, por cuantas vías malas e inicuas captivallos pueden; item, como los mismos ven que con tanta ansia los buscan y quieren, unos a otros se hacen injustas guerras, y por otras vías ilícitas se hurtan y venden a los portugueses, por manera que nosotros somos causa de todos los pecados que los unos y los otros cometen, sin los nuestros que en comprallos cometemos . . . Antiguamente, antes que hobiese ingenios, teníamos por opinión en esta isla, que si al negro no acaecía ahorcalle, nunca moría, porque nunca habíamos visto negro de su enfermedad muerto . . . pero después que los metieron en los ingenios . . . hallaron su muerte y pestilencia, y así muchos dellos cada día mueren; por esto se huyen cuando pueden a cuadrillas, y se levantan y hacen muertes y crueldades en los españoles, por salir de su captiverio, cuantas la opor-

tunidad poder les ofrece, y así no viven muy seguros los chicos pueblos desta isla, que es otra *plaga* que vino sobre ella.[35]

La lectura de este texto resulta en extremo productiva. Su capacidad generativa es tal, que rebasa con creces las fronteras de este trabajo. De inicio—salta a la vista—se ha obtenido de Las Casas una confesión en regla. No se trata de un trámite retórico para salir del paso. Hecha desde la historia y para la historia y, a la vez, desde la religión y para la religión, su confesión es un documento doble que se establece simultáneamente en la historiografía del Caribe y en el contexto ético-social de la Iglesia. Claro, el problema aquí es la tolerancia de la esclavitud africana, estimada justa por el Estado y por el Cristianismo; incluso, por muchos años, estimada justa por el propio Las Casas. Pero su confesión no se limita a hacer público su arrepentimiento de lo que ha alcanzado a comprender como pecado y como práctica desastrosa de orden político, económico y social; tampoco se concreta a "denunciar"—palabra que parece cumplir un fin en sí misma dentro de ciertas interpretaciones estrechas de la historia—a los que fueron alguna vez sus cómplices en el negocio esclavista. Las Casas, con un gesto de modernidad que desmantela la jerarquía tomista propia del pensamiento escolástico, manipula la oposición binaria *amo/esclavo*, en las condiciones de la plantación del Caribe, siguiendo un canon teórico de sorprendente contemporaneidad. Veámos el desarrollo de este canon, la descripción de su figura en términos de *mea culpa*, de sucesivos golpes de pecho:

Primero: me culpo de no haber comprendido que la esclavitud del negro era tan injusta como la del indio.

Segundo: me culpo de haber pedido al rey la introducción de más negros en las Indias.

Tercero: me culpo de haberle dado el visto bueno a la primera licencia de 4,000 esclavos de Africa.

Cuarto: me culpo de haber consentido la repetición de estas licencias, pues yo, que disfrutaba del favor del rey, pude haber obstaculizado esta práctica, que ha traído por consecuencia la esclavitud de 100,000 negros en todas las Indias.

Quinto: me culpo de no haber advertido los males que suponía la fundación de ingenios azucareros en estas islas, pues junto con el crecimiento de su número crece la demanda de negros.

[35] Las Casas, *op. cit.*, III, pp. 273-276.

Sexto: me culpo de no haber previsto que la demanda de negros traería por consecuencia que los portugueses organizaran, sobre la violencia y la codicia, un sistema comercial entre Lisboa, Guinea y las Indias donde enormes contingentes de africanos constituyen la mercancía.

Séptimo: me culpo de no haber caído en cuenta de que los negros de Africa, al conocer el precio de su carne, se harían la guerra entre sí para venderse unos a otros a los tratantes europeos: "por manera que nosotros somos causa de todo los pecados que los unos y los otros cometen, sin los nuestros que en comprallos cometemos".

Octavo: me culpo de la rápida muerte que padecen los negros en los ingenios, donde son acabados por la violencia del trabajo y por las enfermedades que origina la suciedad y el confinamiento.

Noveno: me culpo de la fuga de los negros y de su deseo de venganza, lo cual hace que se organicen en bandas de cimarrones y maten y despojen a quienes los tenían esclavizados.

Décimo: me culpo, finalmente, de la inseguridad y de la zozobra en que se vive en La Española, debido a los alzamientos y ataques de las cuadrillas de negros fugados, "que es otra plaga que vino sobre ella".

Así, al exhibir sus culpas, Las Casas describe una figura circular que, al cerrarse sobre sí misma, ha dado la vuelta en redondo a la oposición *amo/esclavo*. Al final de su acto de contrición resulta que son los "negros" los que ejercen presión sobre los "blancos". La esclavitud, pues, no está ya estructurada sobre la base de un principio de subordinación jerárquica, sino que la significación de "esclavo" supone también la de "hombre libre" e, incluso, la de "dominador" junto a la de "dominado"; en realidad "esclavo" no significa nada, puesto que nadie puede ser "esclavo" *seguro* de alguien; esto es, la palabra ha quedado al descubierto y, sobre todo, despojada de la carga eurocéntrica y logocéntrica con que el mismo Las Casas la presenta al comienzo de su confesión.[36] En resumen, "esclavos" pueden ser los hombres y las mujeres que constituyen la dotación de un ingenio, tanto como los miembros de una república de negros fugitivos, digamos, Haití en su estado de formación: una realidad histórica.

[36] Esto en modo alguno intenta sugerir que Las Casas fue un precursor del movimiento post-estructuralista. Su deconstrucción es involuntaria; se produce al reflexionar profundamente sobre la naturaleza de la esclavitud africana y al cuestionar su asumida legalidad, así como su conveniencia en tanto institución socio-económica. Esto hace a Las Casas un "hombre moderno", pero sólo en lo que atañe al esclavo negro, y tal vez sólo en su estrecha significación de "negro de ingenio." Por lo demás, incluyendo su defensa del indio, el pensamiento de Las Casas cae dentro del discurso aristotélico, salvo ciertas áreas "mercantilistas" que se explican por el hecho de que su gestión como historiador, político y polemista se inscribe dentro de las nuevas prácticas propias del incipiente capitalismo de la época.

Como se ha visto, la descripción de la figura de este canon, tan al uso, ha sido lograda (su trazo circular) a partir de un "origen" geométrico: la culpa. En efecto, ha sido la culpa lo que ha conducido a Las Casas a reflexionar profundamente sobre la esclavitud africana en las Antillas—de la cual se siente responsable—, al punto que su examen de conciencia ha tomado la forma de un "análisis crítico", al final del cual la palabra "esclavo" no significa solamente el *azotado* sino también el *azote* o "plaga" (palabra que he subrayado en su texto). Pero, claro está, la culpa no integra ningún "origen" estable, puesto que remite de inmediato a la transgresión y ésta, al miedo. Pero, en el caso específico de Las Casas, ¿miedo a qué? Miedo al "juicio divino" (he subrayado la frase completa en la cita); esto es, miedo al Padre Divino, a la Ley Divina, miedo al castigo absoluto del Infierno: objetivación escatológica del Edipo. Esto, como es de suponer, nos lleva de nuevo a la noción freudiana de lo *uncanny* y a la narración de la piedra solimán y la plaga de hormigas.

IV

Como se sabe, para Freud lo *uncanny* ("*unheimlich*") es aquello que una vez nos resultó familiar pero que ahora se nos presenta como algo sobrecogedor. Pero, ¿cómo se explica que algo que haya sido familiar, cotidiano, incluso hogareño, retorne como algo que nos sobrecoge? En su búsqueda de las significaciones posibles de *unheimlich*, Freud dio con dos órdenes de ideas diferentes sobre lo *heimlich*, es decir el opuesto de *uncanny*. Uno de estos órdenes apuntaba hacia lo familiar; el otro, hacia lo oculto, lo escondido de la vista. Por otro lado, dio con una interesante definición de Shelling sobre lo *unheimlich*, que resultó ser clave en su búsqueda: *algo que debió permanecer escondido y secreto, y que sin embargo viene a la luz.* De modo que lo *uncanny* implica el retorno de una "lectura" que debió permanecer olvidada; se trata, pues, de un *déjà-vu* no sólo imprevisto sino revelador de algo que no debió retornar. Segun Freud ese *algo* es un complejo reprimido, muchas veces un complejo de castración, de miedo al castigo del Padre según los códigos de la Ley del Padre.

Asi, por todo esto, encuentro una razón que me permite explicar la narración *uncanny* de Las Casas. Antes de expresarla con claridad, sin embargo, me gustaría ir hacia la concisa cronología que introduje páginas atrás. Véase allí la información que corresponde

al año 1522. Se trata de una sangrienta y costosa rebelión de esclavos. Al dar noticia de ella, dice Oviedo:

> Así que, diré lo sustancial deste movimiento y alteración de los negros
> del ingenio del almirante don Diego Colom: que por sus esclavos fue
> principiado este alzamiento . . . Hasta veinte negros del almirante . . .
> salieron del ingenio e fuéronse a juntar, con otros tantos que con ellos
> estaban aliados, en cierta parte. E después que estovieron juntos hasta
> cuarenta dellos, mataron algunos cristianos que estaban descuidados en
> el campo e prosiguieron su camino para adelante, la vía de la villa de
> Azua . . . e allí se supo que los negros habían llegado a un hato . . .
> donde mataron un cristiano, albañir, que estaba allí labrando, e to-
> maron de aquella estancia un negro e doce esclavos . . . y hecho todo el
> daño que pudieron, pasaron adelante . . . Después que en el discurso de
> su viaje hobieron muerto nueve cristianos, fueron a asentar real a una
> legua de Ocoa, que es donde está el ingenio poderoso del licenciado
> Zuazo, oídor que fue desta Audiencia Real, con determinación que el
> día siguiente, en esclaresciendo, pensaban los rebeldes negros de dar en
> aquel ingenio e matar otros ocho o diez cristianos que allí había, e reha-
> cerse de más gente negra. E pudiéronlo hacer, porque hallaran más de
> otros ciento e veinte negros en aquel ingenio . . .[37]

Los numerosos negros alzados, que planeaban pasar a cuchillo la
villa de Azua, fueron derrotados en varios combates por una partida de "caballeros" al mando del virrey Diego Colón, en cuyo ingenio había empezado la revuelta. La represión fue extrema; los
negros capturados fueron "sembrados a trechos por aquel camino,
en muchas horcas".[38]

Ahora bien, Las Casas no podía dar cuenta precisa de este hecho
en su *Historia*, ya que había ocurrido en 1522, es decir, dos años
después del límite temporal que había impuesto sobre su obra. No
obstante, es fácil ver que se refiere a este acontecimiento cuando
dice: "se huyen cuando pueden a cuadrillas, y se levantan y hacen
muertes y crueldades en los españoles, por salir de su captiverio".
En seguida añade: "así no viven muy seguros los chicos pueblos
desta isla, que es otra plaga que vino sobre ella". De manera que la
rebelión de esclavos es vista por Las Casas como "otra plaga"; entonces, ¿cuál sería la plaga anterior? La respuesta es obvia: la plaga
de hormigas, iniciada en 1519 y terminada en 1521, el año anterior a la rebelión—en realidad unos meses, pues ésta ocurrió en
enero de 1522.

[37] Oviedo, *op. cit.*, I, pp. 98-99.
[38] *Ibid.*, p. 100.

Claro, aquí hay que tener presente que, para Las Casas, las plagas de La Española constituyen un castigo de Dios; así, la "plaga" de esclavos, como la de hormigas, implican una transgresión a la Ley Divina. Precisamente, ¿que transgresión? Bien, la primera plaga de que se da cuenta en el capítulo es la epidemia de viruelas; ésta sobreviene, según Las Casas, para liberar a los indios de su tormento y, a la vez, para privar a los españoles de su valor en tanto fuerza de trabajo esclavizada. La tercera plaga, ya vimos, es la de los esclavos rebeldes, y ésta representa el castigo divino por los numerosos pecados que supone la esclavitud africana. La segunda plaga, la de las hormigas, no está relacionada a una transgresión específica, pero es fácil ver que, por fuerza, debe referirse a la esclavitud. Esto resulta evidente porque la plaga de viruelas es el castigo por la *esclavitud* del indio, y la plaga de negros es el precio que hay que pagar por la *esclavitud* africana. Así, en La Española, las plagas son consecuencia del pecado de la Esclavitud.

A esta altura, para mí queda claro que la plaga de hormigas no se refiere a la esclavitud del indio, puesto que no hay una relación metafórica posible entre el *crimen* y el *castigo*. Quiero decir con esto que, por ejemplo, veo una estrecha relación simbólica entre la plaga de viruelas y la esclavitud que en la práctica sufría el indio encomendado. Obsérvese que la plaga (el castigo) viene por una vía *pasiva*, paródica si se quiere; esto es, si la esclavitud acababa lenta y dolorosamente con el indio, el castigo apropiado es liberar a los indios de su dolor y terminar de una vez con ellos y para siempre, con lo cual se arruina de raíz al encomendero. El castigo de la plaga de hormigas, sin embargo, viene por una vía *activa;* las hormigas destruyen físicamente cuanto encuentran a su paso, y así arruinan a los españoles; lo que sobrecoge de la plaga de hormigas es su creciente número; su regla es conseguir la destrucción por el *aumento,* mientras que la plaga de viruelas la consigue por el camino de la *disminución.* En realidad, resulta obvio que la plaga de hormigas es una metáfora de la plaga de negros, puesto que la presencia de éstos en la isla *aumenta* sin cesar, debido a las exigencias de la plantación azucarera, mientras que la de los indios *disminuye* paralelamente con la importancia de la economía minera.

Entonces, en la narración *uncanny* de las Casas, las hormigas (negras como "polvo de carbón") son los negros fugitivos que arrasan con cuanto hallan en el camino y se proponen la muerte y la ruina de sus amos ilegales. Podemos suponer que Las Casas, que redactó el capítulo *uncanny* casi medio siglo después de la plaga, vio, al describirla, un retorno de hechos familiares (la presencia africana en La Española, la rebelión de 1522 y otras que siguieron) que habían permanecido ocultas, reprimidas, porque significaban una seria transgresión de la que se sentía culpable y, por lo tanto, temeroso del castigo de Dios: el Infierno, la castración escatológica.

Pero, como dije, esto no pasa de ser una suposición, aunque— agregaré enseguida—una suposición bien fundada. Me explicaré. El capítulo de los *mea culpa* de Las Casas no es el único en que nos da noticia del inicio de la esclavitud africana en América; hay otro que le precede, el número CII del Libro III. Transcribiré a continuación todo lo que cuenta Las Casas al respecto:

> y porque algunos de los españoles desta isla dijeron al clérigo Casas, viendo lo que pretendía y que los religiosos de Sancto Domingo no querían absolver a los que tenían indios, si no los dejaban, que si les traía licencia del rey para que pudiesen traer de Castilla una docena de negros esclavos, que abrirían mano de los indios, acordándose de esto el clérigo dijo en sus memoriales que se hiciese merced a los españoles vecinos dellas de darles licencia para traer de España una docena, más o menos, de esclavos negros, porque con ellos se sustentarían en la tierra y dejarían libres los indios . . . Preguntóse al clérigo qué tanto número le parecía que sería bien traer a estas islas de esclavos negros: respondió que no sabía, por lo cual se despachó cédula del rey para los oficiales de la Contratación de Sevilla, que se juntasen y tratasen del número que les parecía; respondieron que para estas cuatro islas, Española, Sant Juan, Cuba y Jamaica, era su parecer que al presente bastaban 4.000 esclavos negros.[39]

A continuación, Las Casas da detalles de cómo los flamencos y los genoveses se enriquecieron con esta licencia, ganando entre los dos más de 300,000 ducados, luego de negociarla con los portugueses, y, para terminar con el asunto, agrega: "y para los indios ningún fructo dello salió, habiendo sido para su bien y libertad ordenado, porque al fin se quedaron en su captiverio hasta que no hobo más que matar".[40]

¿Dónde aparecen aquí las rebeliones de negros y la confesión de la culpa y el temor al castigo divino por haber contribuido a fundar la esclavitud africana en América? En ningún sitio. Las Casas sólo muestra compasión por los indios, según la política de su orden

---

[39] Las Casas, *op. cit.*, III, p. 177.
[40] *Ibid.*, p. 178.

religiosa. Pero cuando dije "en ningún sitio" me refería, exclusivamente, al texto manuscrito principal de *Historia de las Indias*. En
realidad en el original de la obra hay un *mea culpa*, sólo que
aparece en forma de nota marginal ¿Cuándo y por qué la escribio
Las Casas? Nadie sabe. En todo caso, en el margen del folio se lee:

> Este aviso de que se diese licencia para traer escalvos negros a estas
> tierras dió primero el clérigo Casas, no advirtiendo la injusticia con que
> los portugueses los toman y hacen esclavos; el cual, después de que cayó
> en ello, no lo diera por cuanto había en el mundo, porque siempre los
> tuvo por injusta y tiránicamente hecho esclavos, porque la misma razón
> es dellos que de los indios.[41]

Pregunto: ¿por qué no pensar que Las Casas escribió esta nota
marginal luego de que la redacción de la noticia de la plaga de
hormigas le trajera la culpa y el miedo que el mecanismo de la
represión le había hecho olvidar?

Hay razones para sustentar esta hipótesis. En primer lugar está
la repetición de la información sobre su rol en el tráfico negrero.
¿Por qué ocurre? Después de todo ambos capítulos estaban bastante cercanos uno del otro. Además, lo dicho en el capítulo 129
no añade mucho a los expuesto en el capítulo 102,[42] si excep-
tuamos la plaga de negros y los *mea culpa*. Entonces, ¿por qué
aparece esto a continuación del capítulo *uncanny* y no apareció en
el capítulo 102? Y, claro, está el asunto de la nota. ¿Por qué Las
Casas no mostró su arrepentimiento en el texto principal? ¿Por
qué tuvo que hacerlo *a posteriori*, en forma de nota al margen? Mi
respuesta a estas preguntas es que, cuando Las Casas escribía el
capítulo 102 su interés estaba dirigido, en lo fundamental, a las
tribulaciones de los indios. Más tarde, cuando leyó su propia narración *uncanny*, algo le hizo descodificar le metáfora *plaga de hor-
migas/plaga de negros*, que su culpa y su temor al castigo divino le
habían impedido hasta entonces ver. A continuación reflexionó
sobre su participación en el comercio esclavista y, finalmente, se
arrepintió y dio fe de ella; es decir, examinó su conciencia, se halló
culpable y confesó lo que, independientemente de la opinión de la
Iglesia, entendía que era un pecado que podía valerle la condena-
ción eterna.

---

[41] *Ibid.*, p. 177. La nota aparece entre corchetes en la edición citada.
[42] Recurro a los numeros arábigos para facilitar la lectura.

V

Regresemos a la narración *uncanny*. Tenemos las hormigas y tenemos la piedra solimán. Pero, ¿qué era el solimán? Bicloruro de mercurio, un sublimado corrosivo. Su descubrimiento es alquímico, aunque en la época de Las Casas—y aun mucho más adelante—se usaba como desinfectante poderoso y como veneno mortal. Ciertamente entre sus propiedades no aparece la de atraer a los insectos. Su olor, acre y cáustico, más bien indica que debía ahuyentarlos. Es posible que la funcion de "atraer", que le da Las Casas, haya venido de su terminación *imán*, la cual no tiene en absoluto que ver con su etimología.[43] En todo caso, tenemos las hormigas, en crecido número; una plaga en regla de hormigas negras, libres por los caminos y los campos, arrasando ("quemando", como dicen ambos cronistas) todo lo comestible que encuentran al paso. Supongamos que aquí se produce, subliminalmente, en la siquis de Las Casas, la metáfora *plaga de hormigas/plaga de negros*. Claro, ésta es instantáneamente reprimida porque conlleva un retorno de la culpa y la castración. De esta interdicción resulta que Las Casas no puede dar noticia en su crónica de nada relacionado con la esclavitud y el azúcar. A cambio, sin embargo, su carga de ansiedad produce un "sueño" o, para ser menos sugerentes, una breve pieza de literatura *uncanny* donde el azúcar es representada icónicamente por el solimán. Veámos con algún detenimiento esta relación icónica.

En la época de Las Casas el azúcar todavía era más un producto de farmacopea que un edulcorante. Se consumía, sobre todo, en la forma que llamamos "azúcar cande"; esto es, piedras de cristales de azúcar obtenidos a través de un proceso de evaporación lenta. Estas piedras, de origen levantino, era lo que en el alto medioevo se conocía en Europa por azúcar. Su apariencia, antes de ser fragmentadas en partículas convenientes al comercio al por menor, era la de una masa cristalina de color blanco nevado. Esta es, precisamente, la apariencia del solimán. Además, hay otras relaciones interesantes entre el solimán y el azúcar. El primero era un producto de los crisoles, fuegos y manipulaciones de la alquimia; el azúcar es un producto de procesos físicos y químicos análogos, aunque de

---

[43] Corominas lo da como viejo duplicado de *sublimado*, del bajo latín alquímico. Nebrija lo registra en 1495. Parece ser alteración del mozárabe *solimad*, de donde pasó al arabe (*sulaimani*) y tambien al catalán: el verbo *soblimar*, que significa *sollamar, chamuscar*.

orden industrial. Por otra parte, en la percepción de Las Casas uno
y otro producto significan *vida* y, a la vez, *muerte*. De modo que la
piedra blanquecina de la narración es, claramente, una piedra de
azúcar y, como tal, *atrae* a las hormigas al tiempo que las *mata*. Pero
dejemos esta piedra o concentración de significantes a un lado;
luego la retormaremos. Vayamos ahora a las hormigas.

La plaga es un castigo de Dios y, en tanto castigo, debe remitir
metafóricamente a la transgresión, o mejor, a los transgresores. Ya
vimos que la manufactura del azúcar suponía la llegada de más y
más esclavos, al punto que éstos, cuando Las Casas escribía, eran
más numerosos que los españoles del Caribe. Así, cada ingenio,
junto con su cañaveral y su platanal, puede tomarse como un
"hormiguero"; esto es, como un "origen" de la plaga. Pero, claro,
la plaga empezaría por un hormiguero—el del virrey Diego
Colón—y de allí saldrían las hormigas—ya *libres* de la ley que las
reducía a los limites de la plantación—a soliviantar a las de los
hormigueros cercanos. Conseguido esto, ya es posible hablar propiamente de una plaga: numerosas hormigas, libres, negras, vi-
gorosas, hechas al trabajo más que ningún insecto de su talla y, por
tanto, amenazadoras cuando se juntan y van por los caminos, sa-
ciando su hambre terrible, antigua, secreta. Pero estas hormigas,
que son el castigo de Dios, persiguen también un objetivo ultrater-
reno. Igual ocurrió con la plaga de viruelas, la cual apresuró la
salvación eterna de las almas de los indios y proveyó el espacio
para que los españoles se arrepintieran de haberlos esclavizado. De
manera que estas hormigas no sólo amenazan el cuerpo, sino también el alma. ¿El alma de quién? El alma de los trangresores, claro
está: las almas de los negreros portugueses, las de los banqueros
genoveses, las de los cortesanos flamencos, las de los ministros del
Consejo de Indias y los magistrados de la Casa de Contratación, las
de los hacendados de La Española, Puerto Rico, Jamaica y Cuba, y,
en primer lugar, el alma atormentada de Las Casas.

Luego de todo esto, es fácil ver que la piedra solimán es, también, la expresión del cuerpo y el alma de los transgresores de la
Ley del Padre Divino. Obsérvese que su "origen" es doble. De una
parte la alquimia y la tecnología; esto es, hay un "origen" material
que responde a la manipulación de la materia por la materia. Pero
recordemos que el discurso del "sueño" la toma en el momento
que un fraile (un consagrado) la coloca en el pretil de la azotea del
convento (una casa de religión). Así, la piedra es un producto de la
industria humana, pero también de la religión; es materia sagrada

y profana a la vez; es sustancia que se relaciona con el cuerpo y con el alma. ¿Cómo es la piedra? Tiene el tamaño de *dos puños*—dice Las Casas—, aunque al final, luego der ser parcialmente devorada, ha sido reducida al tamaño de *un huevo*. Entonces la piedra es la genitalia misma del alma masculina de Las Casas, el Hijo obediente y consagrado al servicio del Padre Divino, y la plaga involucra al castigo de la castración transpersonal y escatológica: el Infierno.

Es interesante notar cómo el combate contra las hormigas tambien involucra a los "orígenes" de éstas, pues se trata de quemar, en lo hondo de la tierra, "la simiente y overas dellas". Pero sin suerte: "cuando otro día amanecía, hallaban de hormigas vivas mayor cantidad". Mientras la piedra disminuye, las hormigas aumentan. Se trata de una feroz pelea entre "orígenes", aunque en realidad la batalla, necesariamente, ha de ser ganada por las hormigas, puesto que constituyen una plaga enviada por Dios y su "origen" es por tanto divino. Por eso es que hay que acudir a remedios mayores, remedios divinos, para lograr la interseción de San Saturnino ante Dios con la esperanza de lograr que aquél calme la furia bíblica de éste.

A esta altura, no veo la necesidad de argumentar que la culpa de Las Casas en el negocio de la esclavitud africana en América tiene un cariz incierto y polémico, y esto no sólo porque resulta difícil dudar de su buena fe y de la sinceridad de su arrepentimiento. La esclavitud del negro era ya un hecho histórico en las Antillas cuando Las Casas intervino ante al rey, y no hay duda de que, en tanto institución, hubiera crecido de la manera que creció aun cuando él interviniera de forma opuesta a como lo hizo. En realidad las cartas del esclavo africano ya estaban echadas. Africa occidental era por entonces la única región del mundo que ofrecía a Europa una vastísima reserva de mano de obra barata y fácil de obtener, ante la creciente escasez de brazos indígenas en toda el área del Caribe. Eso sin contar que la Trata, desde sus inicios, constituyó un monopolio real por el cual no se enriquecía solamente la corona de España, sino también los traficantes y todo intermediario que participara en el tráfico. La culpa de Las Casas es *limitada*, y nadie mejor que él lo sabía, puesto que no estaba "cierto que la ignorancia que en esto tuvo y buena voluntad lo excusase ante el juicio divino". De ahí que el fallo del "juicio divino" sea, en su "sueño", un castigo *limitado*. Su castración no es total: la piedra es "salvada" por los frailes (la religión) antes de que fuera totalmente devorada. Hay una mutilación, una castración parcial, pero el alma de Las Casas —ahora un huevo— no ha perdido del todo la capacidad generativa que la hace inmortal a la diestra de Dios Padre. Pero la piedra es, antes que otra cosa, *escritura*. El primer lector del texto narrativo fue el mismo Las Casas. Sabemos que sintió el efecto *uncanny* de su propia fabulación, pues saltó afuera de su relato para intentar legitimarlo como verídico al tiempo que subrayaba su improbabilidad. Tal vez haya sido en ese instante de lucidez crítica cuando leyera la metáfora *plaga de hormigas/plaga de negros*, preámbulo necesario para su examen de conciencia y su arrepentimiento. Ya contrito, luego de esa intensa lectura de sí mismo, pudo escribir al azúcar y a la plaga de esclavos con todas sus letras, junto a su culpa, en la confesión pública del capítulo 128, y luego la nota marginal en el capítulo 102. Al autoanalizarse, logró que su temor al castigo pasara el umbral de lo *uncanny* a lo histórico, de lo literario a lo real.

Aquí ya sólo resta comentar algunas implicaciones de todo este suceso o "caso" que acabamos de ver. En primer lugar habría que concluir con Pupo-Walker que, en las Crónicas, "las inserciones imaginativas no son siempre espacios fortuitos de la narración", y que tales "actos de fabulación" consituyen en general formas complementarias del testimonio histórico. A esto añadiría que hay casos, como el de la narración *uncanny* de Las Casas, que pueden tomarse como protohistóricos, pues preceden al material historiográfico mismo e, incluso, anteceden el momento donde se establece la oposición binaria como tensión supuestamente organizadora de la estructura textual. En realidad el relato de Las Casas, en la tenaz ambigüedad que lo instala entre la transgresión y la ley, entre el castigo y la absolución, ejemplifica muy bien la manifestación de la escritura como "fármacon", cuya característica de significar todo y nada advierte Derrida al analizar el *Fedro*.[44] Así, el relato histórico —la crónica propiamente dicha— que le sirve de marco a la pieza *uncanny,* no vale más que ésta en términos de autoridad y legitimidad, sino más bien pudiera decirse lo contrario ya que, como vimos, se refiere a ella, se debe a ella, es la consecuencia de ella. Esta subordinación, sin embargo, no quiere decir nada; la pieza *uncanny* no ofrece un significado estable ni puede tomarse como "verdad": es apenas un espacio elástico y pegajoso donde una piedra de la farmacopea es, simultáneamente, acre y

---

[44] Me refiero a su conocido ensayo "La pharmacie de Platon".

dulce, curativa y venenosa, cuerpo y alma, teconología y metafísica, vida y muerte, monumento y mutilación.

Teniendo a la vista el "caso Casas", podemos concluir que en la *Historia de las Indias* la ficción es un complemento del testimonio histórico, pero igualmente podemos decir que el texto histórico es un complemento de la fabulación. Esta ambivalencia la deja en pie el mismo Las Casas cuando, para dar prestigio a su narración, acude a la vez a una fuente literaria y a otra histórica, sin que ninguna domine sobre la otra: "Cuenta el Petrarca en sus *Triunfos,* que en la señoría de Pisa se despobló una cierta ciudad por esta plaga que vino sobre ella de hormigas." Y enseguida agrega: "Nicolao Leonico, libro II, cap. 71 de *Varia Historia,* refiere dos ciudades, solemnísimas, haber sido despobladas por la muchedumbre de mosquitos".[45] De este modo el texto histórico tanto como el literario se remiten a fantasmas que no son más reales que ellos, pues es fácil ver que las hormigas de Petrarca y los mosquitos de Leonico son colgajos del mismo sueño o hectoplasma que los sustenta para bien y para mal: la escritura.

Para terminar, hay otra dirección en que el relato *uncanny* de Las Casas se expresa como un significante de importancia actual. Piénsese, antes que nada, que *Historia de las Indias,* por ser propiamente uno de los primeros textos que se refieren al Caribe, hace de Las Casas lo que Foucault llama un "fundador de discurso".[46] Esto en el sentido de que Las Casas tuvo la opción de editar, primero que otros cronistas e historiadores de Indias, el flujo de papeles de toda suerte que hablaban del descubrimiento, la conquista y la colonización del Caribe—sin contar sus propias observaciones de testigo presencial. Pero enseguida debo aclarar que lo que hace a Las Casas fundador de lo Caribeño no es su edición del diario de Colón en su primer viaje o de las notas de Pané sobre la cultura de los taínos, ni tampoco sus descripciones naturales de las islas o su información lexicográfica y antropológica en lo que toca a los aborígenes. Las Casas puede entenderse como un fundador de lo Caribeño a partir de los capítulos que hemos visto aquí de su *Historia de las Indias;* esto es, aquellos que dan cuenta de los pormenores que originaron la plantación de azúcar y la esclavitud africana en el Nuevo Mundo, ya que son precisamente estas insti-

---

[45] Las Casas, *op. cit.,* III, p. 273.
[46] Ver su importante ensayo "Qu'est-ce qu'un auteur?"

tuciones las que mejor definen el Caribe y las que proporcionan el sustrato más rico de lo Caribeño.

Hagamos un rápido inventario de lo que cuentan estos dos capítulos: inicio de la manufactura azucarera, escasez de brazos por la desaparición del indio, solicitud de negros a Las Casas, memorial de éste al rey, opinión favorable del Consejo de Indias y de la Casas de Contratación, visto bueno de Las Casas, licencia real para llevar a las Antillas 4,000 esclavos de Africa, extensión del privilegio comercial a los flamencos de la corte, negociaciones de éstos con los traficantes portugueses, comienzo de la Trata, desarrollo de la manufactura azucarera, muerte de los esclavos en los ingenios, rebeliones de negros, aumento de la demanda de esclavos, guerras intertribales en Africa, renovaciones de licencias, plagas de negros rebeldes que amenazan la seguridad en las islas . . .

Obsérvese que Las Casas ha alcanzado a descubrir el ciclo fatal de la plantación: a más azúcar, más negros; a más negros, más violencia; a más violencia, más azúcar; a más azúcar, más negros. De sus denuncias no escapa ni siquiera el rey: "Los dineros destas licencias y derechos que al rey se dan por ellos (los portugueses), el emperador asignó para edificar el Alcázar que hizo de Madrid e la de Toledo y con aquellos dineros ambas se han hecho."[47]

Ya vimos que no era casual que fuera precisamente Saco quien insistiera en la publicación de *Historia de las Indias*. Como se sabe, había sido desterrado de Cuba por atacar públicamente el gran negocio de la Trata. Su razonamiento era paralelo al de Las Casas, y sus conclusiones eran las mismas a que había llegado éste: la plantación esclavista generaba rebeliones, es decir, "plagas de negros" que podían aniquilar la "piedra solimán" fundada por Europa. Esto no había sido dicho por ningún cronista ni por ningún historiador del mundo hispánico. De ahí que Saco se reconociera en Las Casas en tanto caribeño, puesto que el temor y la culpa hacia y por el negro constituye un componente de suma importancia en el pensamiento liberal caribeño, desde los tiempos de Las Casas hasta nuestros días.[48]

Así las cosas, hay que concluir que Las Casas es un fundador del discurso de lo Caribeño. Pero volvamos por última vez a su relato

[47] Las Casas, *op. cit.*, III, p. 275.
[48] Luego de Saco, la primera gran figura caribeña en identificarse con Las Casas fue Fernando Ortiz, quien, por supuesto, también se identificó con Saco.

uncanny. ¿Podríamos decir que se trata de una muestra temprana de la literatura del Caribe? Pienso que sí. No sólo eso, sino que por fijarse su texto en el momento de formación del discurso de lo Caribeño, constituye una suerte de óvulo o huevo al cual, necesariamente, ha de referirse la narrativa caribeña. Tal es la regla aceptada que rige cualquier discurso.

En efecto, si repasamos las muestras más notables—más caribeñas—de la literatura del Caribe, no importa el idioma en que esté escrita, observamos que todas se remiten de alguna u otra forma al texto *uncanny* de Las Casas, en el sentido de que éste comunica la presencia de la ausencia de la Plantación.[49]

En última instancia puede decirse que la literatura caribeña, en su discurso circular, repite incesantemente el combate mitológico entre las hormigas y el solimán, que es el *interplay* de lo Africano y lo Europeo, del castigo y la transgresión, de la resistencia y el poder.

Amherst College

---

[49] No puedo menos de recordar el texto de *Cien años de soledad*, donde aparecen los elementos principales de la narración de Las Casas: el solimán de Melquíades, la plantación de plátanos y, sobre todo, la plaga incontenible de hormigas que toma la casa solariega de los Buendía y devora al último vastago de la familia, en quien se ha consumado la transgresión del incesto. Recuérdese también que la matanza ocurrida en la plantación es olvidada—reprimida—por todo Macondo; su ausencia sólo se hace presencia en el recuerdo alucinado de José Arcadio Segundo.

STORY VS. DISCOURSE
IN THE CHRONICLE OF THE INDIES:
ALVAR NÚÑEZ CABEZA DE VACA'S *RELACION*

One of the most abundant types of Latin American Colonial writings, the chronicle of the Indies, has proven to be at the same time one of the most difficult for literary critics to approach.' The purely historical approach preferred by historians, geographers, and ethnographers tends to pursue the referent while neglecting formal aspects. The formalistic or purely structuralistic analysis of the works may, on the other hand, prove equally unsatisfactory by failing to consider chronicles as documents that are, by definition, records of events that really took place. Hardly more satisfying is the treatment in which a lengthy discussion of a particular chronicle's referential aspects is followed by a separate section on «style» or «literary characteristics,» since this approach overlooks the *tension* between the chronicle's use of devices commonly associated with fiction and the reader's knowledge that what he is reading is not fiction but history. It is this tension that constitutes for the modern reader the definitive feature of chronicle discourse as opposed to fiction or to history written according to modern concepts of historiography.

A recent approach that does take such tension into consideration is suggested by Mary Louise Pratt in her *Toward a Speech Act Theory of Literary Discourse*. Pratt suggests that two types of assertions are the *information assertion* and the *display assertion*. The information assertion is made in answer to or in anticipation of a question. If someone asks about a trip one took, or if one assumes such a question to be imminent, the relevance of a statement on the topic may be considered to preexist. The display assertion, on the other hand, *creates its own relevance* by describing a state of affairs that is unusual, contrary to expectations, or otherwise problematic. It does not simply report what happened; it displays it verbally. According to Pratt:

> In making an assertion whose relevance is tellability, a speaker is not only reporting but also verbally *displaying* a state of affairs, inviting his addressee(s) to join him in contemplating it, evaluating it, and responding to it. His point is to produce in his hearers not only belief but also an imaginative and affective involvement in the state of affairs he is

representing and an evaluative stance toward it. He intends them to share his wonder, amusement, terror, or admiration of the event. Ultimately, it would seem, what he is after is an *interpretation* of the problematic event, an assignment of meaning and value supported by the consensus of himself and his hearers.[2]

Barbara Herrnstein Smith reaches exactly the same conclusion in her *On the Margins of Discourse.*[3]

While information assertions—or *texts* if they are lengthy—may deliver the requested information in unrelieved form, it is entirely appropriate in many situations for the speaker to choose to display his text in a vivid fashion, inviting his audience «to join him in contemplating it, evaluating it, and responding to it.» The information assertion and the display assertion are thus not mutually exclusive. The difference is not between two kinds, but rather between two uses of information.

It is probable that all works generally accepted as literature are display texts.[4] When a work of history or philosophy is seen to place a high value upon the display of the information conveyed, as are Carlyle's *French Revolution*, Emerson's essays, and a number of chronicles of the Indies, they often become interesting to literary scholars and begin to appear on lists of works to be studied in literature courses. Truman Capote's *In Cold Blood*, Norman Mailer's *Armies of the Night*, and much of the so-called «new journalism» play with the verbal display of the events they report in a style so like that found in works of fiction that they seem to defy classification according to the traditional history/fiction dichotomy.

The Colonial era of Latin American letters knows many texts initially inscribed as history but that remind the modern reader much more of fiction. One example is Garcilaso de la Vega's *La Florida del Inca,* which consists structurally of literally hundreds of micro-narratives embedded in other longer narratives making up the work's six books.[5] Since the narrator of *La Florida* did not accompany Hernando de Soto on his exploration of a large part of what is now the southeastern United States, almost all of his information, the reader is told, has been received from «un caballero, grande amigo mío,» who did participate.[6] Yet the identity of this gentleman is never revealed, thus creating an underlying discourse forever out of the reader's grasp—a procedure that recalls strongly the framing devices commonly employed in fictional texts. When the narrator wishes confirmation for a statement he fears the reader will find difficult to credit, he does not hesitate to quote directly, within the work itself, this ever-anonymous informant who, he claims, is completely «fidedigno» (p. 6). The epithet «fidedigno autor» as well as the system of mutual vouching encountered here may remind the reader of *Don Quixote,* that other work of scrupulously accurate history, whose anonymous «second teller» from time to time endorses the accuracy of its narrator Cide Hamete Benengeli.[7]

The fact that all of Garcilaso's information is secondhand does not prevent him from showing omniscience in the relation of many of the episodes of his history. He is mysteriously capable of revealing the mental machinations of Indian chieftains located many leagues away from the Spanish leader and his envoys.[8] He is likewise able to provide in direct quotation often lengthy heroic discourse delivered by these chiefs, even though no notes were taken on the spot and the narrator remarks at one point that sometimes «eran menester diez y doce y catorce intérpretes para hablar a los caciques e indios de aquellas provincias.»[9]

The quotation of such discourse also occurs in another important Colonial text, Bernal Díaz del Castillo's *Historia de la conquista de Nueva España*. Despite the criterion of strict adherence to truth announced by the narrator, who claims to be writing as a «testigo de vista» unlike others who have spoken and written about the Mexican campaign «a sabor de su paladar,» Bernal is often led to include within his own text information to which he could not really have enjoyed firsthand access.[10] In addition to the chiefs' and ambassadors' discourses, Bernal, in Mexico with Hernán Cortés, relates the outraged reactions in Cuba of Governor Diego Velázquez when the latter learns that Cortés has dispatched a ship directly to His Majesty Charles I in Spain (Chapter LV). Later he records the reception of Cortés' envoy upon the latter's arrival in Spain (Chapter LVI). In doing this Bernal apparently realizes that he is departing from his own epistemological criterion. He launches a spirited self defense:

> Y antes que más pase adelante quiero decir, por lo que me han preguntado ciertos caballeros muy curiosos, y aun tienen razón de saberlo, que cómo puedo yo escribir en esta relación lo que no vi, pues estaba en aquella sazón en las conquistas de la Nueva España, cuando nuestros procuradores dieron las cartas y recaudos y presentes de oro que llevaban para Su Majestad, y tuvieron aquellas contiendas con el obispo de Burgos. A esto digo que nuestros procuradores nos escribían a los verdaderos conquistadores lo que pasaba, así lo del obispo de Burgos como lo que Su Majestad fue servido mandar en nuestro favor, letra por letra, en capítulos, de qué manera pasaba. Y Cortés nos enviaba otras cartas que recibía de nuestros procuradores a las villas donde vivíamos en aquella sazón, para que viésemos cuán bien negociaban con Su Majestad y cuán contrario teníamos al obispo. Y esto doy por descargo de lo que me preguntaban.[11]

Whether or not this justifies the author on his own grounds, the reader has little trouble concluding that the vivid depiction of these scenes adds much to *Historia de la conquista* as a display text. «Direct quotation» and the inclusion of scenes recreated or even simply created from the author's imagination serve to fill in gaps and provide the reader with an ironic vision of goings-on unknown at the time to the participants themselves.

Hayden White has explained that such procedures were standard among historiographers prior to the redefiniton of historical discourse formulated in the nineteenth century. For the Renaissance historian, according to White, the opposition lay between truth and error rather than between fact and fancy. It was understood that many kinds of truth could be presented to the reader only by means of fictional techniques of representation such as rhetorical devices, tropes, figures, and schemata of words and thoughts.[12] Techniques of fiction-making were essential—in other words, techniques that not only conveyed information but displayed it for the reader's involvement and pleasure as well as for his edification.

Another chronicle that has attracted the interest of literary scholars is *La relación* of Alvar Núñez Cabeza de Vaca. This novella-sized work tells in fast-paced prose the story of the narrator's participation as treasurer and *alguacil mayor* in the ill-fated expedition of Pánfilo de Narváez to Florida, which took place some ten years previous to the one led by Hernando de Soto. After becoming separated from the ships that have brought them from Cuba, Narváez and his men use their remaining horses as rations while building five boats in which they hope to reach the town of Pánuco, Mexico, on the Gulf coast. Storms, confusion of authority, and miscalculated distances, however, result in the loss of all but four of the original 500 men. These four—the narrator and three companions—are kept alive by Indians who make slaves of them. After remaining, along with their captors, in a state of near-starvation for some six years, the survivors determine to flee westward in search of «cristianos.» The remainder of the book is taken up with their remarkable odyssey across Texas and what is now the southwestern United States. The journey is possible only because the men successfully play out the role of shamans imposed upon them by the Indians who escort them from village to village and venerate them as «hijos del sol.» Because of the descriptions included of the many Indian tribes encountered and of the route traveled, *La relación* has become an important sourcebook for ethnographers and geographers, as well as for historians.

Enrique Anderson Imbert has noted a few of the reasons why *La relación* lends itself to an aesthetic reading as well as an efferent one:[13] «Cabeza de Vaca sabe contar. Centra su relato en el 'yo,' y sin perder de vista al lector (es uno de los cronistas que escriben para el lector) va evocando sus aventuras en un estilo rápido, rico en detalles reveladores, emocionante, fluido como una conversación y, sin embargo, de dignidad literaria. Es una de las crónicas que se releen con gusto.»[14] In addition to this intuitive assessment, Billy T. Hart and to a further extent Maureen Ahern have attempted to specify the narrative qualities contained in *La relación*. Using two very different models of analysis, both conclude that the events narrated form a plot that is as tight, as exciting, and as satisfying in its resolution as those found in any number of completely fictional popular adventure stories.[15]

It is interesting to note that, unlike either Inca Garcilaso de la Vega or Bernal Díaz del Castillo, Cabeza de Vaca makes little use of narrative omniscience or of irony. He hardly departs in the narrative from the order in which he might have been expected to learn of developments and events during the actual experience. Direct quotation is almost never used. Such considerations might lead to the erroneous conclusion that *La relación*'s chief point of interest for the literary critic lies in the remarkable machinery of its plot in conjunction with the rapid and exciting pacing of the narrative.

There is much more of interest in the work, however. In a recent article entitled «Los naufragios de Alvar Núñez como construcción narrativa,» David Lagmanovich points out several of the rich intertextual associations likely to occur to the modern reader familiar with Latin American narrative during a reading of *La relación*. [16] He notes that in addition to the main narrative there is a series of stories or episodes that «cubren una gama bastante vasta de temas y registros.» These include «lo real maravilloso, el cuento extraño, un cuento fantástico, ejemplos de una literatura *testimonial* y un episodio . . . topológico» (pp. 34-35). These stories tend to oppose themselves to the narrative's otherwise linear structure. According to Lagmanovich: «el conflicto que se impone a nuestra conciencia es sobre todo áquel que opone lo lineal, que es cronológico y objetivo, a lo episódico, donde la subjetividad está mucho más libre y donde las sucesivas viñetas van atacando el carácter unívoco de la narración.» (p. 35)

The subjective element referred to here by Lagmanovich as «lo episódico» might be analyzed also in terms of what William Labov has described as «narrative evaluators.»[17] Engaged in a project to determine whether dialect differences had anything to do with the reading problems of black children, Labov collected some 600 «narratives of personal experience» recounted by Harlem youngsters and subjected them to intensive analysis. He defined narrative as «one method of recapitulating past experiences by matching a verbal sequence of clauses to the sequence of events which (it is inferred) actually occurred» (p. 360). A minimal narrative would be «a squence of two clauses which are temporally ordered: that is, a change in their order will result in a change in the temporal sequence of the original semantic interpretation» (p. 360). Labov found narrative clauses to contain relatively few elements: conjunctions, simple subjects, verbs with past tense marker, complements, and adverbials. Yet, in narratives heard in conversation as well as in literary narrative, one hears many additional elements—modals, negatives, subjunctives, and «a great many transformations and embeddings» (p. 378). He concluded that departures from narrative syntax have a marked *evaluative force*. By additional analysis, Labov was able to provide a typology of the kinds of evaluators employed in his collected narratives. Evaluators, he concluded, are perhaps the most important element in addition to the basic narrative clause. They constitute

the means used by the narrator to indicate the point of the narrative: its raison d'être: why it was told, and what the narrator is getting at. There are many ways to tell the same story, to make very different points, or to make no point at all. Pointless stories are met (in English) with the

withering rejoinder, «So what?» Every good narrator is continually
warding off this question; when his narrative is over, it should be unthinkable for a bystander to say, «So what?» Instead, the appropriate
remark would be, «He did?» or similar means of registering the report-
able character of the events of the narrative. (p. 366)

In his 1981 book *The Pursuit of Signs,* Jonathan Culler discusses the
opposition drawn by Labov between the evaluator and the narrative sequence itself in terms of the story/discourse opposition recognized and investigated by theorists in a number of different literary movements.[11]
Acknowledging that there exist variations in the way theorists view the
dichotomy, Culler notes that there is general agreement among them that
narratives involve «a sequence of actions or events, conceived as independent of their manifestation in . . . the discursive presentation or narration of
events» (pp. 169-170).

In his study of *La relación,* David Lagmanovich notes that the work is
structured linearly around Núñez's journey but that «A lo largo de ese viaje, por otra parte, se producen una serie de inversiones de la realidad comúnmente aceptada según la óptica del lector convencional . . .» (p. 32).
These inversions are produced by the stories already referred to as «lo
episódico»—in which «la subjetividad está mucho más libre y donde las
sucesivas viñetas van atacando el carácter unívoco de la narración» (p. 35).
The element of subjectivity noted by Lagmanovich which opposes the simple sequence of events experienced by the narrator is at some level clearly a
manifestation of Labov's evaluative element.

At least two other types of evaluators—or elements concerned with
making the point of Núñez's relation of the particular events that form the
story—are to be found in *La relación.* The first of these was noted by
Maureen Ahern in her study «Marco and Micro Structure Patterning in *La
relación* by Núñez Cabeza de Vaca» and consists of the embedding of
evaulation into the narrative itself.[12] In one of the work's early scenes the
narrator pleads with his obviously inept *adelantado* Pánfilo de Narváez not
to leave the ships and march inland in search of gold. In this passage extensive use is made of indirect quotation, especially to list at length the many
reasons cited by Cabeza de Vaca to the Governor for believing that the proposed move will be a disastrous one:

Yo respondia que me parescia que por ninguna manera debía dejar los
navíos sin que primero quedasen en puerto seguro y poblado, y que
mirase que los pilotos no andaban ciertos, ni se afirmaba en una misma
cosa, ni sabían a qué parte estaba; y que allende de esto, los caballos no
estaban para que en ninguna necesidad que se ofresciese nos pudiésemos
aprovechar de ellos; y que sobre todo esto, íbamos mudos y sin lengua,
por donde mal nos podíamos entender con los indios, ni saber lo que de
la tierra queríamos, y que entrábamos por tierra de que ninguna relación

teníamos, ni sabíamos de qué suerte era, ni lo que en ella había, ni de
qué gente estaba poblada, ni a qué parte de ella estábamos; y que sobre
todo esto, no teníamos bastimentos para entrar adonde no sabíamos;
porque, visto lo que en los navíos había, no se podía dar a cada hombre
de ración para entrar por la tierra más de una libra de bizcocho y otra de
tocino, y que mi parescer era que se debía embarcar y ir a buscar puerto
y tierra que fuese mejor para poblar, pues la que habíamos visto, en sí
era tan despoblada y tan pobre, cuanto nunca en aquellas partes se
había hallado. *"*

Several other similar confrontations find the same device employed
(for example, pp. 21-22), as does a scene near the work's end in which the
narrator recounts how the Indians contrasted the four Spaniards they had
accompanied to the Spanish outpost of San Miguel (Núñez and his companions) with the Spaniards they had encountered on the trail, the latter obviously engaged in running down and capturing Indians to serve as slaves:

Mas todo esto los indios tenían en muy poco o nada de lo que les decían;
antes, unos con otros entre sí platicaban, diciendo que los cristianos
mentían, porque nosotros veníamos de donde salía el Sol, y ellos donde
se pone; y que nosotros sanábamos los enfermos, y ellos mataban los
que estaban sanos; y que nosotros veníamos desnudos y descalzos, y
ellos vestidos y en caballos y con lanzas; y que nosotros no teníamos
cobdicia de ninguna cosa, antes todo cuanto nos daban tornábamos
luego a dar, y con nada nos quedábamos, y los otros no tenían otro fin
sino robar todo cuanto hallaban, y nunca daban nada a nadie; y de esta
manera relataban todas nuestras cosas y las encarescían, por el contrario
de los otros ... (p. 88).

In these passages the evaluation serves to emphasize a main point of the
story to Núñez's addressee, the King of Spain. This point is, of course, that
Núñez himself was blameless in making the unwise decisions that resulted in
the expedition's failure as he was in the subsequent un-Christian treatment
of the native «Floridians.»

The narrator also makes use of the embedding of evaluative *action*. As
Ahern notes, when the Indians discover the naked and shivering Spaniards
after the capsizing of their roughly constructed vessels, the description of
the latter's miserable condition is rendered particularly effective by registering the *Indians'* reaction upon observing it:

Los indios, de ver el desastre que nos había venido y el desastre en que
estábamos, con tanta desventura y miseria, se sentaron entre nosotros, y
con el gran dolor y lástima que hobieron de vernos en tanta fortuna,
comenzaron todos a llorar recio, y tan de verdad, que lejos de allí se
podía oír, y esto les duró más de media hora; y cierto ver que estos hom-

bres tan sin razón y tan crudos, a manera de brutos, se dolían tanto de
nosotros, hizo en mí y en otros de la compañía cresciese más la pasión y
la consideración de nuestra desdicha. (p. 39)

Similarly, the depictions of the Indians escorting the four Spaniards from
village to village along «el camino del maíz» (pp. 69-89) dramatize the
veneration in which the latter are held, according to the narrator, by this
point in the story. It is to be noted that these elements are embedded in the
actual narrative sequence of events in such a way as to make them difficult
to separate from it, a point I will return to at the conclusion of this study.

The final use of the evaluator in *La relación* involves the narrator's
portrayal of himself. In the passages quoted above, while the narrator
avoids self-praise, his point is easy to perceive: if Narváez had only accepted
the advice offered him by his treasurer, the expedition could have been
saved. Similarly, the narrative duly records that it is Cabeza de Vaca who
conceives the final plan to escape from the Indian masters, proves the most
daring in exercising the healing arts that assure the Indians' continuing
loyalty and aid, and seeks to ensure that the «cristianos» finally encountered near the settlement do not abusively capture and enslave the red
men accompanying the four survivors. In short, Cabeza de Vaca emerges as
the hero of the story. Billy T. Hart has observed, in fact, that at times the
whole narrative seems to constitute a panegyric for Alvar Núñez Cabeza de
Vaca, who appears not to have made a single wrong decision during the entire nine years of the expedition.[21]

In his discussion of Labov's concept of the narrative evaluator,
Jonathan Culler points out that the distinction between narrative sequence
and evaluator works very well as long as the evaluator can be successfully
separated from sequences of narrative events—that is, as long as discursive
elements and story can be told apart:

> If he /Labov/ can separate narrative clauses from evaluative clauses,
> then he can maintain the view that a narrative is a sequence of clauses
> reporting events, to which are added clauses evaluating these events, but
> when he comes to describe the evaluative devices, he discovers that some
> of the most interesting and powerful are not comments external to the
> action but actually belong to the sequence of actions. Instead of oneself
> remarking how exciting or dangerous or what a close call an incident
> was, one can emphasize the reportability of a story by attributing an
> evaluative comment to one of the participants and narrating this com-
> ment as an event in the story . . . . Or, as Labov says, the evaluation
> «may itself be a narrative clause» in that an action one reports has the
> primary funtion of emphasizing the dramatic character of the events. . . .[22]

As already noted in the case of *La relación*, Núñez embeds certain
evaluators so deeply into his narrative that they are, in fact, narrative

clauses, the removal of which would cause the story to be incomplete. Was Núñez—or «Cabeza de Vaca» as he refers to himself—really as heroic as he claims? Or is he guilty of exaggeration? If he is guilty of such exaggeration, what is the extent of it?

Culler's own point in his criticism of the story vs. discourse opposition is that deconstructionists have effectively debunked the priority of story to discourse, since if a work is fictional it is debatable whether a story exists at all apart from the discourse (p. 183). In other words, the story is simultaneous with the discourse so far as the reader is concerned, and exists solely in terms of its manifestation within this discourse.

If *La relación* were fiction then, there would be in a sense no point in suggesting that the narrator's characterization as the hero of his tale could represent an attempt to give an evaluation of the events that will make the point he wished to make—that he is blameless for the failure of the expedition and the death of his 500 companions. Unless there were some other evidence within the text itself, such a speculation would merely be idle.

The fact remains, however, that *La relación* is not fiction at all but rather a historical record, a chronicle. For this reason, to wonder if the events of the Narváez expedition, as related by Alvar Núñez Cabeza de Vaca, simply configured themselves neatly into a perfectly oiled adventure story in which Núñez himself just happened to emerge as the hero is not idle at all. Because *La relación* is, in a sense, *more* than fiction, the story/discourse opposition is valid; and the ferreting out of the true nature of the «story» through historical investigation assumes real importance.

In his book *The Mythopoeic Reality* Mas'ud Zavarzadeh refers to the tension «created by the centrifugal energy of the external reality and the centripetal force of the internal shape of the narrative.»[2] This is the tension felt by the reader of *La relación* as he perceives the intertextuality between Núñez's narrative and many another clever adventure story told in the first person, and at the same time remembers the work's classification and use as a history book. It is this tension that is likely to prove the most intriguing element for today's reader, and that must be acknowledged and dealt with in any adequate approach to the large body of nonfiction novels—to use Zavarzadeh's term—that constitute much of Latin America's early writing.

University of Houston   Lee W. Dowling

NOTES

[1] For a discussion of the neglect of Latin American Colonial prose writing, see Raquel Chang-Rodríguez, *Prosa hispanoamericana virreinal* (Barcelona: Borrás, 1978), Chapter One.

[2] Mary L. Pratt, *Toward a Speech Act Theory of Literary Discourse* (Bloomington: Indiana University Press, 1977), pp. 132-51.

³ Smith, *On the Margins of Discourse* (Chicago: University of Chicago Press, 1978), p. 195.

⁴ The reverse is not true, of course, since all display texts are certainly not literature, not even written.

⁵ For discussion and analysis see Lee H. Dowling, «Reading the Chronicle: Garcilaso de la Vega's *La Florida del Inca,*» unpublished diss., Arizona State University, 1982. See also Donald Castanien, «Narrative Art in *La Florida del Inca,*» *Hispania,* 43 (1960), 30-36; and Hugo Rodríguez Vecchini, «*Don Quijote* y *La Florida del Inca,*» *Revista Iberoamericana,* Nos. 120-121 (1982), 587-620.

⁶ Garcilaso de la Vega, el Inca, *La Florida del Inca,* ed. Emma Susana Speratti Piñero (México, D. F.: Fondo de Cultura Económica, 1956), p. 5. All quotations are from this edition.

⁷ This endorsement is found in *Don Quixote,* Part Two, Chapter XL.

⁸ See, for example, the scheming of Chief Vitachuco in *La Florida del Inca,* Book Two, Part One, Chapter 23.

⁹ Garcilaso de la Vega, el Inca, *La Florida del Inca,* p. 296.

¹⁰ Bernal Díaz del Castillo, *Historia de la conquista de Nueva España,* 11th ed. (México, D.F.: Porrúa, 1976), p. 1. This edition is a faithful reproduction of the Guatemala MS, with spelling and punctuation modernized. For speeches «quoted» by Bernal Díaz, see Chapters CXXVIII and CXXII, among others.

¹¹ Bernal Díaz del Castillo, *Historia de la conquista,* pp. 96-97.

¹² Hayden White, *The Topics of Discourse* (Baltimore: Johns Hopkins, 1978), p. 123.

¹³ The term *efferent* as opposed to aesthetic reading is used by Louise Rosenblatt to denote reading that aims to carry something away from the text, such as information or the solution to a problem—Latin *effere,* to carry away. See her *The Reader, the Text, the Poem* (Carbondale: Southern Illinois University Press, 1978), pp. 22-47.

¹⁴ Enrique Anderson Imbert, *Historia de la literatura hispanoamericana* (México, D.F.: Fondo de Cultura Económica, 1954), p. 32.

¹⁵ Billy T. Hart, «A Critical Edition with a Study of the Style of *La relación* by Núñez Cabeza de Vaca,» unpublished diss., University of Southern California, 1974; and Maureen Ahern, «Marco and Mirco Structure Patterning in *La relación* by Núñez Cabeza de Vaca,» paper presented at the session on Spanish Literature of the Southwest, MLA, Chicago, 1977, to be published soon.

¹⁶ David Lagmanovich, «Los Naufragios de Alvar Núñez como construcción narrativa,» *Kentucky Romance Quarterly,* 25, No. 1 (1978), 27-37. It should be noted that the work's original title is *Relación*; «Naufragios» was imposed later by a publisher.

¹⁷ See William Labov and Joshua Waletzky, «Narrative Analysis: Oral Versions of Personal Experience,» in *Essays on the Verbal and Visual Arts: Proceedings of the 1966 Annual Spring Meeting of the American Ethnological Society,* ed. June Helm (Seattle: University of Washington Press, 1967), pp. 12-45. See also William Labov, «The Transformation of Experience in Narrative Syntax,» in his *Language in the Inner City* (University Park: University of Pennsylvania Press, 1972), pp. 354-97. All references are to the second of these articles.

¹⁸ Culler, *The Pursuit of Signs* (Ithaca: Cornell, 1980), pp. 169-87.

¹⁹ Ahern, «Marco and Mirco Structure Patterning,» n.

²⁰ The edition quoted is Alvar Núñez Cabeza de Vaca, *Naufragios y Cometarios,* 5th ed.

tion (Madrid: Espasa-Calpe, 1971), p. 19. All quotations were checked for accuracy against the critical edition of the work prepared by Billy T. Hart (see note 15 above).

¹¹ Hart, «A Critical Edition,» p. lxv.

¹² Culler, *The Pursuit of Signs,* p. 185.

¹³ Mas'ud Zavarzadeh, *The Mythopoeic Reality: The Postwar American Non-fiction Novel* (Urbana: University of Illinois, 1976), p. 56.

ALTERIDAD Y RECONOCIMIENTO EN LOS *NAUFRAGIOS* DE ALVAR NÚÑEZ CABEZA DE VACA*

La relectura de los *Naufragios* de Alvar Núñez Cabeza de Vaca revela, una vez más, su carácter insólito, su notable capacidad de asombro. El texto, sin duda, logra lo que se proponían, según Martínez Estrada, todos los cronistas de Indias —"enriquecer la aventura narrándola"[1]—, aunque acaso fuera más justo modificar la frase: más que enriquecer, el texto de Alvar Núñez *crea* la aventura narrándola; es, eminentemente, un hecho de letras.

Los *Naufragios* no son la relación exaltada de una hazaña victoriosa; son, en cambio, la historia de un fracaso cuyo signo negativo se busca borrar con la escritura. El propósito no cumplido de la expedición —"conquistar y gobernar"[2]— es reemplazado positivamente por otro, que es una hazaña retórica: informar y convencer. En el plano práctico, este proceso de revaloración tiene una meta inmediata: el reconocimiento del rey. Para ese lector real, el texto de Alvar Núñez descubre lo desconocido y, sobre todo, lo que la empresa misma, fallida, no ha podido revelar: el mérito del propio descubridor. Hablar —es decir relatarse— es necesario "para ser contado entre los que con entera fe y gran cuidado administran y tratan los cargos de vuestra majestad y les

* Este trabajo recoge y amplía considerablemente un texto previo, "Formulación y lugar del yo en los *Naufragios* de Alvar Núñez Cabeza de Vaca", en *CH (7)*, pp. 761-766.

[1] EZEQUIEL MARTÍNEZ ESTRADA, *Radiografía de la Pampa*, Losada, Buenos Aires, 1942, p. 9. Destaca Martínez Estrada el valor *fundador* de la escritura colonial —tanto la de los cronistas como la de los notarios y clérigos— que se adosa a la realidad americana y a menudo la reemplaza (p. 11).

[2] ALVAR NÚÑEZ CABEZA DE VACA, *Naufragios y comentarios*, ed., introd. y notas de Roberto Ferrando, Historia 16, Madrid, 1984, p. 41. Cito en adelante por esta edición, cuyo texto sigue la de Serrano y Sanz, Madrid 1906.

hace merced"[3]. Pero además de estos descubrimientos específicos destinados al rey, hay otro descubrimiento, más elusivo, en que se apoya el texto. Es el descubrimiento del yo con respecto al otro, el permanente replanteo de un sujeto ante una alteridad cambiante que determina sus distintas instancias. Esta experiencia del otro y de lo otro sorprende en los *Naufragios* por su complejidad. Como pocos textos de la conquista, la relación de Alvar Núñez se funda en una diferencia y se nutre de ella[4].

El proemio de la relación, mal conocido y raras veces incluido en las ediciones modernas del texto[5], es un modelo de elocuencia. Hábil alegato a la vez que persuasiva invitación a la lectura, busca condicionar sutilmente la respuesta del rey. Los fracasos, comienza por decir en términos generales, no dependen de la voluntad de los hombres sino de la voluntad divina:

> Mas ya que el deseo y voluntad de servir, a todos en esto haga conformes, allende la ventaja que cada uno puede hacer, hay una muy gran diferencia no causada por culpa de ellos, sino solamente de la fortuna; o más cierto sin culpa de nadie, mas por sola voluntad y juicio de Dios: donde nace que uno salga con más señados servicios que pensó y a otro le suceda todo tan al revés que no pueda mostrar de su propósito más testigo que a su diligencia. Y aun esta queda a las veces tan encubierta que no puede volver por sí[6].

La noción de revés, marcada aquí casi al pasar por Alvar Núñez, servirá más adelante como fermento del texto. De la cita se desprende, además, la necesidad de descubrir con la palabra

---

[3] "Prohemio", en BILLY THURMAN MART, *A Critical Edition with a Study of the Style of "La Relación" by Alvar Núñez Cabeza de Vaca*, tesis doctoral, University of Southern California, 1974. La edición de MART se apoya en el texto de la de Valladolid de 1555.

[4] Ver el excelente artículo de LUISA PRANZETTI, "Il naufragio come metafora (a proposito delle relazioni di Cabeza de Vaca)", *Letteratura d'America*, 1 (1980), 5-28. Para PRANZETTI la novedad del texto de Alvar Núñez está en el hecho de sustituir "all'opposizione cultura *vs* natura, così irrinunciabile in altre cronache, quella ben piú problematica di cultura *vs* cultura «altra»" (p. 28).

[5] El Proemio, presente en las ediciones de Zamora (1542) y de Valladolid (1555), desaparece a partir de la de González Barcia (Madrid, 1749). Propone convincentemente PRANZETTI que la supresión del proemio, más la definitiva adopción del otro título que se venía dando al texto —*Naufragios* en lugar de *Relación*—, indica una nueva actitud de lectura ante el texto: "un metter l'accento[...]sui motivi che stanno alla base degli scontri e su problemi di identità legati agli stessi", art. cit., p. 9.

[6] "Prohemio", en MART, *op. cit.*

lo que ha permanecido encubierto: la diligencia de un yo servidor del rey. Esta urgente palabra reveladora, esta "necesidad de hablar para ser contado", se percibe en el proemio como ruptura: es un gesto insólito dentro de una heroica tradición familiar en la cual los hechos ("las obras y servicios... tan claros y manifiestos") eran testimonio en sí, más elocuentes que las palabras que hubieran intentado describirlos. En cambio, los hechos de la expedición de Alvar Núñez no hablan solos: son causa de su falta de elocuencia los muchos reveses que quiso la providencia pero también —y aquí el yo afina su singular estrategia autovalorativa— el hecho de que su diligencia individual fue desatendida por sus compañeros. Hablar para ser contado —y hablar para contar— es pues el único modo de enderezar los reveses en la página, valorizando una diligencia que no fue reconocida para que, precisamente, se la reconozca:

> Mas como ni mi consejo ni diligencia aprovecharon para que aquello a que éramos idos fuese ganado conforme al servicio de Vuestra Majestad... no me quedó lugar para hacer más servicios de este, que es traer a Vuestra Majestad relación de lo que en diez años que por muchas y muy extrañas tierras que anduve perdido y en cueros, pudiese saber y ver...[7]

La maniobra es clara: distinguirse y, desde esa posición de diferencia, hacer del relato mismo su servicio[8].

Sin embargo, la declaración de propósitos —el anuncio del relato como servicio— no basta para justificar al yo. Al no estar respaldados por la acción gloriosa, modo convencional de valorización, tanto el yo como su relato tendrán que encontrar su gloria, su mérito, dentro de sí mismos. Así el autor recalca, por ejemplo, la utilidad de lo narrado, como información geográfica y etnográfica para futuros colonizadores y también como base de una posible estrategia evangélica. Recalca, además, su propia eficacia como testigo y relator, afirma haberse preparado para su práctica de cronista, dedicando la diligencia que desaprovecharon sus compañeros en la acción para ejercitar largamente su memoria en vista de la futura escritura:

---

[7] *Ibid.*

[8] Dos buenos artículos consideran, el uno en detalle, el otro al pasar, este aspecto del Proemio: la relación como servicio. Véanse ROBERT E. LEWIS, "Los *Naufragios* de Alvar Núñez: historia y ficción", *RevIb*, 48 (1982), 681-694; y PEDRO LASTRA, "Espacios de Alvar Núñez: las transformaciones de una escritura", *CuA*, 1984, núm. 3, 150-164.

...aunque la esperanza que de salir de entre ellos tuve siempre fue muy poca, el cuidado y la diligencia siempre fue muy grande de tener particular memoria de todo, para que si en algún tiempo Dios Nuestro Señor quisiese traerme adonde ahora estoy, pudiese dar testigo de mi voluntad y servir a Vuestra Majestad[9].

A la vez garantía de maravilla y de verdad, esa memoria se complementa con la discreción narrativa, igualmente valorizada: "aunque en [la relación] se lean algunas cosas muy nuevas, y para algunos muy difíciles de creer, pueden sin duda creerlas, y creer por muy cierto, que antes soy en todo más corto que largo". Pero el mayor valor del relato, como señala dramáticamente el final del proemio, es, más allá de los servicios y méritos mencionados, su espectacular unicidad: "sólo es [el relato] que un hombre que salió desnudo pudo sacar consigo".

A la vez que aconseja pautas precisas de lectura al rey, el proemio a la relación de Alvar Núñez revela el principal resorte organizador del texto: un yo, narrador y actor, se construye dentro de su historia por un proceso de diferenciación, despojamiento y traslado.

La diferenciación se produce muy pronto en los *Naufragios*. El uso de los pronombres, de capital importancia en el texto, permite observar cambios notables: el relato se inicia con una esperable primera persona del plural, un nosotros que agrupa sueltamente a los españoles ("llegamos a la isla", "de allí partimos"), pero que pronto comienza a alternar con un *yo* que procura distinguirse de los demás. En pasajes altamente dramatizados —el yo en situación, el yo como espectáculo— el narrador se atribuye gestos, recalca formas de su diligencia que no sólo lo apartan de los otros sino que, a la luz de los hechos ulteriores, le dan la razón.

Es útil notar que esta distinción del yo se produce contra un fondo de notable desorganización y desconcierto. La empresa de Narváez es singularmente caótica, carente, en el sentido más literal, de dirección. En Santo Domingo, primer puerto que toca la expedición, desertan más de ciento cuarenta hombres. En Cuba, la escala siguiente, Narváez se reabastece de hombres, pero en un huracán pierde dos navíos, sesenta personas y veinte caballos. La autoridad del jefe de la expedición se desquicia; también la de su piloto, sobrino del legendario Diego Miruelo, quien "decía que sabía y había estado en el río de las Palmas, y era muy buen piloto de toda la costa del norte" (p. 45). No bien se llega al con-

---

[9] "Prohemio", en MART, *op. cit.*

tinente se comprueba la ineficacia de ese saber, ineficacia que Alvar Núñez se complace en reiterar: Miruelo "había errado, y no sabía en qué parte estábamos, ni adónde era el puerto" (p. 47), los pilotos equivocados "decían y creían que yendo la vía de las Palmas estaban muy cerca de allí" (p. 48) y que "no estaría sino diez o quince leguas de allí la vía de Pánuco" (p. 49). El error es flagrante y la desorientación total: el río de las Palmas, es decir el río Grande, queda a más de quinientas leguas de donde están, y tanto más lejos queda Pánuco[10]. Significativamente (e involuntariamente) la expedición se hace al revés. El mandato real ordenaba "conquistar y gobernar las provincias que están desde el río de las Palmas hasta el cabo de la Florida" (p. 41): el itinerario que recogen los *Naufragios* es como el negativo, el reverso de ese mandato. No se comienza en o cerca del río de las Palmas porque no se lo encuentra, porque el río está *allá* —cada vez más allá— y no *aquí*. Poco a poco, lo que hubo de ser vago punto de partida se vuelve ansiado punto de llegada: de la Florida a México y no de México a la Florida. Dicho de otra manera: no se sigue una ruta desde un centro conocido hacia una periferia por conocer, sino que se emprende el camino inverso, desde el lugar desconocido, insólito, hacia el lugar de blancos y cristianos. Este trastrocamiento imprevisto permitirá al yo una perspectiva invalorable: despojado de lo familiar muy a comienzos del viaje, arrojado a un ámbito desconocido con el que debe forzosamente lidiar, se reconstruirá en terreno virgen para sobrevivir.

En las primeras páginas del texto la diferenciación del yo se establece concretamente con respecto a un individuo: el jefe de la expedición. Más de una vez se autodesigna el yo como "el que más le importunaba" (p. 51), como el disidente que no coincide con el parecer indeciso, eternamente fluctuante, del gobernador. Abundan ejemplos de estas disidencias, verdaderos desafíos de palabra, y en algún caso de palabra escrita. Cuando Alvar Núñez aconseja elocuentemente no abandonar los navíos e iniciar el viaje por tierra, Pánfilo de Narváez opta por lo contrario:

> El gobernador siguió su parescer y lo que los otros le aconsejaban. Yo, vista su determinación, requeríle de parte de Vuestra Majestad que no dejase los navíos sin que quedasen en puerto y segu-

[10] El conocimiento de la región es escaso y sólo se tienen dos referencias: Pánuco (hasta donde ha llegado Cortés) y la Florida, descubierta por Ponce de León. Miruelo, en efecto, ya ha estado en la región (viaje de Alonso de Pineda, 1519) pero no quedan de ese viaje ni señalamiento de latitud ni derrotero. De hecho, Pánuco queda a unas setecientas leguas de donde se encuentran.

ros, y así lo pedí por testimonio al escribano que allí teníamos. Él respondió que, pues él se conformaba con el parescer de los más de los otros oficiales y comisario, que yo no era parte para hacerle estos requerimientos, y pidió al escribano le diese por testimonio cómo por no haber en aquella tierra mantenimientos para poder poblar, ni puerto para los navíos, levantaba el pueblo que allí había asentado y iba con él en busca del puerto y de tierra que fuese mejor; y luego mandó apercibir la gente que había de ir con él; y después de esto proveído, en presencia de los que allí estaban, me dijo que, pues yo tanto estorbaba y temía la entrada por la tierra, que me quedase [...] (p. 50).

Este menosprecio autoritario, no sólo de la opinión disidente sino, como lo implica el final de la cita, del individuo mismo, volverá a producirse. Cuando los españoles recurren una vez más a la vía marítima, en rudimentarias barcas que mal reemplazan los navíos perdidos, se da la misma disyuntiva —desembarcar o no desembarcar— en la turbulenta desembocadura del Mississippi. Narváez vuelve a consultar a su tesorero: "me preguntó qué me parescía que debíamos hacer" (p. 68). Vuelve a desatender la respuesta de Alvar Núñez —no hacer tierra, no separarse, "que juntas todas tres barcas, siguiéramos nuestro camino donde Dios nos quisiese llevar" (*id.*)— y, con la singular fatalidad que lo lleva a elegir mal, el gobernador da orden de dirigirse a la costa. La desautorización de Alvar Núñez ha sido, una vez más, total.

Hay en este último episodio un maravilloso despliegue de paciencia por parte de Alvar Núñez, como si el cronista, al estampar su recuerdo, necesitara dilatar el episodio que lo lleva, finalmente, a romper con Narváez. Acata la orden: "Yo, vista su voluntad, tomé mi remo, y lo mismo hicieron todos los que en mi barca estaban" (*id.*). Comprueba la imposibilidad de cumplir la orden: sus hombres no tienen la fuerza de los de Narváez, "la más sana y recia gente que entre toda había" (*id.*). Pide ayuda para poder cumplir la orden: "pedíle que, para poderle seguir, me diese un cabo de su barca" (*id.*). Y por fin, ante la negativa de Narváez, concluye razonablemente:

> Yo le dije que, pues vía la poca posibilidad que en nosotros había para poder seguirle y hacer lo que había mandado, que me dijese qué era lo que mandaba que yo hiciese (*id.*).

La serena docilidad de estas palabras apenas disimula el desafiante reclamo: puesto que Narváez es jefe, que mande. La respuesta del gobernador, cuya responsabilidad para con sus hombres dista de ser ejemplar, marca el final de su autoridad vacilante y cierra la primera etapa de los *Naufragios*. Al deponer el mando con un poco noble sálvese quien pueda, libera la autoridad:

> Él me respondió que ya no era tiempo de mandar unos a otros: que cada uno hiciese lo que mejor le paresciese que era para salvar la vida; que él así lo entendía de hacer, y diciendo esto, se alargó con su barca [...] (pp. 68-69)[11].

Un episodio concreto, en que la terminología marítima, usada por última vez, cobra resonancia simbólica, cifra eficazmente ese relevo del mando, asumido menos como autoridad que como responsabilidad:

> [...] cuando el sol se puso, todos los que en mi barca venían estaban caídos en ella unos sobre otros, tan cerca de la muerte, que pocos había que tuviesen sentido, y entre todos ellos a esta hora no había cinco hombres en pie; y cuando vino la noche no quedamos sino el maestre y yo que pudiésemos marcar la barca, y a dos horas de la noche el maestre me dijo que yo tuviese cargo de ella, porque él estaba tal, que creía aquella noche morir; y así, yo tomé el leme [...] (p. 69).

Toma de leme crucial, habrá de leerse en más de un registro: Alvar Núñez no sólo se hace cargo de la expedición o de lo que queda de ella en el nivel de los hechos sino que, en el nivel de la escritura y a años de distancia, se hace cargo de su relación con nuevo impulso. A la liberación del subalterno desautorizado por Narváez corresponde la liberación del narrador: tomar el leme es hacerse cargo de la empresa y también autorizar el texto.

El yo que centra el relato de los *Naufragios* se transforma: se despoja, literalmente —en el nivel de la anécdota— se desviste. En un último intento de continuar la expedición por mar, en busca del cada vez más remoto río de las Palmas, se intenta desencallar una barca y "fue menester que nos desnudásemos todos" (p. 71). Este desnudamiento justo después de haber tomado el leme es significativo: distinguirá a una nueva *persona*, un yo que, perdida toda

---

[11] El texto recoge más tarde el relato de la muerte de Narváez, en un pasaje no exento de dimensiones trágicas: "el gobernador se quedó en su barca, y no quiso aquella noche salir a tierra, y quedaron con él un maestre y un paje que estaba malo, y en la barca no tenían agua ni cosa ninguna que comer; y que a media noche el norte vino tan recio, que sacó la barca a la mar, sin que ninguno la viese, porque no tenía por resón sino una piedra, y que nunca más supieron de él" (p. 86).

embarcación, queda con sus compañeros "desnudos como nascimos y perdido todo lo que traíamos, y aunque todo valía poco, para entonces valía mucho" (p. 72). Así desnudo, el yo sería una suerte de espacio despojado (España ha quedado atrás) que se irá llenando con lo desconocido —América— hasta lograr nuevo ser, nueva identidad. En función, por sobre todo, de este yo habrán de verse las descripciones de nuevos parajes y nuevos seres y no sólo como mera (y a menudo insatisfactoria) información geográfica y etnológica: son prolongaciones vitales de una nueva persona dinámica. De particular interés son las frecuentes descripciones de los distintos indios: ni hiperbólicas ni interesadas, como las de muchos cronistas que informan sobre el otro a distancia, son éstas descripciones de un otro cotidiano cuyo contacto da forma al yo. Este contacto, cultural y a la vez específicamente personal, se registra a menudo en el texto. Describe Alvar Núñez, por ejemplo, cómo se efectúa el pasaje de los españoles de una comunidad de indios a otra. Cada español es tomado de la mano por un indio de la nueva comunidad que lo albergará en su choza: "y cada uno de ellos tomó el suyo por la mano y nos llevaron a sus casas" (p. 101).

La desnudez y el aprendizaje del otro que configuran al nuevo yo no se viven fácilmente: "como no estábamos acostumbrados a [andar desnudos], a manera de serpientes mudábamos los cueros dos veces en el año, y con el sol y el aire hacíanse en los pechos y en las espaldas unos empeines muy grandes" (p. 101). Esta desnudez física —primer alejamiento de lo propio, primera transgresión de un código que se va desechando— sorprende fuertemente al espectador, sea indio o cristiano, contrariando sus previsiones. Así, los indios que los han visto con ropa el día anterior "nos volvieron a buscar y a traernos de comer; mas cuando ellos nos vieron ansí en tan diferente hábito del primero y en manera tan extraña, espantáronse tanto que se volvieron atrás" (p. 72). Mientras tanto unos españoles, antiguos compañeros de expedición, con quienes se encuentran Alvar Núñez y los suyos a los pocos días, acusan idéntico choque: "se espantaron mucho de vernos de la manera que estábamos, y rescibieron muy gran pena por no tener qué darnos; que ninguna otra ropa traían sino la que tenían vestida" (p. 74). Por un momento, antes de comenzar el progresivo adecuamiento a códigos donde la desnudez no es diferencia, sólo está el hombre desnudo: irreconocible tanto para el otro como para él mismo, suspendido en un espacio de nadie, inclasificable ante miradas atónitas.

A esta primera —y muy básica— separación cultural seguirán otras. Los actos que van marcando el abandono del pasado afectan aquellas convenciones que fundamentan la identidad cultural, notablemente en el caso de las costumbres alimenticias. Al comienzo de la narración, el yo se mantiene enérgicamente al margen de estas transgresiones. Otros comen caballos, no él:

> De mí sé decir que desde el mes de mayo pasado yo no había comido otra cosa que maíz tostado, y algunas veces me vi en necesidad de comerlo crudo; porque aunque se mataron los caballos entretanto que las barcas se hacían, yo nunca pude comer de ellos (p. 72).

Otros comen carne humana, no él. Cuenta Alvar Núñez cómo Esquivel, el único sobreviviente del grupo que quedó con Narváez, al "último que murió [...] lo hizo tasajos, y comiendo de él se mantuvo hasta 1 de marzo" (p. 87). Más cerca de él, cinco de sus hombres "se comieron los unos a los otros, hasta que quedó uno solo, que por ser solo no hubo quien lo comiese" (p. 75). Al narrar este último incidente, y como para recalcar su carácter nefando, registra la violenta reprobación de los mismos indios:

> De este caso se alteraron tanto los indios, y hobo entre ellos tan gran escándalo, que sin duda si al principio ellos lo vieran, los mataran, y todos nos viéramos en grande trabajo (*id.*).

La mención de estas transgresiones, de las que Alvar Núñez tan deliberadamente se aparta, ocurre a comienzos del viaje por tierra y al muy poco tiempo de haberse separado de Narváez. En cambio el capítulo XXIII, titulado sin ambages "Cómo nos partimos después de haber comido los perros", comienza con la naturalidad que da el hábito: "Después que comimos los perros, paresciéndonos que teníamos algún esfuerzo para poder ir adelante [...] nos despedimos de aquellos indios" (p. 102). No se trata de caballos ni de hombres sino de perros, y más precisamente de perros que los indios utilizan en su alimentación. Pero el hecho de que el texto, destinado a un lector europeo para quien el perro es animal doméstico no comestible, descarte la necesidad de cualquier explicación, muestra cuán familiarizado está Alvar Núñez con un código que no es el suyo de origen. La aparente insignificancia de la frase temporal "después que comimos los perros" permite medir la distancia recorrida en el proceso de despojamiento y reorganización cultural. Hay otros ejemplos de este cambio de código. En el capítulo XXII por ejemplo, relata Alvar Núñez cómo a veces los indios les daban, a él y a sus escasos compañeros, un pedazo de carne. Ellos no se daban el tiempo de asarlo por temor a que algún indio se lo robase, pero sobre todo porque los hábitos alimenticios, según indica el texto, ya se han alterado. Si el alimento era asado —y nótese que se trata de carne— "no lo podíamos tan bien pasar como crudo" (p. 102).

El reajuste cultural dista de ser simple y unívoco. Los avatares del sistema alimentario, los sutiles vaivenes de un nuevo código inestable y, lo más importante, la actitud del yo al hablar de sus comidas (ya participando en las nuevas costumbres, ya distanciándose de ellas) merecen examen. Que el yo comparte estas nuevas "maneras de mesa" es indudable. Lo confirman la naturalidad de ciertos comentarios —como la ya citada mención de los perros— y hasta la aprobación con la cual se habla de ciertas comidas incorporadas sin discriminación:

> Hay muchas maneras de tunas, y entre ellas hay algunas muy buenas, aunque a mí todas me parescían así, y nunca la hambre me dio espacio para escogerlas ni parar mientes en cuáles eran mejores (p. 93).

El alimento inesperado se menciona con deleite: el mezquiquez, por ejemplo, "es una fruta que cuando está en el árbol es muy amarga, y es de la manera de algarrobas, y cómese con tierra, y con ella está dulce y bueno de comer" (p. 109). Sigue a la mención de este dudoso manjar una verdadera receta culinaria que describe procedimientos, utensilios y hasta el papel del cocinero: "el que la ha molido [la fruta] pruébala, y si le parece que no está dulce, pide tierra y revuélvela con ella, y esto hace hasta que la halla dulce, y asiéntanse todos alrededor y cada uno mete la mano y saca lo que puede" (*id.*).

En otras ocasiones, sin embargo, la detallada información destinada al rey escamotea la participación del yo, como si éste se alejara de la alimentación que fue suya:

> Su mantenimiento principalmente es raíces de dos o tres maneras, y búscanlas por toda la tierra; son muy malas, y hinchan los hombres que las comen. Tardan dos días en asarse, y muchas de ellas son muy amargas, y con todo esto se sacan con mucho trabajo. Es tanta la hambre que aquellas gentes tienen, que no se pueden pasar sin ellas, y andan dos o tres leguas buscándolas. Algunas veces matan algunos venados, y a tiempos toman algún pescado; mas esto es tan poco, y su hambre tan grande, que comen arañas y huevos de hormigas, y gusanos y lagartijas y salamanquesas y culebras y víboras, que matan los hombres que muerden, y comen tierra y madera y todo lo que pueden haber, y estiércol de venados,

y otras cosas que dejo de contar; y creo averiguadamente que si en aquella tierra hubiese piedras las comerían (p. 89).

La participación del yo, una vez más, es evidente: además de los efectos de las raíces conoce, por ejemplo, su sabor. Pero no menos evidente, en este caso, es la distancia que establece la descripción en el momento de la escritura. El *yo* necesita separarse del *ellos* —de "aquella gente"—, incluso señalar su diferencia mediante la lítote de repudio: "y otras cosas que dejo de contar" El yo partícipe se esfuma tras el yo testigo. Este vaivén —un yo a veces dentro del grupo, a veces fuera de él— es sintomático no sólo del reajuste alimenticio sino de todo el proceso que constituye el aprendizaje del otro.

Si no se ha hablado del maíz en esta dieta ajena que se vuelve propia, es porque además de su evidente valor alimenticio se carga, dentro del texto, de funciones que merecen mención especial. El maíz encuadra el relato, aparece al comienzo, antes del desnudamiento, y al final, en vísperas del reingreso en la comunidad española. Para apreciar su importancia, conviene retroceder en el texto, considerar la meta cambiante del viaje una vez que se vuelve evidente la imposibilidad de "conquistar y gobernar".

Los relatos, en parte fabulados, de otros viajeros y la codicia propia hacen que la expedición comience bajo el signo del oro, los metales. "Una sonaja de oro entre las redes" (p. 46), encontrada en un bohío abandonado poco después del desembarco en la Florida, se vuelve objeto mágico, cifra de esperanzas y obsesiones. Los indios, acaso de mala fe, acaso porque los españoles interpretan sus señas según les conviene, alimentan la ilusión:

> Por señas preguntamos a los indios de adónde habían habido aquellas cosas, señaláronnos que muy lejos de allí había una provincia que se decía Apalache, en la cual había mucho oro, y hacían seña de haber muy gran cantidad *de todo lo que nosotros estimamos en algo* (p. 48; subrayado por mí).

Sobre esta nota de optimismo se inicia el viaje hacia una ilusoria riqueza: el apetito del oro se vuelve sustento del viaje. Sin embargo, casi desde las primeras páginas de la crónica, y a medida que surge de modo más acuciante el hambre, se va perfilando paralelamente otro tesoro que se busca con avidez igual o mayor. Como monótono estribillo que puntúa esta etapa del viaje, la palabra *maíz* recurre obsesivamente en la relación: "mostrámosles maíz para ver si le conocían" (p. 48); "hallamos gran cantidad de maíz que estaba ya para cogerse, y dimos infinitas gracias a nuestro Señor'' (p. 51); ''aunque algunas veces hallábamos maíz, las más andábamos siete y ocho leguas sin toparlo'' (p. 54). El maíz real reemplaza el oro inexistente hasta que se vuelve, él también, inexistente: nuevo objeto de deseo, nueva cifra de esperanzas y obsesiones.

La mención del maíz cesa cuando comienza el largo itinerario individual por tierra y una vez que quedan atrás las culturas sedentarias. Metal y maíz, dos objetos que significan en sí y a la vez apuntan a otra cosa (riqueza, civilización: lo inalcanzable), son reemplazados por el más básico e indiferenciado alimento, meta inmediata, utilitaria, que escapa a la idealización. Cuando reaparecen, hacia el final del texto, siempre en lugar privilegiado, es interesante observar cómo se ha enriquecido su significado. El maíz ya no es sólo alimento codiciado sino vía, salida, ruta reconocible: ''De cómo seguimos el camino del maíz'', se titula uno de los capítulos que preludia el reingreso de los viajeros, primero en las culturas sedentarias indígenas, luego en la española. La descripción, a las claras laudatoria y posiblemente idealizada, de la comunidad indígena donde por fin encuentran maíz —lujo, limpieza, abundancia, cosas ''mejores que las de la Nueva España'' (p. 124)— apoya este enriquecimiento del signo.

También el metal vuelve a aparecer al final, revalorizado de otra manera. Si bien sigue representando ''todo lo que nosotros estimamos en algo'', el objetivo de la estima ha variado; el metal ya no es indicio de ilusorias riquezas, como el oro del principio, sino signo de la muy deseada presencia de semejantes:

> [...]entre otras cosas que nos dieron, hobo Andrés Dorantes un cascabel gordo, grande, de cobre, y en él figurado un rostro[...] y preguntándoles que dónde habían habido aquello, dijéronlo que lo habían traído de hacia el Norte[...] y entendimos que do quiera que aquello había venido, había fundición y se labraba de vaciado, y con esto nos partimos otro día (p. 115).

El cascabel significa metalurgia, metal trabajado por hombres, por lo tanto presencia de esos hombres, acaso como ellos. Dentro de la misma perspectiva metonímica, un clavo de herrar significa esto y más: la indudable presencia española, más valiosa en ese momento que cualquier promesa de tesoro:

> En este tiempo, Castillo vio al cuello de un indio una hebilleta de talabarte de espada, y en ella cosido un clavo de herrar; tomósela y preguntámosle qué cosa era aquella, y dijéronnos que habían

venido del cielo. Preguntámosle más, que quién la había traído de allá, y respondieron que unos hombres que traían barbas como nosotros, que habían venido del cielo y llegado a aquel río[...]. Nosotros dimos muchas gracias a Dios nuestro Señor porque estábamos desconfiados de saber nuevas de cristianos (p. 126).

El impulso del viaje coincide con su clausura: metal y maíz, los mismos y a la vez otros, encuadran el recorrido, proveen hitos reconocibles entre los cuales se da el espacio blanco de un itinerario fundamentado en el yo.

El traslado físico que constituye la anécdota misma de los *Naufragios* repercute a través del texto como en una galería de ecos: traslado de una meta a otra, traslado de una cultura a otra, traslado por fin de un yo a otro yo[12]. El yo encarna esos traslados, no sólo plegándose a los cambios sino haciendo del traslado su naturaleza: será un yo trasladante, un yo mediador. La facilidad con que se asume como tal es patente al comienzo, justo después de la ruptura con Narváez. Cuando los indios se espantan de la desnudez de los españoles y huyen, es Alvar Núñez quien se encarga de tranquilizarlos (p. 72); cuando los españoles temen que esos mismos indios los sacrifiquen, es nuevamente Alvar Núñez quien se encarga de apaciguarlos: el yo es lazo de unión, mediador que se mueve *entre* culturas, persuasivo, raras veces autoritario. Esa mediación quedará emblematizada en las dos ocupaciones que desempeña Alvar Núñez durante su viaje: vendedor ambulante y médico viajero.

Las dos ocupaciones no son casuales. Desde el punto de vista del indio, constituyen un intento de integrar al español en su sistema, adjudicándole una función útil dentro de su economía: "ellos curan las enfermedades soplando al enfermo... y mandáronnos que hiciésemos lo mismo *y sirviésemos en algo*" (p. 78; subrayado por mí). A la vez, las dos ocupaciones permiten que esa integración incluya la evidente diferencia del español: se lo incorpora como distinto, adjudicándole funciones privilegiadas. Desde el punto de vista del español, son las ocupaciones que le permiten la mayor

[12] Esta evidente transformación ha sido comentada por PRANZETTI, art. cit. También por DAVID LAGMANOVICH, "Los *Naufragios* de Alvar Núñez como construcción narrativa", *KRQ,* 25 (1978), 27-37, que señala: "A lo largo de ese viaje[...] se producen una serie de inversiones de la realidad comúnmente aceptada según la óptica del lector convencional, bajo el signo general de una progresiva identificación del autor con el mundo indígena que había partido para sojuzgar. Entre otras cosas, los *Naufragios* son el relato de una conversión" (p. 32).

flexibilidad y la mayor inciativa, en una palabra, la mayor libertad. Anota el cronista que "los físicos son los hombres más libertados" (p. 77)[13] y que el oficio de mercader "me estaba a mí bien, porque andando en él tenía libertad para ir donde quería y no era obligado a cosa alguna" (p. 81). Para Alvar Núñez, además, son ocupaciones que favorecen la construcción de un nuevo yo, privilegiándolo como espectáculo y permitiéndole distinguirse. De su temprana función de mercader dirá que "entre ellos era muy conoscido; holgaban mucho cuando me vían y les traía lo que habían menester, y los que no me conoscían me procuraban y deseaban ver por mi fama" (p. 82). En cuanto a su función de médico, baste recordar la amplificación que recibe en el texto —casi la mitad de la relación para evocarla— para comprender la importancia que le adjudica el yo.

Como en los vaivenes observados en la adaptación alimenticia, las relaciones del yo al otro —y del otro al yo— en lo que atañe a la organización social distan de ser unívocas y consistentes. En la isla de Mal Hado se pasa, sin aparente transición, de servir como físico —puesto privilegiado— a prestar los servicios más arduos del esclavo:

> [...] yo no podía sufrir la vida que con estos otros tenía; porque, entre otros trabajos muchos, había de sacar las raíces para comer debajo del agua y entre las cañas donde estaban metidas en la tierra; y de esto traía yo los dedos tan gastados, que una paja que me tocase me hacía sangre de ellos[...] (p. 81).

Al cambiar de comunidad, el esclavo pasa a ser mercader de fama. Esto durante seis años; pero el día que vuelve a cambiar de grupo, retornan la esclavitud y los malos tratos: "en ese tiempo yo pasé muy mala vida, ansí por la mucha hambre como por el mal tratamiento que de los indios rescebía" (p. 92). Cuando por fin logran huir de estos indios pasan nuevamente al otro extremo: "Luego el pueblo nos ofreció muchas tunas, porque ya ellos tenían noticia de nosotros y cómo curábamos" (p. 94).

Suponer que este tratamiento variado se debe a las funciones diversas que cada grupo sucesivo de indios quiere adjudicar al español convence sólo medianamente. No se trata, después de todo,

---

[13] Como ejemplo de esa liberación, señala Alvar Núñez la poligamia: los físicos "pueden tener dos y tres [mujeres] y entre éstas hay muy gran amistad y conformidad" (p. 77). Declaración reveladora que invita a la conjetura, en un texto donde se evita cuidadosamente toda referencia sexual que implique al yo.

de grupos aislados, sin contacto entre ellos. El texto señala más
de una vez que las comunidades indígenas contratan entre ellas
y que la fama del español, ya como mercader, ya como curandero, anticipa su presencia. Más satisfactorio es conjeturar que
el español, percibido por el indio como básicamente *diferente*, es
ubicado indistintamente en el extremo —del privilegio o del
sometimiento— donde resulte más útil. Será *a la vez* curan-
dero/mercader y esclavo, así como para Alvar Núñez, víctima de
una misma penuria clasificatoria, el indio será *a la vez* "bruto"
(p. 73) y "gente" (p. 76). Se está, simultáneamente, adentro y
afuera, se es, simultáneamente, yo y el otro.

Este vaivén jerárquico disminuye y de hecho cesa en la segunda
mitad del texto, produciendo una importante reorganización del
relato. Se ha señalado repetidas veces el desequilibrio temporal
de los *Naufragios*, el hecho de que los primeros diecinueve capítulos se refieren a seis años de viaje y los diecinueve restantes tan
sólo a dos. Es innegable que esta relativización corresponde, como
se ha dicho con acierto[14], a un impulso narrativo que marca
expansiones y contracciones para valorizar aspectos del relato y
dinamizarlo. Lo que queda por ver en detalle, sin embargo, es
cuál es ese aspecto del viaje que merece expansión tan notable y
qué relación guarda con la estrategia autovalorativa que practi-
can los *Naufragios*.

Hasta el capítulo diecinueve el texto ha oscilado, para realzar
al yo, entre la retórica del desamparo (el esclavo) y la de la distinción (el que "toma el leme", el curandero, el mercader). A partir
de este capítulo optará por la última, practicando, además de la
expansión cronológica mencionada, una verdadera magnificación
personal. El relato se reorganiza sistemáticamente en un solo sentido —el de las curas sucesivas— y en torno a una sola función:
la de físico.

Es interesante observar los orígenes de tal función, eje de la
segunda parte del relato. Al asumirla por vez primera los españoles, en la isla de Mal Hado, se invierte —otra variante fecunda
del revés— el orden de los factores que habitualmente aseguran
la eficacia de las prácticas curativas. Señala en efecto Lévi-Strauss
que para que la cura sea exitosa son necesarias, sucesivamente,
la creencia del curandero en sus técnicas; la creencia del enfermo
en el poder del curandero; y la confianza y las exigencias de la
opinión colectiva, que constituyen un campo de gravitación dentro del cual se definen las relaciones entre el curandero y el

---

[14] LEWIS, art. cit., pp. 687-688.

paciente[15]. En los *Naufragios*, en cambio, se trastroca sistemáticamente la serie. Las exigencias colectivas —hacer que estos hombres sirvan, teniendo en cuenta su diferencia— dictan la confianza del grupo indígena; ésta, a su vez, determina la confianza de los individuos enfermos; y es esta voluntariosa creencia, reforzada por la coerción —"nos quitaban la comida hasta que hiciésemos lo que nos decían" (p. 78)—, la que por fin determina la convicción de los flamantes físicos. Una práctica que al comienzo resulta ridículamente ajena —"nosotros nos reíamos de ello, diciendo que era burla y que no sabíamos curar" (*id.*)— es imitada por necesidad, hasta que se asume como propia y eficaz: "yo lo he experimentado y me suscedió bien de ello" (p. 79). La impostura se ha vuelto función.

La dilatada segunda parte del viaje no sólo realza esta función de físico sino que la sistematiza. Sin embargo, antes de esa sistematización, en el espacio que media entre el asumir la función y el ponerla en práctica, se sitúa un curioso episodio, rico en prolongaciones simbólicas. Los españoles, en vísperas de emprender la larga marcha curativa, se detienen a buscar comida:

> [...]y como por toda esta tierra no hay caminos, yo me detuve más en buscarla; la gente se volvió, y yo quedé solo, y viniendo a buscarlos aquella noche me perdí, y plugo a Dios que hallé un árbol ardiendo, y al fuego de él pasé aquel frío aquella noche, y a la mañana yo me cargué de leña y tomé dos tiones, y volví a buscarlos, y anduve de esta manera cinco días siempre con mi lumbre y mi carga de leña, porque si el fuego se me matase en parte donde no tuviese leña, como en muchas partes no la había, tuviese de qué hacer otros tiones y no me quedase sin lumbre, porque para el frío yo no tenía otro remedio, por andar desnudo como nascí; y para las noches yo tenía este remedio, que me iba a las matas del monte, que estaba cerca de los ríos, y paraba en ellas antes que el sol se pusiese, y en la tierra hacía un hoyo y en él echaba mucha leña, que se cría en muchos árboles[...]y al derredor de aquel hoyo hacía cuatro fuegos en cruz, y yo tenía cargo y cuidado de rehacer el fuego de rato en rato, y hacía unas gavillas de paja larga que por allí hay, con que me cubría en aquel hoyo, y de esta manera me amparaba del frío de las noches; y una de ellas el fuego cayó en la paja con que yo estaba cubierto, y estando yo durmiendo en el hoyo, comenzó a arder muy recio, y por mucha priesa que yo me di a salir, todavía saqué señal en los cabellos del peligro en que había estado (pp. 95-96).

[15] CLAUDE LÉVI-STRAUSS, *Anthropologie structurale*, Plon, Paris, 1958, p. 184.

Por varias razones el texto resulta notable. No sólo recoge, concentrándolas en el yo, las privaciones que se han venido detallando —hambre, frío, desnudez, soledad, peligro— sino que les da nuevo sentido, es decir, reorienta su lectura hacia una nueva meta. Hasta este punto en el texto, la privación ha sido adversidad personal, infortunio cuya superación atestigua el valor del individuo, su meritoria diligencia, sus recursos: obedece a una estrategia de autojustificación. A la luz de este nuevo episodio, cuyas connotaciones religiosas son obvias —el yo errante en el desierto, la zarza ardiente, la lumbre que se ha de mantener siempre encendida, los fuegos en cruz, la providencial salvación y la señal que se saca de la experiencia—, el yo no sólo se justifica sino que se añade otra dimensión: su privación habrá de leerse más allá del sufrimiento personal, como prueba divina y como preparación para la larga marcha mesiánica que ocupa la segunda parte de los *Naufragios*.

La curación introduce un nuevo modo de tomar contacto con el otro, basado en el beneficio mutuo: la salud a cambio del alimento. El yo vuelve a operar dentro de un grupo español —el uso del nosotros se vuelve más frecuente—, no tanto con miras a diferenciarse de él (como al comienzo de la expedición), como para reforzar su misión y asentarse en su prestigio. Si la discordia amenazaba al nosotros en tiempos de Narváez, el espíritu colectivo, la identidad de propósitos y la función compartida lo vuelven normalmente necesario en esta etapa del viaje: el nosotros es la marca del cuerpo colegiado —el de físicos— en que el yo, por cierto, descuella ("en atrevimiento y osar acometer cualquier cura era yo más señalado entre ellos", p. 99), pero que a la vez lo justifica.

Presentado al comienzo como mezcla de curas casuales y desordenado entusiasmo —"por llegar más prestos los unos que los otros a tocarnos, nos apretaron tanto que por poco nos hobieran de matar; y sin dejarnos poner los pies en el suelo nos llevaron a sus casas" (p. 110)—, el viaje curativo pronto se sistematiza en un proceso que se complica notablemente a medida que avanza el grupo. Todos sus aspectos, materiales y espirituales, sufren una progresiva ritualización —las "costumbres" que señala el texto— y, concomitantemente, se jerarquizan los viajeros, vueltos oficiantes. La curación pasa a ser ceremonia, cuyas transformaciones vale la pena detallar:

1) Las curas rápidamente adquieren valor sagrado. Los indígenas marcan la llegada de los curanderos haciendo sonar calabazas horadadas que "tienen virtud y que vienen del cielo" (p.

110). Los propios físicos indios confieren a los españoles, a través de esas calabazas, su autorización profesional:

...dos físicos de ellos nos dieron dos calabazas, y de aquí comenzamos a llevar calabazas con nosotros, y añadimos a nuestra autoridad esta cerimonia, que para ellos es muy grande (p. 114).

2) Se amplía el alcance de las curas, aumentando sus hipotéticos efectos. La mera presencia de los físicos se interpreta como benéfica: "creían que en tanto que allí nosotros estuviésemos ninguno de ellos había de morir" (p. 99). La imposición de manos curativa comienza a percibirse también como preventiva: "nos trajeron a toda la gente de aquel pueblo [y no sólo a los enfermos] para que los tocásemos y santiguásemos" (p. 110).

3) Al afinarse la organización del viaje curativo, se alteran las relaciones entre los distintos grupos indígenas. El viaje no sólo se vuelve rito sino empresa. Una nueva economía produce intermediarios, suerte de gerentes que "cobran" las curas:

[...]y entre estos vimos una nueva costumbre, y es que los que venían a curarse, los que con nosotros estaban les tomaban el arco y las flechas; y zapatos y cuentas, si las traían, y después de haberlas tomado nos las traían delante de nosotros para que los curásemos; y curados, se iban muy contentos, diciendo que estaban sanos (p. 111).

4) El cobro previo —condición de la cura— se complica con el deseo de lucro, adquiere proporciones violentas. El tributo involuntario pero circunscrito (arco, flechas, cuentas) se vuelve saqueo total, que se reproduce en cadena:

[...]desde aquí comenzó otra nueva costumbre, y es que, rescibiéndonos muy bien, que los que iban con nosotros los comenzaron a hacer tanto mal, que les tomaban las haciendas y les saqueaban las casas, sin que otra cosa ninguna les dejasen; de esto nos pesó mucho, por ver el mal tratamiento que a aquellos que tan bien nos rescebían se hacía [mas] los indios mismos que perdían la hacienda, conosciendo nuestra tristeza, nos consolaron, diciendo que de aquello no rescibiésemos pena; que ellos estaban tan contentos de habernos visto, que daban por bien empleadas sus haciendas, y que adelante serían pagados de otros que estaban muy ricos (id.).

A medida que avanza el viaje volverá a cambiar la forma de pago; el tributo por coerción será reemplazado por la institución de la dádiva voluntaria: "después de entrados en sus casas, ellos mismos nos ofrescían cuanto tenían, y las casas con ellos" (p. 118).

5) Los beneficios atribuidos a la imposición de manos se multiplican: a la cura y la prevención se añade la consagración. Consagración de recién nacidos, a manera de bautismo: "Acontescía muchas veces que de las mujeres que con nosotros iban parían algunas, y luego en nasciendo nos traían la criatura a que la santiguásemos y tocásemos" (p. 124). Consagración también de alimentos, en pasajes de indudables resonancias evangélicas:

> [...]mandábamos que asasen aquellos venados y liebres, y todo lo que habían tomado; y esto también se hacía muy presto en unos hornos que para esto ellos hacían; y de todo ello nosotros tomábamos un poco, y lo dábamos al principal de la gente que con nosotros venía, mandándole que lo repartiese entre todos. Cada uno con la parte que le cabía venían a nosotros para que la soplásemos y santiguásemos, que de otra manera no osaran comer de ella; y muchas veces traíamos con nosotros tres o cuatro mil personas (p. 117).

Por los dos lados, tanto para el indio como para el español, la ceremonia se ha complicado y se ha valorizado. Su precio —como lo indican las diversas "nuevas costumbres" que configuran su administración— aumenta; proporcionalmente aumenta, se enriquece, el ritual de la ceremonia y su alcance. El soplo curativo inicial, fruto de una mímica y de una necesidad descreídas, termina siendo gesto de consagración, de comunión. De aquí a la evangelización no hay sino un paso, como bien lo percibe el cronista:

> Por todas estas tierras, los que tenían guerras con los otros se hacían luego amigos para venirnos a recebir y traernos todo cuanto tenían, y de esta manera dejamos toda la tierra en paz, y dijímosles, por las señas porque nos entendían, que en el cielo había un hombre que llamábamos Dios, el cual había criado el Cielo y la Tierra, y que Este adorábamos nosotros y teníamos también por Señor, y que hacíamos lo que nos mandaba, y que de su mano venían todas las cosas buenas, y que si ansí ellos lo hiciesen, les iría muy bien de ello; y tan grande aparejo hallamos en ellos, que si lengua hobiera con que perfectamente nos entendiéramos, todos los dejáramos cristianos (p. 125).

El viaje curativo, con su progresiva complicación y valorización ritual, altera las relaciones entre el yo y el otro. Las estructuras de poder se redistribuyen. El yo que ha pasado por distintas posturas de autoridad o de falta de ella —de la autoridad militar de quien "toma el leme", a la influencia persuasiva del mediador entre culturas, al espacio ambiguo donde coexiste como privilegiado y esclavo— recupera por fin dominio. La palabra *autoridad* comienza a surgir con frecuencia en el texto: "añadimos a nuestra autoridad" (p. 114), "hasta que más autoridad entre ellos tuviésemos" (p. 111). Se trata de una autoridad que ya no es inmanente al grupo, ya no producto de un campo de gravitación compartido donde se definían mutuamente las funciones de curandero y paciente. La dimensión evangélica, cada vez más patente, provee un nuevo respaldo para esta autoridad, un respaldo ajeno al código que regía hasta ahora las relaciones entre el español y el indio. Si antes había referencias al Dios de los cristianos —y las hay continuamente a lo largo de todo el texto de Alvar Núñez— éstas eran de orden privado: ruegos, invocaciones, agradecimientos —"estuvimos pidiendo a Nuestro Señor misericordia" (p. 72), "nos encomendamos a Dios nuestro Señor" (p. 94)—, comunicación privilegiada entre el español y su Dios que no toca al otro. Sólo ahora el cristianismo se hace de veras público: en las curas, en el ritual, por fin en la prédica. A medida que se hacen públicos y se institucionalizan de este modo los beneficios del viaje, se institucionaliza también el relato: tardíamente comienza a integrar una de las posibles categorías de la crónica gloriosa, la de la conquista espiritual. En nombre de una autoridad, si se quiere divina, el yo, despojado en la primera mitad del viaje, se reposesiona. Pero también se reposesiona del otro: marca una nueva distancia con respecto al indio, cultiva su ascendiente sobre él y prepara, más o menos conscientemente, su propia reintegración en la comunidad española.

De manera algo inquietante para el lector moderno, acostumbrado a una imagen idealizada de Alvar Núñez[16] —la que él mismo sugiere y lectores sucesivos elaboran— se comprueban en el texto los efectos intimidantes de esta reestructuración de poder: "era tan grande entre ellos nuestra autoridad, que ninguno osaba beber sin nuestra licencia" (p. 113). Que la postura de Alvar Núñez es ambigua —lamenta la intimidación a la vez que alaba la obediencia que de ella resulta— lo demuestran pasajes como el siguiente:

> [...]y más de quince días que con aquéllos estuvimos, a ninguno vimos hablar uno con otro, ni los vimos reír ni llorar a ninguna criatura; antes, porque uno lloró, la llevaron muy lejos de allí, y con

---

16 Véase LEWIS, art. cit., p. 689.

unos dientes de ratón agudos la sajaron desde los hombros hasta casi todas las piernas. E yo, viendo esta crueldad y *enojado de ello*, les pregunté que por qué lo hacían, y respondiéronme que para castigarla porque había llorado delante de mí. Todos estos temores que ellos tenían ponían a todos los otros que nuevamente venían a conoscernos, a fin que nos diesen todo cuanto tenían, porque sabían que nosotros no tomábamos nada, y lo habíamos de dar todo a ellos. Ésta fue *la más obediente gente* que hallamos por esta tierra, y de mejor condición; y comúnmente son muy dispuestos (p. 120, los subrayados son míos).

La expresión física de los sentimientos del indio —tan elocuentemente señalada y celebrada al comienzo del viaje[17]— se somete a una autocensura; el enojo que provoca esta práctica en Alvar Núñez no impide, sin embargo, que aprecie sus resultados: el temor conduce a la obediencia.

De esta postura ambivalente —repudio y a la vez aprecio de la subordinación a la autoridad— al aprovechamiento consciente de esa autoridad, y más aún a su manipulación activa, no hay más que un paso. Se *usa* la autoridad, se intimida justamente con aquello que el sometido censura dentro de sí, es decir, la expresión de los sentimientos:

Dijímosles que nos llevasen hacia el Norte; respondieron de la misma manera, diciendo que por allí no había gente sino muy lejos, y que no había qué comer ni se hallaba agua; y con todo esto, nosotros porfiamos y dijimos que por allí queríamos ir, y ellos todavía se excusaban de la mejor manera que podían, y por esto *nos enojamos*, y yo me salí una noche a dormir en el campo, apartado de ellos; mas luego fueron donde yo estaba, y toda la noche estuvieron *sin dormir y con mucho miedo* y hablándome y diciéndome cuán *atemorizados* estaban, *rogándonos que no estuviésemos más enojados*, y que aunque

---

[17] Cuando Alvar Núñez y sus compañeros pierden simultáneamente ropa y embarcación, el texto registra en detalle la compasión de los indios: "Los indios, de ver el desastre que nos había venido y el desastre en que estábamos, con tanta desventura y miseria, se sentaron entre nosotros, y con el gran dolor y lástima que hobieron de vernos en tanta fortuna, comenzaron todos a llorar recio, y tan de verdad, que lejos de allí se podía oír, y esto les duró más de media hora; y cierto ver que estos hombres tan sin razón y tan crudos, a manera de brutos, se dolían tanto de nosotros, hizo en mí y en otros de la compañía cresciese más la pasión y la consideración de nuestra desdicha" (p. 73). Hay otras menciones de esta compasión que evidentemente impresiona al cronista: "Es la gente del mundo que más aman a sus hijos y mejor tratamiento les hacen; y cuando acaesce que a alguno se le muere el hijo, llóranle los padres y los parientes, y todo el pueblo, y el llanto dura un año cumplido" (p. 76).

ellos supiesen morir en el camino, nos llevarían por donde nosotros quisiésemos ir; y *como nosotros todavía fingíamos estar enojados y porque su miedo no se quitase*, suscedió una cosa extraña, y fue que este día mesmo adolescieron muchos de ellos, y otro día siguiente murieron ocho hombres (p. 119; los subrayados son míos).

No sólo se tiene autoridad sino que, conscientemente, se la *representa*; y, para recalcarla, se *mide* el discurso mismo que acompaña esa representación: "Teníamos con ellos mucha autoridad y gravedad, y para conservar esto, les hablábamos pocas veces" (p. 125)[18].

La extensión del traslado de Alvar Núñez puede medirse sin duda físicamente, en términos de leguas y de años, pero más eficaz resulta la otra medida, la que permite apreciar la distancia entre el yo y su otro, evaluar el espacio variable de la alteridad. A medida que el itinerario se va cerrando, el texto repite insistentemente (como poco antes había repetido la palabra *maíz*) la palabra *cristianos*. Es la meta del viaje, el inminente reingreso en la cultura de origen, ya preludiado por la reestructuración de las relaciones con el indio según códigos europeos. Lo que es necesario señalar, sin embargo, es la clara (y creciente) incomodidad de ese reingreso: la cultura propia, al volverse cercana, se percibe más y más como ajena. Con vértigo de pronombres, el texto busca deslindar el otro del yo, el ellos del nosotros y —aun a distancia de los hechos, con la perspectiva de una escritura producida dentro de España— empieza a postular su alteridad en lo que antes había sido espacio del yo: los otros ya no son los indios, son los cristianos, percibidos como diferencia y, lo que es más, como amenaza. Entre dos alteridades posibles —el indio que lo acompaña, el español que lo espera—, el viajero reorganiza dramáticamente nuevas alianzas y nuevas distancias para reconocerse y ser reconocido. La compasión priva sobre la autoridad; reagrupa una vez más al yo con el indio y lo escinde de los españoles:

[18] Añade el texto: "El negro les hablaba siempre; se informaba de los caminos que queríamos ir y los pueblos que había y de las cosas que queríamos saber. Pasamos por gran número y diversidades de lenguas; con todas ellas Dios nuestro Señor nos favoreció, porque siempre nos entendieron y les entendimos". La cita señala otro aspecto, fecundo, de la noción del traslado: la *traducción*. En un nivel práctico, es el único modo de hablar con el indio; de modo más general, puede verse todo el texto de Alvar Núñez como un ejercicio de traducción. Por otra parte, "el negro les hablaba siempre" muestra cómo la jerarquización afecta al grupo mismo de los físicos, marcando desniveles (véase PRANZETTI, art. cit., p. 25).

Anduvimos mucha tierra, y toda la hallamos despoblada, porque los moradores de ella andaban huyendo por las sierras, sin osar tener casas ni labrar, por miedo de los cristianos. Fue cosa de que tuvimos muy gran lástima[...]Trujéronnos mantas de las que habían escondido por los cristianos, y diéronnoslas, y aun contáronnos cómo otras veces habían entrado los cristianos por la tierra, y habían destruido y quemado los pueblos, y llevado la mitad de los hombres y todas las mujeres y muchachos, y que los que de sus manos se habían podido escapar andaban huyendo[...]y mostraban grandísimo placer con nosotros, aunque temimos que, llegados a los que tenían la frontera con los cristianos y guerra con ellos, nos habían de maltratar y hacer que pagásemos lo que los cristianos contra ellos hacían (pp. 127-128).

La alteración de los espacios fundamentales del reconocimiento, las nuevas líneas que configuran al yo entre otros vueltos semejantes o entre semejantes vueltos diferentes, se perciben claramente en dos momentos del texto. El primero, que agrupa al yo y al indio, cifra el reconocimiento en la semejanza. Se aprende —se aprehende— el cuerpo del otro:

y aquella noche llegamos adonde había cincuenta casas, y se espantaban de vernos y mostraban mucho temor; y después que estuvieron algo sosegados de nosotros, allegábannos con las manos al rostro y al cuerpo, y después traían ellos sus mismas manos por sus caras y sus cuerpos, y así estuvimos aquella noche (p. 103).

El segundo momento, que escinde al yo del español, cifra el reconocimiento en una impensable diferencia. Cuando por fin se produce el ansiado encuentro de Alvar Núñez con "cuatro cristianos de caballo", los españoles

recebieron gran alteración de verme tan extrañamente vestido y en compañía de indios. Estuviéronme mirando mucho espacio de tiempo, tan atónitos, que ni me hablaban ni acertaban a preguntarme nada (p. 130).

Hay pocos silencios, anotados en un texto, más elocuentes y más vertiginosos que éste. La desnudez ha integrado al yo dentro de un sistema; lo ha desclasificado de otro, volviéndolo un híbrido incongruente —aindiado pero no indio; hispanohablante pero no español— que desconcierta por su peculiaridad.

El intento por parte de la comunidad española de reducir esa distancia es evidente. Se procura reclasificar al híbrido intolerable, integrándolo totalmente a la perspectiva de la conquista y aprovechando su experiencia: así se lo separa de los indios —"nos llevaron por los montes y despoblados, por apartarnos de la conversación de los indios" (p. 132)— y se saca partido del viaje curativo volviéndolo utilitariamente evangélico[19]. Pero no menos notable es el intento, por parte de Alvar Núñez, de mantener la distancia. Más allá de los eficaces detalles patéticos —las camas que resultan incómodas por blandas, la ropa que incomoda (p. 137)—, el yo acude elocuentemente a la perspectiva del indio (el que antes fuera otro) para distinguirse y separarse del *ellos* español:

> [los cristianos] hacían que su lengua les dijese que nosotros éramos de ellos mismos, y nos habíamos perdido muchos tiempos había, y que éramos gente de poca suerte y valor, y que ellos eran los señores de aquella tierra, a quien habían de obedecer y servir. Mas todo esto los indios tenían en muy poco o en nada de lo que les decían; antes, unos con otros entre sí platicaban, diciendo que los cristianos mentían, porque nosotros veníamos de donde salía el sol, y ellos donde se pone; y que nosotros sanábamos los enfermos, y ellos mataban los que estaban sanos; y que nosotros veníamos desnudos y descalzos, y ellos vestidos y en caballos y con lanzas; y que nosotros no teníamos cobdicia de ninguna cosa, antes todo cuanto nos daban tornábamos luego a dar, y con nada nos quedábamos, y los otros no tenían otro fin sino robar todo cuanto hallaban, y nunca daban nada a nadie; y de esta manera relataban todas nuestras cosas y las encarescían, por el contrario, de los otros[...]. Finalmente, nunca pudo acabar con los indios creer que éramos de los otros cristianos (pp. 131-132).

[19] Al final del capítulo 35 se dan de manera notable dos discursos distintos de evangelización. Uno, el oficial y utilitariamente propagandista, se hace por interpósita persona: "el Melchior Díaz dijo a la lengua que de nuestra parte les hablase a aquellos indios, y les dijese cómo venía de parte de Dios que está en el cielo[...]" (p. 134). Sigue una exposición de tipo catequístico en la que abunda la amenaza ("pena perpetua de fuego a los malos"; "si esto no quisiesen hacer los cristianos los tratarían muy mal"), exposición dictada por Melchor Díaz al lengua. Los indios a su vez responden al lengua "que ellos serían muy buenos cristianos, y servirían a Dios" (p. 135). El texto parece recalcar que la comunicación, si bien se aprovecha del nosotros ("de nuestra parte"), es asunto entre Díaz y los indios a través del lengua. En cambio el otro discurso, sí asumido por el nosotros, se presenta como notablemente más sencillo y sin duda más sincero: "Nosotros les dijimos que Aquel que ellos decían nosotros lo llamábamos Dios, y que ansí lo llamasen ellos, y lo sirviesen y adorasen como mandábamos, y ellos se hallarían muy bien de ello[...]y mandámosles que bajasen de las sierras, y vinieran seguros y en paz, y poblasen toda la tierra" (p. 135). Nótese que no hay en este segundo discurso ni amenaza ni intimidación como en el de Melchor Díaz. A propósito de este último, vale

Cuida el texto de insistir en esta distinción, que sin duda obedece en parte a fines ideológicos[20], pero que sobre todo revela una innegable transformación personal. No sabemos si esa transformación personal, asumida por Alvar Núñez en su texto, fue justamente apreciada por el Rey lector como servicio equivalente al "conquistar y gobernar". Sí sabemos que, para el lector moderno, constituye su mayor hazaña, su prueba de grandeza.

SYLVIA MOLLOY

Yale University

la pena recordar que es capitán de Nuño de Guzmán, con quien se enfrentan Zumárraga y los franciscanos por la forma en que trata a los pueblos indígenas.

[20] Comenta Lastra la defensa de Alvar Núñez del "buen tratamiento" del indio y extiende su análisis a los *Comentarios* dentro del contexto de las *Leyes Nuevas* (LASTRA, art. cit., pp. 156, 160-161, en esp. nota 13).

NAUFRAGIOS, DE ALVAR NUÑEZ CABEZA DE VACA: UNA RETORICA DE LA CRONICA COLONIAL

POR

ANTONIO CARREÑO
Brown University

Ante el cronista por tierras de Indias, al servicio de «Vuestra Majestad» o de «Vuestras Altezas», surgía, en su caminar, un espectáculo (unos signos) completamente inéditos. Ni sus experiencias, ni el contorno en que se situaban habían sido previamente descritos. Paisaje, espacio, transcurso temporal, eran categorías que había de observar, fijar y describir en un nuevo contexto. Su vacilación es lingüísticamente obvia. En un primer paso, lo nuevo se ajusta textualmente a reconocidos términos lingüísticos. En una segunda fase, se traduce (lo nuevo) bajo metáforas inéditas [1]. Los ejemplos son fáciles de espigar a partir del *Diario* de Colón, primer testimonio, de acuerdo con García Márquez, de la llamada «literatura mágica» [2]. Aquí la fabulación y el mito, en conformidad con el bagaje cultural renacentista, y con las previas lecturas sobre el Lejano Oriente, dan nombre a una realidad que se asimila y se lee como texto literario. De ahí que se haya hablado de la «colonización» por el lenguaje: una constante en las letras hispanoamericanas [3].

El fenómeno, por tanto, que nos ayudaría a formular una «poética» de la crónica, funcionaría en varios sentidos. Por un lado, lo nuevo,

---

[1] Alejandro Cioranescu, «El descubrimiento de América y el arte de la descripción», en *Colón, humanista. Estudios de humanismo atlántico* (Madrid, 1967), pp. 60-72.

[2] Entrevista por Luis Suárez en «La Calle» (Madrid, 1978), recogida en *García Márquez habla de García Márquez*, recopilación de Alfonso Rentería Mantilla (Bogotá, 1979), p. 196.

[3] Jean Franco alude a la «imaginación colonizada», en *Historia de la literatura hispanoamericana. A partir de la Independencia* (Barcelona, Editorial Ariel, 1975), p. 34.

imposible de identificar y clasificar, se asocia con lo ya conocido. Colón lee la novedad del Nuevo Mundo, se ha indicado repetidas veces, bajo las impresiones y mitos descritos siglos atrás por los viajes de Marco Polo; de acuerdo también con sus lecturas de *Imago Mundi* (1480), de Pierre d'Ailly, y de la *Historia Rerum Ubique Gestarum*, de Aeneas Sylvius Piccolomini (Pío II), impresa en 1477 [4]. Sin embargo, la realidad de estos textos es bien diferente, y su economía expresiva [5], con todas las agravantes que presenta el *Diario* —texto transcrito por las manos de Las Casas— es obligada en Colón [6]. El referente es siempre europeo, peninsular: «Y después junto con la dicha isleta están huertas de árboles las más hermosas que yo vie tan verdes y con sus hojas como las de Castilla en el mes de abril y de mayo, y mucha agua», escribe Colón el 14 de octubre [7]. La dislocación es obvia. ¿Colón tendría en mente las frondosas huertas de Andalucía, bien conocidas por él (Sevilla, Córdoba, Granada), ricas en agua, en vez de las escasas y menos amenas en la árida Castilla? Tal asociación nos lleva, por ejemplo, al 17 de octubre.

---

[4] Véase *Journals and other Documents on the Life and Voyages of Christopher Columbus* (New York, 1963), pp. 21-23; también Irving A. Leonard, *Los libros del Conquistador* (México, Fondo de Cultura Económica, 1953), pp. 36-44. Sobre la invención del término Nuevo-Mundo véase Marcel Bataillon, «L'idée de la découverte de l'Amérique chez les Espagnols du XVIe siècle. (D'après un livre récent)», en *BHisp.*, LV, 1 (1953), pp. 23-55; Edmundo O'Gorman y Marcel Bataillon, *Dos concepciones de la tarea histórica, con motivo de la idea del descubrimiento de América* (México, 1955); del último, *La invención de América; el universalismo de la cultura de Occidente* (México, Fondo de Cultura Económica, 1958); también, Wilcomb E. Washburn, «The Meaning of 'Discovery' in the Fifteenth and Sixteenth Centuries», en *The American Historical Review*, LXXVIII, 1 (October 1962), pp. 1-21.

[5] El padre Las Casas, al copiar los escritos de Colón en su *Historia de las Indias* (Madrid, M. Aguilar, 1927), 3 vols., observa sobre la lengua de Colón: «que no penetra del todo la significación de los vocablos de la lengua castellana, ni del modo de hablar della» (libr. I, cap. CXXXVII); o «Todas éstas son palabras formales, aunque algunas dellas no de perfecto romance castellano, como no fuese su lengua materna del Almirante» (libr. I, cap. XLVIII). Sobre la ignorancia del castellano insiste en otro lugar: «Estas son sus palabras, puesto que defectuosas cuanto a nuestro lenguaje castellano el cual no sabía bien, pero más insensiblemente dichas» (libr. I, cap. CLI). Véanse otros ejemplos en Ramón Menéndez Pidal, *La lengua de Colón*, 5.ª ed. (Madrid, Espasa-Calpe, 1968), p. 11.

[6] Emiliano Jos, «El libro del primer viaje. Algunas ediciones recientes», en *Revista de Indias*, X (1950), pp. 719-751; Antonello Gerbi, *La naturaleza de las Indias Nuevas. De Cristóbal Colón a Gonzalo Fernández de Oviedo* (México, Fondo de Cultura Económica, 1978), pp. 26-28.

[7] Cristóbal Colón, *Los cuatro viajes del Almirante y su testamento*, ed. y prólogo de Ignacio B. Anzoátegui, 5.ª ed. (Madrid, 1971), p. 33. En adelante incluimos las citas del *Diario* en el texto.

«En este tiempo anduve así por aquellos árboles, que era la cosa más fermosa de ver que otra se haya visto, veyendo tanta verdura en tanto grado como en el mes de mayo en el Andalucía» (p. 39). La misma referencia la encontramos el domingo 21 de octubre: «Aquí es unas grandes lagunas, y sobre ellas y a la rueda es el arboledo en maravilla, y aquí en toda la isla son todos verdes y las hierbas como en el abril en el Andalucía» (p. 43). Ya el 8 de octubre, y con anterioridad a la referencia a Castilla, se escribe: «Los aires muy dulces como en abril en Sevilla» (p. 27) [8].

Pero llega un momento que ante Colón se abre el vacío: no existe la equivalencia léxica que describa lo visto. Al observar las «maravillas» de la fauna, el olor de los árboles y frutas, explica: «... estoy el más penado del mundo de no los cognoscer» (p. 43). De ahí el continuo recurso a la *oppositio* para diferenciar de algo que ya conoce: «caracoles grandes, sin sabor, no como los de España» (escribe el 29 de octubre), y a la *comparatio* (analogía, símil) como término de identificación [9]. Los árboles pasan a ser en el *Diario*: «... tan disformes de los nuestros como en mayo en España, en el Andalucía» [10]. Al definir una especie

---

[8] John Huxtable Elliot, en *The Old World and the New World. 1492-1650* (Cambridge, 1970) indica cómo «Columbus ... shows a times a remarkable gift for realistic observation, although at other times the idealised landscape of the European imagination interpose itself between him and the American scene» (p. 19). A esta imaginación «poética» de Colón («a keen appreciation of natural beauty») alude Cecil Jane en su «Introducción a los *Voyages* (London, 1930), pp. 11, 68, 69; Juan Pérez de Tudela, «Vision de la découverte du Nouveau Monde chez les chroniqueurs espagnols», en *La Découverte de l'Amérique* (Paris, 1968), p. 275; Juan Durán Luzio, «Hacia los orígenes de una literatura colonial», en *RI.*, 89 (oct.-dic. 1974), pp. 651-658.

[9] Quintiliano, *Inst. Orat.*, IX, ii, 100; VIII, iv, 9; Julio César Scalígero, *Poetices Libre Septem*, III, 1; Heinrich Lausberg, *Elementos de retórica literaria*, vers. de Mariano Marín Casero (Madrid, Editorial Gredos, 1975), p. 193 (núm. 391), pp. 201-204 (núms. 400-402); Lee A. Sonnino, *A Handbook to Sixteenth-Century Rhetoric* (New York, 1968), p. 44. También es útil Henri Morier, *Dictionnaire de poétique et de rhétorique* (Paris, 1961).

[10] «La fórmula comparativa», señala Antonello Gerbi, «se repite después, con pocas variantes, muchísimas veces: 'las islas nuevas, incluso en los meses invernales, son floridas y fecundas como las tierras de Europa de la estación mejor'» (*La naturaleza de las Indias Nuevas*, p. 29). Ya Filson Young (*Crh. Columbus and the New World of is Discovery*, London, 1911) observa que «Columbus ... has but two methods of comparison: either a thing is like, or it is not like Spain», cita que recoge R. Iglesias, *El hombre Colón* (México, 1944), p. 34 y p. 41. Véase también Enrique Rojo, «Apostillas de un naturalista a la relación del primer viaje del Almirante de la Mar Océana», en *Cuadernos Americanos*, 6 (1945), pp. 137-148; en particular, p. 144.

nueva, animal o vegetal, la comparación es con lo familiar: «es como en Europa», «como en España», «como entre nosotros». Describiendo el tocado de ciertas indias, se indica: «como usan las dueñas en Castilla». La dislocación léxica, su doble valor ambiguo, entre un presente que lo afirma y un pasado referencial, semántico, que lo niega, se hace no menos evidente en otros cronistas. De ahí que significante y significado se hallen con frecuencia en agudo desacuerdo.

En una segunda fase, más familiarizado el cronista con la realidad indígena, la identifica con lo conocido, y a base de: a) equivalencias léxicas. Notemos en este sentido el paso de almadía al término arahuaco canoa; de caudillo a cacique; b) de definiciones: «acales llaman ayotes»; c) de explicaciones semánticas: «canoas hechas a manera de artesa»; «paños de henequén, que es como de lino»; «zanahorias que tienen sabor de castañas» (batatas); d) de simple reduplicación de vocabulario: «grandes señores y caciques»; «caciques y principales»; «cues y adoratorios»; «jagüeyes o pozos»; e) o de simple adopción de un vocablo como si fuera palabra tradicional: así batata, cazalote, chía, hamaca, chimole, ejemplos espigados en Historia verdadera [11]. El mismo fenómeno lingüístico —de la semejanza a la afinidad— se presenta en Fernández de Oviedo, fray Bartolomé de las Casas, fray Bernardino de Sahagún, el Inca Garcilaso, etc. Al término castizo «había temporejado», «anduvo barloventeando» (de «venir barloando» [Diario, pp. 34, 51, 79]), le sucede el «americanismo» como resultado ya de un largo proceso de decantación de conceptos y nociones previas. Estas se dividen y subdividen paulatinamente en nuevos matices. Se van imponiendo y fijando ante el espíritu que a continuo las contempla y, finalmente, describe [12]. Pero el proceso no es tan sólo retórico o lingüístico; es también epistemológico, campo este aún sin explotar en la «arqueología» (épistémè) del saber renacentista [13]. El acto de nombrar establece una serie de representaciones verbales que van de la simple articulación a la designación. Estas determinan el conocimiento de la nueva realidad. El «nombre» (el sustantivo) es término dinámico, en el mejor sentido del relato cronístico. Establece correspondencias de identidad y diferencia. Cada vocablo anuncia algo que se desconoce, e implica a su vez un deseo por conocer algo nuevo. Por ejemplo, el término enagua, de origen

---

[11] Manuel Alvar, El mundo americano de Bernal Díaz del Castillo (Santander, 1968), pp. 49-53, extractos tomados de la anterior publicación, Americanismos en la «Historia» de Bernal Díaz del Castillo (Madrid, 1970), pp. 7-42.

[12] Alejandro Cioranescu, Colón humanista, p. 67.

[13] Michel Foucault, Las palabras y las cosas. Una arqueología de las ciencias humanas, trad. Elsa Cecilia Frost (México, 1968), pp. 83-125.

caribe, se aplicó en un contexto indígena, y se hizo rápidamente popular en español con la equivalencia a *faldillas*. *Caribe* vino a ser *caníbal; cacique* pasó a designar, como bien sabemos, una realidad diferente de la indicada en un principio. Casas de adobes, y más tarde *buhíos* (bohío) se denominan, en *Naufragios* (1542), las casuchas de los indios (XXII, 61). Los ejemplos se podrían multiplicar en otras crónicas [14].

Fijémonos, y ya al caso, en la siguiente descripción, incluida en *Naufragios:* «Andando en esto, oímos toda la noche, especialmente desde el medio de ella, mucho estruendo y grande ruido de voces, y gran sonido de *cascabeles* y de *flautas* y *tamborinos* [énfasis nuestro] y otros instrumentos, que duraron hasta la mañana, que la tormenta cesó» [15]. El instrumento castellano puebla, pues, los aires de música del sur de la Florida [16]. Pero la elipsis «y otros instrumentos» infiere la incapacidad verbal de expresar lo no conocido: en este caso, la tonada y el ritmo de un instrumento nunca oído. Y Bernal Díaz del Castillo, en *Historia verdadera de la conquista de la Nueva España,* describe cómo al tocar tierra en lo que llamaron la Florida, «... vieron los ídolos de barro y de tantas maneras de figuras, decían que eran de los gentiles. Otros decían que eran de los judíos que desterró Tito y Vespasiano de Jerusalén, y que los echó por la mar adelante en ciertos navíos que habían apartado en aquella tierra» [17].

Cholula, describe Bernal, parecía de lejos «en aquella sazón a nuestro Valladolid de Castilla la Vieja» (LXXIX, 158). La «muy buena loza de barro colorado y prieto e blanco de diversas pinturas» le traía el recuerdo de Talavera y Plasencia (LXXXIII, 169). El mercado de «Talelulco» (Tlatelolco) le evocaba el buen orden de su nativa Medina del Campo (XCII, 191). Al hablar del camino de Tepeaca o Guacachula, la asociación es entrañable: «porque claro está que para ir desde Tepeaca a Guacachula no habían de volver atrás por Guaxocingo, que era ir como si estuviésemos agora en Medina del Campo y para ir a Salamanca tomar el camino por Valladolid, no es más lo uno en *comparación*

---

[14] Rafael Lapesa, «El español en América», en *Historia de la lengua española,* 8.ª ed. (Madrid, 1980), pp. 534-557.

[15] Alvar Núñez Cabeza de Vaca, *Naufragios y Comentarios,* 5.ª ed. (Madrid, 1971), p. 15 (cap. I). Incluimos las citas de esta obra en el texto, señalando capítulo y página.

[16] Sobre esta concepción arcádica véase H. Wilkins, «Arcadia in America», en *Invention of the Sonnets and Other Studies in Italian Literature* (Rome, 1959), pp. 247-294; Henri Baudet, *Paradise on Earth: Some Thoughts on European Images of Non-European Man,* trad. Elizabeth Wentholt (New Haven and London, 1965).

[17] Bernal Díaz del Castillo, *Historia verdadera de la conquista de la Nueva España,* 2.ª ed. (Madrid, 1968), p. 37. Incluimos en el texto capítulo y página.

[énfasis nuestro] de lo otro, ansí que muy desatinado anda el coronista» (CXXXII, 392). Para Hernán Cortés («Segunda Carta Relación de Hernán Cortés al Emperador Carlos V, Segura de la Frontera 30 de Octubre de 1520»), la plaza de Salamanca es continuo modelo de comparación. El mercado de «Temixtitán» (Tenoctitlán) «... es como dos veces la ciudad de Salamanca»[18]. «Y la ciudad», continúa Cortés, «es muy mayor que Granada tenía al tiempo que se ganó, y muy mejor abastecida de las cosas de la tierra». Sobre la loza coincide Cortés con Bernal: era «de muchas maneras y muy buena y tal como la mejor de España»[19]. Idénticas comparaciones encontramos en Bernal: «... y tenía [la plaza] antes de llegar a él [alude al gran «cu»: adoratorio construido para los ídolos][20] un gran cercuito de patios, que me paresce que eran más que la plaza que hay en Salamanca» (XCII, 192). «Salvo palmitos de la manera de los de Andalucía», indica Alvar Núñez (*Naufragios*, V, 21) es el único sustento durante los muchos días de intensa caminata.

El cronista es, como vemos, prisionero de la «ecología» de su léxico[21]. La *comparatio* surge ante la incapacidad de definir nuevos signos, de acuerdo con el texto de Bernal Díaz del Castillo, incluido líneas atrás. Relaciona la palabra con sus diferencias significativas en relación con el objeto asignado. De ahí que la vacilación léxica sea obvia; no menos

---

[18] Hernán Cortés, *Cartas y documentos*, introd. de Mario Hernández Sánchez-Barba (México, 1963), p. 72.

[19] *Cartas y documentos*, p. 15. Los casos presentes en la *Historia General y Natural de las Indias* de Gonzalo Fernández de Oviedo (Madrid, 1955) son no menos abundantes. Véanse, por ejemplo, libros XXXIII (cap. 10); III (caps. 299, 300, 302). Fray Bernardino de Sahagún, *Historia general de las cosas de Nueva España* (México, 1938) compara a los mexicanos «en saber y en policía con los venecianos» (p. 8).

[20] Véase sobre la evolución del término, *Biblioteca de Dialectología Hispano-americana, IV. El Español en Méjico, los Estados Unidos y la América Central*, anotaciones y estudios de Pedro Henríquez Ureña (Buenos Aires, 1938), pp. 212-213. De acuerdo con Francisco J. Santamaría, *Diccionario General de Americanismos* (México, 1942), «los primitivos *kues* mayas fueron sitios destinados al culto, túmulos en forma piramidal, levantados sobre las tumbas de los muertos y en cuyas cimas establecían los adoratorios» (I, p. 414 b). «Ku» también significa, de acuerdo con Juan Francisco Molina Solís, *Historia del Descubrimiento y Conquista de Yucatán*, 2.ª ed. (México, 1943), I, p. 239, «Dios en abstracto». Véase Manuel Alvar, *Americanismos en la «Historia» de Bernal Díaz del Castillo*, p. 63.

[21] Edward Schafer, *The Vermilion Bird* (Berkeley, University of California Press, 1967), p. 42; David Beers Quinn, «New Geographical Horizons: Literature», en *First Images of America. The Impact of the New World on the Old*, ed. Fredi Chiappelli (Los Angeles, University of California Press, 1976), II, pp. 635-658. Al nuevo «horizonte lingüístico» que se abre ante el europeo alude Carlos G. Noreña, *Studies in Spanish Renaissance Thought* (The Hague, 1975), p. 178.

la retórica. Pues si bien el eclecticismo literario tiene una rica tradición medieval y renacentista (fusión, y a la vez tajante división, entre Historia y Fábula), los procesos epistemológicos y lingüísticos surgen ante una realidad que se inventa de nuevo como lenguaje. La recurrencia, por ejemplo, al símbolo es, de este modo, obligada. Señala la disparidad analógica entre lo escrito como texto y su referente. Pero el mismo texto —su escritura— se torna en emblemática. Constata su tipología el cruce de dos mundos (un nuevo hombre; una nueva naturaleza), asumiéndose por primera vez, en la historia de la cultura de Occidente, la no coincidencia entre lenguaje y realidad. Tal diferencia viene a ser, por antonomasia, la figura clave en la elucidación retórica de las crónicas. Revela el doble significado (en parte oculto), y la subversión (tal vez irónica) de la realidad por el lenguaje. Este viene a ser una máscara de lo ausente; de lo «otro». Su escritura marca dramáticamente tal «diferencia»: la percepción de lo «otro» a través de su misma desemejanza.

El proceso epistemológico, o de aprehensión de la realidad en torno, y por lo mismo del desarrollo del relato cronístico (de su retórica) presenta, pues, varias fases íntimamente encadenadas. Señalan la incorporación del Nuevo Mundo en el horizonte intelectual europeo. La *observatio* (primera fase) surge ante lo nunca visto (asombro) como naturaleza; inédito como texto. La *descriptio* (segunda fase) fija, vacilando de signos, la realidad como escritura. A través de la *comprehensio* (tercera fase), y de la *definitio,* se adopta y formula lo observado en un contexto ya cercano al del indígena. A través de la *permutatio* (Quint., *Inst. Orat.,* IX, iii) se intercambian, en la pluralidad confusa de signos (una verdadera «rotación») las nuevas referencias culturales. La adopción de americanismos, de las lenguas aborígenes (recuérdese el caso de Sahagún escribiendo en Nahuatl; fray Ramón Pané describiendo los mitos tahínos) [22] nos confirman esta última fase [23]. Marca el *pathos* de la escritura del cronista: su entusiasmo ante la novedad de la flora antillana; no menos su angustia ante la incapacidad de definir cada especie. En el *Diario* de Colón observamos cómo, en ocasiones, la naturaleza no es radicalmente distinta de la de España; cómo finalmente se le semeja. Más tarde es igual, e incluso más hermosa: «es como de Castilla» (27 de noviembre); «y cuasi semejables a las tierras de Castilla» (9 de diciembre).

---

[22] Fray Ramón Pané, *Relación acerca de las antigüedades de los indios. El primer tratado escrito en América.* Nueva versión con notas y apéndices de José Juan Arróm (México, 1974), pp. 1-19.

[23] J. H. Elliot, *The Old World and the New World,* pp. 17-18.

Pero ya fuera del contexto lingüístico, la *descriptio* renacentista (Quint., *Inst. Orat.*, IX, ii, 44) con frecuencia se valía del *tópoi*. De este modo se describía la belleza de las amadas (*Elisa, Filis, Amarilis,* Laura), o lo paradisíaco del *locus amoenus.* Realza tal figura el objeto mínimo e intrascendente: lo inmediato, observable y anecdótico, material presente a menudo en el «Memorial» y en la «Carta de relación». Pero el punto de referencia era siempre personal. El «yo» narrativo coincidía, en la mayoría de los casos, con el del protagonista. Ambos (uno en el espacio del texto: el «yo» testigo; otro en el temporal y geográfico: el «yo» protagonista) presidían no tan sólo el gran hecho; también el circunstancial y menos significativo. La *observatio* venía a ser, por tanto, «principio» y génesis en la conformación retórica del género cronístico. El «yo» se instalaba a lo largo del texto, y al igual que el pícaro, el héroe de la Crónica (su contrafigura) daba cuenta, con los ojos llenos de asombro, de lo que veía. Su «yo» acortaba así la distancia entre realidad vista o imaginada, y entre la lengua que la nombraba y definía. Garantizaba el «yo» la «autenticidad» de lo narrado.

En las primeras páginas de *Naufragios* (titulados *Relación de lo acontecido en Indias*) el «yo» viene a ser testimonio del relato que escribe en su doble función de narrador y personaje: «y que yo, para más seguridad, fuese con él»; «yo quedé en la mar con los pilotos»; «me pareció que no sería fuera del propósito y fin con que yo quise escribir este camino»; «que aunque yo di licencia...»; «... yo me escusé»; «yo di la misma respuesta»; «yo determiné ir a la villa» *(Naufragios,* I, 14). Pero no menos obvia es esta exaltación personal en la *Historia verdadera* de Bernal Díaz del Castillo:

> ... y entre los fuertes conquistadores, mis compañeros, los hubo muy esforzados, a mí me tenían en la cuenta dellos, y el más antiguo de todos, y digo otra vez que yo, yo y yo, dígolo tantas veces, que yo soy el más antiguo, y lo he servido como muy buen soldado a Su Majestad, y diré con tristeza de mi corazón, porque me veo pobre y muy viejo, y una hija para casar, y los hijos varones ya grandes y con barbas, y otros para criar, y no puedo ir a Castilla ante Su Majestad para representalle cosas cumplideras a su real servicio, y también para que me haga mercedes, pues se me deben bien debidas (CCX).

La forma narrativa pide, es sabido, una segunda o tercera persona que, conscientemente, se sitúe fuera de los hechos que se relatan. Solamente tal actitud podría hacer posible y diferenciar, de acuerdo con la

Poética de Aristóteles (IX, 1451 a-b) la poesía de la historia[24]. Versa la primera sobre lo universal; la segunda sobre lo particular y concreto. Sin embargo, esta saturación constante del «yo» (tanto en *Naufragios* como en *Historia verdadera)*, de la relatividad que conlleva su punto de vista, desplaza el relato cronístico de la objetividad que caracteriza a la historia[25]. De ahí que Cervantes ponga en boca del cronista árabe Cide Hamete Benengeli (téngase en cuenta la ironía implícita: los cronistas árabes tenían fama de embusteros) su relato para participar, de este modo, de la verosimilitud de la historia[26]. En este sentido, la vacilación del relato cronístico es obvia. Participa, por un lado, del relativo punto de vista del «yo» narrador, común al género picaresco; pero también de la descripción objetiva de la Historia y géneros menores: Crónica, Memorial, Carta de relación. A éstos alude repetidas veces Bernal, insistiendo en los capítulos finales: «... hobo otros muchos esforzados y valerosos compañeros» (CCVII, 601). Y continúa: «y todos me tenían a mí en reputación de buen soldado. Y volviendo a mi materia, miren los curiosos letores con atención esta mi *relación* [énfasis nuestro] y verán en cuántas batallas y reencuentros de guerra [retórica aquí del *Memorial*] me he hallado desque vine a descubrir». A los «nuestros muchos y buenos y notables servicios que hecimos al rey nuestro señor y a toda la cristiandad», alude líneas atrás.

El polisíndeton, la acumulación gradual de hechos, la mediación de la *memoria,* como la relación hiperbólica (se busca con frecuencia una remuneración equivalente a la recibida por otros caballeros), y el discurso directo, asocian la historia escrita con la carta de relación. Su retórica conforma numerosas crónicas renacentistas: desde los escritos del doctor Francisco López de Villalobos (véanse sus «cartas-coloquios») y Luis Zapata, a Francesillo de Zúñiga y Antonio de Guevara en su *Epistolario*[27]. Pues no tan sólo presentan éstos breves miniaturas nove-

---

[24] Véase sobre estas distinciones, aplicadas concretamente al Renacimiento, a William Nelson, «The Difference between Fiction and History», en *Fact and Fiction. The Dilemma of the Renaissance Storyteller* (Cambridge, Harvard University Press, 1973), pp. 38-55; también Frank Kermode, «Novel, History and Type», en *Novel*, 1 (1967-68), pp. 231-238; Warner Berthoff, «Fiction, History, Myth: Notes toward the Discrimination of Narrative Form», en *Harvard English Studies,* I (1970), pp. 263-287.

[25] Claudio Guillén, *Literature as System. Essays toward the Theory of Literary History* (Princeton, Princeton University Press, 1971), pp. 156-157.

[26] Edward C. Riley, *Teoría de la novela en Cervantes,* trad. Carlos Sahagún (Madrid, Taurus, 1966), pp. 323-334; G. L. Stagg, «El sabio Cide Hamete Venengeli», en *BHS., XXXIII* (1956), pp. 218-225.

[27] Américo Castro, «Antonio de Guevara: un hombre y un estilo del s. XVI»,

lísticas; vacilan sobre todo entre el relato en primera persona, la forma epistolar, el discurso autobiográfico, y el relato de hechos. Esta incidencia con la «Retórica» del cronista, quien escribe allende el mar, está sin estudiar. En dichos textos el narrador es, como ya indicamos, a la vez protagonista (objeto de lo narrado y sujeto de la narración), quien no constata tan sólo lo que ve *(adtestatio rei visae)* y escribe. Narrador y protagonista (Armas y Letras) coinciden en un mismo nivel de relación. La experiencia del primero, como testigo y protagonista, asegura la veracidad del segundo. De este modo, los cronistas de América, como sus predecesores, los historiadores florentinos [28], ayudan no menos a la formación polimórfica del género novelesco.

Ya la autoridad de los modelos clásicos, desde Cicerón (*De Oratore, Orator*) y Quintiliano (*Inst. Orat.*), al igual que el tan seguido consejo de la *imitatio*, formaban los principios básicos de la escritura renacentista [29]. Recuérdese a Garcilaso leyendo a través de su lírica el *Canzoniere* de Petrarca, la *Arcadia* de Sannazaro [30]. La posibilidad de «imitar» sin «un modelo» establecido (los clásicos griegos y latinos) resultaba arriesgado. Bien se lo indicaba Marco Antonio Flaminio a Luigi Calmo: «Se adunque l'artificio del scrívere consiste commamente nella imitatione, come nel vero consiste, è necessario che, volendo far profitto, habbiamo maestri eccelentissimi... Colore che... ci propóngono le compositioni di propio ingegno ci ponno fare grandissimo danno» [31]. «Pero la imitación», explica Alejandro Cioranescu, «sólo puede tener un papel reducido y relativamente sin importancia en la descripción hecha por la primera vez de objetos que nadie había conocido o representado anteriormente» [32]. Obviamente, la imitación no es posible donde falta el modelo. La recurrencia será, en este caso, al género narrativo en vigor. De ahí,

en *Semblanzas y estudios españoles* (Princeton, N. J., 1956), pp. 53-72; *Hacia Cervantes* (Madrid, 1957), pp. 59-81; Francisco Márquez Villanueva, «Fray Antonio de Guevara o la ascética novelada», en *Espiritualidad y literatura en el siglo XVI* (Madrid, 1968), pp. 15-66.

[28] Antonello Gerbi, *La naturaleza de las Indias Nuevas*, pp. 187-199.

[29] Véase sobre dicho concepto H. Gmelin, *Das Prinzip der Imitatio in den romanischen Literaturen der Renaissance* (Erlangen, 1932); y en general Bernard Weinberg, *A History of Literary Criticism in the Italian Renaissance* (Chicago, 1961), II, pp. 715-813.

[30] Rafael Lapesa, *La trayectoria poética de Garcilaso*, 2.ª ed. corregida (Madrid, 1968), pp. 73-99; Vittore Bocchetta, *Sannazaro en Garcilaso* (Madrid, Editorial Gredos, 1976).

[31] Véase Fernando Lázaro Carreter, «Imitación compuesta y diseño retórico en la Oda a Juan de Grial», en *Anuario de Estudios Filológicos*, Universidad de Extremadura, I (1979), pp. 94-95.

[32] Alejandro Cioranescu, *Colón humanista*, pp. 60-61.

por ejemplo, que la secuencia de relatos novelescos cunda en las Crónicas [33]. Inútiles resultaron en este sentido los esfuerzos de Luis Zapata en separar, en la dedicatoria a su *Carlo famoso* (Venecia, 1561), la historia de la ficción, señalando con asteriscos los episodios ficticios. Intentaba evitar así, si bien fútilmente, confusiones en el lector.

Largo es el camino que Alvar Núñez recorre —la metáfora «naufragios» es apropiada en varios niveles— desde la costa de la Florida, en el Golfo de México (Este) hasta la ciudad del imperio azteca (Oeste) [34]. Ocho años (1528-1536) dura el recorrido. El autor y sus compañeros pasan de la sumisión y cautiverio —antihéroes de la Crónica— a la esclavitud, hambre, antropofagia, muertes continuas. De cuatrocientos hombres con que se inicia la expedición, tan sólo sobreviven cuatro: Alvar Núñez (natural de Jerez de la Frontera), Alonso de Castillo Maldonado (oriundo de Salamanca), Andrés Dorantes (nacido en Béjar) y el negro Estebanico (procedente de Azamor, Marruecos) (XXXVIII, 97). El texto es rico tanto en noticias etnográficas como antropológicas. Las calamidades se anuncian con continuos presagios atmosféricos: con tormentas y músicas a media noche (I, 15-16).

---

[33] El desprecio de los preceptistas españoles por la «novela» se extiende hasta bien entrados en el siglo XIX. Para Alonso López Pinciano la novela es «una derivación de la épica, que se diferencia de la epopeya tradicional por estar fundada en pura ficción, y cuyo modelo arquetípico se encuentra en la novela bizantina de Heliodoro y Aquiles Tacio». El mismo Vives condena la literatura de entretenimiento y, sobre todo, los libros de caballerías, por inmorales y mentirosos. Para el Cura del *Quijote* (I, xxxii) los libros de caballerías son «mentirosos y están llenos de disparates y devaneos». Véase Américo Castro, *El pensamiento de Cervantes*, nueva ed. ampliada (Barcelona-Madrid, 1973), p. 60, nota 20; Armando Durán, «Teoría y práctica de la novela en España durante el Siglo de Oro», en *Teoría sobre la novela*, ed. Santos Sanz Villanueva y Carlos J. Barbachana (Madrid, Sociedad General Española de Librería, 1976), pp. 55-91.

[34] David Lagmanovich, «Los *Naufragios* de Alvar Núñez como construcción narrativa», en *KRQ.*, XXV (1978), pp. 27-37. Enrique Anderson Imbert indica al respecto: «Cabeza de Vaca sabe contar. Centra su relato en el 'yo', y sin perder de vista al lector (es uno de los cronistas que escribe para el lector) va evocando sus aventuras en un estilo rápido, rico en detalles reveladores, emocionante, fluido como una conversación y, sin embargo, de dignidad literaria». Véase en *Historia de la literatura hispanoamericana*, 2.ª ed. (México, 1970), I, p. 40. Véase sobre el mismo libro Cleve Hallenbeck, *Alvar Núñez Cabeza de Vaca; The Journey and Route of the First European to cross the Continent of North America, 1534-1536* (Glendale, California, 1940); Cyclone Covey, *Cabeza de Vaca's Adventures in the Unknown Interior of America* (New York, 1961); también Luisa Pranzetti,. «Il naufragio como metafora (a proposito delle relazioni di Cabeza de Vaca)», en *Letterature d'America*, I (1980).

35

Más al caso viene el relato de la «Mala Cosa» (XXII, 61-62), y la profecía de la mora de Hornachos, incluida en el capítulo final. Contiene, ya antes de partir Alvar Núñez en su expedición camino de las Indias, parte de los acontecimientos que suceden posteriormente: «lo cual antes que partiésemos de Castilla nos lo había a nosotros dicho, y nos había suscedido todo el viaje de la misma manera que ella nos había dicho» (p. 96). La «Mala Cosa» es un ser misterioso, diabólico:

> y luego, aquel hombre entraba y tomaba al que quería de ellos, y dábales tres cuchilladas grandes por las ijadas con un pedernal muy agudo, tan ancho como una mano y dos palmos en luengo, y metía la mano por aquellas cuchilladas y sacábales las tripas; y que cortaba de una tripa poco más o menos de un palmo, y aquello que cortaba echaba en las brasas; y luego le daba tres cuchilladas en un brazo, y la segunda daba por la sangradura y desconcertábaselo, y dende a poco se lo tornaba a concertar y poníale las manos sobre las heridas, y deciánnos que luego quedaban sanos, y que muchas veces cuando bailaban aparescía entre ellos, en hábito de mujer unas veces, y otras como hombre; y cuando él quería, tomaba el buhío o casa y subíala en alto, y dende a un poco caía con ella y daba muy gran golpe (página 61).

Concluye Núñez: «De estas cosas que ellos nos decían, nosotros nos reíamos mucho, burlando de ellas;. y como ellos vieron que no lo creíamos, trujeron muchos de aquellos que decían que él había tomado, y vimos las señales de las cuchilladas que él había dado en los lugares en la manera que ellos contaban». Pero no menos sorprendente son los acontecimientos y costumbres relatados en la isla de «Mal Hado» (XV,4-48; XXIV, 65-66).

Abundan también los relatos novelescos en otras crónicas. Recordemos el uso de Romancero en *Historia verdadera*: «Cata Francia, Montesinos; / cata París, la ciudad; / cata las aguas del Duero / do van a dar a la mar» (XXXVI, 83) [35]; las alusiones a los libros de caballería *(Amadís de Gaula, Palmerín de Inglaterra)* [36]; los relatos en torno Gon-

---

[35] Ramón Menéndez Pidal, *Los romances en América, y otros estudios*, 2.ª ed. (Buenos Aires, 1941), pp. 9-10; Carmelo Sáenz de Santamaría, S. J., *Introducción Crítica a la «Historia Verdadera» de Bernal Díaz del Castillo* (Madrid, 1967), páginas 119-121. Para otros casos, en Cortés, véase W. Reynolds, *Romancero de Hernán Cortés* (Madrid, 1967), pp. 25-26.

[36] Stephan Gilman, «Bernal Díaz del Castillo and 'Amadís de Gaula'», en *Homenaje a Dámaso Alonso* (Madrid, 1961), II, pp. 99-113; Irving A. Leonard, *Los libros del conquistador*, pp. 36-44; Mario Hernández Sánchez Barba, «La influencia de los libros de caballerías sobre el Conquistador», en *Revista de Estudios Americanos*, XIX (1960), pp. 235-256.

zalo Herrero (XXVII, 66-67) y Doña Marina (LXXVII). La enunciación elíptica en varios de los capítulos finales: «Y quiero dejar de meter más la péndola en esto» (CCVII, 601), o «... porque si más en ello meto la pluma, me será muy odiosa (la plática) de personas envidiosas» (CCX, 606-607) implica la represión de la *amplificatio,* en riesgo de la novelización. La «memoria» y la «reminiscencia» (se recuerda o añora hechos pasados) acondiciona la redacción de estos textos: «He traído aquí esto a la memoria» (CCII, 60) escribe Bernal Díaz del Castillo (CCII, 60); también la asociación entre el espacio y el tiempo en que sucedió lo descrito. Lo que justifica la presencia de elementos visuales, auditivos, sensoriales [37].

Los ejemplos abundan en otras crónicas. Conocido es el relato del «cacique y señor» llamado Enriquillo, que incluye Las Casas en su *Historia de las Indias* (libr. III, caps. CXXV-VII) [38]. Su inclusión dará lugar, dentro del contexto histórico, a dimensiones míticas. Se trasciende como acto ejemplar. Lo que justifica su recobro, ya entrados en el siglo XIX, como mito. No menos interesante, y situados ahora en Puerto Rico, es el relato de Las Casas sobre el perro «Becerrillo» [39]. «Y cosas, se dice, que hacía maravillas», escribe en el libro II (cap. LV) de su *Historia.* No menos ha destacado la crítica los relatos novelescos incluidos en *Los Comentarios Reales* del Inca Garcilaso: «El Inca Llora Sangre y el Príncipe Viracocha», «Don Rodrigo Niño y los galeotes del Perú», «El naufragio de Pedro Serrano» [40]; el idilio pastoril «Ficción y suceso de un pastor,

---

[37] José Antonio Barbón Rodríguez, «Sobre el 'estilo directo' en la *Historia Verdadera* de Bernal Díaz del Castillo», en *Libro-Homenaje a Antonio Pérez Gómez* (Cieza, 1978), publicación que no nos ha sido posible consultar. Del mismo, véase «Bernal Díaz del Castillo, '¿idiota y sin letras?'», en *Studia Hispanica in Honorem Rafael Lapesa* (Madrid, Gredos, 1974), II, pp. 89-104; véase también Luis Rublúo, *Estética de la «Historia Verdadera» de Bernal Díaz del Castillo* (Universidad Autónoma de Hidalgo, Pachuca, 1969).

[38] Véase nuestro artículo «Una guerra *sine dolo et fraude.* El padre Las Casas y la lucha por la dignidad del indio en el siglo XVI», en *Cuadernos Americanos,* XXXIII, 2 (marzo-abril 1974), pp. 137-138, nota 56. Sobre el relato *Enriquillo* de Galván, véase Enrique Anderson Imbert, *Crítica interna* (Madrid, Taurus, 1961), pp. 57-72.

[39] Véase José Juan Arróm, «Becerrillo: comentarios a un pasaje del padre Las Casas», en *Libro Homenaje a Luis Alberto Sánchez* (Lima, 1967), pp. 41-44.

[40] Los episodios están incluidos en *Primera parte* de los *Comentarios Reales,* libr. IV, caps. XVI, XX-XXIV; libr. V, caps. XVII-XXIII; *Segunda parte,* libr. VI, caps. VIII-IX; *Primera parte,* libr. I, caps. VII-VIII, respectivamente. Véase al respecto Angel Rosenblat, «Tres episodios del Inca Garcilaso», en *La primera visión de América y otros estudios* (Caracas, 1965), pp. 219-245; Pedro Henríquez Ureña, «Apuntaciones sobre la novela en América», en *Humanidades,*

Acoytapia, con Chuquillanto, hija del Sol», que incluye fray Martín de Murúa (o Morúa) en su *Historia General del Perú; Origen y Descendencia de los Incas*[41]. Esta acumulación de relatos que caracterizaríamos como «novelescos» cunde, como vemos, en las Crónicas, aquende o allende el mar.

En este sentido, y volviendo a nuestro punto inicial, el género de *Naufragios* (relato de un viaje que se hace en este caso al revés: del salvajismo a la civilización) es no menos híbrido, en tensión constante entre la «Retórica» de la Historia y de la Novela: entre lo ficticio («Mala Cosa»), lo enigmático y profético («Mora de Hornachos»). Por lo que en este sentido el relato cronístico se opondría, de acuerdo con las secuencias cronológicas, personales, y sucesivas que lo hilan («viaje») al novelesco. Pero el punto de vista de la «primera persona» deja en el vacío su posible carácter documental.

La metáfora del viaje —en el espacio, en el tiempo— es clave en la Crónica; también en otro género aparentemente opuesto: la novela picaresca. Pero la picaresca, se ha dicho, es la crónica del pauperismo; la Crónica, el órgano oficial del poder: religioso y cultural. La picaresca denuncia; la Crónica exalta, idealiza. Anuncia y describe ésta la gran llegada, el espacio habitado (topografía, fauna, flora), o por habitar. Arcadia y Utopía se entrecruzan con frecuencia en su diseño. El protagonista de la Picaresca es singular; plural (con frecuencia) el de la Crónica. Vive el primero en radical desacuerdo con su entorno; no menos consigo mismo. El segundo se vale de la escritura (Cortés, *Cartas de relación;* Bernal Díaz, *Historia verdadera*) para reafirmar sus hechos y jerarquías: honor, fama, riqueza, valor. El *curriculum* del pícaro es circular; la deshonra final confirma el determinismo de su nacimiento, medio y conducta. El del Cronista es, por el contrario, una brillante «hoja de servicios» donde se apuntan, meticulosamente, las vicisitudes sufridas. Estas justifican la gloria merecida. De ahí que oro *(auri sacra fames),* fama (retórica del memorial), el poder como dominio y voluntad, determinen el proceso textual del Cronista; el servilismo y la dependencia («pobreza») al héroe de la picaresca. Aquél escribe para probar méritos y servicios; éste para afirmar su propio origen.

La Plata, XV (1927), pp. 133-146; Roberto Esquinazi-Mayo, «Raíces de la novela hispanoamericana», en *Studio di letteratura Ispano-Americana,* 2 (1969), pp. 115-120.

[41] José Juan Arróm, «Precursores coloniales del cuento hispanoamericano; fray Martín de Murúa o el idilio indianista», en *El cuento hipanoamericano ante la crítica,* dirección y prólogo de Enrique Pupo-Walker (Madrid, 1973), pp. 24-36. Citamos el texto de Murúa de acuerdo con la edición de Manuel Ballesteros Gaibrois (Madrid, 1962), II, pp. 17-25.

Y si bien ambos discursos se mueven pendientes de lo circunstancial, e improvisan en el andar sus itinerarios, el primero será para realzar (Crónica) la figura del héroe; el segundo para convertirlo (Picaresca) en antihéroe de sí mismo. Ambos, sin embargo, se presentan como narradores fidedignos. Acoplan el relato al medio ecológico que los mueven. Pero la conversión del héroe de *Naufragios* al mundo indígena es transitoria; definitiva la del pícaro. En la Crónica tenemos un «yo» testigo que pasa a ser, por impulso propio o ajeno, protagonista. En la picaresca, por el contrario, el «yo» narrativo *(Lazarus)* es ficticio. El autor se independiza del narrador; y éste de su personaje [42]. Pero en ambos relatos, el elemento autobiográfico (el «yo» dual) está al servicio de un ideal verista. Este abarca géneros y escritores diversos. La Crónica, finalmente, narra el acontecer de una persona (singular o plural); en la novela, según palabras de Américo Castro, «la persona que se encuentra existiendo en lo que acontece» [43]. En la Crónica, el protagonista mueve los hechos; por el contrario, en la Novela, el protagonista es resultado, finalidad.

Pero no sucede así con las «estrategias formales» de ambos relatos. Tanto la fragmentación espacial como la temporal caracterizan al relato episódico («en sarta»): Crónica, Relación, Memorial [44]; también al relato picaresco. El protagonista de éste, situado en el presente de lo que se escribe (*Lazarillo, Guzmán de Alfarache,* por nombrar los basamentos del género) se dobla como narrador, y recorre con el lector un tiempo narrativo como experiencia personal; también como sucesión cronológica. Su perspectiva se hace sustantiva al discurso narrativo que el «yo» (así se ha definido la «poética» del género), desde un «aquí» y un «ahora» (el texto) formula. Conforma el principio del relato y lo enuncia: «que a mí llaman Lázaro de Tormes» *(Lazarillo);* «Yo, señor, soy de Segovia» *(El Buscón),* e incluso «A mí llaman Rodrigo de Narváez» *(El Abencerraje).*

---

[42] Félix Martínez Bonati, *La estructura de la obra literaria,* 2.ª ed. (Barcelona, Seix Barral, 1972), pp. 127-137; 150-176. Incide sobre el mismo tema en «Lectura y Crítica», en *Revista Canadiense de Estudios Hispánicos,* I, núm. 2 (Invierno 1977), pp. 209-216.

[43] Américo Castro, *De la edad conflictiva* (Madrid, Taurus Ediciones, 1961), p. 223.

[44] Abundantes son los giros memorialistas presentes en la *Historia verdadera:* «como declarado tengo», «como otras veces he declarado», etc. Los mismos títulos de los capítulos recuerdan el interrogatorio de las «privanzas de mérito y servicio». Por ejemplo, las expresiones «de los grandes trabajos que tuvimos», «de las guerras que nos dieron los naturales» aluden a la retórica de este género. Su función literaria en la *Historia verdadera* está por estudiar.

La formulación de este «yo» es, a su vez, fraccional: fijo como «autor», pero diferente como personaje. Las diferentes fases en que el narrador va situando a su personaje (de nuevo, en el espacio y en el tiempo) acondicionan tal dualidad. Y las mismas peculiaridades formales caracterizan a varios relatos cronísticos. Fijémonos, por un momento, en la *Historia verdadera*. Se funden en este relato narrador y personaje. El primero, desde la estancia de la vejez (el «ahora» del autor), y a base de una gran memoria gráfica (así, por ejemplo, en *La vida del escudero Marcos de Obregón*, de Vicente Espinel)[45] se dobla como personaje para escribir una «crónica» como refutación a la *Historia de las Indias y la Conquista de México* (1552) de Francisco López de Gomara, a la de Gonzalo de Illescas (CCX, 608), y al silencio que sobre Bernal pasa Cortés en sus *Cartas de relación*[46]. Y si bien la dualidad entre narrador y protagonista está implícita, el primero cumple, formalmente, la misma función que en el relato picaresco. Se opone, sin embargo, al estado final: en éste, de deshonor. La Crónica participa así: *a)* del relato *ab initiis incipiendum* (Quint., *Inst. Orat.*, VII) al modo de la historia de Pero Mexía *(Historia del Emperador Carlos V); b)* del relato autobiográfico, tal como se caracterizan las *Epístolas familiares* de A. de Guevara (RAE, I, 1950 [pp. 174-75]) y la picaresca; *c)* de la relación típicamente fictica (novela de caballerías, morisca, etc.).

Volvamos, finalmente, a *Naufragios* para resumir: *a)* que la sobrevivencia (el hambre es obsesiva) definen a este relato como anticrónica (la picaresca es, en cierto modo, antinovela); *b)* que se realza como documento fidedigno (relato en «primera persona»), oponiéndose a «novela» en la acepción renacentista del término; *c)* que, y al igual que la novela picaresca, la metáfora de un viaje, si bien a la inversa, es básica

---

[45] Se ha discutido la inclusión o rechazo de esta obra dentro del género picaresco. Maurice Molho la considera formando parte de la «dissolution du genre picaresque». Véase de éste *Romances Picaresques Espagnoles* (Paris, 1968), páginas CXIII-CXIV. Alberto del Monte afirma que el *Obregón* no pertenece al género picaresco, y que constituye más bien una novela de aventuras, en *Itinerario de la novela picaresca española* (Barcelona, 1971), p. 108.

[46] Aludiendo a las técnicas de otros cronistas (Cortés, Gómara), quienes escriben sus «prólogos» y «preámbulos» con razones y retóricas muy «subidas», opone Bernal el ser testigo *in situ* de los hechos; el escribir muy llanamente, sin torcer «una parte ni otra». En otro lugar, refiriéndose a las historias que le preceden (obviamente bien leídas por Bernal) indica ser verdad que con sus mentiras placen mucho a los oyentes «que leen sus historias»; y que los verdaderos conquistadores y «curiosos lectores», que saben lo que pasó claramente, «les dirán que si todo lo que escriben de otras historias va como lo de la Nueva España, irá todo errado» (*Verdadera Historia*, XVIII). Véase José A. Barbón, *Bernal Díaz del Castillo* (Buenos Aires, 1968), p. 22.

en *Naufragios:* del Oriente (La Florida) al Occidente (México); *d)* que en ambos géneros se presenta el relato de una iniciación, de una conversión y de un proceso radical de cambios y ajustamientos. La impostura de algo ajeno (se pasa a ser «el otro») es metáfora clave. Y esta vivencia a caballo entre dos culturas caracteriza no menos a la *Historia verdadera* y a *Naufragios* como a otras crónicas posteriores: el *Cautiverio feliz*, pongamos por caso, de Francisco Núñez de Pineda y Bascuñán. En este relato, Pichi Alvaro (cautivo y defensor de los indios) coincide con el capitán Francisco Núñez, crítico éste de los malos gobiernos y costumbres. Alvar Núñez y sus compañeros terminan convirtiéndose en indios; *e)* que *Naufragios* se ajusta a una prefiguración: la profecía de la mora de Hornachos. Incluida al final de la narración, se torna en lo que fue la misma narración, completada así ésta de manera circular. Al determinismo de la voz profética que prefigura la escritura le corresponde el socio-cultural que transforma al héroe de la picaresca; *f)* y al igual que dicho género, la narración se dicta a la manera autobiográfica. El narrador se dobla como personaje y evoluciona a la par, limitado por el marco de los acontecimientos. Es muy distinto el Bernal de los primeros capítulos de la *Historia verdadera* (narrador) del de los finales, ya visto como personaje de su propio relato. A partir del 14 de octubre de 1492, la ficcionalización y la fábula van emergiendo, paulatinamente, en el *Diario* de Colón.

Sin embargo, es el proceso espacio-temporal el que determina los acontecimientos de ambos relatos. La memoria *(memoria mandare)* y la reminiscencia, ya anotadas, vienen a ser la experiencia descrita: ésta, el texto. Por lo que las primeras crónicas adelantan varios elementos básicos a la retórica del género picaresco. Se sitúan ambas (o simulan situarse) en las fronteras de la historia y de la ficción: realidad vivida (historia) y fabulada (literatura). Participan ambos géneros de comunes estructuras formales, y de las vacilaciones que caracterizan a los primeros narradores ya en América: desde el léxico a la dinámica relación biográfica entre autor, personaje y narrador.

Vimos cómo, pese a la objetividad realista que confiere el cronista a su relato, con frecuencia lo fabuloso se mueve en el mismo plano que lo histórico; y la experiencia vivida, autobiográfica, se asocia con lo ficticio [47]. En el *Quijote* se darán la mano ambas retóricas (realismo, idea-

---

[47] Fernando Lázaro Carreter, «*Lazarillo de Tormes» en la Picaresca* (Barcelona, 1972), pp. 50-57.

lismo), marcando uno de sus antecedentes (entre muchos) la poética de la picaresca y la de la Crónica. Asociará Cervantes, paródicamente, las aventuras del Caballero andante (imagen aquél del mejor cronista; detrás de él, Cide Hamete Benengeli) al modo elocuente del *Amadís* y *Lancelot;* también presentadas a través de episodios en sarta y a través de numerosos capítulos. E intercala, al igual que la Crónica, episodios novelescos (las novelas interpoladas de la «Primera Parte») ajenos con frecuencia a la acción principal. Pero el hecho de organizar el material histórico con retazos novelescos caracteriza no menos a otras crónicas posteriores. Tengamos en cuenta los *Quinquenarios e Historia de las Guerras Civiles del Perú* (1590-1600) de Pedro Gutiérrez de Santa Clara [48], el ya mencionado *Cautiverio feliz* [49], los *Infortunios de Alonso Ramírez* (1690) de Carlos Sigüenza y Góngora. Otra clave en la conjunción de Crónica, Historia y Novela sería *El Carnero* de Juan Rodríguez Freyle [50], Continúa y asegura la retórica del género, híbrido en motivos, materia y técnicas narrativas. Y viene a ser paradigma ejemplar de esa «vacilación» que enmarcó al cronista, cara a dos mundos, y en obvio desajuste entre los viejos modelos expresivos y la nueva realidad que se describe. Presencia *El Carnero* no sólo la emergencia y maduración de la novela del siglo XVII; también sus técnicas narrativas más características. Con *Don Quijote* maduran genialmente tales brotes. Pero esto es ya historia de otro cantar.

---

[48] Marcel Bataillon, «Gutiérrez de Santa Clara, escritor mexicano», en *NRFH.,* XV, 3-4 (1961), pp. 405-440.

[49] Raquel Chang-Rodríguez, «El propósito del *'Cautiverio feliz'* y la crítica», en *CHisp.,* 297 (1975), pp. 657-663; Luis Leal, «El *Cautiverio feliz* y la crónica novelesca», en *Prosa Hispanoamericana Virreinal* (ed. Raquel Chang-Rodríguez [Barcelona, Borras Ediciones, 1978], pp. 113-140) indica: «es nuestra opinión que la crónica barroca hispanoamericana se distingue por otra tendencia estructural técnica, la de crear un doble punto de vista desde donde se interpretan, por un lado, los acontecimientos históricos, las referencias eruditas, y los enjuiciamientos políticos, y por otro la aventura personal: el primero es objetivo, como el del historiador, y el segundo subjetivo, como el del novelista» (p. 133). Véase también José Toribio Medina, *Historia de la literatura colonial de Chile* (Santiago, 1978), II, p. 334; Mariano Latorre, *La literatura de Chile* (Buenos Aires, 1941), p. 52; Hugo Montes y Julio Orlandi, *Historia de la literatura chilena,* 1.ª edición (Santiago, 1974), pp. 45-50.

[50] Susan Herman, «The conquista y descubrimiento del nuevo reino de Granada. Otherwise known as *El Carnero:* The Crónica, the Historia, and the Novela», Ph. D. Dissertation, Yale University, 1979; Sylvia Benso, «La técnica narrativa de Juan Rodríguez Freyle», en *Thesaurus,* XXXII (1977), pp. 95-165.

Chronicle Toward Novel: Bernal Díaz' History of the Conquest of Mexico

"con la pluma en la mano, como el buen piloto que lleva la sonda descubriendo bajos por la mar adelante"—Historia verdadera de la conquista de la Nueva España (1632)

"with pen in hand, as a good pilot heaving the lead, discovering the shoals that lie in the sea ahead"—True History of the Conquest of New Spain

ANTHONY J. CASCARDI

For readers who felt themselves estranged from modern fiction by the very title of John Barth's essay "The Literature of Exhaustion," these have been years both for recouping losses and for gathering new forces. Barth himself inaugurated the decade with a sequel to the 1967 piece, this one bearing a far more encouraging title: "The Literature of Replenishment." [1] It is true that there have been assessments of modern fiction as penetrating as Barth's first *Atlantic* article, but it must be said that few could match his title. Walter Benjamin's essay on Leskov years earlier may have been more prophetic (given the equivocal workings of prophecies), Harry Levin's prognosis in the concluding pages of *The Gates of Horn* a more measured and equilibrated judgment of the future of modern fiction, but one would have to look outside the domains of literature and literary criticism, perhaps to Ortega y Gasset's *La deshumanización del arte* (1927), to find a title as misleading as that which Barth chose in 1967. The companion piece runs no risk of alienating writers, critics, or readers; its title makes us all feel vigorous and well. Yet the more one scrutinizes the two essays, the more apparent it becomes that already in the 1960s works such as García Márquez' *Cien años de soledad* and Barth's own *The Sot-Weed Factor* were engaged in a return to origins for replenishing strength much more than they were the resigned reprisals of worn and tired beginnings. The replenishment of which Barth writes is firmly rooted in the beginnings of the novel in pre-novelistic prose genres. Barth's *Chimera* itself drew heavily on the *Thousand and One Nights* and on the Cervantine arabesques of interwoven tellers and tales. With his more recent *Letters* (1979), the epistolary novel (if one may still use the word after Proust and Joyce), one of the many forms from which the modern novel took its first nourishment, has also been rejuvenated.

---

[1] "The Literature of Exhaustion," *Atlantic Monthly*, 220 (Aug. 1967): 29–34; "The Literature of Replenishment," *Atlantic Monthly*, 245 (Jan. 1980): 65–71.

It is one of these pre-novelistic forms, the chronicle, and one specific example of the chronicle, which is my subject here: Bernal Díaz del Castillo's *Historia verdadera de la conquista de la Nueva España*. What is it that makes Bernal's chronicle such a unique text within the larger novelistic tradition? What is it that ultimately sets it apart? If the work is indeed a chronicle, then of what sort? The answers to these questions, I think, are of broad significance to modern readers; and while I can only intimate the full extent of those implications here, I trust that a re-evaluation of any work whose roots are intertwined with those of the novel is an enterprise that will interest readers of a fiction whose putative exhaustion and vigorous replenishment alike are bound to those same roots.

To continue our scrutiny of titles, let us consider the nature of the "truth" announced in the history of the conquest of Mexico as Bernal writes it. Like Don Quixote after him, Bernal has his models to follow, his justice to be done, his own truths to inscribe in the world. Yet the truth he seeks to sustain is not that of the knight errant, nor is it solely factual. Rather, his truth is a function of a vital perspective on the events he narrates. The mere concatenation of events was itself no new achievement in the *Historia verdadera*; indeed, this level of organization had already been provided in López de Gómara's *Historia de las Indias*, one of Bernal's principal models. Yet it is at the same time Gómara's work that Bernal sets out to rewrite; for in contrast to the "official" history as told from the perspective of the mounted knight, Bernal narrates "true" history: the Conquest not merely as told by but as lived by a soldier, by one who knew the mud of the trenches and who suffered thirst on the parched Mexican terrain. These two interdependent coordinates of Bernal's chronicle are already evident in his title: his truth is corrective truth (the very word order in Spanish, *Historia verdadera*, suggests this much); and it is a truth that depends on the lived experiences of the chronicler. Following convention, Bernal insists that his is an eyewitness account of the Conquest, but it is really much more: it is the account of a vital witness, of one whose life and chronicle were, in effect, coterminous.

As a form of vital verbal truth, Bernal's chronicle is naturally *sui generis*. But it defines itself within and against the forms of fiction of his day, most notably the romances of chivalry. The romance shares a relationship not only with the books of history but with the emergent novel. The complementarities are evident in the first true novel. Don Quixote sets out to re-enact the deeds of the heroes of romances, and finds his illusions struck down by the world of prosaic fact. In the process, however, Cervantes has mined one major vein of the novelistic tradition: that of critical realism. And as Sancho and the world of down-to-earth reality become tinged with the hues of romance, Cervantes strikes a second vein of the novelistic tradition: that of idealism. As Harry Levin showed so masterfully in *The Gates of Horn*, realism in the novel is the consistent conflation of these two veins, a synthesis: "the imposition of reality upon romance, the transposition of reality into romance."[2] Yet in the *Historia ver-*

---

[2] *The Gates of Horn: A Study of Five French Realists* (New York: Oxford University Press, 1966), p. 55.

dadera Bernal Díaz did not draw on the romances of chivalry as Cervantes did. These romances appear rather at crucial moments, as literary and stylistic resources to aid in describing the marvelous but not fantastic realities of the New World within the bounds of contemporary literary awareness. For Bernal, it is Gómara's history that serves some of the same purposes that the romances did for Cervantes: both are texts to be rewritten. But Bernal competes with Gómara for the privilege of truth and authority. He writes not only as Cervantes did, with the pen, but also as Don Quixote did, with his life. The *Historia verdadera* itself becomes Bernal's romance, for he is as much a part of it, and it a part of him, as the romances were for the aberrant *hidalgo* of La Mancha. A Don Quixote, a Madame Bovary, a Pierre Menard *avant la lettre*, Bernal is a man who has conjoined vital and verbal experience. Unlike the authors of those fictions, he does so without recourse to parody or irony: his is a project neither ingenuous nor trivial, for it is as serious as the meaning of lived experience itself.

Quoting Pascal, Harry Levin characterized the stylistic corollary of the synthesis mentioned above in these terms: " 'True eloquence makes fun of eloquence.' True literature, we might conclude, deprecates the literary." [3] Here again we find the rubric of Bernal's singularity. For the final truth of his *Historia* is a function of the interlacing of his personal style with the truth and fact of vital experience. If his narrative style finds a quotient of its truth in the *sermo humilis*, it was Gómara's heroic rhetoric which, in Bernal's view, ceaselessly undermined the validity of that "official" account of the Conquest. Bernal's eloquence does not run to parody or satire, and thus he remains apart from the tradition which, for the novel, was begun with the *Quixote* and which shows its full vigor in the parodies of John Barth. In Gómara's history, Bernal finds a firmly established written basis for his own text, and it is from the interaction of that official history and Bernal's life that the "eloquence" of the *Historia verdadera* is born. Yet Gómara's text is more than a negative example for Bernal. It is not only representative of the "official" and therefore false version of the Conquest; it is at the same time his model, and it is this model and ones like it which Bernal takes as the concordance of his truth. [4] If Gómara's text in itself lacked validity, and had the elevated style to prove just that, it remained nonetheless an indelible point of reference for Bernal, capable of corroborating the validity of his own account. Yet where the demands of truth are greatest, where language confronts the radically unfamiliar spectacles of the New World, neither the eloquent *sermo humilis* nor the official style of Gómara could suffice to render that truth credible.

---

[3] *The Gates of Horn*, p. 51. The quotation from Pascal is in the *Préface générale* to the *Pensées*.

[4] Ramón Iglesia writes: "I should like to make an observation which I offer to the attention of some patient student. Let him give more thought to a comparison of the texts of Bernal and Gómara, and perhaps he will find that Gómara gives valuable assistance to Bernal, helping him give tone to the work, to organize his chapters, and the like. This is a suggestion that I cannot fully defend at the moment, but I believe that Gómara not only stimulated Bernal, but provided him with a model to follow in his narrative" ("Bernal Díaz del Castillo's Criticism of López de Gómara's *History of the Conquest of Mexico*," in *Columbus, Cortés, and Other Essays*, trans. Lesley Byrd Simpson [Berkeley: University of California Press, 1969], p. 63; the essay was first published in 1940).

If it is indeed true that truth is stranger than fiction, then that proverbial dictum pertains with uncanny accuracy to what are among the most memorable passages of the *Historia verdadera*. For precisely where Bernal faces the marvels of the New World—such as the view of the city in the lake—he turns not to the polished rhetoric of a Gómara but to the romances of chivalry and the popular ballads. These are his primary aids in describing a world both marvelously new and intimately familiar in terms of the awareness of contemporary readers. Bernal had lived these experiences; indeed, he had lived them in and through the language of the ballads and the romances of chivalry; both stylistically and in overt allusion they bridge the gap between the *sermo humilis* and the rhetorical prose of Gómara, and they do this in moments where neither style could portray vital experience. In the words of Stephen Gilman, "Bernal goes on translating an architecture alien in shape and function into the turrets and crenelations of medieval fancy." [5]

If in Bernal's relationship to Gómara's history and to the *libros de caballerías* there is always some degree of approximation or divergence, no such conditions pertain as regards his own spontaneous style throughout most of the narrative passages of the *Historia*. For in the realm where truth and experience are one, style is inseparable from either of those terms. Just as Don Quixote is eponymous for Cervantes' novel, so too is there an indivisibility between Bernal Díaz del Castillo and his *Historia verdadera*, and this unity is everywhere evident in terms of style. With but a change of context, Gilman's central statement about the *Historia verdadera* could be applied to the *Quixote:* "Experience and words are to be as one" (100). If Don Quixote dedicates himself to the reassuring proposition that resemblances and signs have *not* dissolved their alliance,[6] Bernal needs no such *a priori* limitation in writing the *Historia*. When, in the verbal process of composing his history, limiting conditions did intervene, Bernal drew from them an even deeper relationship between his written history and the events of his own life. As the text has come down to us, the *Historia verdadera* is the unfinished account of the Conquest of Mexico—the events of Bernal's young manhood—as told by Bernal when he is well into his eighty-fourth year. In the half-century interim, however, we cannot imagine that Bernal remained silent about the Conquest; certain inconsistencies and contradictions in the text which have puzzled scholars are evidence of this.[7] On the contrary: the text of his account is formed from the slow decay of the impressions that accompany actual experience, and from their simultaneous reconstruction in the memory, through numerous retellings. There is much evidence of an oral style

---

[5] "Bernal Díaz del Castillo and *Amadís de Gaula*," *Homenaje a Dámaso Alonso* (Madrid: Gredos, 1961), p. 113.

[6] Cf. Michel Foucault, *The Order of Things*, trans. of *Les Mots et les choses* (New York: Vintage Books, 1973), p. 47.

[7] Ramón Iglesia discusses this problem in his "Introduction to the Study of Bernal Díaz del Castillo and his *True History*," in *Columbus, Cortés, and Other Essays*, pp. 64–77.

in the written prose of the *Historia verdadera*, yet to relate this solely to the demands of any particular level of style is to ignore the process of its composition. Word and existence, telling and living, are one.

Ortega y Gasset's well-known statement about approximating literature and life from the philosopher's point of view could well apply directly to the *Historia verdadera*. Each man is the novelist of himself, Ortega proposed, and for Bernal that process of self-creation is manifestly evident in the attraction that events fifty years old have maintained through the process of their continued oral and written narration.[8] If on one score Bernal resembles Cervantes' character, on another he resembles the novelist himself—although for this comparison one would fare better with James Joyce or Marcel Proust as the paradigm than with Cervantes. George D. Painter suggested that Proust's novel is in fact more a creative autobiography than a fiction.[9] If the assertion that autobiography and fiction are one turns out to be too large for Proust, and untrue for Cervantes, it does contain a kernel of truth that applies to the *Historia verdadera*: word and experience are conjoined not simply in the past but in the narration itself; narration prolongs past experience as a part of present life.

The proximity of literature and life is perhaps best revealed not by an examination of the correspondences between the two, but by a consideration of what it is that separates them. For it is precisely the passage of time and the transfiguration of experience into memories that at once marks the disjunction and imposes the need to reconstitute experience in narrative form. Somewhat paradoxically, it is the awareness of the distance between literature and life that in many novelists has brought their closest approximation. Proust knew himself well enough, and knew the craft of writing well enough, to comment that "A book is the product of another self than the one we display in our habits. . . . If we would try to comprehend it, we can do so by seeking to re-create it in ourself to the very depth of our being."[10] In Proust, this attempt takes the form of a *recherche du temps perdu*, and with it comes a poignant realization of the gulf that separates memory and experience, literature and life; in the double meaning of Proust's title, that search is also time wasted.[11] Indeed, the spaces between those terms can be filled with more than a thousand pages and never be exhausted. At the same time the parameters of human life remain so intransigent that they heighten an awareness of life's coexistent possibilities and limitations. Walter Benjamin wrote of Proust that "he is filled with the insight that none of us has time to live the true dramas of the life that we are destined

---

[8] Gilman masterfully illustrates Bernal's ability to portray spontaneous conversation, in the tradition of the *Celestina* and the *Corbacho*. See "Bernal Díaz del Castillo and *Amadis de Gaula*," pp. 103–104.

[9] *Proust: The Early Years* (Boston: Little, Brown, 1959), p. xiii.

[10] *Contre Sainte-Beuve, suivi de nouveaux mélanges* (Paris: Gallimard, 1945), p. 137.

[11] Cf. Gilles Deleuze, *Proust et les signes* (Paris: Presses Universitaires de France, 1964); in English as *Proust and Signs*, trans. Richard Howard (New York: George Braziller, 1972).

for. This is what ages us—this and nothing else." [12] Bernal Díaz grew old elaborating the *Historia verdadera*, and sensed that his destiny was with the past. Carlos Fuentes once remarked in this regard that the *Historia verdadera* was Bernal's failed epic: [13] as Bernal tells of the exploits and hardships of the Conquistadors he once again places destiny before him; on every page of his chronicle Bernal seeks that destiny, and it eludes him, precisely because it is past. Such is the cruelty of memory.

Of all the distances traversed in Bernal's account of the Conquest, of all the hours spent in preparation for the sieges, of all the battles won, of all the time and human energy wasted, none was as great in magnitude as the space which separated past and present for Bernal, and however close he may have been to his memories of the Conquest he could never revive experience in pristine form. His memory was prodigious, to be sure, and through it the smallest details in the *Historia verdadera* seem to have retained much of the original force of experience. Yet the magnetic attraction that these details have for him is an attraction galvanized through memory: only because they are no longer a part of him is he drawn to them so strongly. And perhaps because Bernal's memory was so active, building the *Historia verdadera* by a process of slow accretion over roughly half a century, any tragedy, any melancholy associated with the Conquest, such as that of the "Noche Triste" told in Chapter 145, is not that of memory or of time but of the events themselves. Bernal was sustained by his memories all his life, and he was released from them only in death; his memories so pervaded his life that they left him little time to reflect on the years that had passed since the Conquest. Blind and deaf at the time of his death, he left the chronicle of his memories as the sufficient legacy of his life: "porque soy viejo de más de ochenta y cuatro años y he perdido la vista y el oír, y por mi ventura no tengo otra riqueza que dejar a mis hijos y descendientes, salvo esta mi verdadera y notable relación" ("I am now an old man, over eighty-four years of age, and have lost both sight and hearing; and unfortunately I have gained no wealth to leave to my children and descendants, except this true account, which is the most remarkable one").[14]

To speak of the narrative structure of the *Historia verdadera* is to speak of memory—at once Bernal's greatest ally and his most formidable foe. Yet he was so close to his memories that he himself may not have been aware of either fact. If his memory first made possible the very existence of his chronicle, it also determined its formation in crucial ways, among the most important of which is his seeming inability to omit details. It is true that for what he con-

---

[12] "The Image of Proust," in *Illuminations*, trans. Harry Zohn, ed. Hannah Arendt (New York: Schocken Books, 1969), p. 211.

[13] Unpublished judgment in his lecture, "Personal Introduction to Latin American Literature," 21 April 1980, Harvard University, for the Committee on Latin American and Iberian Studies.

[14] I follow the edition of Carlos Pereyra (1955; rpt. Madrid: Espasa-Calpe, 1968), citing chapter references only, since there is no corresponding English translation. The quotation is from the "Nota preliminar"; henceforth, references will be incorporated into the text.

siders reasons of style Bernal recognizes the tedium that extensive description can impose, but even in those numerous cases where he claims to be abbreviating his account, he is compelled all the same to make note of what he omits. It is as if the writing of the *Historia verdadera* consisted of Bernal's installment payments toward the treasure of his life—for he gained no wealth from his participation in the Conquest. At the same time, he pays a debt to a most demanding creditor: out of duty, he inscribes in the register of memory even those events he purports to omit. If it is true that the modern novel begins with the *Quixote*, then it could also be said that the novel was born from the dialectics of remembrance and forgetting. The two are equally important; the novelist must select. Cervantes knew this as well as anyone after him: "En un lugar de la Mancha, *de cuyo nombre no quiero acordarme . . .*" ("In a place in La Mancha, *whose name I do not wish to remember*"). Proust, of course, faced this dialectic from the opposite perspective. Unlike Bernal, who saw no need to forget, and who could not help his own memory, Proust plumbs the depths of memory and comes to invent a new mechanism of remembrance. As he explored the caverns of his memory, Proust was brought to realize the insufficiency of memory when measured against the experience of vital perceptions. Samuel Beckett writes that "Proust had a bad memory" and goes on to say that "the man with a good memory does not remember anything because he does not forget anything. His memory is uniform, a creature of routine, at once a condition and a function of his impeccable habit, an instrument of reference instead of an instrument of discovery. The paean of his memory: 'I remember as well as I remember yesterday . . .' is also its epitaph, and gives the precise expression of its value. He cannot *remember* yesterday any more than he can remember tomorrow. He can contemplate yesterday hung out to dry with the wettest August bank holiday on record a little farther down the clothes-line. Because his memory is a clothes-line and the image of his past dirty linen redeemed and the infallibly complacent servant of his reminiscent needs." [15] This too is the memory of Borges' Funes, an archive so complete that it can only be described, as Borges describes it, as a garbage heap.[16] Bernal similarly lacks the gift of great selective talent; he can seem to forget nothing. But his powers of remembrance were so large that, more like Cervantes' fictional character than the narrator of the *Quixote*, he was able to reunite memory with experience as one; in situations as fortuitous as those in which Proust's Marcel encounters the magic of teacup and cake, he was able to superimpose the past on the present as if nothing had ever dissociated the two.

The novel, it has been said, is in its very formlessness a literary approximation to the flow of human life, and in Bernal's chronicle the life of the past flows, or overflows, from one chapter to the next with no sense that life, aligned to

---

[15] *Proust* (New York: Grove Press, 1931), p. 17.—

[16] "Mi memoria, señor, es como un vaciadero de basuras." *Funes el memorioso*, in *Ficciones*, 12th ed. (Buenos Aires: Emecé Editores, 1970), p. 123.

the written word, can be limited by the strictures of narration. When Bernal ends a given chapter, his ending is more often than not also a first sally into the chapter to follow. Inertia is alien to his prose, which carries forth with its own weight; as he relates the past he endows it with the momentum of present experience. Like the "phantom chapters" of the *Quixote* on which Raymond Willis has written,[17] the 214 divisions of the *Historia verdadera* seem to impose their arbitrary junctures transparently on a flow whose force they cannot stop or adequately measure. The *Historia verdadera* reads not unlike the novels of Proust or Joyce in this regard—as one continuous novel, one extended phrase, punctuated and bound only by the printer's conventions. The structure of Bernal's chronicle is determined by the nearly infinite and seemingly formless space of memory, and by the interpolation of over fifty years of life between the Conquest and his death.

The detailed patterns of this prose appear like the designs faintly sketched on the underside of a tapestry, not because they have faded with time but because in the approximation of word and experience any pattern is likely to seem somewhat vague or out of place. By attenuating the grandiose design and resplendent colors of the prose of the official chronicle of the Conquest, Bernal has been able to let writing and experience coalesce. The thread of the narrative is, in its overall plan, that of a linear progression; yet all the twists and turns and detours along the way weave a text that is far from simple in its exposition. The digressions of Bernal's prose are, in fact, so compelling that the principal strand of the narrative is often of diminished importance. Bernal is drawn to digress by the force of his own vital truth and by the momentum of his own writing. As he pulls himself back to return to the duty of his chronicle, to register the events of history which the official text had sanctioned as significant, the tension between the truth of personal writing and that of history officially conceived marks Bernal's prose as with the creases of a fabric drawn taut between two equally tenacious poles. If Bernal does fulfill a duty to official truth, his own writing at the same time obeys the kinetic laws of vital experience.

Here is where Bernal's oral style is most in evidence—in the digressions and interpolations, in the details that bring us, the readers, face to face with the people and events that Gómara only lets us see from afar. Time and again Bernal reminds himself that there is a chronicle demanding to be written, and in so doing he reveals that the digressions from this chronicle hold at least as much significance as the events canonized as important: "quiero volver a mi materia" ("I want to return to my subject"); "volvamos a nuestro cuento" ("let us get back to the story"); "tornemos a nuestra relación" ("let us return to our account"); "dejemos esto y pasemos adelante" ("let us leave this and move along"). As Bernal enters or exits from a digression, then, his prose becomes self-conscious. His own writing becomes his guiding point of view; it speaks

---

[17] *The Phantom Chapters of the Quijote* (New York: Hispanic Institute, 1953).

of its own action, fully aware of what it wants to do. If, as Robert Alter convincingly suggests,[18] the tradition of the modern novel is to a large degree the tradition of a self-conscious genre—that is to say of a novel which recognizes its own novelistic status—then Bernal's self-conscious prose is a forthright sally into that very world.

Yet whereas the novel, in the tradition of Cervantes, Fielding, and Sterne, uses interpolation as a means to expose the artifice of narration itself, Bernal's digressions offer evidence of a more personal self-awareness. When Bernal recalls the details of the magnificent life of Montezuma—his eating habits, the human sacrifices, the rare birds and trees of his Court, the tapestries of his palace—he works tirelessly to keep his prose on a rectilinear course. He cannot; his interest in all this is so great that his prose encircles itself innumerable times; it seeks a place simply to begin: "Digo que había tanto quescribir, cada cosa por sí, que yo no sé por dónde encomenzar, sino que estábamos admirados del gran concierto e abasto que en todo tenía, y más digo, que se me había olvidado, que es bien tornallo a recitar, y es que le servían a Montezuma, estando a la mesa cuando comía, como dicho tengo, otras dos mujeres" ("I should say that there was so much to describe, each thing by itself, that I don't know where to begin, except to say that we were amazed at the great order and abundance of everything, and I should also say, since I had forgotten to and since it is worthwhile to go back and say it, that when Montezuma was eating at table, two other ladies served him," Ch. 91). In a passage that opposes the truth of vital (and dynamic) narration to the established truth of official history, and that asserts, in the end, the supremacy of the former, Bernal rewrites the myth that Cortés intentionally grounded his ships:

> *Pues otra cosa peor dicen: que Cortés mandó secretamente barrenar los navíos; no es ansí, porque por consejo de todos los más soldados y mío mandó dar con ellos al través, a ojos vistos . . . Dejemos esta plática y volveré a mi materia, que, después de bien mirado todo lo que aquí he dicho, que es todo burla lo que escriben acerca de lo acaescido en la Nueva España, torne a proseguir mi relación, porque la verdadera policía e agradecido componer es decir verdad en lo que he escrito. Y mirando esto acordé de seguir mi intento con el ornato y pláticas que verán para que salga a luz, y hallarán las conquistas de la Nueva España claramente como se han de ver. Quiero volver con la pluma en la mano, como el buen piloto que lleva la sonda descubriendo bajos por la mar adelante cuando siente que los hay; . . .*

> What is worse, they say that Cortés secretly ordered the ships grounded; that is not so, for on my advice and on the advice of all the other soldiers he ordered them turned around, plain for all to see. . . . Let us leave this matter and get back to the subject, for when all that I have written here is

---

[18] *Partial Magic: The Novel as a Self-Conscious Genre* (Berkeley: University of California Press, 1975).

carefully considered—for what they have written about what has happened in New Spain is false—I would turn to continue my account, because good rearing and pleasing form is to tell the truth in what I have written. And seeing this I decided to go on with my project, with the ornamentation and speeches necessary for it to come to light; and they will find the conquests of New Spain clearly told, as they must be. I shall use my pen as a good pilot heaving the lead, in order to discover the shoals that he suspects lie ahead of him; . . . (Ch. 18)

Rather than insist that what we know to be fiction is really fact, Bernal asserts the veracity of his history in opposition to what we thought to be in fact truth, and to his vital history he allies his personal narrative style. The digressions and details toward which his prose is pulled are as much a part of history as the meeting between Cortés and Montezuma, or any of the military encounters between the Spaniards and the Aztecs.

Gómara, it is true, directed his *Historia de las Indias* to the reader seeking a plain and simple account of the Conquest; its organization, he says, is methodical, its chapters brief, its sentences clear and short. Yet the polished eloquence, particularly of the second part of his history (the *Historia de la conquista de México*) betrays a good measure of the topical humility behind those claims. Precisely because Bernal chose and used the *sermo humilis*, however, he is able to narrate with equal success both the momentous events of the Conquest and the less ponderous, although no less pertinent, details of personal reminiscence that might otherwise find no place in the annals of history. In certain ways, the close-up perspectives that Bernal gives us—he will recall the number of steps of a temple, or the smell of the wood of the stocks—suggest the pictorial art of the Middle Ages, an art which knew no unifying perspective or point of view. Bernal's perspective is guided entirely by his own vision, which shifts with the gaze of his memory, and which brings all that it sees into the foreground. At the same time, however, even in Bernal's narrative digressions, his close-ups lend a sense of human presence to his account—a sense not to be found in medieval art. As Cortés and Montezuma meet, for instance, Bernal lets us see the facial expressions of them both—the smiles, the gravity, the perturbation. He describes the Aztec ruler in corporeal terms which in turn bespeak his character:

Era el gran Montezuma de edad de hasta cuarenta años y de buena estatura e bien proporcionado, e cenceño, e pocas carnes, y la color ni muy moreno, sino propia color e matiz de indio, y traía los cabellos no muy largos, sino cuanto le cubrían las orejas, e pocas barbas prietas e bien puestas e ralas, y el rostro algo largo e alegre, e los ojos de buena manera, e mostraba en su persona, en el mirar, por un cabo amor e cuando era menester gravedad; . . .

The great Montezuma was about forty years old, of good height and well proportioned, slender and spare of flesh, not very swarthy, but of the natural color and shade of an Indian. He did not wear his hair long, but just so as to cover his ears; his scanty black beard was well shaped and thin. His face was somewhat long, but cheerful, and he had good eyes and showed in his appearance and manner both kindness and, when necessary, gravity; . . . (Ch. 91)

The meeting of Cortés and Montezuma is one of the most impressive moments of the entire chronicle, not so much for the pomp and anticipation surrounding the event as for the purely personal terms in which the two men discover each other. The Spaniards, who originally thought the people of the New World to be a lost tribe of Israel, and the Indians, who thought the Europeans to be gods and their descendants, here embrace as men of flesh and blood. " 'Señor Malinche,' "—begins Montezuma—" 'véis aquí mi cuerpo de hueso y de carne como los vuestros, mis casas y palacios de piedra e madera e cal; de señor, yo gran rey sí soy, y tener riquezas de mis antecesores sí tengo, mas no las locuras e mentiras que de mí os han dicho, ansí que también lo ternéis por burla, como yo tengo de vuestros truenos y relámpagos.' E Cortés le respondió también riendo, e dijo que los contrarios enemigos siempre dicen cosas malas e sin verdad de los que quieren mal" (" 'Señor Malinche, my body is of flesh and bone like yours, my houses and palaces of stone and wood and lime; that I am a great king and inherit the riches of my ancestors is true, but not all the nonsense and lies that they have told you about me, although of course you treated it as a joke, as I did your thunder and lightning.' Cortés answered him, also laughing, and said that opponents and enemies always say evil and false things of those whom they hate," Ch. 90). This moment of disillusionment is a great one indeed, powerful enough to have stirred the deadpan wit of a modern satirist like Donald Barthelme.[19] When Bernal lets us see behind all the regal trappings and superstitious beliefs, however, he is not uncovering a vacuum that pretense veils; rather, he strips Cortés and Montezuma so that we might see, along with them, the solid human stuff common to them both.

E. M. Forster wrote that "since the novelist is himself a human being [like his characters], there is an affinity between him and his subject matter which is absent in many other forms of art."[20] Out of context, the statement may seem naive; yet it illuminates the human affinity that Bernal is able to find among all the participants of the Conquest, friend and foe alike. Thus the "shelteredlessness" which Lukács finds to be central to man's condition in the novel pertains with only the most minor reservations to the *Historia verdadera*. Exposure to the elements is a basic condition of life, as Bernal tells it, and only those who have experienced the extreme harshness of the elements can, in his view, appreciate the ordeal of the Conquest. He writes of thirst: "Digo que

[19] "Cortés and Montezuma," in *Great Days* (New York: Pocket Books, 1980), pp. 41–52.

[20] *Aspects of the Novel* (New York: Harcourt, Brace and World, 1972), p. 44.

tanta sed pasamos, que las lenguas y bocas teníamos hechas grietas de la secura, pues otra cosa ninguna para refrigerios no lo había. ¡Oh qué cosa tan trabajosa es ir a descubrir tierras nuevas, y de la manera que nosotros nos aventuramos! No se puede ponderar, sino los que han pasado por aquestos excesivos trabajos" ("So great was our thirst that our mouths and tongues were cracked from dryness, and there was nothing to give us relief. Oh! what hardships one endures when discovering new lands in the way we set out to do; no one can appreciate the excessive hardships who has not suffered them as we did," Ch. 5). With no less immediacy, he writes of the cold winds of the plains: "Antes que amanesciese con dos horas comenzamos a caminar, y hacía un viento tan frío aquella mañana, que venía de la sierra nevada, que nos hacía temblar o tiritar, y bien lo sintieron los caballos que llevábamos, porque dos dellos se atortonaron e estaban temblando" ("We started our march two hours before dawn, and there was such a cold wind that morning blowing down from the snowy mountains that it made us shiver and shake, and the horses we had with us felt it keenly, for two of them were seized with colic and were trembling all over," Ch. 68). The shared experience between man and beast is not at all gratuitous in Bernal: his intense focus on the human world was bound to turn towards the purely corporeal aspects of human existence, and these were best rendered in terms of the animal world. Whatever impression of human greatness that is to be gained from his chronicle must come from beneath, so to speak, from the flesh-and-bones effort and the immediate physical rewards derived therefrom. When he recalls, for instance, what it was like to carry supplies like pack animals, he exalts the work of the Conquest, not its splendor: ". . . no podíamos sufrir la carga, cuanto más muchas sobrecargas, y que andábamos peores que bestias, porque a las bestias desque han hecho sus jornadas les quitan las albardas y les dan de comer, y reposan, y que nosotros de día y de noche siempre andábamos cargados de armas y calzados" (". . . we could not bear the burden, and even more many overburdens, and we went along worse than beasts, because once they have done their day's work their packs are removed and they are given food, and they rest; but we spent day and night always loaded down with arms and footgear," Ch. 69). If the Conquistador is a great man, it is because his work is of such magnitude that he must suffer greater hardship than the beasts of burden.

For Bernal, style is a form of intensified, nearly corporeal, self-awareness. Through style he experienced himself as a temporal being, subject to the emotional development that comes with the years, and to the infirmities of the senses that cannot resist the passage of time. Style and writing, writing and the process of life, are for Bernal one and the same, and his style is thus rarely fixed: it evolves, it matures, just as he does, in the process of textual elaboration. A *Bildungsroman* in the literal sense of the word, Bernal's chronicle is both an extended lesson in writing and a course in self-discovery. Gradually, Bernal grows more at ease with the demands of narration; with each chapter, his pen conforms more easily to the contour of his hand; his grasp becomes ever more certain, his stylus ever more supple under his grip. With the passage of narrative time, Bernal grows as a narrator and distances himself from the lived events to which he was at first bound. In the antepenultimate chapter he includes a report of the various skirmishes and battles in which he was involved; here, events succeed one another in summary form, with little or no elaboration. They are pure "chronicle," one might say, for they list with resolute impartiality the principal events of the Conquest in which Bernal took part. As his style matures, and as he himself ages during the course of the narration, Bernal weans himself away from the action of his narration. Finally, he can begin to look back on it as part of the past: "Como acabé de sacar en limpio esta mi relación . . ." ("As I finished making a fair copy of my account . . ."), begins Chapter 212. In the penultimate chapter he responds to the inquiries of certain religious inquisitors; his perspective is finally "officially" guided:

> Y entonces el mesmo presidente, juntamente con la Real Audiencia, me enviaron provisión a mí y al beneficiado y por mí nombrado, para ser visitadores generales de dos villas, que eran Guazacualco y Tabasco, y nos enviaron la instrucción de qué manera habían de ser nuestras visitas y en cuántos pesos podíamos condenar en la sentencias que diésemos, que fue hasta cincuenta mil maravedís, y por delitos y muertes y otras cosas atroces lo remitiésemos a la misma Audiencia Real. Y también nos enviaron provisión para hacer la descripción de las tierras de los pueblos de las dos villas, lo cual visitamos lo mejor que podimos, y les enviamos el traslado de los procesos y descripción de las provincias y relación de todo lo que habíamos hecho.

> And then the president himself, together with the Royal Audience, ordered me and the beneficiary I have mentioned to be general inspectors of two towns, Guazacualco and Tabasco, and they sent us instructions on how our visits were to be conducted and the limit on the fines we could impose, which was fifty thousand maravedís, except for crimes and killings and other heinous things which we were to refer to the Royal Audience itself. And they also ordered us to describe the lands and the two towns, which we inspected as best we could, and we sent them the transcripts of the trials and of the description of the provinces and an account of all that we had done. (Ch. 213)

If for the major portion of the Historia verdadera Bernal's narrative follows closely the meandering paths of remembered experience, it is only in the final chapters—and, of course, in the "nota preliminar," written last—that his point of view is sufficiently independent of the narrative to confer any specific organization on it. As Bernal matures, and as his style is gradually submitted to a number of controls, a fixed point of view gradually emerges. In the final chapters, the dominant action of Bernal's chronicle is no longer determined exclusively by a continuously shifting awareness. As in the passage above, his point of view is finally imposed from without; in this case, it is a perspective measured against official standards. The narrative soon trails off; we are only two chapters from the conclusion of the work, but Bernal begins to construct a narrative governed and directed by a stable point of view. The final chapters of the *Historia verdadera* offer a glimpse of this novelistic form of narration in Bernal's critical evaluation of social conditions in the New World and in his narrative self-judgment.

Recall that the pseudo autobiography of Lazarillo de Tormes, by contrast, begins with a distanced point of view: Lázaro relates from an adult perspective all that his feigned epistolary correspondent might need to know in order to understand the remarkable *caso*, the *ménage à trois*, in which Lázaro finds himself at the conclusion of the last chapter. The point of view is here imposed by the *caso* and by the fictional "audience," and the narration pretends to give a full account of Lázaro's life according to these exigencies. As a supremely caustic ironist, however, the author of the *Lazarillo* could not help also distancing himself from those demands; he has his own bitterly critical purpose in relating the "full account" of Lázaro's life.

In Chapter 212 of the *Historia verdadera* Bernal acquiesces to the request of two *licenciados* who wish to examine his chronicle: "[M]e rogaron dos licenciados que se la emprestase por dos días por saber muy para extenso las cosas que pasamos en las conquistas de Méjico y Nueva España y ver en qué diferían lo que tienen escrito los coronistas Gómara y el dotor Illescas acerca de los heroicos hechos y hazañas que hecimos en compañía del valeroso marqués Cortés, e yo les presté un borrador" ("[T]wo scholars asked me to lend them my account for two days in order to learn extensively of what happened during the conquests of Mexico and New Spain and to see in what ways it differed from that which the chroniclers Gómara and Dr. Illescas had written about the heroic deeds and the great feats that we did in company of the valiant Marquis Cortés; and I lent them a draft"). Like Lázaro, he underscores that his account is an extensive one; he too claims that it holds exclusive rights to the truth. Here and in the brisk enumeration of events in the penultimate chapter, Bernal aligns his text to a publicly sanctioned standard of judgment. Even though he maligns one of the *licenciados* ("era muy retórico y tal presunción tenía de sí mismo"; "he was very rhetorical and presumptuous," Ch. 212), it is by virtue of their demands that Bernal becomes distanced from his own text and sees it as receding into the past. If experience and writing had once been mediated only by the imperceptible workings of memory, now they are also mediated by the recollection of the written text: Bernal refers not only to what he has done, but to what he has written of actions. He defends his humble style against the rhetorical demands of the scholars, he pits his chronicle against the works of Gómara and Illescas, but now his defense is a defense of what he has written, not only of what he is writing. In this way, Bernal uses the conventions of official history in order to establish a point of view *vis-à-vis* his own work. He adopts the form of the chronicle, the encyclopedic format, the repeated claims to truth, in order to situate himself in relation to the book he has written. Thus the whole of the *Historia verdadera* is Bernal's effort to construct a point of view appropriate to himself.

In arguing for the novelistic tendencies of the *Historia verdadera*, I do not mean to say that questions of perspective, judgment, point of view, and narrative self-awareness are unique to the novel. On the contrary: they are crucial in historical narrative as well. Yet this is not so quickly recognized. Hayden White showed the extensive degree to which the work of the great nineteenth-century European historians conforms to distinctive literary patterns.[21] But much of the Renaissance has been overlooked. In a certain way, Bernal anticipates the insights of contemporary antipositivist historians who claim that there is no such thing as objective, impartial history. Ramón Iglesia looked at the *Historia verdadera* through his experience of the Spanish Civil War and saw the question as implicit in Bernal's work: can or should the historian dissociate his personal point of view from the history he is writing? [22]

This question is vexing, and crucial to any distinction of the novelistic and historiographical aspects of the *Historia verdadera*. To some extent, every historian must be as is Bernal, involved and interested in his own writing. Américo Castro said of history in general that "human phenomena do not of their own accord find their proper place in the past. Rather, they are situated by the observer along a temporal perspective that begins at the yesterday of his personal experience and stretches back into the depths of time. The historian— or the chronicler—in addition to the task of dating, feels his facts to be near or far, close or remote." [23] As historian, Bernal feels his facts to be extremely near, too near perhaps; he remembers today as well as he remembers yesterday. Through his own writing, the depths of time are coincident with his remembered experience. But because his memory is so personal he has no sense of collective future, no sense of time beyond his own life. For this reason, the work is no history at all.

Bernal's consistently personal stylistic involvement deprives his work of pertinence to a whole collection of people, to the sum of interests which may gather in a people over time. This confirms the novelistic penchant over the "historical" nature of his book. Bernal recognizes the importance of the past, but he cannot escape its memory; he seems blind to the future. The vital dimension of his work is an effective way of creating and giving meaning to present experience in terms of the past, but it does not allow for projection into the future. When Castro spoke of the historical dimension of human community,

---

[21] Hayden White, *Metahistory: The Historical Imagination in Nineteenth-Century Europe* (Baltimore: The Johns Hopkins University Press, 1973).

[22] See his two studies on Bernal Díaz in *Columbus, Cortés, and Other Essays*.

[23] "Descripción, narración, historiografía," in *Dos ensayos* (México: Editorial Porrúa, 1956), reprinted as "Description, Narration, and History," in *An Idea of History*, trans. Stephen Gilman and Edmund L. King (Columbus: Ohio State University Press, 1977), p. 279.

he implied that the historian's narrative must give evidence of its value *for* the future, of his concern not only to remember the past but to shape the coming world. Bernal's failure in this regard removes his work from the strictly historical sphere of narrative prose. As I have tried to show, the work exhibits striking novelistic tendencies. Bernal wrote the *Historia verdadera* at a moment when the modern novel was just beginning to find its own possibilities in the resources of the existing factual and fictional genres. Not long after Bernal's death Cervantes published the first part of the *Quixote* (1605). Cervantes' parodic use of the historiographer's conventions, his teasing references to the work of an Arab historian, are well known. Cervantes called his work an "historia" (story, history). The word itself registers the ambiguities which are evident in Bernal's *Historia verdadera*.

BERNAL'S STRATEGIES*

INCE the seventeenth century, when critical commentary on Bernal Díaz del Castillo's *Historia verdadera de la conquista de la Nueva España* began to appear,[1] historical and literary scholars have been quick to point out the hybrid nature of this landmark work (that is, the combination of history and literature), but have implied also that therein lay its basic flaw. For the most part, historians have tended to consider the work highly subjective and, therefore, unreliable as history, while literary critics have seen it as filled with excessive detail expressed in an awkward manner. The lasting fame of the *Historia verdadera* is secure, however, largely due to literary scholars, rather than the historians, who recognize it as the most readable of sixteenth-century chronicles.[2]

* I gratefully acknowledge partial support for this study from the Institute of Latin American Studies, the University of Texas at Austin.

[1] Bernal Díaz del Castillo, *Historia verdadera de la conquista de la Nueva España*, ed. Joaquín Ramírez Cabañas, 2 vols. (México: Porrúa, 1955). All references to this edition will appear in parenthesis in my text.

[2] The seventeenth-century Spanish writer–historian Antonio de Solís, author of his own officially commissioned *Historia de la conquista de México* (México: Porrúa, 1968), considers Bernal's work sloppy, styleless, subjective, excessively personal and—crime of all crimes—characterized by the heretical audacity to criticize Cortés. Bernal does not fare much better with the nineteenth-century American historian William Prescott, who admits to certain literary merits of the work, though of a very humble nature, but ultimately dismisses both Bernal and his *Historia verdadera* as primitive, vain, and devoid of art. He does this in spite of the fact that he uses Bernal as a prime source for his own work—*The History of the Conquest of Mexico* (Chicago: University of Chicago Press, 1966). And in his Introduction to the 1955 Porrúa edition of the *Historia verdadera*, the Mexican historian Joaquín Ramírez

Cabañas, in the guise of chastizing Prescott, offers nothing more than euphemistic substitutions. To wit, he states that Bernal, rather than "primitivo," was "de cultura deficiente" and "orgulloso" instead of "vanidoso" (pp. 20-21). The contemporary American historian Hubert Herring provides a somewhat more balanced evaluation when he refers to the *Historia verdadera* as "naive and spirited" and "despite its rude syntax and verbosity, remains the chief literary . . . account of the conquest of Mexico" (*A History of Latin America: From the Beginnings to the Present* [New York: Knopf, 1961], p. 212). Conspicuously absent in Herring's evaluation, however, is his assessment of the *historical* value of Bernal's work.

　　Literary historians have been less reluctant to praise the *Historia verdadera*. James Fitzmaurice-Kelly writes in 1926 that Bernal "has not indeed the qualities of the philosophic historian; but he writes with ease and fluency. The everyday details that he gives, though perhaps beneath the dignity of the muse of history, add to the savour of his work" (*A New History of Spanish Literature* [London: Oxford University Press, 1926], p. 208). Ángel del Río makes a case for "literatura de Indias" as a special genre to be considered apart from sixteenth-century Spanish historiography on the basis of theme, spirit, and form; he then proceeds to classify Bernal's *Historia verdadera* as "una de las más hermosas muestras del género" (*Historia de la literatura española* [New York: Holt, Rinehart & Winston, 1963], I, 248-49). In the same vein, Gerald Brenan's praise knows no limits: "This is a book by an uneducated man, but containing scenes so vividly seized and put down that we really get the feeling of having been present. It is one of the great masterpieces of this sort of narration" (*The Literature of the Spanish People: From Roman Times to the Present* [Cleveland: World Publishing, 1961], p. 164). More recently, Juan Luis Alborg declares categorically that Bernal "es uno de los cronistas que gozan hoy de mayor estima" and attributes this position to the inherent sincerity of the *Historia verdadera*, expressed with simplicity and spontaneity (*Historia de la literatura española* [Madrid: Gredos, 1966], I, 398. Enrique Anderson Imbert, in attempting to particularize Bernal's contribution, mentions the notion of mass that the *Historia verdadera* adds to that of hero; he echoes here a generally accepted idea regarding Bernal's populist interpretation of the conquest, an idea articulated by Ramón Iglesia in his essay on Bernal in *El hombre Colón y otros ensayos* (México: El Colegio de México, 1944), pp. 53-116. Anderson Imbert also points to the book's singular effect, brought about by "el contraste entre el mérito extraordinario de la narración y la sencillez de materiales con que está hecha" (*Historia de la literatura hispanoamericana* [México: Fondo de Cultura Económica, 1970], I, 33-34). The other important tonal difference from other chronicles of the conquest, according to Anderson Imbert, involves the notion of an essentially new voice: "no el yo heroico, sino el yo descontentadizo, resentido, codicioso, vano y maldiciente" (*Historia de la literatura hispanoamericana*, p. 34). As far as Jean Franco is concerned, perhaps the outstanding characteristic of the *Historia verdadera*, one that would certainly suggest a link with contemporary Spanish American fiction, is its mythopoeic nature: "This wonder at the drama of the conquest gave him a sure touch in his treatment of episodes which have entered into the mythology of Mexico; it is through his account that the main protagonists of the conquest—Cortés, his mistress, doña Marina, Pedro de Alvarado, Moctezuma—have become familiar" (*An Introduction to Spanish-American Literature* [Cambridge: Cambridge University Press, 1971], p. 10).

Though both the historical as well as the literary dimensions of the work are legitimate, then, there is a decided imbalance in favor of the literary or, put another way, the work's humanistic value seems to outweigh the scientific.

With this broad humanistic focus, then, we may proceed to an examination of Bernal's work, which reflects two main strategies— the one personal and the other literary. The personal strategy is more easily discernible in that it is conscious, emanating from Bernal's competitive spirit. If we examine the personal interactions throughout the *Historia verdadera*, we see a design based on a series of adversary relationships. In the portrait that Bernal paints of Cortés, for example, it is easy to see that the natives were not the only enemies of the "gran capitán"; there were also the Spaniards themselves, including Diego Velázquez (Governor of Cuba), Juan Rodríguez de Fonseca (Bishop of Burgos and President of the Real Consejo de Indias), and even some of Cortés' own soldiers. We assume, of course, that these enemies of Cortés were also Bernal's, since the latter identified so strongly with his captain as well as his captain's mission. But without any doubt Bernal's greatest enemy was López de Gómara, with whom he obviously felt himself to be in competition. It is fitting, therefore, to examine not only Bernal's comments about Gómara but also those about himself in light of this competition.

To begin with, let us take for granted that the humility and modesty with which Bernal portrays himself in the beginning chapters are sincere expressions, and that he had not yet read Gómara. Indeed he must have felt insecure on confessing: "Yo no soy latino" (I, 41). But it is necessary to understand all similar expressions after Chapter 16 in a different way because here Bernal confronts Gómara's history for the first time. Simply because Bernal referred to himself as an "idiota sin letras," Joaquín Ramírez Cabañas tells us, "no es posible deducir que haya sido un autor ignorante" (I, 17). I agree, but would like to suggest a variation on the same theme—that Bernal, after having read Gómara, decided to resort to the strategy of using his own faults and defects to his best advantage by repeating and exaggerating them in order to be better able to compete with his literary adversary. It will suffice to cite one representative example of Bernal's ironic use of words in order to appreciate its total effect. When beginning to describe a particularly ferocious battle with the natives, Bernal pauses to exclaim: "no lo sé escribir" (I, 386) and then returns to pick up the thread of the narration to describe the battle master-fully. Constantly throughout the *Historia verdadera* Bernal refers to himself as being incapable of carrying out his project, in comparison with the more capable, "letrado" Gómara, but it soon becomes evident that he uses this sort of expression in order to win the reader's sympathy.

In other parts of the work, of course, Bernal prefers more direct commentary in his fight with Gómara; he criticizes the latter's errors, omissions, and even his style as cold, but his main criticism of Gómara's work is that it lacked a human dimension: "he visto que el cronista Gómara no escribe en su historia ni hace mención si nos mataban o estábamos heridos, ni pasábamos trabajo, ni adolecíamos, sino todo lo que escribe es como quien va a bodas, y lo hallábamos hecho" (I, 199). It appears that this human dimension is precisely what Bernal takes advantage of when he decides his competitive strategy with Gómara by emphasizing himself as the less able of the two and, therefore, the more deserving of the reader's sympathy and confidence. These were the only weapons the old retired soldier had left, and he used them well.

Less conspicuous is the literary strategy of the work and, in order to help expose it, I wish first to refer to Hayden White, one of the most eloquent contemporary scholars of historical theory, who believes that all histories contain a literary (that is, narrative) form.[3] In order to uncover the unique structure of any historical

---

[3] White believes that histories do not offer scientific accounts of reality; instead, they are all interpretations of past events. Thus, he sees himself as one who is continuing "a tradition of historical theory established during the nineteenth century at the time of history's constitution as an academic discipline" (Hayden White, "Interpretation in History," in *Tropics of Discourse* [Baltimore: The Johns Hopkins University Press, 1978], p. 52). The all-important text for the purpose of my analysis is White's "Introduction: The Poetics of History," in his *Metahistory: The Historical Imagination in Nineteenth-Century Europe* (Baltimore: The Johns Hopkins University Press, 1973), pp. 1–42. All further references to this Introduction will appear in parenthesis in my text. Though essentially a study of nineteenth-century European historiography, White's book offers a model with which to approach historical works of any time period in order to uncover their narrative structure. I use a large portion of this model, but not all of it, in my analysis of Bernal's *Historia verdadera*. I do not utilize White's treatment of the four basic tropes—metaphor, metonymy, synechdoche and irony—for analysis of figurative discourse, for example, since I do not believe that this language-oriented part of his study lends itself to the idea of a general theoretical model. Though ingeniously construed, it is somewhat abstruse and not entirely convincing.

work, according to White, it is necessary first to reject the notion of the historian who finds his stories as opposed to the fiction writer who invents his, and then accept the role of invention in any historical work as predominant. He believes the historical work to be a "verbal structure in the form of narrative prose discourse that purports to be a model, or icon, of past structures and processes in the interest of *explaining what they were by representing them*" (p. 2). Borrowing freely from literary and historical scholars such as Northrop Frye, Kenneth Burke, Stephen Pepper and Karl Mannheim, White then proceeds to establish his own theory of the historical work according to different levels of conceptualization: 1) chronicle, 2) story, 3) mode of emplotment, 4) mode of argument, and 5) mode of ideological implication. I would like to apply this theoretical model to Bernal's *Historia verdadera* in the hope that this application will yield knowledge about the work's internal structure.

The chronicle level of the *Historia verdadera* consists merely of Bernal's arrangement of the events involving the conquest of New Spain into a more or less chronological order, though he is given to repetition, digression, and divagation. What a modern historian would refer to as "data" was, for Bernal, a matter of reliance upon his prodigious memory, stimulated and perhaps shaped and colored by López de Gómara's "official" history, read by Bernal—we should recall—after having begun his own. What we also see on this chronicle level is an eyewitness account of the conquest in which the witness, though seemingly non-selective in his recording of the myriad events with an incredible amount of minute detail, actually informs the reader repeatedly that his chronicle is but a portion of all that had actually occurred. As he writes in the very first paragraph of his *Historia verdadera,* he will tell "como fuimos descubriendo la Nueva España, y quienes fueron los capitanes y soldados que lo conquistamos y poblamos, y otras muchas cosas que sobre las tales conquistas pasamos, que son dignas de saber y no poner en olvido, *lo cual diré lo más breve que pueda* [emphasis added], y sobre todo con muy cierta verdad, como testigo de vista" (I, 40). Bernal's remark about brevity may strike us as ironic, especially at the conclusion of the work's nine hundred-plus pages, but we should bear in mind that he insists on this throughout. In the midst of the seige of Tenochtitlán, for example, Bernal writes:

Bien tengo entendido que los curiosos se hartarán de ver cada día tantos combates, y no se puede menos hacer, porque noventa y tres días que estuvimos sobre esta tan fuerte y gran ciudad, cada día y de noche teníamos guerra y combates; por esta causa los hemos de recitar muchas veces cómo y cuándo y de qué manera pasaban, y no los pongo por capítulos de lo que cada día hacíamos porque me pareció que era gran prolijidad, y era cosa para nunca acabar, y parecería a los libros de Amadís o Caballerías; y porque de aquí adelante no me quiero detener en contar tantas batallas y reencuentros que cada día pasábamos, lo diré lo más breve que pueda.   (II, 30)

Of course, interesting in and of itself is the reference here to the *Amadís* and other romances of chivalry which were extremely popular at the time but which no other chronicler save Bernal would dare to have mentioned; we must remember the "unofficial" nature of the *Historia verdadera* as one of its unique characteristics. With regard to his insistence on brevity and his desire to avoid prolixity, however, the abovementioned comment is representative of a recurrent strain throughout the work. Perhaps no other writer or historian has taken such pains or, for that matter, devoted as much space to telling his readers how brief he would be. The chronicle level of Bernal's *Historia verdadera,* then, reflects not only an initial arrangement and selection of materials, but also a conscious (and even self-conscious) awareness of himself as a writer as well as a sensitivity to his readers, at times neutralized by the ironic situation to which I have alluded.

What distinguishes the "story" in historical works from the "chronicle" is, according to White, "the further arrangement of the events into the components of a 'spectacle' or process of happening, which is thought to possess a discernible beginning, middle, and end" (p. 5). For all intents and purposes, we may equate the story level of the historical work in general and of Bernal's *Historia verdadera* in particular with the most visible, most external structure of the work. As such, the "story" of the *Historia verdadera* contains three parts: 1) the introduction or discovery, which traces Bernal's participation in two preliminary expeditions to the Yucatán from Havana, first under the captaincy of Francisco Hernández de Córdoba in 1517 and one year later under that of Juan de Grijalva; 2) the middle and main section, or the conquest itself, which begins with Bernal's third expedition in 1519, this time under the leadership of Hernando Cortés, includes the march inland to Mexico and the stay there, the flight of the Spaniards from Mexico ("la Noche Triste"), the return and then the seige and conquest of Mexico in 1521; 3) the final section, which deals with the vicissitudes of the march into Honduras as well as details of the colonialization and government of New Spain until 1568.

In order to explain this particular story's meaning, which I am calling its internal structure, it is necessary to study the nature of its plot, argument, and ideological implication. Let us begin with the mode of emplotment. The plot of the historical work, according to White, represents a yet further defined molding and structuring, "in the interest of constituting *a story of a particular kind*" (p. 6n). I understand White's distinctions between story on the one hand and plot on the other to correspond generally to the distinctions made by the Russian formalists between *fable* (fable or story) and *sujet* (plot), the latter being the aesthetically elaborated version of the former. Be that as it may, the archetypal structure of the *Historia verdadera* may be said to be the Epic, though cast in a tragicomic mode. White identifies at least four modes of emplotment, following Frye's taxonomy: Romance, Tragedy, Comedy, and Satire;[4] though he mentions the Epic and of course allows for its legitimacy, he does not analyze it.

The epic shape of the *Historia verdadera* is clear enough in that it records the heroic deeds of "el valeroso y esforzado capitán don Hernando Cortés, que después, el tiempo andando, por sus heroicos hechos fué marqués del Valle" (I, 37). It is equally clear that Bernal fervently wishes to include himself and his comrades-in-arms as coparticipants in the heroic exploits, and to thus set straight the record as written by López de Gómara. Bernal writes: "Como Cortés en todo tenía gran cuidado y advertencia y cosa ninguna se le pasaba que no procuraba poner remedio y, como muchas veces he dicho antes de ahora, tenía tan acertados y buenos capitanes y soldados que, demás de ser muy esforzados, le dábamos buenos consejos" (I, 340). This typifies the balanced vision of the heroic Cortés and his equally heroic officers and men that Bernal projects throughout his *Historia verdadera*. I should also like to point out, parenthetically, that this "populist" vein in Bernal's work (see note 2) seems to prefigure a characteristic common to the epic genre in Western literature during what Frye calls the "low mimetic period," from

---

[4] Northrop Frye, *Anatomy of Criticism* (New York: Atheneum, 1969).

the latter part of the seventeenth century to the end of the nineteenth, when "the theme of heroic action is transferred . . . from the leader to humanity as a whole."[5] There is no such absolute transference in the *Historia verdadera*, but rather an ambivalent authorial vision of Cortés as infinitely worthy of his reknown—on the one hand—as Bernal points out when he explains why he will decide to dispense with all high-sounding titles when referring to the great leader:

Y puesto que fué tan valeroso y esforzado y venturoso capitán, no le nombraré de aquí delante ninguno de estos sobrenombres de valeroso, ni esforzado, ni marqués del Valle, sino solamente Hernando Cortés; porque tan tenido y acatado fué en tanta estima el nombre de solamente Cortés, así en todas las Indias como en España, como fué nombrado el nombre de Alejandro en Macedonia, y entre los romanos Julio César y Pompeyo y Escipión, y entre los cartagineses Aníbal, y en nuestra Castilla a Gonzalo Hernández, el gran Capitán, y el mismo valeroso Cortés se holgaba que no le pusiesen aquellos sublimados dictados, sino solamente su nombre, y así lo nombraré de aquí adelante.   (I, 83)

On the other hand Bernal, who insists, as we have already seen, that the material he includes in his *Historia verdadera* has been selected, does not waste any opportunity to portray Cortés in a more human (and even less than human) manner. The examples range widely and occur throughout. When one of the hero's arch enemies, Diego Velázquez, Governor of Cuba (the other being, according to Bernal, Juan Rodríguez de Fonseca, Bishop of Burgos and President of the Real Consejo de Indias), orders him arrested soon after the expeditionary party had left Havana, he specifically entrusts one of his relatives, Juan Velázquez de León, to get the job done. Bernal informs us that Cortés won him over handily, for reasons which had nothing whatsoever to do with Cortés' heroic attributes, however, as we see in the following blunt, matter-of-fact commentary: "luego que Cortés le habló le atrajo a su mandado, y especialmente que Juan Velázquez no estaba bien con el pariente, porque no le había dado buenos indios" (I, 94). This example merely underscores the presence of the base and the pragmatic along with the absence of the heroic. But there are more striking examples of Cortés' non-heroic (or unheroic) condition, the most notable of which for the frequency with which it appears is Cortés' apparent

[5] Frye, p. 320.

penchant for appropriating more wealth than what his men deemed just (I, 428). This stemmed from Cortés' practice of putting aside the *quinto real* for the King, another *quinto* for himself, and distributing the remaining three-fifths to his four hundred soldiers— sometimes! Soon after the conquest of Mexico when the Spaniards began to search for gold and found very little, we learn of the widespread suspicion that Cortés had taken it all, and then Bernal proceeds to record what is undoubtedly the first instance of New World graffiti when he tells of certain sayings that would appear mysteriously on walls near where Cortés was lodged, to this effect: "¡Oh, qué triste está la ánima mea hasta que todo el oro que tiene tomado Cortés y escondido lo vea!" (II, 73). Cortés was suspected and accused of being too king-like, then, and not only with regard to riches; Bernal also suggests that Cortés used to keep all the pretty native women for himself, "y al tiempo de repartir dábannos las viejas y ruines" (I, 428). And concerning his downright inhuman qualities, Bernal relates that Cortés was suspected of poisoning those who had come to replace him in the governing of New Spain and even of strangling his wife (see Ch. cxciv). We see in the *Historia verdadera*, then, a composite vision of Cortés the hero and Cortés the man (sometimes ordinary, sometimes base). The more complete picture of both the individual and the collective hero corresponds literarily to a composite epic structure, made up of the traditional hero of most classical epics and tragedies (what Frye calls the "high mimetic mode") in addition to the more modern hero of the abovementioned "low mimetic mode," characteristic of most comedy and realistic fiction, represented in the *Historia verdadera* by the "human" Cortés and the heroic common soldiers.

This brings us to a consideration of the tragic shape of this epic plot. When the Trojan champion Hector falls at the end of the *Iliad*, there are no festive reconciliations of the conflicting forces and no return to harmony that typifies the comic genre; the defeat of the enemy in Homer's epic can only be seen as tragic.[6] That this essentially tragic note forms part of Bernal's epic plot seems clear, especially in light of the extraordinarily positive treatment afforded the native leaders, notably Montezuma, and the grandeur of Tenochtitlán, which Bernal describes in great detail, comparing it favorably with anything anyone of the soldiers had ever seen any-

---

[6] The same may be said about Alonso de Ercilla's epic, *La Araucana*.

where in the world, except in books: "decíamos que parecía a las cosas de encantamiento que cuentan en el libro de Amadís . . . ver cosas nunca oídas, ni aun soñadas, como veímos" (I, 260). Bernal's expression of past marvel and wonder turns elegiac when he changes to present tense: "Ahora todo está por el suelo, perdido, que no hay cosa" (I, 261). Regarding Montezuma himself, whom the Spaniards held hostage on sort of a minimum-security basis, we learn of the reverential treatment he received from his captors: "siempre que ante él pasábamos, y aunque fué Cortés, le quitábamos los bonetes de armas o cascos que siempre estábamos armados, y él nos hacía gran mesura y honraba a todos" (I, 296). On another occasion Bernal relates how Cortés orders a soldier whipped for having called Montezuma "perro" (I, 303).

This is only part of the picture, however. An equally important dimension of Bernal's plot is its comic tendency; that is, a significant portion of the *Historia verdadera* reflects a similarity to the literary archetype we know as comedy. It is true that Bernal structures the surrender of Cuauhtémoc and the conquest of the Mexicans as tragedy. It is also true that a recurrent strain throughout the work affirms the absolute right of the Spanish conquerors, both as soldiers of God and of the Holy Roman Emperor Charles V, King of Spain, to *conquistar, poblar*, and *cristianizar*. As a result of the conquest and the subsequent Christianization process, then, there is a reconciliation of the opposing forces, "the condition of society is represented as being purer, saner, and healthier as a result of the conflict among seemingly inalterably opposed elements in the world; these elements are revealed to be, in the long run, harmonizable with one another unified, at one with themselves and the others" (White, p. 9). This is indeed the vision that Bernal projects, especially toward the end of his *Historia verdadera* (see Chs. ccviii and ccix), where he justifies the deeds of the conquerors in the name of God, Charles V, his son Philip II, and depicts a society at peace, unified by the common acceptance of Spanish-Christian custom and doctrine. The fact that this description is historically inaccurate is another matter. This is the way Bernal emplotted his history and this is what gives it its "comic" tendency.

This is also intimately related to the next level of conceptualization indicated by White—the mode of argument—in which the historian attempts to explain the overall underlying process of development in the situations described. I understand this to correspond basically to the Weltanschauung of the historian. The sense that Bernal makes of the historical process is fundamentally optimistic and integrative. Though he tends to be suspicious and skeptical regarding men and their deeds in general, he is remarkably consistent in his unswerving allegiance to his leader Cortés, in spite of his non-heroic and unheroic behavior, and maintains at all times absolute faith in his God, his King, and the divinely-inspired purpose of civilizing by conquest and conversion. According to this view, then, Bernal considers both particulars and individuals as parts of a divine, imperial whole. Using the paradigms set forth in White's classification (Formist, Organicist, Mechanistic, Contextualist: all based on Stephen C. Pepper's analysis in his book *World Hypotheses*),[7] we must conclude that Bernal's *Historia verdadera* explains the process of events with an Organicist argument.

The above mentioned integrative tendency of the *Historia verdadera* may be seen in two main ways, the first of which relates to how Bernal viewed his role as a historian. The eyewitness capacity in which Bernal served in the conquest permitted him to amend, supplement and correct partial, incomplete and faulty versions of what occurred according to the version recorded by López de Gómara. The goal, then, was more a matter of completing the historical record than that of substituting one version of history (López de Gómara's) with his own. Specifically, Bernal's major point was that the role played by the common soldier in the conquest had been overlooked, and it was incumbent upon him (Bernal) to fill in the void, to show that the common soldier was as much a *conquistador* as Cortés.

Puesto que don Hernando Cortés en todo fué muy valeroso y esforzado capitán, y puede ser contado entre los muy nombrados que ha habido en el mundo de aquellos tiempos, nos habían de considerar los cronistas que también nos habían de entremeter y hacer relación en sus historias de nuestros esforzados soldados, y no dejarnos a todos en blanco, como quedáramos si yo no metiera la mano en recitar y dar a cada uno su prez y honra. Y si yo no hubiera declarado cómo verdaderamente pasó, las personas que vieran lo que han escritos los cronistas Illescas y Gómara creyeran que era verdad.   (II, 378)

---

[7] Stephen C. Pepper, *World Hypotheses: A Study in Evidence* (Berkeley: University of California Press, 1966).

Note that Bernal does not attempt to diminish the important role of Cortés, "valeroso y esforzado capitán"; he merely suggests that there were others who were equally important. As a matter of fact, throughout the text Bernal goes out of his way to compare Cortés to Alexander the Great (I, 83), Hannibal (II, 111) and to Julius and Augustus Caesar (II, 111). At one point, he reveals that he had written the King to praise Cortés; at another, he devotes an entire section of his *Historia verdadera* to the attributes of his leader (II, Ch. cciv). This is also at the very essence of the second way in which Bernal focusses on the integrative characteristics of the conquest. Soldier, captain, King and God, though individuals with different roles, all collaborated to act as a single force, according to Bernal. The King's role is mentioned throughout; the following passage perhaps best illustrates the symbiotic relationship, as it were, between the soldier, Cortés and God.

Ya he dicho, y lo torno ahora a decir, que a Cortés toda la honra se le debe, como esforzado capitán; mas sobre todo hemos de dar gracias a Dios, que fué servido poner su divina misericordia con que siempre nos ayudaba y sustentaba, y Cortés en tener tan esforzados y valerosos capitanes y esforzados soldados que tenía, y nosotros le dábamos esfuerzo y rompíamos los escuadrones y le sustentábamos para que con nuestra ayuda y de nuestros capitanes guerrease de la manera que guerreamos, como en los capítulos pasados sobre ello dicho tengo.   (I, 410)

Mode of ideological implication is the final of three basic levels of conceptualization or explanation suggested by White (he considers "chronicle" and "story" to be introductory and only the raw material for the subsequent levels). Of the four basic ideological positions presented—Anarchism, Conservatism, Radicalism and Liberalism—we must say that Bernal implies a Conservative ideology.[8] It will be easier to understand Bernal's Conservative nature if we can first accept a preliminary distinction between Conservatives and Liberals on the one hand and Radicals and Anarchists on the other. All view change as inevitable, says White, but while Radicals and Anarchists desire change in the basic structure of society, Conservatives and Liberals seek it only in particular parts of that structure. Furthermore: "According to Mannheim, Conservatives are inclined to imagine historical evo-

[8] White "borrows" these positions from Karl Mannheim's *Ideology and Utopia: An Introduction to the Sociology of Knowledge*, trans. Louis Wirth and Edward Shils (New York: Harcourt, Brace and Co., 1946).

lution as a progressive elaboration of the institutional structure that currently prevails, which structure they regard as a 'utopia'— that is, the best form of society that men can 'realistically' hope for, or legitimately aspire to, for the time being" (White, pp. 24-25). Liberal ideology, while holding the same limited-social-change viewpoint as the Conservative, differs in that it conceives of the "utopian" society as yet remote, rather than the one which "currently prevails."

What sort of change do we see expressed and implied in the *Historia verdadera?* To begin, we should recall how Bernal's narrative voice becomes plaintive and whiny, especially in the second half of the text, when he writes of his miserable financial situation. He blames Cortés for having given land to his own *paisanos* rather than to his faithful soldiers (such as Bernal himself), for example (II, 166); also, he complains when he and others are forced to continue soldiering instead of being allowed to reap the material benefits of past services (II, 193). Elsewhere he pitifully refers to his penury and to himself as old and sick (II, 367). What Bernal wishes to change, then, is his own financial status and even that of other fellow-conquistadores based on past accomplishments. This certainly does not reflect any Radical or Anarchistic desire for basic structural change in sixteenth-century Spanish society; there is no doubt that Bernal's belief in conquest and colonization is firm and absolute. And it is difficult, if not impossible, to understand his numerous complaints about his material status as being indicative of his desire for social change at all. He most certainly did not imagine a remote future in which all the conquistadores would receive just compensation for services rendered (the Liberal ideology). It is, perhaps, a contradiction that the nature of this "populist" historian's complaints is predominantly personal and individual rather than societal. Be that as it may, however, the *Historia verdadera* implies a Conservative ideology because its author believed himself to be living in the best of all possible worlds and desired, in addition to a higher standard of living, only the following: "To be remembered as one of the conquerors of the New World, to have people in Guatemala point him out, not as an aging soldier, but as the author of an important literary work—this is what he wanted."[9]

---

[9] Herbert Cerwin, *Bernal Díaz: Historian of the Conquest* (Norman: University of Oklahoma Press, 1963), p. 199.

In conclusion, I have used Hayden White's theory of the historical work, which he presents in the introductory chapter of his book *Metahistory*, as a means of delineating the literary strategy, or narrative shape, of Bernal's history. Both the conscious personal strategy examined at the outset of this study as well as the unconscious literary strategy just analyzed afford us a glimpse into the literary personality of Bernal Díaz del Castillo and the infrastructure of his *Historia verdadera de la conquista de la Nueva España.*

ROBERT BRODY

University of Texas, Austin

Beyond Utopia and Paradise: Cortés, Bernal Díaz and the Rhetoric of Consecration

David A. Boruchoff

> "For to wish to reintegrate the time of origin
> is also to wish to return to the presence of
> the gods, to recover the strong, fresh, pure
> world that existed *in illo tempore.* It is at once
> thirst for the sacred and nostalgia for
> being."
>
> —Mircea Eliade[1]

On the eighth day of November in the year 1519 a small group of
Spanish soldiers led by Hernán Cortés entered the Aztec capital of
Tenochtitlán. As the palaces and temples of the great city came
into view, silence fell over the stunned troops, leading one of them
to recall, many years later:

> Desde que vimos tantas ciudades y villas pobladas en el agua, y en tierra
> firme otras grandes poblaciones, y aquella calzada tan derecha por nivel
> como iba a México, nos quedamos admirados, y decíamos que parecía a
> las cosas y encantamiento que cuentan en el libro de Amadís, por las
> grandes torres y cues y edificios que tenían dentro en el agua, y todas de
> cal y canto; y aun algunos de nuestros soldados decían que si aquello

[1] Mircea Eliade, *The Sacred and the Profane*, trans. Willard R. Trask (New York:
Harcourt Brace Jovanovich, 1959), p. 94. I would like to thank the National Endowment for the Humanities, the participants in the 1989 NEH Summer Institute
on "The Encounter of Cultures: Sixteenth-Century Mexico," and the Institute's
director, Saúl Sosnowski, for the support and encouragement they have contributed to the research I present here.

MLN, 106, (1991): 330–369 © 1991 by The Johns Hopkins University Press

que aquí si era entre sueños. Y no es de maravillar que yo aquí lo escriba desta manera, porque hay que ponderar mucho en ello, que no sé cómo lo cuente, ver cosas nunca oídas ni vistas y aun soñadas, como vimos.[2]

When we saw so many cities and towns in the water, and other great settlements upon dry land, and that causeway so straight and level that led to Mexico, we were awestruck. And because of the high towers and temples and buildings rising from the water, all made of stone and masonry, we said that it seemed just like the things and enchantment they tell of in the tale of Amadís; and some of our soldiers even asked if they were dreaming. So it is no wonder that I should write about it in this fashion, for one has to marvel at it all so much that I don't know how to describe it, seeing things never heard of, seen or even dreamed of, like we saw.

The novelty of the Aztec capital surpasses the grasp of purely descriptive terminology, for there is nothing within the author's frame of reference that can equal the diversity and perfection that he sees in these new lands, save the magical world of the romances of chivalry. And even here, resemblance is mere analogy. The architecture of Tenochtitlán and its geographic setting bring to mind abstract fantasies: the "things and enchantment"—whatever these might be—that frame the superlative exploits of Amadís of Gaul. The comparison suggests the magnitude, but not the nature, of the city's greatness.

With reference to this first view of Tenochtitlán from the *Historia verdadera de la conquista de la Nueva España* of Bernal Díaz del Castillo, critics have repeatedly stressed the audacity of the conquistador's reference to the romances of chivalry, and in particular the apparent ease with which he slips between human experience

---

[2] Bernal Díaz del Castillo, *Historia verdadera de la conquista de la Nueva España*, critical edition of Miguel León-Portilla (Madrid: Historia 16, 1984), A, 310-311 (Chapter LXXXVII). All subsequent references pertaining to this edition will be noted in the text, citing the volume (A or B) and page, preceded by the chapter (in Roman numerals). In certain rare instances I have corrected typographical errors in León-Portilla's text in accordance with his source, the critical edition of Carmelo Sáenz de Santa María (Madrid: Instituto "Gonzalo Fernández de Oviedo," C.S.I.C., 1982). In making the English translations—which seek to preserve Bernal Díaz' own diction, with its repetitions and grammatical flaws—I have consulted the widely available Penguin Classics version of J. M. Cohen, *The Conquest of New Spain* (Harmondsworth, England: Penguin Books, 1963). I offer these translations in an effort to address certain evident misreadings in the most frequently cited English editions of Cortés and Bernal Díaz—and in the critics who have relied upon them for their analysis—and as an aid to both Spanish and non-Spanish speaking readers of the present essay, since translation itself presupposes interpretation.

and literary imagination. Manuel Alvar, for example, comments that:

> El conquistador iba a hacer vida aquel libro de caballerías que sólo existió en la fábula, y la vida la iba a convertir en un paradigma literario.[3]

> The conquistador was going to bring to life that romance of chivalry that had existed only in legend, and life was going to convert this legend into a literary paradigm.

This strikes me as rather inexact, if not unfair, in its characterization of Bernal Díaz' intentions, since the precepts and values, both literary and moral, which underlie the chivalric romances were very much accepted—or, to use Alvar's terminology, "paradigmatic"—within Spanish society in the fifteenth and early sixteenth centuries. In fact, the notions of hierarchy, tribute and honor central to these works are so fully orthodox that the marvels of the chivalric landscape become, within the reader's mind, an extension of exemplarity itself, hence the relatively offhand nature of Bernal's allusion, the bathos of "things and enchantment" as a summation of chivalric fantasy.[4] In other words, while the physical scale of the romances of chivalry does not reproduce that of the

---

[3] Manuel Alvar, "Bernal Díaz del Castillo," in *Historia de la literatura hispanoamericana. Tomo I: Época colonial* (Madrid: Ediciones Cátedra, 1982), I, 30. See also Enrique Anderson Imbert, *Historia de la literatura hispanoamericana*, 6th ed. (Mexico: Fondo de Cultura Económica, 1967), I, 35.

[4] The criticism that the *erasmistas* directed toward the chivalric romances appears to have centered primarily upon their disregard for verisimilitude and upon their archaic language. Thus, while Diego Gracián de Alderete could denounce them saying "estos libros de mentiras y patrañas fingidas que llaman de caballerías" ("these books of lies and contrived falsehoods that they call chivalric"), it is always with reference to their exaggeration of acknowledged values, both good and bad. To judge by the comments of Luis Vives, it would seem that this replication *praeter modum* of real traits—rather than imagination or invention—was the true target of censure, since this aspect directly contravenes the asceticism preached by Erasmus. Vives ridicules chivalric excess as follows, questioning neither the bravery and resilience of the hero (for these are recognized virtues), nor even his hard-won spoils *per se*, but the unnatural magnitude and sequence of the action: "Otro, traspasado de seiscientas heridas y dejado por muerto, se vuelve a levantar de pronto, y al día siguiente, recobradas ya salud y fuerzas, derriba en singular combate a dos gigantes; después se va con tal carga de oro, de plata, de sedas, de piedras preciosas, que una carabela apenas si podría con ella" ("Another, pierced with six hundred wounds and left for dead, gets right back up, and the next day, having recovered his health and strength, defeats two giants in individual combat; later he departs with such a load of gold, silver, silks and precious stones that a caravel would barely manage it all"). Quoted by Marcel Bataillon in *Erasmo y España*, trans. Antonio Alatorre, 2nd ed. (Mexico: Fondo de Cultura Económica, 1966), p. 615.

material world, the metaphysical compass of these works is manifestly valid, experiential and, moreover, exemplary, as is evident in an earlier episode of the *Historia verdadera* where these join the time-honored wisdom of the *Romancero general* to orient Cortés toward righteous deeds in his pursuit of fame:

> Acuérdome que llegó un caballero que se decía Alonso Hernández Puertocarrero, e dijo a Cortés: "Paréceme, señor, que os han venido diciendo estos caballeros que han venido otras dos veces a esta tierra:
>> Cata Francia, Montesinos
>> Cata París la ciudad,
>> Cata las aguas del Duero,
>> Do van a dar a la mar.
>
> Yo digo que miréis las tierras ricas y sabeos bien gobernar." Luego Cortés bien entendió a qué fin fueron aquellas palabras dichas, y respondió: "Dénos Dios ventura en armas como al paladín Roldán; que en lo demás, teniendo a vuestra merced y a otros caballeros por señores, bien me sabré entender." (XXXVI; A, 157)

I remember that a nobleman called Alonso Hernández Puertocarrero came forward and said to Cortés: "It seems to me, sir, that these gentlemen who have come to this land twice before have been telling you:
> Look on France, Montesinos
> Look on Paris, the city,
> See the waters, the Duero
> As they flow to the sea.

And I tell you now to look at the rich lands around you and know how to conduct yourself." By now Cortés well understood what the aim of these verses had been, and so he answered: "God give us the same good fortune in battle that he gave to the Paladin Roland; as for the rest, with you and the other gentlemen as my captains, I shall know how to acquit myself."

The chivalric romances, like all literature of epic dimensions, cite consecrated, timeless values capable of guiding what Georg Lukács has termed an "integrated civilisation" in which "being and destiny, adventure and accomplishment, life and essence are . . . identical concepts."[5] Here, inner and outer nature are conjoined through fate; the hero's return from exile—be he Montesinos, Cortés or even the Paladin Roland, whose name Cortés invokes in recognition of his own duty—will result in triumph, for his pres-

---

[5] Georg Lukács, *The Theory of the Novel. A historico-philosophical essay on the forms of great epic literature*, trans. Anna Bostock (Cambridge: The MIT Press, 1971). p. 30.

ence restores order to a world in disarray.[6] Much the same may be said of the *refranes* or popular maxims employed throughout the *Historia verdadera*, for these too serve to sanction the action of the conquest through association with commonplace belief.[7] This is clearly the case when the soldiers, in a carefully orchestrated farce, reject the instructions of Diego Velázquez, governor of Cuba, and elevate Cortés—seemingly against his will—to a new position of authority under the questionable precedent of Castilian feudal law[8]:

> Por manera que Cortés lo aceptó, y aunque se hacía mucho de rogar, y como dice el refrán: "Tú me lo ruegas e yo me lo quiero"; y fue con condición que le hiciésemos justicia mayor y capitán general. (A, 175)

> And so Cortés accepted, and although he made us beg him greatly, it is as the saying goes: "You request it of me and I want it myself"; and it was with the condition that we make him chief justice and captain general.

When considered within the larger context of Bernal Díaz' poetics, reference to the chivalric romances is thus revealed to be a normalizing element, one which sites new events and phenomena within established practice or knowledge. And indeed, if we consider anew Bernal's description of Tenochtitlán we see, beneath its apparent singularity, the same abstract skeletal features of epic well-being which denote greatness. The city's causeway is straight and level; its buildings are grand, bright and solid; it rises above, and stands in contrast to, the uncertain, irregular and turbulent waters of the lake. In short, the architecture of the city imposes order upon its surroundings, in full accordance with the classical models of proportionate depiction emulated within the early Re-

---

[6] In the essay "Cortés, Velázquez and Charles V" which prefaces Anthony Pagden's translation of Cortés' *cartas de relación*—*Hernán Cortés: Letters from Mexico* (New Haven: Yale University Press, 1986)—J. H. Elliott explores the historical dimension of Bernal Díaz' allusion and observes: "If Montesinos was Cortés, then Tomillas, his enemy, was Velázquez; and Cortés could hope to resolve his difficulties, as Montesinos resolved his, by taking service under the king" (p. xvi).

[7] In "Bernal Díaz del Castillo and *Amadís de Gaula*"—in *Studia Philologica. Homenaje ofrecido a Dámaso Alonso* (Madrid: Editorial Gredos, 1961), II, 101—Stephen Gilman refers to "the approximation of remembered experience, not with the writer's present, but with the eternal realm of proverbs" as a means by which Bernal Díaz conveys the drama of the Spaniards in the New World.

[8] The primary exponent of the legal reasoning involved in this maneuver is Victor Frankl in "Hernán Cortés y la tradición de las *Siete Partidas*," *Revista de Historia de América*, 53-54 (1962), 9-74.

naissance.[9] The allusion that Bernal Díaz makes to *Amadís* is thus quite appropriate, since the Aztec capital embodies both the fantastic and the prescriptive (or normative) dimensions of greatness found within the Old World.[10]

The analogic design present in this first view of Tenochtitlán is perhaps the most immediate response offered to the problem of expressing realities never before encountered. And it is this same process, with some greater refinement, that we find in Hernán Cortés' own descriptions of the city. In his second *carta de relación*, Cortés evokes a mental image of Tenochtitlán by comparing it to what his readers would find in Spain. In terms of size, "es tan grande la ciudad como Sevilla y Córdoba" ("it is as large as Seville and Córdoba").[11] Its central square is "tan grande como dos veces

---

[9] Although Aristotle was the primary authority cited within Spain during this period—Fray Bartolomé de las Casas, for example, asserts in the *Historia de las Indias* (2nd. ed.; Mexico: Fondo de Cultura Económica, 1965; I, 28) that "el filósofo, en el IV de la *Metafísica*, dice que los nombres deben convenir con las propiedades y oficios de las cosas" ("the philosopher, in the fourth book of the *Metaphysics*, says that names should agree with the properties and uses of the objects")—the conceptual dimensions of the Greek ideal are perhaps most clearly expressed by the nineteenth-century historian and philosopher Hippolyte Taine, who writes: "I refer to the temple. It stands usually on a height called the Acropolis, on a substructure of rocks, as at Syracuse, or on a small eminence which, as at Athens, was the first place of refuge and the original site of the city. It is visible from every point on the plain and from the neighboring hills; vessels greet it at a great distance on approaching the port. It stands out in clear and bold relief in the limpid atmosphere. . . . Its base, sides, entire mass and full proportions appear at a glance. You are not obliged to divine the whole from a part; its situation renders it proportionate to man's senses." In *The Philosophy of Art in Greece*, trans. John Durand (New York: Holt and Williams, 1871), pp. 65-66.

[10] One might argue that a similar revision is warranted in other readings of chivalric influence within the New World chronicles. For example, the concern for the "miraculous and awesome"—which, in the recent analysis by Stephanie Merrim, binds Gonzalo Fernández de Oviedo's *Sumario de la natural historia de las Indias* (1526) to his earlier chivalric romance *Don Claribalte* (1519)—is complemented by his self-styled role as "bearer and conveyer of the Spanish moral code," as Merrim herself observes. Given that *Don Claribalte* is a highly conventional work, noteworthy above all (again, within Merrim's analysis) for its rejection of "supernatural elements" in favor of "the minutiae of his past life" and a "familiar reality," it would seem that this *libro de caballerías* accentuates a prescriptive and normative vision of human conduct, as is indeed the case, I would argue, within Oviedo's other, historical works. See Stephanie Merrim, "The Apprehension of the New in Nature and Culture: Fernández de Oviedo's *Sumario*" in *1492-1992; Re/Discovering Colonial Writing*, eds. René Jara and Nicholas Spadaccini, Hispanic Issues 4 (Minneapolis: The Prisma Institute, 1989), pp. 165-199. The quotations from this article pertain to pages 169, 171 and 181.

[11] Hernán Cortés, *Cartas de relación*, 6th ed. (Mexico: Editorial Porrúa, 1970), p. 62. Subsequent references to this edition will be noted in the text. All translations are my own.

la ciudad de Salamanca" ("twice as large as the city of Salamanca,"
p. 63). The market offers a selection of wares "que parece propiamente alcaicería de Granada en las sedas, aunque esto otro es en
mucha más cantidad" ("that resembles the silk market of Granada,
although here there is a much greater abundance," p. 63). Finally,
its main tower "es más alta que la torre de la iglesia mayor de Sevilla" ("is taller than that of the Cathedral in Seville," p. 64)—the
referent clearly being the Giralda tower, incorporated into the architecture of the cathedral following the destruction of the great
mosque of the Almohads. What is interesting in these comparisons
is that beneath the superficial emphasis upon purely physical dimensions there lies a note of exoticism. With the exception of the
plaza in Salamanca—where Cortés reportedly studied,[12] and
whose main square was regarded as the example *par excellence* of
open space (Bernal Díaz uses the same comparison at least twice in
Chapter XCII alone, pp. A 332 and A 338)—all other points of
reference are drawn from Moorish, rather than Christian, Spain.
In other words, an awareness of difference mediates the discourse
of similitude: these are pagan marvels that Cortés seeks to evoke.[13]

We may thus conclude that dualism is an inherent feature of the
conquistadors' efforts to convey, through analogy, a sense of the
New World. And yet we must ask to what extent this semantic vacillation is an implicit recognition of differences that are independent of Spanish and Christian socioreligious norms. To cite but
these examples from the topography of the Aztec capital, it is clear
that the accounts of Hernán Cortés and Bernal Díaz reflect
varying degrees and modes of eurocentrism, but only in part to
accommodate their experiences to the physical reality of the Old

---

[12] Bartolomé de las Casas, speaking of political ascendancy in Cuba, observes that
"Cortés le hacía ventaja en ser latino, solamente porque había estudiado leyes en
Salamanca y era en ellas bachiller" ("Cortés had an advantage over him in that he
was trained in Latin, only because he had studied law at Salamanca and held a
degree in it," *Historia de las Indias*, II, 528). Given the mythification to which Cortés'
life has been subject and Cortés' own silence on the matter, there is good reason to
question the extent and nature of this formal training.

[13] Tzvetan Todorov, *The Conquest of America. The Question of the Other*, trans.
Richard Howard (New York: Harper & Row, 1984), p. 108 observes: "In order to
describe the Indians, the conquistadors seek comparisons they find immediately
either in their own pagan (Greco-Roman) past, or among others geographically
closer and already familiar, such as the Muslims." Continuity and the projection of
further conquest thus underlie Cortés' analogies; but we must also recognize the
political dimension of Cortés' program and the personal liability he might have
incurred through comparisons to Christian Spain, given the Inquisitorial climate in
which he lived.

World. Additionally, perhaps subconsciously, their rhetoric projects the transcendent measure of the people and cultures they have encountered. Although Cortés, like Bernal Díaz, begins his discussion of Tenochtitlán with praise for its public architecture and in particular the orderly distribution of its streets and canals, he relies primarily upon repetition and enumeration in an effort to suggest both the variety and abundance, and the potential worth, of what he encounters. In this, the adjectives most commonly employed are "grande" (large), "ancho (broad), and "abierto" (open), none of which begins to evoke the richness of detail characteristic of Aztec city planning. Rather, if we may judge by the militaristic bent of Cortés' measurements, his principal concern is not the symbolic taxonomy of the Aztec capital but its concrete fortification; that is, architecture as battlement. For example, we are told that the paving of the city's four entrances is "tan ancha como dos lanzas jinetas" ("as broad as two horse lances," p. 62). Similarly, over the "large and broad beams" of the bridges can pass "diez de a caballo juntos a la par" ("ten side by side on horseback," p. 62). And, as Cortés cautions his reader:

> Si los naturales de esta ciudad quisiesen hacer alguna traición, tenían para ello mucho aparejo, por ser la dicha ciudad edificada de la manera que digo, y quitadas las puentes de las entradas y salidas, nos podrían dejar morir de hambre sin que pudiésemos salir a tierra. (p. 62)

> If the inhabitants of this city should wish to commit some act of treachery, they had at their means the necessary conditions, since the city was built in the way I describe, and once the bridges were removed from the entrances and exits, they could leave us to die of hunger without our being able to reach dry land.

Clearly these observations are colored by the author's awareness of the sad events that are to follow the Spaniards' triumphant entrance into the Aztec capital. Even more, however, description is an extension of Cortés' own public identity, his role as military commander and self-commissioned emissary of the Spanish Crown. Thus, in subsequent paragraphs, his inventory of the city's merchandise employs but two verbs: "hay" (there is or there are) and "venden" (they sell) (see pp. 63-64).[14] His concerns are the goods which the New World has to offer and the ease with which

[14] The same characteristics are present in his earlier descriptions of Tlaxcala, p. 41.

they may be acquired. In this fashion, Cortés inscribes his discourse within the rhetorical precepts of the *carta relatoria* or narrative epistle, with whose Latin models he was apparently familiar.[15] His narration is an act of informed obedience, compounded by a desire to justify his defiance of Diego Velázquez in advancing the conquest and settlement of New Spain. He is acutely aware of the need to ground his actions in the rhetoric of service by disclosing the commercial potential of the lands he has entered. And this concern for expedience orients his account toward collective material conditions, particularly those favorable to the enrichment of the Spanish Crown.

Nevertheless, we must realize that the coin in which wealth was calculated within the imagination of the first conquistadors was that of the Muslim or eastern people, for as Bernal Díaz recalls in explanation of his initial wonderment: "no creí que en el mundo hubiese otras tierras descubiertas como éstas; porque en aquel tiempo no había Perú ni memoria de él" ("I didn't believe that there were other lands like these to be found in the world, because at that time there was no Peru nor any thought of it," LXXXVII; A, 311). The diversity encountered by Cortés is without precedent in Christendom, leading him once again—as in his allusion to the *alcaicería* or silk market of Granada—to look to Moorish Spain for expression. And here the equation of otherness and paganism is fully realized. Cortés repeatedly labels the Aztecs' temples "mezquitas" or "mosques" and berates their leaders for their manner of worship:

> Yo les hice entender con las lenguas cuán engañados estaban en tener su esperanza en aquellos ídolos, que eran hechos por sus manos, de cosas no limpias, y que habían de saber que había un solo Dios, universal Señor de todos, el cual había criado el cielo y la tierra y todas las cosas, y que hizo a ellos y a nosotros, y que Éste era sin principio e inmortal, y que a Él había de adorar y creer y no a otra criatura ni cosa alguna, y les dije todo lo demás que yo en este caso supe, para los desviar de sus idolatrías y atraer el conocimiento de Dios Nuestro Señor. (pp. 64-65)

---

[15] See Walter Mignolo, "Cartas, crónicas y relaciones del descubrimiento y la conquista" in *Historia de la literatura hispanoamericana*, I, 67-68. Although one may question Mignolo's assertion that "sabemos que Cortés estudió en Salamanca" ("we know that Cortés studied in Salamanca," p. 67), the cogent argument that he makes for the central role of rhetoric within humanistic education as a whole would appear to apply to Cortés' work, regardless of his formal training.

I made them understand through the interpreters how mistaken they were in placing their faith in those idols, which were made by their own hands, of unclean material, and I said that they must know that there is but one God, the universal Lord of all beings, who created heaven and earth and all things, and who had made them and us, and that He was without beginning and was immortal, and that it is He they must worship and believe and not some other creature or object, and I told them all the rest that I know about these matters to lead them away from their idolatry and bring them to knowledge of God Our Lord.

What is striking in this speech are not merely the doctrinal, religious commonplaces to which Cortés gives voice, but additionally the use he makes of the habitual rhetoric employed within Inquisitorial Spain in condemning heresy.[16] Although the referential context of this declaration is likely that of the *Requerimiento*—the legalistic manifesto of Christian faith read to the Indians by the conquistadors from 1514 onward[17]—concern for *limpieza de sangre* (purity of blood) acts as a subtext for Cortés' condemnation of idolatry: "cuán engañados estaban en tener su esperanza en aquellos ídolos, que eran hechos por sus manos" ("how mistaken they were in placing their faith in those idols, which were made by their own hands"). In other words, the diction of this passage implicitly associates the religious practices of the Aztecs with those of the Jews and Moors recently expelled from the Iberian Peninsula, recasting paganism as heresy and innocence as error, subjecting the Indians to judgements and censures from which they were exempt.[18] Cortés' descriptions thus vacillate between the "positive"

---

[16] For an introduction to the rhetoric employed within the Inquisition see: Nicholau Eymerich, *Directorium Inquisitorum* (Avignon, 1376), as translated and edited by Louis Sala-Molins, *Le Manuel des inquisiteurs* (Paris: École Practique des Hautes Études & La Haye: Mouton and Co., 1973); Miguel Jiménez Monteserín, *Introducción a la Inquisición española. Documentos básicos para el estudio del Santo Oficio* (Madrid: Editora Nacional, 1980); *Repertorium Inquisitorum* (Valencia, 1494), translated and edited by Louis Sala-Molins: *Le Dictionnaire des inquisiteurs* (Paris: Éditions Galilée, 1981).

[17] The text of the *Requerimiento* is reproduced by Fray Bartolomé de las Casas in his *Historia de las Indias*, III, 26-27. See also Charles Gibson, ed., *The Spanish Tradition in America* (New York: Harper and Row, 1968), pp. 58-60. I would like to thank Professor Regina Harrison of Bates College for bringing to my attention the link between Cortés' words and the *Requerimiento*.

[18] A similar associative process characterizes the presentation of the conquest within numerous other apologists of the Spaniards' zeal in spreading the Catholic faith. For example, Francisco López de Gómara prefaces his *Historia general de las Indias* with the declaration: "Comenzaron las conquistas de indios acabada la de moros, por que siempre guerreasen españoles contra infieles" ("The conquests of the Indians began when that of the Moors was complete, so that Spaniards would

values of Christian Spain and the "negative" values of the non-be-
lievers with whom the Spanish have prior experience. In this
fashion, even his praise for the physical achievements of the Aztecs
is tempered by an awareness of their moral and spiritual defi-
ciencies. And this, in turn, will justify the Spaniards' exploitation
of the land's offerings by portraying their conquest as a holy cru-
sade.

The allusions of Cortés' double-voiced discourse have cast the
conquistadors' mission in the New World within the mold shaped
by the values of Christian Spain. It is only fitting, therefore, that
Cortés close his second *carta de relación* by proposing that the lands
he has described be called "New Spain." And yet it is most ironic
that in this petition Cortés chooses to stress the two countries' geography and climate rather than other, more salient and controversial points of coincidence. He writes:

> Por lo que yo he visto y comprendido cerca de la similitud que toda
> esta tierra tiene a España, así en la fertilidad como en la grandeza y fríos
> que en ella hace, y en otras muchas cosas que la equiparan a ella, me
> pareció que el más conveniente nombre para esta dicha tierra era lla-
> marse la Nueva España del mar Océano; y así en nombre de vuestra
> majestad se le puso aqueste nombre. (p. 96)

> Due to what I have seen and understood as regards the similitude

---

always do battle against infidels"). In *Historia general de las Indias y Vida de Hernán
Cortés* (Caracas: Biblioteca Ayacucho, 1979), p. 8. The same logic underlies the
opening salutation of Columbus' *Diario del Primer Viaje:* "después de Vuestras Altezas aver dado fin a la guerra de los moros, que reinavan en Europa, y aver acabado la guerra en la muy grande ciudad de Granada . . . Vuestras Altezas, como
cathólicos cristianos y prínçipes amadores de la sancta fe cristiana y acreçentadores
d'ella y enemigos de la secta de Mahoma y de todas idolatrías y heregías, pensaron
de enbiarme a mí, Cristóval Colón, a las dichas partidas de India para ver los dichos
prínçipes y los pueblos y las tierras y la disposiçión d'ellas y de todo, y la manera que
se pudiera tener para la conversión d'ellas a nuestra sancta fe" ("after Your Highnesses had put an end to the war with the Moors, who had reigned in Europe, and
had ended the war in the most renowned city of Granada . . . Your Highnesses, as
Catholic Christians and loving princes of the holy Christian faith and her patrons
and enemies of the sect of Mohammed and of all idolatries and heresies, decided to
send me, Christopher Columbus, to the aforementioned regions of India to see
these princes and people and the lands, their disposition and everything, and the
means which one might use in their conversion to our holy faith." In Cristóbal
Colón, *Textos y documentos completos. Relaciones de viajes, cartas y memoriales*, 2nd ed.,
ed. Consuelo Varela (Madrid: Alianza Editorial, 1984), pp. 15-16. Within this context it bears mention (as, indeed, Columbus himself insists) that the first voyage of
discovery left for the Indies from the port of Palos de Moguer on the third of
August, 1492, the terminal date for the departure of the Jews from Spain as de-
creed by the edict of expulsion signed in Granada on March 30, 1492.

which this land bears to Spain, both in its fertility and in the greatness and coldness that is found in it, and in the other many things that equate it with her, it seemed to me that the most suitable name for this land would be to call it the New Spain of the Ocean; and thus in the name of Your Majesty it has been given this name.

Although the landscape of Spain bears little physical resemblance to that explored by Cortés, still there is a certain truth to be found in his notion of "similitude": specifically, that the land which he, in his own words, has "seen and understood" is indeed, within *his* mind, forever associated with Spain. The New World takes shape solely in its reproduction of "recognizable" or established patterns present within the Old World; epistemology is governed by the cultural biases by Cortés' perception: "me pareció" ("it seemed to me"). Even more, abstract notions of worth, such as those which Cortés enumerates in his comparison of the two lands—fertility, greatness and coldness—appear to be the only basis for judgement. This may in fact be the best explanation for the dearth of adjectives and verbs employed by Cortés in his portrait of Tenochtitlán: when no specific value attaches to what he encounters, these objects are simply present ("hay") or available ("venden"). Certainly this problem of characterization does not exist in his lengthy and detailed accounts of the Spaniards' own activities, for here narration takes the form of transmission, describing actions known to all.

In this regard, the *Historia verdadera* of Bernal Díaz offers an important counterpoint, for unlike Cortés—who projects his vision upon the social-moral fabric of Spain—Bernal celebrates the newness of Aztec culture, even as he reaffirms the basic precepts of European epistemology. Where the *cartas de relación* integrate the New and Old Worlds, recasting the former in the image of the latter, the *Historia verdadera* denies this "metaphorical" appropriation by drawing attention to the act of narration. Thus the similes that Bernal employs are both consciously and conspicuously inadequate to the true nature of what they seek to evoke. Bernal Díaz' linguistic failures—commonly passed over by critics as evidence of Bernal's lack of formal education—suggest the Spaniards' difficulties in assimilating such overwhelming novelties, as in this description of an Aztec shrine:

(Montezuma) dijo que entrásemos en una torrecilla o apartamiento a manera de sala, donde estaban dos como altares con muy ricas tablazones encima del techo, e en cada altar estaban dos bultos como de gigante, de muy altos cuerpos y muy gordos, y el primero que estaba a la mano derecha decían que era el de Huichilobos, su dios de la guerra, y tenía la cara y rostro muy ancho, y los ojos disformes y espantables, y en todo el cuerpo tanta de la pedrería e oro y perlas e aljófar pegado con engrudo, que hacen en esta tierra de unas como de raíces, que todo el cuerpo y cabeza estaba lleno dello, y ceñido al cuerpo unas a maneras de grandes culebras hechas de oro y pedrería, y en una mano tenía un arco y en otra unas flechas. (XCII; A, 334)

(Montezuma) told us to enter into a small tower or hall-like apartment, where there were two sort of altars with very rich wooden panels over the roof, and on each altar there were two bulky masses like of a giant, with very tall bodies and very fat. And they said that the first one, which was on the right, was that of Huichilobos, their god of war. It had a very broad face and huge, misshapen, terrible eyes, and all over its body so many precious stones and gold and pearls and seed-pearls stuck on with paste, that they make in this land from some root-like material, that the whole body and head were full of this stuff. And wrapped around the body were a number of big snake-like things made of gold and precious stones, and in one hand he had a bow and in the other some arrows.

The vague and at times self-contradictory similes of this passage contrast sharply with the precise explanations of the Aztec guides who, informed by their knowledge of their own religious my-thology, succinctly relate each idol's name and function:

Este decía que la mitad dél estaba lleno de todas las semillas que habían en toda la tierra, y decían que era el dios de las sementeras y frutas. (XCII; A, 335)

He said that half of him was filled with all the seeds that there were in the entire world, and they said that he was the god of planting and harvest.

Quite clearly, certain aspects of Tenochtitlán remain alien to Bernal Díaz and to those who are outsiders to the Aztec system of belief.

In this fashion, the *Historia verdadera* takes difference—and not just similitude—as its narrative point of departure. Only in this light may we begin to understand the incorporation of New World lexicon within Bernal Díaz' account of the conquest. By inter-spersing his narrative with Americanisms and with the names which the Aztecs themselves employ in reference to the conquis-tadors, Bernal underscores the unheard-of nature of the sights he has seen and the events he has experienced. In other words, the process of "making history"—first with actions, and then with

words—has both changed and intensified. The fundamental opposition has shifted from one of "Us vs. those-who-are-not-Us" to
that of "Us vs. Them." And even where difference coincides with
orthodox notions of heresy, as it does in the Aztecs' idolatry, the
terms of description do not pre-judge what is described, as had
been the case for Cortés. Rather, history itself reveals its ultimate
meaning.

By way of example, consider Bernal's use of the word "teules" as
a representation of the Indians' belief in the Spaniards' divinity.
Where at first the use of this term in place of "gods" may seem on
a par with the incorporation of other indigenous words such as
"petate" (woven mat), it soon becomes evident that Bernal Díaz'
concern is less for authentic language than for the logic that it embodies. And while it is certain that the decades he had lived within
the New World prior to writing the *Historia verdadera* account at
least in part for his familiarity with the Indians' language, it is imperative that we distinguish between the utilitarian vocabulary
Bernal would have acquired through daily usage and those terms
indicative of an underlying epistemological difference. For while
the former serve to represent the same physical reality within both
cultures—and are therefore merely alternative labels—, the latter
always evoke phenomena foreign to the European viewer. For this
reason, Bernal Díaz is able to introduce the word "petate" associa-
tively, by using a verb of communication and making reference to
the speaker's location: "pusieron en el suelo unas esteras, que *acá
llaman* petates" ("they put on the ground some woven mats, which
here they call 'petates'," XI; A, 95, my emphasis), or "puestas esteras
en el suelo, que ya he dicho otra vez que *en estas partes se llaman*
petates" ("having placed mats on the ground, which I have already
said that *in these lands are called* 'petates'," XIII; A, 98, my emphasis). In contrast, an additional element denoting possession or
proprietary usage is necessary to convey the sense of terminology
originating from within the Indians' religion, since here both the
phenomena in question and the values they embody lack equiva-
lents within the European sphere: "También dice que derrotamos
y abrasamos muchas ciudades y templos, que son *sus* cues, donde
tienen *sus* ídolos" ("He also says that we destroyed and burned
many cities and temples, which are *their* 'cues,' where they have
their idols," XVIII; A, 108, my emphasis). "Teules" pertains to the
second category of New World lexicon, but as we shall see, it functions within Bernal Díaz' narrative to situate the action in a realm
beyond the grasp of either European or indigenous consciousness.

Clearly, the acceptance of the Spaniards as gods by the Indians helped to speed the conquest of the Aztec empire, as both Cortés and Bernal Díaz note on numerous occasions. Thus, when losses are suffered in battle, great pains are taken to preserve the Spaniards' aura of invulnerability, as we see in the following passage:

> Enterramos los muertos en una de aquellas casas que tenían hechas en los soterraños, porque no viesen los indios que éramos mortales, sino que creyesen que éramos teules, como ellos decían; y derrocamos mucha tierra encima de la casa porque no oliesen los cuerpos, y se curaron todos los heridos con un unto del indio que otras veces he dicho. (LXV; A, 238)

> We buried the dead in one of those houses they had made in the ground, so that the Indians would not see that we were mortal, but rather believe that we were *teules,* as they called us; and we threw down a lot of earth upon the house so that they would not smell the corpses, and all our wounded were dressed with an ointment of the Indian that I have described on other occasions.

But where Cortés seeks to exploit the military advantages of this divinity by concealing any conflicting evidence, Bernal Díaz employs "teules" within his narrative to expose the Indians' tragic miscalculation. In this way, "teules" comes to signify neither the "true gods" of the Indians nor the "true God" of the Christians, but rather the false belief that is the Indians' undoing. And indeed, the polysemic nature of the term is present from the moment it is first used to denote the superhuman powers accorded to the Spaniards:

> E viendo cosas tan maravillosas e de tanto peso para ellos, dijeron que no osaron hacer aquello hombres humanos, sino teules, que así llamaban a sus ídolos en que adoraban; e a esta causa desde allí adelante nos llamaron teules, que es, como he dicho, o dioses o demonios; y cuando dijere en esta relación teules en cosas que han de ser tocadas nuestras personas, sepan que se dice por nosotros. (XLVII; A, 187)

> And seeing such marvellous and weighty acts (so grave for them), they said that no human men would dare to do such things, but rather (this was the work of) *teules,* for thus they called the idols that they worshipped; and for this reason from here on they called us *"teules,"* which means, as I have said, gods or demons. And whenever in this account I say *"teules"* in matters that deal with our persons, be aware that it is said of us.

The pleonastic modification of essential traits within "hombres humanos" ("human men") and the vacillation between "gods" and "demons" as translation for *teules* suggest the fallibility of the Indians' perspective, since even the most basic notion of human nature—mortality—is called into question. Bernal's rhetoric mirrors the Indians' conceptual bind, and in this way their ill-founded faith in the Spaniards becomes the Aztecs' mortal error and the source of their downfall.

The Spaniards' ability to utilize the confusion inherent within this polysemy forms the core of Tzvetan Todorov's study of Cortés' encounter with Montezuma, and there is much merit in his postulation that the control of signs proved decisive in the Spaniards' victory.[19] I must question, however, certain of the conclusions to which his otherwise insightful analysis leads him. Todorov's concern for "hermeneutic behavior" (p. 17) produces a tendency to read the conquistador's *actions* causally, when often it may be more profitable to read their *words* referentially, for the cultural values embedded in their language, as we have seen in the linguistic association of paganism and heresy within Cortés' discourse. The act of writing intervenes between the critic and the historical events he seeks to untangle, making imperative an awareness of what Mikhail Bakhtin has termed "nondirect speaking," a phenomenon which operates "not *in* language but *through* language."[20] Thus while Todorov's assertion that

> In itself, language is not an unequivocal instrument: it serves as well for integration within the community as for manipulation of the other. But Montezuma privileges the former function, Cortés the latter (pp. 121–123)

presents the human dynamic of the two leaders' interaction, it fails to capture the ultimate "message" of Cortés' letters. Language serves Cortés not only in his dealings with the Aztecs, but also and fundamentally in his report to the Spanish Crown. His speech acts create a public persona which, though larger than life to the Indians of the New World, is clearly subservient to the king when viewed through Old World eyes. We must remember that Cortés'

[19] See in particular the section titled "Conquest," pp. 51-123. In subsequent references, page numbers will be noted parenthetically.

[20] Mikhail Bakhtin, "Discourse in the Novel" in *The Dialogic Imagination*, trans. Caryl Emerson and Michael Holquist (Austin: University of Texas Press, 1981), p. 313, Bakhtin's emphasis.

dialogue with Montezuma is set within his *relación* and thus subordinated to the authorial consciousness of the letter and its intent of self-justification. In this fashion—and here, I hope, the reason for my digression will become apparent—polysemy functions not only as an instrument of manipulation, but additionally as confirmation of the speaker's orthodoxy, since he rejects in narration, with an aside to his reader, the patently false meanings that have served, in the past, to confuse his adversaries. In other words, the Aztecs' misinterpretation of signs is a direct consequence of their paganism, and in this fashion Cortés' manipulation of the "other" becomes a manifestly moral act in the service of God and king.

We may summarize this rhetorical structure as an opposition of saying and showing, and here too we are enlightened by the juxtaposition of Cortés' and Bernal Díaz' accounts. To limit our discussion for the moment to an episode central to Todorov's analysis— the identification of the Spaniards' arrival with the return of Quetzalcoatl as this figures within the dialogue of the two peoples' leaders—, we find that while Cortés' words confirm Montezuma's empirical observations, they do not in fact address the final truth of his conclusion. Todorov, who follows the version of the encounter related by Cortés, suggests that Cortés himself may have planted the (mis)identification within Montezuma's mind:

> In the facts reported we see his intervention twice over: Montezuma's initial conviction (or suspicion) is already the effect of Cortés's words ("because of the things that you tell us"), and especially of that ingenious argument whereby Charles V has known the Indians long since (it would not have been difficult for Cortés to produce proofs in this regard). (p. 118)

This assessment is quite understandable in light of the terse reply with which Cortés answers Montezuma's lengthy speech:

> Yo le respondí a todo lo que me dijo, satisfaciendo a aquello que me pareció que convenía, en especial en hacerle creer que vuestra majestad era a quien ellos esperaban; y con esto se despidió. (p. 52)

> I answered to all that he said, satisfying (him) on those points which seemed to me appropriate, especially in making him believe that Your Majesty was he whom they were awaiting; and with this he took his leave.[21]

---

[21] The use of the English translation of Todorov's work poses certain problems for the critic familiar with the Spanish texts from which his quotations are drawn. It

It is clear that Cortés has seized upon Montezuma's misconception and, moreover, has sought to influence his beliefs. Still, to conclude that Cortés' strategem succeeds by positing a relativist or utilitarian judgement of value at odds wtih the static, entrenched truths of the Aztecs—"In order to characterize his own discourse, Cortés employs, significantly, the basic rhetorical notion of the 'suitable,' the 'fitting': discourse is governed by its goal, not by its object" (Todorov, p. 118)—is to ignore the regard for preformed systems of belief displayed throughout the *cartas de relación*. Although a role is likely played by external factors (previous, misleading statements which Cortés is understandably disinclined to quote), the brevity of his presentation is better explained by a more basic facet of first-person discourse with which Todorov—a fellow reader of Bakhtin—is quite familiar: the subordination of reported speech to authorial narration.[22] And this is particularly acute when the words in question belong not to "another" but to "an other"—a consciousness *epistemologically* at odds with that of

---

is clear that Richard Howard has made the quoted material conform to existing translations, such as Anthony Pagden's edition of Cortés' *Letters from Mexico*. Although this may facilitate the location of particular citations, it leaves unresolved the issue of abbreviation, a practice common to both Todorov and to the currently available English translations of the works in question. For example, in the text of Todorov's study the following words appear in place of those to which this footnote corresponds: "To which Cortés replies, 'As I thought most fitting, especially in making him believe that Your Majesty was he whom they were expecting'" (p. 118). (This passage is framed similarly in the French original of Todorov's work—*La conquête de l'Amérique* (Paris: Éditions du Seuil, 1982), p. 124.) A global sense attaches to Cortés' misrepresentation, and although I do not consider it appropriate at present to question the decontextualization practiced by Todorov, I would be remiss in not noting that this same phenomenon is at work throughout his discussion, giving weight to his conclusion that Cortés has orchestrated his identification with Quetzalcoatl. In defense of both Cortés and Montezuma, I would like to point out that the latter's references to Cortés' prior statements may be read not as blind faith, but conversely as caution; that is, as an attempt to distinguish between truth and reported fact: "Y según de la parte que vos decís que venís, que es a do sale el sol y las cosas que decís de ese gran señor o rey que acá os envió, creemos y tenemos por cierto, él sea nuestro señor natural." (Cortés, p. 52) ("And in accordance with the direction from which you say that you come, which is from where the sun rises, and the things that you say of that great lord or king who has sent you here, we believe and hold for certain that he is our natural lord.)

[22] Mikhail Bakhtin, *Problems of Dostoevsky's Poetics*, trans. Caryl Emerson (Minneapolis: University of Minnesota Press, 1984), p. 80: "Other thoughts and ideas—untrue or indifferent from the author's point of view, not fitting into his worldview—are not affirmed; they are either polemically repudiated, or else they lose their power to signify directly and become simple elements of characterization." See also Tzvetan Todorov, *Mikhail Bakhtin: The Dialogical Principle*, trans. Wlad Godzich (Minneapolis: University of Minnesota Press, 1984), pp. 68-74.

the author. For this reason, Cortés need not address the falseness of Montezuma's convictions, for this is patently obvious to the Spanish Catholic reader.

In support of my perspective I would like to offer the account of this same exchange as recorded by Bernal Díaz in Chapter LXXXIX of his *Historia verdadera*. Cortés is greeted by Montezuma, who first summarizes the notices he had received of the Spaniards and then concludes:

> Que verdaderamente debe de ser cierto que somos los que sus antepasados muchos tiempos antes habían dicho, que vendrían hombres de hacia donde sale el sol a señorear aquestas tierras, y que debemos de ser nosotros (A, 317)

> That truly it must be certain that we are those of whom his ancestors had long before spoken, saying that men would come from where the sun rises to rule over these lands, and that we must be them.

The words with which Cortés responds consciously echo those of his host and, more importantly, transform Montezuma's theology into the fundaments of Christian belief, in this fashion confirming the individual facts of the Spaniards' arrival, but not the unifying interpretation to which they have been subject. Cortés replies:

> Que ciertamente veníamos de donde sale el sol, y somos vasallos y criados de un gran señor que se dice el emperador don Carlos, que tiene sujetos a sí muchos y grandes príncipes, e que teniendo noticia de él y de cuán gran señor es, nos envió a estas partes a le ver a rogar que sean cristianos, como es nuestro emperador e todos nosotros, e que salvarán sus ánimas él y todos sus vasallos, e que adelante le declarará más cómo y de qué manera ha de ser, y cómo adoramos a un solo Dios verdadero, y quién es, y otras muchas cosas buenas que oirá. (LXXXIX; A, 317)

> That certainly we had come from where the sun rises, and we are vassals and servants of a great lord called the Emperor don Carlos, who has as subjects many great princes, and who, having news of him and what a great lord he is, had sent us to these lands to see him and to entreat them to become Christians, as is our Emperor and all of us, and that (in this fashion) he and all his vassals will save their souls, and that later he would inform him further how and in what way this could be, and how we worship a single true God, and who He is, and many other good things which he would hear.

Cortés' opposition of Spanish and Christian commonplace values

to Aztec mythology is characteristic of his dialogue with Montezuma.[23] Moreover, the latter quickly recognizes the doctrinaire
quality of Cortés' religious discourse, for in their next encounter
he himself links Cortés' stock speech on the brotherhood of man to
the legend of Quetzalcoatl, even as he seeks to avert further prose-
lytizing:

> Señor Malinche, muy bien entendido tengo vuestras pláticas y razona-
> mientos, antes de ahora, que a mis criados sobre vuestro Dios les dijistes
> en el arenal, y eso de la cruz y todas las cosas que en los pueblos por
> donde habéis venido habéis predicado, no os hemos respondido a cosa
> ninguna dellas porque desde ab initio acá adoramos nuestros dioses y
> los tenemos por buenos, e así deben ser los vuestros, e no curéis más al
> presente de nos hablar dellos; y en esto de la creación del mundo, así lo
> tenemos nosotros creído muchos tiempos pasados; e a esta causa
> tenemos por cierto que sois los que nuestros antecesores nos dijeron
> que vendrían de adonde sale el sol, e a ese vuestro gran rey yo le soy en
> cargo y le daré de lo que tuviere. (XC; A, 319-320)

Lord Malinche, I have been quite well informed of your sermons and
arguments before now, since you spoke to my servants about your God
on the sand plain, and of that matter of the cross and of all the things
that you have been preaching in the towns through which you have
come. We have not responded in any way to them because *ab initio* here
we have worshipped our gods and we hold them as good, as must be
yours, so do not bother yourself any more to speak to us of them at the
present; and on the matter of the creation of the world, we have believed likewise for some time past; and for this reason we are certain
that you are those whom our ancestors said would come from where the
sun rises, and I am in debt to your great king and will give him of
whatever I may possess.

As we see in this passage, Montezuma, like Cortés, utilizes rhetorical set-pieces to voice his convictions. Theirs is a dialogue of contradictory and opposing systems of belief, equally dogmatic in the
defense of aprioristic and timeless values. Moreover, since the
speech of Montezuma and Cortés is reported on an equal footing
within these examples from Bernal Díaz' narrative—without re-

---

[23] A few lines later, Bernal Díaz records that Montezuma "preguntó a Cortés que
si éramos todos hermanos, y vasallos de nuestro gran emperador, e dijo que sí, que
éramos hermanos en el amor y amistad, e personas muy principales e criados de
nuestro gran rey y señor" ("asked Cortés if we were all brothers and vassals of our
great Emperor; and he replied that yes, we were brothers in love and friendship,
and persons of importance and servants of our great king and lord" (LXXXIX; A,
317).

gard for the truth of either's declarations—it becomes clear that polysemy functions not as an extension, but as a cofactor of manipulation; that is, as a mirror of historical incomprehension and, for the Spanish reader, as testimony of the ultimate strength of Christian belief. If the Spaniards triumph over the Aztecs, it is due to their religious convictions, unshaken by alternative moral or philosophical paradigms.

In this fashion, the spoken as well as the written (or recorded) discourse of Cortés evidences a repudiation of the "other" and affirms the orthodoxy to which his readers are accustomed. And Bernal Díaz as well, letting history judge and inform the Aztecs' transgressions, shows us the path of righteousness. Still, the language of the *Historia verdadera* passes no specific judgement on the Indians' religion as a whole; their system of beliefs fails them only in its inability to identify and assimilate the unknown (in this case, evangelical zeal). Thus the *Historia verdadera* portrays the mutual misunderstanding of intercultural encounter. And as one would expect were this a novel, narration is largely self-referential: Bernal Díaz' rhetoric animates the drama of situational, not doctrinal, conflicts by denying the predeterminate supremacy of any single or absolute moral perspective.

Within the *Historia verdadera* the Indians' ceremonial pyramids are neither churches nor mosques, but rather "adoratorios" (houses of worship) or, to use the Indians' own terminology, "cues." And given that Spain's historical and cultural circumstances had made the expression "moros y cristianos" (Moors and Christians) synonymous with "all mankind," this recognition of difference and autochthony is nothing less than fundamental to an understanding of the novelty of the drama played out in the kingdom of Montezuma. Americanisms and indigenous proper names bring to life the internal dynamic of the encounter with an indeterminate "other." And again, lest we dismiss this as mere local color, Bernal repeatedly insists that it is the Indians' own perspective that he seeks to present, as in the following narration of a match of *totoloque*, an Aztec board game:

> Acuérdome que tanteaba a Cortés Pedro de Alvarado, e al gran Montezuma un sobrino suyo, gran señor; y el Pedro de Alvarado siempre tanteaba una raya de más de las que había Cortés, y el Montezuma, como lo vio, decía con gracia y risa que no quería que tantease a Cortés el Tonatio, que así llamaban al Pedro de Alvarado; porque hacía mucho ixixiol en lo que tanteaba, que quiere decir en su lengua que mentía, que echaba siempre una raya de más; y Cortés y todos nosotros los

soldados que aquella sazón hacíamos guarda no podíamos estar de risa por lo que dijo el gran Montezuma. Dirían ahora por qué nos reíamos de aquella palabra: es porque el Pedro de Alvarado, puesto que era de gentil cuerpo y buena manera, era vicioso en el hablar demasiado, y como le conocíamos su condición, por esto nos reíamos tanto. (XCVII; A, 357-358)

I remember that Pedro de Alvarado was keeping score for Cortés, and one of Montezuma's nephews, a great chief, was doing the same for Montezuma; and Pedro de Alvarado would always mark up one more point than Cortés had gained, and Montezuma, when he saw this, said good-naturedly (lit.: with charm and a smile) that he didn't want To-natio—for this was their name for Pedro de Alvarado—keeping score for Cortés, because he always put too much *ixixiol* in what he scored, which means in their language that he lied or threw in a little extra for good measure. Cortés and those of us soldiers who were on guard at the time could not keep from laughing at what the great Montezuma had said. You may now ask why we laughed at that particular word: it is because Pedro de Alvarado, though handsome and well-mannered, had the bad habit of talking too much, and since we knew his character, we found it so very funny.

Bernal Díaz' reproduction of the Aztec language personalizes both the Indians and their system of beliefs. It makes them human inasmuch as their sense of humor presents many points of contact with that of the Spaniards.[24] Moreover, by preserving the Aztecs' own terminology—particularly in the area of religion—the *Historia verdadera* acknowledges the doctrinal independence of what is encountered. Though clearly non-Christian, the rituals Bernal observes cannot be dismissed as heretical practices known to all through the handbooks of the Inquisition. A *priori* judgement is denied to the readers of Bernal Díaz' work. Instead, we are forced to experience first-hand the unknown, accompanying the conquistadors in their struggle to understand the new and *real* world of the Aztecs.

In this fashion the physical architecture of the Aztec capital within Bernal Díaz' account does not bespeak knowledge of the moral and ethical dimensions of its inhabitants. Indeed, if we re-

---

[24] It is interesting to note that Francisco López de Gómara remarks upon the same facets of Alvarado's character in his *Historia general de las Indias*, chapter CCIX (p. 300): "Preguntado qué le dolía, respondía siempre que el alma. Era hombre suelto, alegre y muy hablador; vicio de mentirosos" ("When asked what ailed him, he always replied that it was his soul. He was an unconstrained man, happy and very talkative; the vice of liars").

turn once more to Bernal's initial vision of Tenochtitlán rising above the primeval waters of lake Texcoco, we find within it echoes of the Creation in the book of Genesis. The mythic order that Bernal Díaz recognizes in the city's topography is unequivocally positive. Which is not to say, however, that the Aztecs are themselves perfect beings within Bernal's estimation. Rather, they are human; and like the Spaniards, they embody both good and bad traits. In other words, difference is not in and of itself inferiority. Experience, not inference or similitude, will be the Aztecs' true measure.

Thus, as Bernal Díaz leads us into the grand "cu" or temple of the city to observe the actions of the "papas" or priests, he suggests the scale—but not the nature—of his drama. Once again, stock comparisons and orthodox imagery convey the magnitude of what will follow:

> E, así, dejamos la gran plaza sin más la ver, y llegamos a los grandes patios y cercas donde estaba el gran cu, y tenía antes de llegar a él un gran circuito de patios, que me parece que eran mayores que la plaza que hay en Salamanca, y con dos cercas alrededor de cal y canto, y el mismo patio y sitio todo empedrado de piedras grandes de losas blancas y muy lisas, y adonde no había de aquellas piedras, estaba encalado y bruñido, y todo muy limpio, que no hallaran una paja ni polvo en todo él. (XCII; A, 332)

> And thus we left the grand square behind, losing it from sight, and arrived at the large patios and enclosures where the great *cu* was located, and which had before it a great series of patios which were bigger, I think, than the Plaza in Salamanca. Around these were two enclosures of solid stone, and the patio as well as the entire site was paved with large blocks of smooth white flagstone, and where these stones were absent, everything was whitewashed and polished, and so clean that there was not a straw nor a speck of dust to be found in the whole of it.

From the outside, the temple is a model of proportion, cleanliness and order, fully in keeping with the classical ideal set forth in the handbooks and rhetorics of the period. Within, however, it is just the reverse, as Bernal depicts the insufferable gore and stench of human sacrifice:

> Estaban todas las paredes de aquel adoratorio tan bañadas y negras de costras de sangre, y asimismo el suelo, que todo hedía muy malamente. (XCII; A, 335)

All the walls of that place of worship were so bathed and blackened with crusted blood, as was the floor, that the whole place stank horribly.

Tenía en las paredes tantas costras de sangre y el suelo bañado dello, que en los mataderos de Castilla no había tanto hedor. (XCII; A, 335)

The walls were so crusted with blood and the floor so bathed with it that the slaughterhouses of Castile could not equal its stench.

The repetition of terms within these passages, and in others which follow on their heels, creates an image of the temple's interior as strongly negative as that associated with its exterior had been positive. Each is a set-piece of good or evil, a commonplace denoting intrinsic value within the rhetorical framework of the time.

These, however, are not the final words that Bernal Díaz will offer on the subject of the Aztecs' religious practices. Rather, these initial descriptions define the two poles of comparison within which subsequent events are inscribed. In this fashion, Bernal Díaz is able to project the unknown—the "cosas nunca oídas ni vistas y aun soñadas" ("things never heard of, seen or even dreamed of") of his first view of Tenochtitlán—upon a scale whose values are determined from within. The *Historia verdadera* has internalized only the rhetoric of measurement, not the cultural biases assigned to it by Cortés. The varied landscape of Castile, from its slaughterhouses to the plaza in Salamanca, becomes a point of comparison for the diversity that Bernal encounters in the Aztec capital. The Old World informs the events of the New World, and yet the true sense of Aztec culture eludes doctrinaire adjudication.

How, then, does the *Historia verdadera* convey the meaning of such exceedingly novel experiences encountered by its author in the conquest of Mexico? Quite simply by insisting—again, through its discourse—that the actions of the Aztecs surpass the abstract notions of ordered good or evil that one finds in the architecture of Tenochtitlán. Bernal Díaz repeatedly violates the Aristotelian principle of *mimesis* in conjoining attributes drawn from contradictory moral or ethical dimensions,[25] as in the following description of an Aztec temple and its priests:

[25] In *Poetics*, chapter two, Aristotle proclaims: "The objects of this *mimesis* are people doing things, and these people must necessarily be either good or bad, this being, generally speaking, the only line of divergence between characters, since differences of character just are differences in goodness and badness . . ." Trans. M. E. Hubbard in *A New Aristotle Reader*, ed. J. L. Ackrill (Princeton: Princeton Uni-

Junto de aquel cu estaba otro lleno de calaveras e zancarrones puestos con gran concierto, que se podían ver, mas no se podían contar, porque eran muchos, y las calaveras de por sí, y los zancarrones en otros rimeros; e allí había otros ídolos, y en cada casa o cu y adoratorio, que he dicho, estaban papas con sus vestiduras largas de mantas prietas y las capillas como de dominicos, que también tiraban un poco a las de los canónigos, y el cabello muy largo y hecho, que no se podía desparcir ni desenredar; y todos los más sacrificadas las orejas, y en los mismos cabellos mucha sangre. (XCII; A, 338)

Next to that *cu* was another filled with skulls and large bones arranged with great orderliness so they could be seen but not counted, because there were so many of them, with the skulls to one side and the bones in separate piles. And here there were other idols, and in each building, *cu* or place of worship that I have mentioned, there were *papas* in their long robes with black cloaks and hoods like those of the Dominican friars, although these garments also resembled those of Church canons. Their hair was very long and done-up, impossible to tame or untangle, and most of them were missing ears (lit.: their ears had been sacrificed), and had a lot of blood in their hair.

The same abstract, positive measures of exemplarity which were found in Bernal Díaz' initial vision of Tenochtitlán—systematic order and abundance—reappear in these lines. Here, however, they evoke not the splendor of a distant, as yet indeterminate city, but rather the horrific skeletal remains of a multitude of human sacrificial victims. In like fashion, the ceremonial garments that Bernal describes both recall those worn by officials of the Spanish Church and stand in stark contrast to the blood-matted hair and the grotesque self-mutilation of the Aztec priests.[26] In short, the

---

versity Press, 1987), p. 541. Aristotle elaborates this concept in chapter 15 of the *Poetics:* "The speech or action will involve *mimesis* of character if it makes plain, as said before, the nature of the person's moral choice, and the character will be good if the choice is good" (p. 553). Hippolyte Taine reiterates this position in *The Ideal in Art,* trans John Durand (New York: Holt and Williams, 1868), p. 92, in which he declares: "The concordance, then, is complete, and characters bear with them into a work of art the value which they already possess in nature." See also Umberto Eco, *Art and Beauty in the Middle Ages* (New Haven: Yale University Press, 1986).

[26] It is interesting to note that the otherwise conscientious translation of J. M. Cohen omits both the analogy which Bernal draws between the priestly vestments of the Aztecs and those of the Catholic orders, and the bizarre earlessness of the priests themselves, ending his description with the words: "Here there were more idols, and in every building or *cue* or shrine were *papas* in long black cloth robes and long hoods" (Penguin edition, p. 240).

shattering of aesthetic convention within this passage underscores the uniqueness of the conquistadors' experience as well as its reality, since in denying the authority of commonplace description Bernal Díaz posits experience, rather than tradition, as the measure of these events. Even more, the conjunction of distinct spheres of being—the sacred with the profane, the human with the animal—distinguishes Bernal's experiences from those of earlier adventurers by accentuating the different life-force present in *this* living. The dissonanace of this passage, therefore, restores the novelty of what Bernal has witnessed, a process that Russian Formalism has termed *ostranenie* or defamiliarization.[27]

This same abandonment of Aristotelian precepts is central to the climactic narration of human sacrifice during the darkest hours of the conquest and in particular the "noche triste" when Cortés and his men are routed by the Aztecs and expelled from Tenochtitlán. Bernal exclaims with horror:

> Tornó a sonar el atambor de Huichilobos y otros muchos atabalejos, y caracoles y cornetas y otras como trompas, y todo el sonido dellas espantable y triste; y miramos arriba al alto cu, donde los tañían, y vimos que llevaban por fuerza las gradas arriba a rempujones y bofetadas y palos a nuestros compañeros que habían tomado en la derrota que dieron a Cortés, que los llevaban a sacrificar; y de que ya los tenían arriba en una placeta que se hacía en el adoratorio, donde estaban sus malditos ídolos, vimos que a muchos dellos les ponían plumajes en las cabezas, y con unos como aventadores les hacían bailar delante de Huichilobos, y cuando habían bailado, luego les ponían de espaldas encima de unas piedras que tenían hechas para sacrificar, y con unos navajones de perdernal les aserraban por los pechos y les sacaban los corazones bullendo, y se los ofrecían a sus ídolos que allí presentes tenían, y a los cuerpos dábanles con los pies por las gradas abajo; y estaban aguardando otros indios carniceros, que les cortaban brazos y pies, y las caras desollaban y las adobaban como cueros de guantes, y, con sus barbas, las guardaban para hacer fiestas con ellas cuando hacían borracheras, y se comían las carnes con chilmole . . . (CLII; B, 86-87)

> The drum of Huichilobos again began to sound, and with it many other kettledrums and conch shells and bugles and horn-like instruments, together producing a clamor both terrifying and sad; and when we

---

[27] This aspect of *ostranenie*—a term coined by Viktor Sklovskij in his article "Art as Device"—is discussed by Boris M. Ejenbaum in "The Theory of the Formal Method" in *Readings in Russian Poetics: Formalist and Structuralist Views*, eds. Ladislav Matejka and Krystyna Pomorska (Cambridge: The MIT Press, 1971), p. 13.

> looked up at the tall *cu* from which it came, we saw that they were dragging our comrades up the steps, pushing and slapping and beating those whom they had captured in their rout of Cortés. They were taking them to be sacrificed. And when they had them on top in the open space of their temple, where they kept their accursed idols, we saw that they were putting plumes on the heads of many of them and were making them dance with some sort of fans before Huichilobos; and when they had danced, they were placed on their backs atop some stones designed for sacrifices, and using large, flint knives (the priests) would saw open their chests and remove the still beating hearts, which they would offer to the idols before them. Then they would kick the bodies down the steps, and the Indian butchers who were waiting below would cut off their arms and feet, and flay their faces to prepare them like glove leather, with the beards still attached, for use in their drunken celebrations. Then they would eat their flesh with *chilmole*.

The imperfect tense of these lines thrusts the reader into an on-going historical process beyond the comprehension that derives from prior experience. Even more, the narration's insistence upon visual and auditory sensation highlights the impotent fascination of the Spaniards even as it suggests the autonomy of the Aztec perspective and its consonance with both ceremony and architecture in the world of Tenochtitlán. And indeed, we may hear Bernal's condemnation of Huichilobos in the phrase "malditos ídolos" ("accursed idols") as tacit recognition of the power of the Aztecs' pagan gods, for in personalizing the amorphous figure of his previous description—"bultos como de gigante" ("bulky masses like of a giant," XCII; A, 334)—Bernal Díaz has made Huichilobos the force guiding the Aztecs' sanguinary lust. In other words, the sense of ritual that pervades the horrific events of the *noche triste* accords to the Aztecs' practices an internal logic wholly alien to the European mind.

The frightful dissonance of Bernal Díaz' narration is, therefore, perhaps most clearly understood in terms of its violation of the conceptual or aesthetic paradigms of the sixteenth century and, in particular, in its departure from the "substantive" philosophy of Aristotle's *Metaphysics,* where we are taught that "essence must belong to substance either alone or chiefly and primarily and in the unqualified sense."[28] Clearly, the unanimity envisioned by Aristotle is contravened within this description of human sacrifice,

----

[28] Aristotle, *Metaphysics,* Book VII, Chapter 5, trans. W. D. Ross, revised J. Barnes in *A New Aristotle Reader,* p. 291.

where men are made to dress in feathers and dance like birds,[29] where hearts continue to beat outside the body, where human heads are fashioned into party masks, and where man's flesh is eaten with condiments. If we are to accept these events as "true," most certainly they bespeak realities beyond our own experience. Nor may we dismiss their unthinkable *mimesis* as mere rhetorical commonplace ("the world upside down," described by E. R. Curtius[30]), since the ritual enacted is in perfect accordance with its context. Rather, we must conclude that the Spaniards' prior experience offers no insight into the mysteries of Tenochtitlán. European models of thought cannot capture the irreducible reality of the Aztec kingdom.[31]

[29] This mode of adornment is particularly curious in its replication of the negative model with which Horace, following Aristotle, begins his *Ars poetica:*

Humano capiti cervicem pictor equinam
Iungere si velit, et varias inducere plumas
Undique collatis membris, ut turpiter atrum
Desinat in piscem mulier formosa superne:
Spectatum admissi risum teneatis amici? (vv. 1-5)

C. Smart, *The Works of Horace*, revised ed. (London: George Bell & Sons, 1891), pp. 299-300, offers the following translation: "If a painter should wish to unite a horse's neck to a human head, and spread a variety of plumage over limbs (of different animals) taken from every part (of nature), so that what is a beautiful woman in the upper part terminates in an ugly fish below; could you, my friends, refrain from laughter, were you admitted to such a sight?"

[30] Ernst Robert Curtius, *European Literature and the Latin Middle Ages*, trans. Willard R. Trask (Princeton: Princeton University Press, 1973), p. 98.

[31] The conflict between aesthetic and moral notions of order, central to Bernal Díaz' description of the Aztec temple, may thus be regarded as a manifestation of the impotence of European logic, for, as we subsequently learn, human sacrifice was central to the consecration of the structure itself: "en el cimiento de aquel gran cu echaron oro y plata e piedras de chalchihuites ricas, y semillas, y lo rociaban con sangre humana de indios que sacrificaban" ("in the mortar of that great *cu* they threw gold and silver and fine emeralds and seeds, and they would sprinkle it with the human blood of Indians they would sacrifice," XCII; A, 337). Similarly, the elegant stonework of the city's architecture embodies the cannibalism and enslavement practiced by the Aztecs upon their enemies, as we see in the taunts directed to the Spaniards' Tlascalan allies during the *noche triste:* "Comed de las carnes destos teules y de vuestros hermanos, que ya bien hartos estamos dellos, y desto que nos sobra bien os podéis hartar; y mirad que las casas que habéis derrocado, que os hemos de traer para que las tornéis a hacer muy mejores, y con piedras blancas y cal y canto, y labradas; por eso ayudad muy bien a estos teules, que a todos los veréis sacrificados" ("Eat of the flesh of these *teules* and of your brothers, for we are already good and full of them and from what we leave you may content yourselves; and observe the houses that you have thrown down, for we will make you build them anew, much better, with solid blocks of white stone, carefully crafted. So help these *teules*, for you will see them all sacrificed," CLII; B, 87). In this fashion, the incongruence between the temple's aesthetic qualities and the Aztec's moral degra-

To place the innovation of the *Historia verdadera* within perspective, therefore, we must appreciate its abandonment of what may best be termed "paradise" and "utopia," the idealized visions of "what is" and "what is not" that dominate previous accounts of the Americas, beginning with the diaries of Columbus. In other words, neither similitude nor difference is sufficient to expressing the nature of the New World. And so, in conclusion, let me offer a sense of how Bernal Díaz himself has sought to place his adventures within their proper context. The final chapter (CCXII bis) of the manuscript that he prepared for publication bears the heading:

> De las señales y planetas que hubo en el cielo de Nueva-España antes que en ella entrásemos, y pronósticos de declaración que los indios mexicanos hicieron, diciendo sobre ellos; y de una señal que hubo en el cielo, y otras cosas que son de traer a la memoria. (B, 479)

> On the portents and planets present in the heavens of New Spain before we entered in it, and the testimonial predictions that the Mexican Indians made, with reference to these; and on a sign that appeared in the heavens, and other matters that are worthy of memory.[32]

In contrast to the highly personalized narration of what Bernal himself had termed the "cómo y cuándo y de qué manera" ("how and when and in what way," A, 65) of events he had seen with his own eyes, these final pages evoke a mystical vision of a world ruled by forces beyond the control of man. And indeed, in many ways the apocalyptic portents that appear here are the antithesis of the many battles that are listed immediately before as evidence of the epic, human achievements of Bernal and his companions. Even more, the plagues and pestilence, floods, epidemics, volcanic eruptions and apparitions that make up these final pages appear to answer to God alone, for if we consider Bernal's description of the destruction of la Ciudad Vieja of Guatemala, we find it entirely

---

dation—as viewed through the Spaniards' perspective—finds resolution in the internal logic of the Aztec system of belief, for the same acts that the Spaniards condemn are, for the Aztecs, valued forms of ritual worship.

[32] I remind my readers that I am following the critical edition of Miguel León-Portilla who, in turn, reproduces the text of the *Historia verdadera de la conquista de la Nueva España* set down by Carmelo Sáenz de Santa María (Madrid: Instituto "Gonzalo Fernández de Oviedo," C.S.I.C., 1982). For the historical evidence which both León-Portilla and Sáenz de Santa María present in their respective prologues—as well as for stylistic and literary considerations beyond the scope of the present essay—I accept the chapter numbered "CCXII bis" as that which Bernal Díaz intended to close his work.

devoid of metaphysical speculation. Signs are present, foretelling disaster, and yet it is the sheer force of nature that receives Bernal's attention.

Comparing this "phenomenological" perspective of the *Historia verdadera* with those of Bernal's contemporaries, we begin to understand the nature of his work. Where Thomas Gage equates the destruction of la Ciudad Vieja to that of biblical Sodom in an effort to rebuke the sins of the people of Guatemala and the blasphemy of doña Beatriz de la Cueva, the bereaved widow of Pedro de Alvarado—

> Upon these words there gushed out of this volcano such a flood of water as carried away this woman with the stream, ruined many of the houses, and caused the inhabitants to remove to the place where now standeth Guatemala. This is the Spaniards' own tradition, which if true, should be our example to learn to fear and not to defy God, when his judgements shew him to us angry and a God that will overcome, when he judgeth.[33]

—Bernal Díaz refuses to reduce the process of living to a prescribed religious or secular code. In fact, the *Historia verdadera* explicitly denies the legend to which Gage alludes, declaring simply: "secretos son de Dios" ("they are secrets of God," CCXII bis; B, 483).[34] And unlike Las Casas' version of these same events[35] or the

---

[33] Thomas Gage, *The English-American his Travail by Sea and Land: or, A New Survey of the West-India's* (London: 1648), presented as *Thomas Gage's Travels in the New World*, ed. J. Eric S. Thompson (Norman: University of Oklahoma Press, 1958), p. 182. This lesson is repeated on pp. 191-192.

[34] In an earlier chapter of the *Historia verdadera* Bernal Díaz had described these same events in relating the circumstances of the death of Pedro de Alvarado. Here, in Chapter CCIII, Bernal takes issue with the version of Francisco López de Gómara, found in Chapter CCX of his *Historia general de las Indias*. Once again, Bernal Díaz ascribes the destruction to causes beyond man's comprehension: "Y en las palabras que dijo el Gómara que había dicho aquella señora, no pasó como dice, sino como dicho tengo; y si nuestro señor Jesucristo fue servido de la llevar deste mundo, fue secreto de Dios" ("And in the words that Gómara says were uttered by that woman, it was not how he relates, but rather as I have written; and if our Lord Jesus Christ was served in taking her from this world, it was a secret of God," B, 414). It is interesting to note that in Gómara's summary, doña Beatriz flouts not only religious conventions, but also those of the secular authorities: "Empero, en medio de aquella tristeza y extremos entró en regimiento y se hizo jurar por gobernadora: desvarío y presunción de mujer y cosa nueva entre los españoles de Indias" ("However, in the midst of that sadness and distress she entered the council and had herself sworn in as governor: the madness and presumption of a woman, and a novelty among the Spaniards of the Indies," p. 301).

[35] Bartolomé de las Casas, *Brevísima relación de la destrucción de las Indias*, ed.

"ten plagues" enumerated in the *Historia de los indios de la Nueva España* (ca. 1541) by the Franciscan missionary Fray Toribio de Benavente or Motolinía, who seeks to associate the woes of New Spain with those brought upon the land of Egypt as punishment, Bernal's apocalyptic vision corresponds neither to greed nor to any single ethical or moral failure.[36] In short, divine wrath within the *Historia verdadera* may not be dismissed as retribution for transgression against a European, Catholic code. And this is only fitting, for the New World as seen by Bernal Díaz lies beyond the grasp of the men who have set out to conquer it. Reality has proved stronger than imagination.

"True History" and Colonial Literary Scholarship (postscript)

In recent years Rolena Adorno, foremost among others, has called upon her colleagues to question the "assumptions and biases of colonial literary scholarship," offering as a first step her study of the unduly neglected self-interest of Bernal Díaz in writing his *Historia verdadera de la conquista de la Nueva España*.[37] The attention that Adorno focusses upon the *Historia verdadera* as a defense against the attacks of Bartolomé de las Casas, which threatened the economic livelihood of the *encomendero*, suggests the presence of

---

André Saint-Lu, 2nd ed. (Madrid: Ediciones Cátedra, 1984), p. 115: "Los españoles hacen en ellos grandes estragos y matanzas, y tórnanse a Guatimala, donde edificaron una ciudad, la que agora con justo juicio, con tres diluvios juntamente, uno de agua y otro de tierra y otro de piedras más gruesas que diez y veinte bueyes, destruyó la justicia divinal" ("The Spaniards cause among them great wickedness and killings, and they return to Guatemala, where they erect a city that now, with righteous judgement (and) with three deluges at once—one of water, another of earth and the other of stones of greater heft than ten or twenty oxen—divine justice had destroyed"). Carmelo Sáenz de Santa María, *Historia de una historia* (Madrid: Consejo Superior de Investigaciones Científicas, 1984), p. 80, suggests that the source of this passage in Las Casas was the *Relación del espantable terremoto*, published in Toledo in 1543.

[36] See in particular the first chapter "De cómo y cuándo partieron los primeros frailes que fueron en aquel viaje, y de las persecuciones y plagas que hubo en la Nueva España" in Fray Toribio de Benavente, *Historia de los indios de la Nueva España*, ed. Claudio Esteva (Madrid: Historia 16, 1985), pp. 67-73. A summary of Motolinía's work is presented in Todorov, pp. 135-138.

[37] Rolena Adorno, "Discourses on Colonialism: Bernal Díaz, Las Casas and the Twentieth-Century Reader," *MLN*, 103, No. 2 (March 1988), 241. A more general treatment of this problem of entrenched opinion is found in Adorno's article "Literary Production and Suppression: Reading and Writing about Amerindians in Colonial Spanish America," *Dispositio*, 11, Nos. 28-29 (1986), pp. 1-25.

intertextual echoes or prior referents against which "true history" arises with the intention of supplanting. It is quite certain that the "corrections" proffered by Bernal Díaz have at their base a project of self-justification, for in them Bernal emends not merely the deeds mistakenly recorded within previous histories, but more fundamentally the critical and conceptual framework within which these are presented. And as Adorno (following Ramón Iglesia) points out, Bernal's version of certain polemical events is nearly identical, factually, to others that he rejects as false.[38]

I must question, nevertheless, the functional importance of intertextuality within the *Historia verdadera* as seen by Adorno and, in particular, her argument that Bernal Díaz has cast his refutation of previous histories within the terms set by the theological debate between Las Casas and Juan Ginés de Sepúlveda on the "just causes of war against the Indians." While it is clear that Bernal's focus upon the "incorrigible barbarism" of the Cholulans within Chapter LXXXIII "underscores neatly the narration of the episode with an argument for its justification" (Adorno, "Discourses on Colonialism," p. 247), one must ask whether this point of coincidence with Sepúlveda against Las Casas (that "crimes against the innocent constituted one of the four principal causes by which a just war could be waged against those found guilty of such acts," as summarized by Adorno, p. 247) is a conscious effort to replicate a theological position. Although the subsequent reference that Bernal makes to Motolinía and the other religious authorities who investigated the massacre at Cholula would appear to argue for just such a reading, one must note that in citing these figures, Bernal Díaz emphasizes the weight given to the expediency of the conquistadors' actions and their necessity as a means to the pacification and conversion of the Indian population as a whole, themes found throughout his work.[39] Upon closer examination of the passage in question, it becomes clear that the Franciscans and Motolinía are offered as sources of first-hand knowledge, able to attest to the true intentions of the Cholulans:

> Fueron a Cholula para saber y pesquisar e inquirir y de qué manera pasó aquel castigo, e por qué causa, e la pesquisa que hicieron fue con los mismos papas e viejos de aquella ciudad; y después de bien sabido

[38] Adorno, "Discourses on Colonialism," p. 240.
[39] See the final paragraphs of Chapter LXXXIII of the *Historia verdadera*, A, 297-298. Adorno mistakenly refers to this as Chapter 53 in her study.

dellos mismos, hallaron ser ni más ni menos que en esta mi relación
escribo. (LXXXIII; A, 297-298)

They went to Cholula to know and investigate and inquire in what way
that punishment happened, and for what cause; and the investigation
that they conducted was with the same *papas* and elders of that city; and
after (the truth) was well known by them, they found that it was not
more nor less than as I write in my report.

Here, as elsewhere throughout the *Historia verdadera,* an eyewitness account takes precedent; religious authority, once incorporated within Bernal's text, adheres to the mandates of testimony.[40]
The Spaniards' actions were necessary to avert their own massacre;
and while these same actions may find justification in theology, this
is of secondary importance within Bernal Díaz' narrative. The fu-
tility of exacting promises from the Cholulans to cease human sacrifice—"Mas ¿qué aprovechaban aquellos prometimientos que no
los cumplían?" ("But what use were those pledges that they did not
fulfill?" A, 297)—is a matter of practical concern since it poses a
direct threat to the Spaniards' well-being. In turn, this immediate

---

[40] Adorno, following Carmelo Sáenz de Santa María—who directed the reconstruction of the "Remón manuscript" that serves as the core of the critical edition I
have just cited—notes that "this was one of the very few chapters that Bernal did
not submit to extensive rewriting" (p. 248). Her subsequent observation that "according to Sáenz's comparison of various versions of the text, Bernal himself ex-
cised statements which emphasized his ire against the Bishop of Chiapas" (p. 249)
may perhaps benefit from an analysis of the specific changes that were made, since
these reveal the logic behind the rewriting. Where the "Guatemala manuscript"
does indeed continue the passage in question with the phrase "y no como dice el
obispo" ("and not as the Bishop says"), "Remón" internalizes this explicit un-
frocking of Las Casas by insisting on the care with which the Franciscans conducted
their inquiry. "Remón" adds the term "pesquisar" ("investigate") to the couplet
"saber e inquirir" ("to know and inquire"), and substitutes the more authoritative
"sabido" ("known") for "informados" ("informed"), which merely connotes the receipt of information. In short, the changes made by Bernal Díaz render unneces-
sary further criticism of Las Casas, since here as elsewhere first-hand knowledge
invalidates the authority of those who were themselves not present. Although it is
somewhat beyond the scope of my current analysis, it is nevertheless worthy of note
that the personalization of collective experience is a key feature that distinguishes
the "Remón" manuscript from that preserved in the Archivo de la Municipalidad
de Guatemala. To cite but one example from Chapter VI of the *Historia verdadera,*
we see that the former continually interpolates within the narrative structure of the
latter terms accentuating the role of the actual participants. Thus, where "Guatemala" states that Bishop Fonseca "no hizo memoria de nosotros que lo descubrimos" ("made no record of us who had discovered it"), "Remón" elaborates: "no
hizo mención de ninguno de nosotros los soldados que lo descubrimos a nuestra
costa" ("made no mention of any of us, the soldiers who had discovered it at our
expense," A, 83).

case for self-defense, a universal principle of humankind, forms the basis for Bernal's attack upon Las Casas: "porque afirma y dice que sin causa ninguna, sino por nuestro pasatiempo y porque se nos antojó, se hizo aquello castigo" ("because he attests and says that without cause, but rather for our amusement and because it pleased us, we exacted that punishment," A, 297).

More importantly, one must recognize that the "just war" argument cited within Adorno's analysis is one that Sepúlveda derived in great measure from Aristotle—as Lewis Hanke, Manuel García-Pelayo and others have noted[41]—and which, within Aristotle's opus, proceeds from the same principle of (aesthetic) harmony or equilibrium that I have discussed in the preceding pages. As Aristotle concludes in the *Nicomachean Ethics:* "If a man harms another by choice, he acts unjustly; and *these* are the acts of injustice that imply that the doer is an unjust man, provided that the act violates proportion or equality."[42] In other words, Aristotelian justice rests upon the precept that society, like nature and the arts, must maintain a balance between its various elements. Thus, each of the four "just causes" outlined by Sepúlveda posits war as a means of rectifying an inequality arising from the Indians' prior actions: their use of force, unlawful seizure of property, sinful deeds, and "inhuman" or "barbarous" instincts.[43] In short, justice is synonymous with equalization, as Aristotle argues in Book V,

---

[41] Hanke has examined the philosophical bases for the Las Casas—Sepúlveda debate in three major works: *Aristotle and the American Indians. A Study of Race Prejudice in the Modern World* (Bloomington & London: Indiana University Press, 1959); *The Spanish Struggle for Justice in the Conquest of America* (Philadelphia: University of Pennsylvania Press, 1949); and, *All Mankind is One: A Study of the Disputation Between Bartolomé de Las Casas and Juan Ginés de Sepúlveda in 1550 on the Intellectual and Religious Capacity of the American Indians* (DeKalb: Northern Illinois University Press, 1974). In a footnote to his preliminary study of Juan Ginés de Sepúlveda, *Tratado sobre las justas causas de la guerra contra los indios* (Fondo de Cultura Económica, 1941), García-Pelayo reproduces side by side extensive passages from Aristotle's *Politics* and Sepúlveda's *Democrates Alter* to demonstrate the influence of the former upon the latter (pp. 20-26, n. 69). Although García-Pelayo does not employ Sepúlveda's 1548 Latin translation of Aristotle's *Politics* in this comparison, it should be noted that this work was a mainstay of Spanish humanism, and contributed to Sepúlveda's reputation as a leading authority on Aristotle. See Otis H. Green, "A Note on Spanish Humanism. Sepúlveda and his Translation of Aristotle's *Politics*," *Hispanic Review*, 8, No. 4 (Oct. 1940), pp. 339-342.

[42] Aristotle, *Nicomachean Ethics*, Book V, Chapter 8, trans. W. D. Ross and J. O. Urmson, revised J. Barnes in *A New Aristotle Reader*, p. 414, original emphasis.

[43] Juan Ginés de Sepúlveda, *Democrates Alter, sive de justis belli causis apud Indos*, ed. and trans. M. Menéndez y Pelayo, *Boletín de la Real Academia de la Historia*, 21 (1892), pp. 284-291.

Chapter 4 of the *Nicomachean Ethics*. War corrects an injury done to nature's precarious equilibrium.

Within Bernal Díaz' presentation of the events in Cholula the inhumanity of the Indians' actions is conveyed, much as we have seen in the narration of the "noche triste," through a violation of Aristotelian proportion and, specifically, in the unnatural use (as foodstuff) to which the Spaniards are to be subjected: "nos querían matar en comer nuestras carnes, que ya tenían aparejadas las ollas con sal e ají e tomates" ("they wanted to kill us and eat our flesh, and already they had prepared the pots with salt and chili peppers and tomatoes," LXXXIII; A, 293). And as the episode of Cholula draws to a close, we learn of the future treachery that awaits Cortés and his men in Tenochtitlán:

> Que estando dentro, con quitarnos la comida e agua, o alzar cualquiera de las puentes, nos mataría, y que en un día, si nos daba guerra, no quedaría ninguno de nosotros a vida, y que allí podría hacer sus sacrificios, así al Huichilobos, que les dio esta respuesta, como a Tezcatepuca, que tenían por dios del infierno, e tendrían hartazgos de nuestros muslos y piernas y brazos; y de las tripas y el cuerpo y todo lo demás hartarían las culebras y serpientes e tigres. (LXXXIII; A, 296-297)

> Once inside, depriving us of food and water, or raising any of the bridges, he would kill us; and in one day, if he made war upon us, not one of us would remain alive; and there he could make his sacrifices, both to Huichilobos, who had given him this reply, and to Tezcatepuca, whom they worshipped as their god of Hell; and they would make a banquet of our thighs and legs and arms; and upon our entrails and bodies and all the rest would feast the snakes and serpents and tigers.

Regardless of the threat that the Spaniards may pose to Montezuma's authority, the reception here envisioned is wholly out of proportion and nearly beyond belief. More important yet, it is real and meaningful, both to the Spaniards and to the Indians, for whom human sacrifice has a religious significance beyond the grasp of Aristotelian *mimesis*. The descriptive model employed by Bernal Díaz thus permits the application of "just war" reasoning even as it argues for the uniqueness of the particular circumstances. And in a sense, to limit the reach of Bernal's words to a predetermined theological dispute is to diminish their importance as a "true history" of cross-cultural encounter. The experiences and hardships confronted by Bernal Díaz and his fellow conquistadors are simply without precedent. For this reason, although war may be warranted within the framework of law and theology, the

Historia verdadera appears to insist upon a deeper, more polemical and far-reaching agenda: the recognition of novelty itself. The issue of justice within the New World is a matter best left to those with first-hand knowledge: "fueron a Cholula para saber y pesquisar e inquirir" ("they went to Cholula to know and investigate and inquire," LXXXIII; A, 297).

For this reason, again, Bernal Díaz need not proclaim the falseness of Las Casas' statements nor, indeed, answer to the moral and ethical demands of Old World authorities to whom such novelties are unthinkable. While this purpose may underlie the appended (or discarded) final chapters of the "Guatemala" manuscript, it is denied, as we have seen, in that which he intended for publication. And in many ways, the argument set forth by Adorno corresponds more neatly to this extraneous material indicative of the pressures brought to bear upon Bernal Díaz, for here (Chapter CCXIII) he writes in direct response to an overtly Lascasian accusation:

> Hanme rogado ciertos religiosos que les dijese y declarase por qué causa se herraron muchos indios e indias por esclavos en toda la Nueva España, si los herramos sin hacer de ello relación a Su Majestad.[44]

> Certain members of religious orders have asked me to tell them and declare for what cause many Indians, male and female, were branded as slaves throughout New Spain, (and) if we branded them without reporting this to His Majesty.

As might be expected, Bernal Díaz answers this ecclesiastical challenge with a series of "just war" arguments: "que si los tornásemos a requerir tres veces que vengan de paz, y que si no quisiesen venir y diesen guerra, que les pudiésemos hacer esclavos y echar un hierro en la cara" ("that if we had demanded three times of them that they come peacefully, and if they did not wish to come but made war, that we could make slaves of them and brand them on the face"); "que los indios y caciques comúnmente tenían cantidad de indios e indias por esclavos, y que los vendían y contrataban con ellos como se contrata cualquier mercaduría" ("that the Indians and their leaders usually had a number of Indians, male and female, as slaves, and that they sold and traded them as one trades

---

[44] Bernal Díaz del Castillo, *Historia verdadera de la conquista de la Nueva España*, 13th ed. (Mexico: Editorial Porrúa, 1983), p. 597. The text of this edition is based upon the manuscript of Bernal Díaz' work preserved in the Archivo de la Municipalidad de Guatemala.

any merchandise"); etc.[45] Bernal also insists upon the Royal grant
which legitimized the slave trade following the conquest and,
moreover, the actions that he and the other elders took to curb the
unjust enslavement of free Indians by settlers "de mala conciencia
y codiciosos" ("evil-minded and greedy") who had arrived in New
Spain during his absence, concluding that until an end be put to
these abuses it would be best to suspend altogether the branding of
slaves:

> Le hicimos sabedor cómo le quebramos el hierro, y le suplicamos, por
> vía de buen consejo, que luego expresamente mandase que no se he-
> rrasen más esclavos en toda la Nueva España.[46]

> We made him aware of how we had broken the branding iron, and we
> beseeched him, as good counsel, that henceforth he expressly order
> that no more slaves be branded within all of New Spain.

Within this chapter of the "Guatemala" manuscript, Bernal Díaz
defends his economic well-being in a fashion commensurate with
Adorno's thesis. And although a similar motivation may well underlie the *Historia verdadera* as a whole (and I do believe this to be
the case), it is incumbent upon us to recognize the greater scope of
his achievements. Language speaks far more eloquently of an individual's psychology than does circumstance. And here Bernal Díaz
is profoundly respectful of indigenous culture, refusing the "easy"
moral judgements set forth in the debate upon the just causes of
war. His narration of events does not lessen their autochthonous
impulse, nor does it treat the Spaniards' response as a means to
equilibrium. In essence, reconciliation implies assimilation, and the
"new" is ontologically different. Bernal's Aristotelian overtones denote a rhetoric of measurement more clearly than of censure. Neither the conquistadors' actions, as we have seen in the destruction
of la Ciudad Vieja de Guatemala, nor those of the Indians in Cholula admit summary judgement. Some matters, it would seem, are
best left to a higher authority.

The "true history" that emerges from the pages of the *Historia
verdadera* is thus defined from within and in recognition of what
Américo Castro has termed "la infrahistoria":

---

[45] Porrúa edition, p. 600. The first of these quotations is part of a petition
granted to the conquistadors by the Real Audiencia. The second continues to describe the extensive and public slave trade within the Indian nations.

[46] Porrúa edition, p. 601.

La labor del historiógrafo consiste en hacer ver cómo un pueblo fue haciéndose progresivamente existente e historiable, y no puede partir del gratuito supuesto de que el pueblo en cuestión es una ya siempre dada sustancia sin dimensión espacio-temporal. Historiar la vida de un pueblo implica hacer visibles su conciencia de estar existiendo, la voluntad y el impulso constituyentes de esa existencia, y la estructura colectiva y dinámica en virtud de la cual el pueblo historiado aparece consistentemente moviéndose a lo largo de su existencia en el tiempo.[47]

The task of the historiographer consists in making us see how a people was becoming progressively existent and worthy of record, and this cannot procede from the gratuitous assumption that the people in question are an already defined substance without a space-time dimension. To write the history of the life of a people implies making visible its consciousness of being, the will and the impulse that constitute this being, and the collective and dynamic structure by virtue of which the people whose history is being written appear consistently to be moving throughout their existence in time.

The tireless efforts of Bernal Díaz to resist the assimilation of the conquistadors' struggles within the socioreligious framework of Europe are a mainstay of this project. The denial of continuity *vis à vis* Old World models, epistemological decentralization, evokes the novelty of Bernal's experiences. To offer but one additional example drawn from the "corrections" that Bernal makes to Gómara's account of the Conquest, consider the following declaration from Chapter XXXIV:

Aquí es donde dice Francisco López de Gómara (que salió Francisco de Morla en un caballo rucio picado antes que llegase Cortés con los de a caballo, y) que eran los santos apóstoles señor Santiago o señor san Pedro. Digo que todas nuestras obras y victorias son por mano de nuestro señor Jesucristo, y que en aquella batalla había para cada uno de nosotros tantos indios, que a puñados de tierra nos cegaran, salvo que la gran misericordia de Dios en todo nos ayudaba; y pudiera ser que los que dice el Gómara fueran los gloriosos apóstoles señor Santiago o señor san Pedro, e yo, como pecador, no fuese digno de verles; lo que yo entonces vi y conocí fue a Francisco de Morla en un caballo castaño, que venía juntamente con Cortés, que me parece que ahora que lo estoy escribiendo, se me representa por estos ojos pecadores toda la guerra, según y de la manera que allí pasamos. Y ya que yo, como indigno pecador, no fuera merecedor de ver a cualquiera de aquellos

---

[47] Américo Castro, *La realidad histórica de España*, 8th revised ed. (Mexico: Editorial Porrúa, 1982), p. 13.

gloriosos apóstoles, allí en nuestra compañía había sobre cuatrocientos
soldados y Cortés y otros muchos caballeros; y platicárase dello y to-
márase por testimonio, y se hubiera hecho una iglesia cuando se pobló
la villa, y se nombrara la villa de Santiago de la Victoria u de San Pedro
de la Victoria, como se nombró Santa María de la Victoria; y si fuera así
como lo dice el Gómara, harto malos cristianos fuéramos, enviándonos
nuestro señor Dios sus santos apóstoles, no reconocer la gran merced
que nos hacía, y reverenciar cada día aquella iglesia. (A, 149-150)

Here is where Francisco López de Gómara says (that Francisco de
Morla went forth on a dappled grey horse before Cortés arrived with
the other horsemen, and) that they were the holy apostles Saint James
or Saint Peter. I say that all our deeds and victories were by the hand of
our Lord Jesus Christ, and that in this battle there were for each of us
so many Indians, who would have blinded us with fistfuls of dirt, had
not the great mercy of God helped us in everything; and it may have
been that those of whom Gómora speaks were the glorious apostles
Saint James or Saint Peter, and I, as a sinner, was not worthy of seeing
them. What I did see and knew at the time was that Francisco de Morla
on a chestnut horse arrived along with Cortés, and it seems to me, now
that I am writing of it, that the whole battle appears again before these
sinful eyes just as we lived it there. And although I, as an unworthy
sinner, may not have been worthy of seeing any of those glorious
apostles, there were in our ranks over four hundred soldiers, as well as
Cortés and many other gentlemen; and someone would have spoken of
it and testimony would have been taken, and a church would have been
built when the town was founded, and the town would have been
named Saint James of the Victory or Saint Peter of the Victory, as it was
named Holy Mary of the Victory. And if it were as Gómara says, that
God had sent us his holy apostles, we must have been exceedingly bad
Christians not to acknowledge the great favor he had done for us nor to
honor each day that church.

Bernal Díaz at once demythifies the Spaniards' actions and invests
them with a new and authentic vitality. The irony of his words
confirms the true blessings God had granted the conquistadors in
battle and denies that these were to fulfill a holy war begun with
the *reconquista*. Rather, a personal bond with God is forged, and it
is tempting to view the "enlightenment" then granted as an allegory of sight and belief. The dust clouds through which Bernal
Díaz evokes the pitch of battle also serve to obscure the Spaniards'
vision. Where Gómara, ever faithful to the prescribed lessons of
Spanish religious polity, "sees" Saint James or Saint Peter—who
symbolize the Reconquest and the Church respectively—Bernal
Díaz, aided by the "gran misericordia de Dios" ("great mercy of

God"), insists upon the human heroes who led the soldiers into battle. Divine grace is thus conjoined to the "sinful" eyewitness testimony that it permits; neither Bernal Díaz nor his four hundred companions can support Gómara's claims. Their actions remain independent of the moral purpose that Gómora identifies with the Conquest.

If one may generalize the lessons of Bernal's allegory, then, the task of "true history" consists of freeing the "new" from the coercive meanings imposed by institutional ways of thought. And while this does indeed serve to privilege the conquistador turned *encomendero*—for who else may question what only he has experienced firsthand?—it also, on the level of narrative, permits the consecration of reality within the Americas. The convergence of epic and mythic spaces within the *Historia verdadera* "centers" the New World in the religious sense foreseen by Mircea Eliade, creating an *in illo tempore* from which all history descends. For as Eliade observes: "if the world is to be lived in, it must be founded—and no world can come to birth in the chaos of the homogeneity and relativity of profane space."[48] Within the pages of Bernal's manuscript we see the emergence of an elusive and different world. His story lies at the crossroads between what was and what is, action and memory, wonder and history. And with recollection comes sadness, for the marvels seen in youth now lie in ruins, discarded for the ways of a new order:

> Digo otra vez que lo estuve mirando, y no creí que en el mundo hubiese otras tierras descubiertas como éstas. . . . Ahora toda esta villa está por el suelo perdida, que no hay cosa en pie. Pasemos adelante . . .
> (LXXXVII; A, 311)

> I say again that I stood there watching, and I didn't believe that there were other lands like these to be found in the world. . . . Now, all this city is razed to the ground and lost, with nothing left standing. Let's go on . . .

McGill University

[48] Eliade, *The Sacred and the Profane*, p. 22.

BERNAL DÍAZ AND THE WOMEN
OF THE CONQUEST

by Julie Greer Johnson

University of Georgia

Amid Bernal Díaz' colorful and sensitive account of the dramatic events of the Spaniards' march to Mexico and the city's ultimate capture lies the most extensive and varied testimony about women in the New World during the conquest years.[1] Drawing upon brief, scattered references, the pieces of a still incomplete puzzle may be gathered together to provide an unequalled profile of women in the history of the conquest and of their portrayal in early colonial writings of literary importance. In his *Historia verdadera,*[2] Bernal Díaz presents Indian and Spanish women of numerous types from the high born to the humble and from the heroic to the ordinary, and his treatment of them within the context of such unusual historical circumstances is both realistic and imaginative.

While the precise role of women in the conquest of Mexico has eluded historians since the conclusion of the siege of Tenochtitlán, it is clear that the presence of one woman, doña Marina, parallels the most important events of this monumental campaign and accounts in no small way for the remarkable success of the Spaniards. A vivid portrait of this exceptional woman, who receives only cursory mention by Cortés in his *Cartas,*[3] is provided by Bernal Díaz whose own personal knowledge about her and unaffected style of writing present a clear yet intensely subjective image of her.

From an historical standpoint, the information offered by Bernal Díaz concerning Marina's part in the campaigns against the Indians is the most complete and accurate recorded by an eyewitness, and his avid interest in minor points of concern such as her background, physical appearance, and demeanor vastly enriches his unpretentious account. He first mentions the Indian woman who was destined to assure the final Spanish victory over the powerful Aztec empire when she was given to Cortés as a gift from the people of Tabasco. Even then his reference to her foreshadows her imminent greatness: "Este presente En comparaçion de veynte mugeres, y entre Ellas, vna muy Excelente muger q̃ se dixo doña marina, que ansi se llamo despues de buelta cristiana..." (I, xxxvi, 98-99). As the victim of a cruel deception, she had been delivered to a neighboring tribe by her mother and her stepfather in order to deny her the right to succession as *cacica* of her native Painala. After being baptized, the newly released slave girl is given to Alonso Hernández Puertocarrero, and she receives the title of *doña* to denote the high station she previously held among her own people. Marina's obvious precocity and refined comportment as well as her comeliness gained her immediate recognition from the Spaniards and established her as a prominent and well respected participant in the conquest. Although little light is shed upon her personal relationship with Cortés, her intimate ties with the commander of the expedition are unabashedly disclosed by Bernal Díaz' revelation that she bears Cortés' son. Later she is married to the Spaniard, Juan Jaramillo (I, xxxvii, 103-05).

From Cortés' initial incursion into the interior of Mexico to the final assault on the capital, Marina is constantly at his side and serves as an interpreter, advisor, messenger, informer, and peacemaker. At Cholula, her timely discovery and disclosure of a conspiracy against the Spaniards saved Cortés and his army from certain annihilation (I, lxxxiii, 245-46). Her linguistic acumen, invaluable from the beginning of her association with the Spaniards, enabled Cortés to communicate with Moctezuma (I, lxxxviii, 270) and aided in the Aztec ruler's peaceful captivity (I, xcv, 306). Prior to the rebellion in Tenochtitlán, she warned the Spaniards of a possible attack (I, cviii, 352), and in 1521, she again served as translator during the last attack on the city (II, cliii, 112).

While Bernal Díaz' depiction of Doña Marina is basically historical, he has carefully selected portions of her life which enhance her stature as a participant of the conquest and has elaborated upon these episodes to create a heroine in the epic sense. By comparing her to several easily recognizable models from Spanish literary tradition, Bernal Díaz is able to describe the extent of Marina's unusual strength, spirit, and wisdom and her amazing acts of heroism.

Like the awesome appearance of the magnificent city of Tenochtitlán, the intelligence, resourcefulness, and courage of doña Marina proved to be a wonder of the New World for the young soldier of fortune from Medina del Campo. Her presence, like many other elements of the American phenomena, appeared to belong to the world of fantasy portrayed by writers of chivalric novels. In this vein, Bernal Díaz particularly notes Marina's nonconformity with the traditional concepts of womanhood which recalls in several respects the life and character of the legendary Amazons. The belief in the existence of a race of superior women enjoyed a revival during the era of discovery and conquest and appears in the *Sergas de Esplandián,* the successful sequel to *Amadís.*[4] The following excerpt taken from the exploits of Amadís' son establishes the possibility that the kingdom of the Amazons might lie within the newly discovered lands belonging to the Spaniards and reveals the surprising fortitude and strong will of this tribe of women warriors:

> Sabed que á la diestra mano de las Indias hubo una isla, llamada California, muy llegada á la parte del Paraíso Terrenal, la cual fué poblada de mujeres negras, sin que algun varon entre ellas hubiese, que casi como las amazonas era su estilo de vivir. Estas eran de valientes cuerpos y esforzados y ardientes corazones y de grandes fuerzas;....[5]

Doña Marina like these legendary females was from a primitive culture, and she too possessed abilities which far surpassed any ordinary woman and at times approached those of a man:

> dexemos Esto y digamos Como doña marina con ser muger de la trra q̃ Esfuerço tan varonil tenia q̃ con oyr cada dia q̃ nos avian de matar y comer nras carnes con axi, y avernos visto çercados En las batallas pasadas, y q̃ agora todos Estavamos heridos y do-lientes, xamas vimos flaq̃za En Ella, sino muy mayor Esfuerço q̃ de muger,... (I, lxvi, 192-93).[6]

Although she never actually takes up arms, her adeptness at survival is evident from a brief summary of her past, and her performance of tasks which are uncommon for a woman are directly related to warlike activity. As a leader, she is referred to as a "gran caçica" and a "señora de vasallos" (I, xxxvi, 100), and her highly visible position as the *lengua* of Cortés makes her the most prominent figure in the eyes of the Indians. The name Malinche, meaning the companion of Marina, was used quite frequently by the Indians in reference to Cortés (I, lxxiiii, 216).[7]

The influence of the *Amadís* on the *Historia verdadera* of Bernal Díaz may be seen throughout the work, and it appears to have been a determining factor in choosing to present additional information on Ma-rina's life. After introducing doña Marina, Bernal Díaz leaves the main thread of his historical account to present one of his many digressions. This carefully selected interwoven episode is a succint compendium of Marina's past along with a future event in her life which takes place after the conquest of Mexico. The thematic unification of this short divergence from the chronological order of events is provided by the presence of Doña

161

Marina and her mother, and the purpose of these intercalated occurrences is to establish Marina as a heroine and to reveal evidence of this potential during her youth. In several ways, these early happenings in the life of this young Indian woman correspond to events during the childhood and adolescence of the exemplary Christian knight Amadís.[8]

Both Doña Marina and Amadís are of noble lineage, and the two children become victims of efforts to deny them their birthright. After the departure of their fathers, one dies and the other undertakes a journey, both mothers, with the aid of family servants or slaves, abandon their children in secret. Bernal Díaz narrates the unfortunate details of Marina's betrayal:

> ... quiero dezir lo de doña marina, Como desde su niñez, fue gran señora y caçica de pueblos y vasallos, y es desta manera, que su padre y madre Eran señores y caçiques de vn pueblo que se dize paynala,... y murió El padre quedando muy niña, y la madre se Caso con otro Caçique mançebo, y ovieron vn hijo, y segund pareçio, querianlo bien al hijo, que avian avido acordaron Entre El Padre y la madre de dallo el caçicazgo despues de sus dias, y porque En ello no oviese Estorvo, dieron de noche a la niña, doña marina, a vnos yndios de xicalango, porq̃ no fuese vista, y hecharon fama que se avia muerto, y En aquella sazon murio vna hija de vna yndia Esclava suya y publicaron que Era la heredera... (I, xxxvii, 103).

Both children, Amadís and Marina, are reared at some distance from their homes and by people whose culture is different from their own.[9]

By interjecting a personal note, Bernal Díaz mentions that he knew Marina's mother and continues to relate the circumstances of their meeting some years later. The second part of this insertion is reminiscent as well of a similar episode in the life of the young Amadís. After the children are deserted by their kin, members of both families are reunited. Both scenes are tearful and filled with remorse as the regrettable events of the past loomed over their gathering. All is forgiven, however, as Bernal Díaz recounts, and Marina's warmth and generosity assure a sincere reconciliation:

> ... tuvieron miedo [la madre y el hijo] della [Marina], que creyeron que los enbiava allar para matallos, y lloravan, y como ansi los vio llorar la doña marina, les Consolo i dixo, que no oviesen miedo, que quando la traspusieron con los de xicalango, que no supieron lo que hazian, y se lo perdonava y les dio muchas joyas de oro y rropa, y q̃ se volviesen a su pueblo y que dios la avia hecho mucha md En quitarla de adorar ydolos agora y ser xpiana, y tener vn hijo de su amo y señor Cortes, y ser Casada con vn cavallero, Como Era su marido, joan xaramillo, que avnque la

hizieran Caçica de todas quantas provinçias avia En la nueva españa... (I, xxxvii, 104).

Amadís' reunion with his mother is almost identical:

> La reyna cayó a sus pies toda turbada y él [Amadís] hincó los ynojos ante ella y dixo:
> –¡Ay, Dios! ¿qué es esto?
> Ella dixo llorando:
> –Hijo, ves aquí tu padre y madre.
> Quando él esto oyó, dixo:
> –¡Santa María! ¿qué será esto que oyo?
> La reyna, teniéndolo entre sus braços, tornó y dixo:
> –Es, fijo, que quiso Dios por su merced que cobrássemos aquel yerro que por gran miedo yo hize, y, mi hijo, yo como mala madre vos eché en la mar, y veys aquí el rey que vos engendró.
> Entonces hincó los ynojos y les besó las manos con muchas lágrimas de plazer, dando gracias a Dios porque assí le hauía sacado de tantos peligros para en la fin le dar tanta honrra y buena ventura con tal padre y madre.[10]

In these two excerpts Christian ethics dominate the behavior of Amadís and Marina, and both youths serve as defenders of the faith, Amadís by exemplifying good in his performance of noble deeds and Marina by symbolizing the conversion of an entire race of pagans. They accept without question God's will in determining their destiny, and both exude love, understanding, and respect for their mothers regardless of any acts deliberately carried out against them.

Soon after Marina joins Cortés and his army, she has an opportunity to prove her loyalty to the Spaniards and saves them from a plot perpetrated by Moctezuma to kill them all. Bernal Díaz takes advantage of the drama and suspense of the moment to add novelistic elements to his account. His additions to this historical event concern the development of the character of an old Indian woman who becomes the focus of attention while attempting to arrange an advantageous marriage for her son. She comes to Marina with her proposition and reveals the conspiracy to her to get Marina to follow her plan and to save her own life. Because of her role as a go-between, the old woman takes on the identity of the Celestina[11] when she comes to visit Melibea for the first time:

> ... vna yndia vieja muger de vn caçique, como sabia El conçierto y trama que tenian ordenado, vino secretamente a doña marina nra lengua, como la via moça y de buen pareçer y rrica, le dixo y aconsejo, que se fuese con Ella a su casa, si queria Escapar la vida, porq̃ çiertamente aquella noche v otro dia, nos avian de matar a

todos,... y que alli la casaria con su hijo, hermano de otro moço
que traya la vieja que la Aconpañava E como lo Entendio la doña
marina, y En todo era muy avisada, la dixo, o madre que mucho
tengo que agradeçeros, Eso que me dezis yo me fuera agora con
vos, sino que no tengo aqui, de quien me fiar para llevar mis
mantas y joyas de oro ques mucho por vra vida madre que
aguardeys vn poco, vos y vro hijo, y Esta noche nos yremos que
agora ya veys, questos tevles, Estan velando, y sentirnos an,...
(I, lxxxiii, 245-46).

In Bernal Díaz' re-creation of this scene, even the dialogue is reminiscent
of the repartee between the lovely, young girl and the deceptive, greedy
old woman as the following passage from Fernando de Rojas's masterpiece
demonstrates:

Melibea–"Di, madre, todas sus necesidades, que si yo las pudiere
remediar, de muy buen grado lo haré por el pasado conocimiento
y vecindad, que pone obligación a los buenos."
Celestina–"¡Doncella graciosa y de alto linaje! Tu suave habla y
alegre gesto, junto con el aparejo de liberalidad, que muestras con
esta pobre vieja, me dan osadía a te lo decir." [12]

Neither Melibea nor Marina is taken in by the persuasive words of the old
women, and both try to deceive them. Melibea appears to be opposed to
Celestina's proposal to conceal her interest in the young Calisto, and
Marina pretends to accept the Indian woman's idea but immediately
informs Cortés.

Other Indian women who are identified individually in the *Historia
verdadera* are usually, like doña Marina, the consorts of noteworthy
Spaniards. [13] Gonzalo Guerrero, Pedro de Alvarado, and Bernal Díaz were
among the many Spaniards awarded the daughters of Indian chieftains,
and each one of these women is mentioned by the aged conqueror. Bernal
Díaz' characterization of the wife of the stranded Spaniard Guerrero is the
most colorful of the three. His one sentence of invented discourse allegedly
spoken by her conveys quite clearly her negative response to Jerónimo de
Aguilar's suggestion, that her husband join Cortés, as well as her aggressive and arrogant nature. The following quotation reveals the author's
ability to provide some immediate insight into the spirited personality of
this woman by expressing strong sentiments simply and concisely: "... y
ansi mismo la yndia muger del gonçalo, hablo al Aguilar En su lengua
muy enojada y le dixo, mira conq viene Este Esclavo A llamar a mi
marido yos vos y nos Cureys de mas platicas,..." (I, xxvii, 74).

The other two women àre mentioned in order to bring to light certain
details about the men with whom they were associated. Bernal Díaz'

reference to the relationship of Xicotenga's daughter with Pedro de Alvarado, one of Cortés' most trusted officers and the future conqueror of Guatemala, presents some important geneological information which spans several generations of his family (I, lxxvii, 224).[14] The author himself receives a noble Indian woman from Moctezuma's court in a brief episode designed to show Bernal Díaz' importance among Cortés' men for being chosen to accompany the great leader and to reveal the mutual respect and admiration he and the Aztec chieftain felt for one another (I, xcvii, 316-317).

In addition to the aforementioned women who are given special consideration within Bernal Díaz' history, a number of female characters who compose a part of the backdrop of Moctezuma's lavish surroundings are mentioned collectively. These women fulfill all of the personal needs of the ruler, both physical and spiritual, and serve as custodians of his property as well. A description of their presence at his court and of his estate provides a limited yet illuminating view of some Aztec customs and the position of women within Aztec society (I, xci, 280; 284-85).

During an extensive tour of Tenochtitlán, Bernal Díaz notes as well the location of the city's nunnery with its female idols which intercede in matters of particular concern to women (I, xcii, 296).[15] The great market of Tlaltelolco is also a place where women congregate as they come to sell as well as to buy the wide variety of products common to the region (I, xcii, 287-88).

The information Bernal Díaz offers about the Spanish women who participated in the conquest is scant because few dared to subject themselves to the rigorous and dangerous day to day existence of the mainland.[16] However, he does mention the first women ever to set foot in the unknown territory which later becomes New Spain. The tragic story of their life and death there is told by Jerónimo de Aguilar (I, xxviii [xxix], 79-80).

María de Estrada is the only Spanish woman reported by Bernal Díaz to have accompanied Cortés and to have fought with his troops against the Indians (I, cxxviii, 434). According to Bernal Díaz' account, Pánfilo Narváez brought five Spanish women with him; however, they were killed at Tustepec during the days following the *noche triste* (I, cxxviii, 437).

Catalina Juárez la Marcayda, although she remained in Cuba until after the conquest, is included by Bernal Díaz in his account because she was the wife of Cortés and because information about her reveals the nature of her relationship with the future Marqués del Valle. Bernal Díaz' portrayal of Cortés as a respectful husband and Catalina as a dutiful spouse is presented in a dignified manner (I, xix [xx], 55-57; I, cxxxvi, 471); however, the informal tone which pervades the *Historia verdadera* does permit the transmission of some gossip that was circulating about the couple. Although marriages between prominent families were often arranged during this time, Bernal Díaz clearly indicates that the two were in love. His statement may have been devised to counter any rumors to the contrary as Catalina Juárez was a relative of the governor of Cuba whose influence was politically advantageous to Cortés at the outset of his career as a military officer (I, xviii [xix], 53-54).

The name of the Virgin is envoked many times throughout Bernal Díaz' lengthy chronicle, and in several instances, she is presented as a living person. This humanization of a deity not only served as an inspiration to the Spaniards to fight and conquer in the name of Christianity but as an essential factor in the instruction and subsequent conversion of the Indians. As the "gran muger de castilla" (I, xcix [c], 328) her relationship with the men who fought in her behalf resembles several of the conventions of courtly love. Because of her divinity, the Virgin occupied a position of superiority over the men of the conquest, and in return for their devotion, she granted them physical and spiritual powers to enable them to overcome the infidels.

Bernal Díaz del Castillo presents a kaleidoscopic view of women in the New World shortly after the arrival of the Spaniards as the diverse, irregular fragments of information concerning anthropology, geography, history, linguistics, and religion fall together to form the pattern of life which intimately involved them. The inclusion of women, as well as a myriad of other elements not normally found in historical works recounting military campaigns, completes Bernal Díaz' masterful synthesis of his American surroundings, which is selective yet representative, and thus provides a semblance of authenticity which lends credence to his entire series of recollections. But the *Historia verdadera* is far more than a faithful reflection of quotidian existence and individual lifestyles; it is a highly imaginative account which combines considerable literary talent and skill with a good knowledge of Spanish literary tradition.

Viewing the extraordinary events of his early manhood after the passage of many years, Bernal Díaz creatively merges reality and fantasy in his history and thus links the exciting advent of the Modern Age with the time honored element of Medieval literature. The bizarre, somnambular dimension of an era of exploration made this combination of fact and fiction a natural, harmonious one as his artistic interpretation of several female participants in the conquest demonstrates.

The best example of Bernal Díaz' use of literary technique to delineate the character and personality of prominent women of the conquest may be seen in his portrayal of Indian women. As a part of the strange yet fascinating American setting, these women were surrounded by an aura of magic which inspired this sixteenth-century chronicler to enhance their roles historically and to fashion them in the image of paragons of Spanish literature. This flare for invention is absent from his descriptions of Spanish women, although these passages are generally well written and contain more precise, historically accurate information.

In his creation of doña Marina as a literary figure, which he bases upon her actual life history, Bernal Díaz endows her with the physical strength and courage of the Amazons and the spiritual stamina and zeal of Amadís. Granted the most outstanding attributes of these legendary characters, she herself emerges as an extraordinary individual, and her role becomes that of a true heroine of the conquest. By placing her beside the Celestinesque Cholulan *cacica,* Bernal Díaz emphasizes the dissimilitude of the two women, thus enhancing Marina's image as a beneficent person, and represents symbolically the eternal struggle between the forces of good and evil. His ability to view events and people in general from a literary standpoint may also be seen in his use of secondary female characters, both Indian and Spanish, to develop a particular aspect of the more dominant male figures. Because of the unusual glimpse at a wide variety of women provided by his account and because of the creative characterization of several of them, Bernal Díaz distinguishes himself as both an historian and an artist, and his remarkable *Historia verdadera* marks the beginning of the presentation of women in the history and the literature of Spanish America.

NOTES

[1] Hernán Cortés scarcely mentions women at all in his official communiques to the King of Spain, and the Anonymous Conqueror treats them very superficially. His chapters of women's dress and marriage are the most informative. Hernán Cortés, *Cartas de relación* (México: Editorial Porrúa, S.A., 1970). Anonymous Conqueror, *Narrative of Some Things of New Spain and of the Great City of Temestitan Mexico,* trans. Marshall H. Saville (Boston: Milford House, 1972), pp. 31; 77.

[2] Bernal Díaz del Castillo, *Historia verdadera de la conquista de la Nueva España,* 2 vols. (México: Oficina Tipográfica de la Secretaría de Fomento, 1904). All references, which appear in this article and which will be noted in the text hereafter, have been taken from the Genaro García edition published in 1904; however, each has been compared with the 1632 Remón edition published in Madrid by the Imprenta del Reyno. Although Fray Alonso Remón did make certain minor alterations in Bernal Díaz' original passages concerning women, these changes are not significant, and the transcription of the holographic manuscript remains essentially the same.

I have limited my study of women to Bernal Díaz' narration of the conquest of Mexico.

3 Cortés refers to doña Marina in his second letter to the King as "la india" and mentions her by name in the fifth. Cortés, pp. 44; 242.

4 Garci Rodríguez de Montalvo, *Amadís de Gaula,* 4 vols., ed. Edwin B. Place (Madrid: S. Aguirre Torre, 1959). The influence of *Amadís de Gaula* upon Bernal Díaz' history in general is well-known. Stephen Gilman, "Bernal Díaz del Castillo and *Amadís de Gaula,"* in *Studia Philologica,* Homenaje a Dámaso Alonso, 2 vols. (Madrid: Editorial Gredos, 1961), pp. 99-114.

5 Garci Rodríguez de Montalvo, *Las sergas de Esplandián* in *Biblioteca de Autores Españoles,* vol. 40 (Madrid: Ediciones Atlas, 1950), p. 539. Irving A. Leonard, *Books of the Brave* (Cambridge: Harvard University Press, 1949), pp. 36-53. Professor Leonard traces the legend of the Amazons in writings about America. Bernal Díaz mentions a place, where the Spaniards took refuge after a storm, which they called *Punta de las Mujeres* because they found large idols there resembling women. Recalling the fictitious accounts about the Amazons, the soldiers no doubt thought this might be one of their setlements (I, xxix [xxx], 82). Ralph L. Roys, *The Indian Background of Colonial Yucatan* (Washington: Carnegie Institution of Washington, 1943), p. 13.

6 Bernal Díaz describes Marina as being manly because feminine qualities were associated with being cowardly. On two separate occasions Cortés and his men are insulted by being called *mujeres* (I, cxxvi, 417-18; II, cxxxx [cxli], 14).

7 Malinche is one of the native American words used by Bernal Díaz which is associated with a woman. Manuel Alvar López, *Americanismos en la "Historia" de Bernal Díaz del Castillo* (Madrid: Imprenta Márquez, 1970), pp. 78-79.

8 In his article on the influence of Medieval romances upon Bernal Díaz' writing, Professor Gilman does not discuss the role of doña Marina but mentions in the final note to his study the *Storia letteraria delle scoperte geografiche* by Leonardo Olschki in which a comparison is made between her and selected characters of Medieval literature. Although Professor Olschki presents many interesting ideas on the subject, including an analogy between doña Marina and Bramimonde of the *Chanson de Roland,* he does not relate the development of her role to specific works of Spanish literature. Leonardo Olschki, *Storia letteraria delle scoperte geografiche* (Firenze: Leo S. Olschki, 1937), pp. 64-72.

9 Montalvo, *Amadís,* I, i, 22-24.

10 *Ibid.,* I, x, 85.

11 Gilman, pp. 103-04.

12 Fernando de Rojas, *La Celestina,* ed. Bruno Mario Damiani (Madrid: Cátedra, 1976), pp. 119-20.

13 Women were often considered by the Indians to be a form of property and were given by them as gifts and taken as tribute. The Spaniards as well thought of them as one of the spoils of war, and disagreements arose among Cortés' soldiers over which of their number would receive the prettiest maidens. The Spanish troops also auctioned and branded their Indian women (I, cxxxv, 468-69). In addition to these female companions, Bernal Díaz also mentions a shipwrecked

Jamaican woman who served unsuccessfully as a messenger for the Grijalva expedition (I, viii, 30-31).

[14] After the conquest of Guatemala, Pedro de Alvarado brings a Spanish woman to the New World as his wife. This choice may have been influenced by the desire for *limpieza de sangre* which became a concern of many of the conquerors. Charles R. Boxer, *Women in Iberian Expansion Overseas, 1415-1815* (New York: Oxford University Press, 1975), pp. 37-39.

[15] The Aztecs had many deities which were associated with women. These nuns, however, may have been devoted to Coatlicue, the mother of the god of war, Huitzilopochtli. Ferdinand Anton, *Woman in Pre-Columbian America* (New York: Abner Schram, 1973), pp. 57-62.

[16] The first Spanish women to reach the New World accompanied Columbus on his third voyage (1497-98). *Ibid.*, p. 35.

[17] The Indians called her "teleçiguata" (I, xxxvi, 99) which means great lady. Alvar López, pp. 95-96.

LANGUAGE AND AUTHORITY IN THE *COMENTARIOS REALES*

By Margarita Zamora

Victor Frankl has pointed out that historiography is characterized by changes in the concept of historical truth and its representation.[1] The desire to record and preserve the fame of great men and heroic deeds dominated historical discourse during the chivalrous Middle Ages. Historical truth consisted of the representation of the exemplary. Renaissance historiography, inspired by Thucydides and Polybius, incorporates the testimony of the eyewitness into its representation of historical reality. Such a concept of historical truth acquired particular poignancy with the discovery of the New World and the subsequent encounter of European historical consciousness with material never before recorded. The ensuing conflict between the accounts of those who traveled to America and the speculations of the revered authors of antiquity brought the authority of the eyewitness into a particularly privileged historiographic position. José de Acosta's refutation of Aristotle's theory on the existence of antipodes[2] is representative of the decline in the prerogative of the ancients in favor of a historiography based on actual experience. In short, the very newness of each encounter with American realities rendered other types of historiographic accreditation ultimately irrelevant.

It should not be surprising, therefore, to find that New World historiography relied increasingly on the authority of the eyewitness ac-

[1] *El "Antijovio" de Gonzalo Jiménez de Quesada y las concepciones de realidad y verdad en la época de la contrarreforma y del manierismo* (Madrid: Ediciones Cultura Hispánica, 1963).

[2] *Historia natural y moral de las Indias* (1590), ed. Edmundo O'Gorman, 2nd ed. (México: Fondo de Cultura Económica, 1962), Bk. 1, chaps. 7-9.

count during the decades that followed the discovery and conquest.
One can, in fact, divide colonial Latin American historical narrative
into two general types: the bookish histories that were written from a
distance and lack direct contact with the material, and those that
challenge such an approach on the authority of an eyewitness, either
the narrator himself or some other participant upon whom his history rests. Thus Gonzalo Fernández de Oviedo, in his *Historia natural
y general de las Indias, islas, y tierra firme del mar océano* (1535-37), accuses Pedro Mártir de Anglería (*Decades de orbe novo*, 1530) of falsely
representing events by relying on a bookish knowledge and a highly
rhetorical style. In clarification of his own methods, Oviedo affirms
the absolute authority of the eyewitness:

> . . . pues no escribo de autoridad de algún historiador o poeta,
> sino como testigo de vista en la mayor parte de cuanto aquí tra-
> tare; y lo que yo no hobiere visto, dirélo por relación de personas
> fidedignas, no dando en cosa alguna crédito a un solo testigo,
> sino a muchos, en aquellas cosas que por mi persona no hobiere
> experimentado.[3]

But certainly the most effective challenge was voiced by those who
participated in the voyages of discovery and the wars of conquest.
Their testimony constitutes a corrective historiography, a veritable
rewriting of the history of Europe's first encounters with the New
World. The accounts of Bartolomé de las Casas, Pedro de Cieza de
León, Blas Valera, Bernal Díaz del Castillo, and others rely on personal knowledge to question the accuracy of versions based on information obtained from books or hearsay, on knowledge divorced
from practical experience. Roberto González Echevarría has noted
that the structure of the first person narrative closely resembles that
of the "relación," a legal document whose primary purpose was to
give testimony, and he suggests that colonial historiography, in
assimilating a judicial discursive format, reveals a need to guarantee
its own veracity.[4] Since early American historiography was a discourse without antecedents, its credibility was extremely vulnerable,
and the authority of its narrator was constantly in question.

The shift from the eyewitness to the "I-witness" narrative voice is
perhaps nowhere more evident than in Bernal Díaz del Castillo's *His-*

---

[3] Quoted in Ramón Iglesia, *Cronistas e historiadores de la conquista de México* (México: El
Colegio de México, 1942), p. 82.
[4] *Relecturas: Estudios de literatura cubana* (Caracas: Monte Avila, 1976), pp. 25-27.

toria verdadera de la conquista de la Nueva España (completed 1568; published 1652). The *Historia verdadera* is the testimony of a retired soldier who comes out of anonymity in his old age to testify against the rhetorical superiority of the likes of Francisco López de Gómara and thus vindicate the role of the common soldier in Cortés's expedition. In Bernal's narrative the proliferation of the first person pronoun—"y digo otra vez que yo y yo y yo, dígolo tantas veces, soy el más antiguo"[5]—dramatizes the challenge which the title itself implies. Bernal places his narrative authority in direct opposition to López de Gómara's in an attempt to undermine the credibility of the earlier account.

Among the most radical attempts at corrective historiography are those of Garcilaso Inca de la Vega. A close examination of *La Florida* (1605) uncovers a startlingly favorable representation of the Indians, accompanied by an intricate system of accreditation founded on a number of eyewitness accounts. *La Florida* derives its historiographic authority first of all from the oral testimony on which it claims to be based—an account dictated to the narrator by an anonymous friend who participated in de Soto's expedition. Garcilaso repeatedly protests complete fidelity to his source, to whom he refers simply as "mi autor." He describes his own role in the writing of the history as that of "scribe." Into this account Garcilaso also weaves an intricate verification intended to corroborate and reinforce the testimony of the primary witness. The probatory references consist primarily of eyewitness accounts which substantiate the claims of his anonymous friend, particularly with regard to his representation of the Indians. These additional sources include two unpublished accounts by veterans of the expedition, Juan Coles and Alonso de Carmona, as well as references to established authorities like José de Acosta and Cabeza de Vaca.[6]

That Garcilaso takes such pains to render his narrative credible is not surprising, given the fact that *La Florida* constitutes an attempt to integrate the figure of the Indian into the Hispanic concept of the *caballero,* the paradigm of masculine excellence in the sixteenth century. Garcilaso makes clear his historiographic purpose in the opening lines of the prologue:

[5] Madrid: Espasa-Calpe, 1968, p. 606.

[6] Garcilaso's use of sources in *La Florida* is studied by Hugo Rodríguez-Vecchini, "*Don Quijote y La Florida del Inca,*" *RI*, 48 (1982), 587-620.

Conversando mucho tiempo y en diversos lugares con un caballero, grande amigo mío, que se halló en esta jornada, y oyéndole
muchas y muy grandes hazañas que en ella hicieron así españoles
como indios, me pareció cosa indigna y de mucha lástima que
obras tan heroicas que en el mundo han pasado quedasen en
perpetuo olvido. Por lo cual, viéndome obligado de ambas naciones, porque soy hijo de un español y de una india, importuné
muchas veces a aquel caballero escribiésemos esta historia, sir-
viéndole yo de escribiente.[7]

The equal status given to Spaniards and Indians in this passage will
be developed throughout *La Florida* in the representation of the
characters, their actions, and their words. Thus the figure of the ignorant savage, common in earlier histories, is transformed into that
of the wise leader and fearless soldier, an equal to the best that Spain
had to offer. Garcilaso's acute awareness of the vulnerability of his
position is ·evidenced by the connection he establishes between the
fastidiousness of his eyewitness source and the truth of his own representation:

Y en lo que toca al particular de nuestros indios y a la verdad de
nuestra historia, como dije al principio, yo escribo de relación
ajena, de quien lo vio y manejó personalmente. El cual quiso ser
tan fiel en su relación que, capítulo por capítulo, como se iba escribiendo, los iba corrigiendo, quitando o añadiendo lo que fal-
taba o sobraba de lo que él había dicho, que ni una palabra ajena
por otra de las suyas nunca las consintió, de manera que yo no
puse más de la pluma, como escribiente. (p. 314)

Garcilaso's challenge to traditional historiography culminates in
the *Comentarios reales de los Incas* (1609). For it is precisely in the history of his mother's people that he openly confronts Spanish historiography and offers his own work as a corrective reinterpretation.
Historical truth in the *Comentarios*, however, is not defined in terms
of the testimonial authority of the eyewitness; rather, it is conceived
within a linguistic framework and executed throughout the text as a
vast enterprise of exegesis and interpretation.[8]

[7] *La Florida del Inca*, in *Obras completas del Inca Garcilaso de la Vega*, ed. P. Carmelo Sáenz
de Santa María, I (Madrid: Atlas, 1965), 247. Quotations from *La Florida* and *Diálogos de
amor* are from this volume.

[8] The relationship between language and the narration of history in the *Comentarios* has
been mentioned by José Durand, Aurelio Miró Quesada y Sosa, Juan Bautista Avalle-Arce,
Frances Geyer Crowley, Enrique Pupo-Walker, and others. Of particular interest is

Garcilaso's topic in the *Comentarios* is Inca history and culture, not as an unprocessed historical record but as discourse, for he realizes that Inca history already exists as an oral narrative stored in the memories of his elders. Therefore he is careful to present his own knowledge of the Inca past as one that was acquired in the form of a story told to him by his mother's uncle at one of the frequent family gatherings:

> En estas pláticas yo, como muchacho, entrava y salía muchas vezes donde ellos estavan, y me holgava de las oír, como huelgan los tales de oír fábulas. . . . siendo ya yo de diez y seis o diez y siete años, acaesció que, estando mis parientes un día en esta su conversación hablando de sus Reyes y antiguallas, al más anciano dellos, que era el que dava cuenta dellas, le dixe:
>
> —Inca, tío, pues no hay escritura entre vosotros, que es la que guarda la memoria de las cosas passadas ¿qué noticia tenéis del origen y principio de nuestros Reyes? Porque allá los españoles y las otras naciones, sus comarcanas, como tienen historias divinas y humanas, saben por ellas cuándo empeçaron a reinar sus Reyes y los ajenos y el trocarse unos imperios en otros, hasta saber cuántos mil años ha que Dios crió el cielo y la tierra, que todo esto y mucho más saben por sus libros. Empero vosotros, que carecéis dellos ¿qué memoria tenéis de vuestras antiguallas?, ¿quién fué el primero de nuestros Incas?, ¿cómo se llamó?, ¿qué origen tuvo su linaje?, ¿de qué manera empeço a reinar?, ¿con qué gente y armas conquistó este grande Imperio?, ¿qué origen tuvieron nuestras hazañas?[9]

What follows is the old Inca's narrative reproduced by Garcilaso in written form. Significantly, he presents his great-uncle's account as a historical text, differing from European ones only to the extent that it is oral rather than written and, therefore, more vulnerable to the ravages of time. In every other respect it is considered a historical

---

the excellent chapter "Lenguaje e historia en los *Comentarios reales*," in Alberto Escobar's *Patio de Letras* (Lima: Caballo de Troya, 1965), pp. 11-40. My views and Escobar's coincide to the extent that we both consider a command of Quechua to be the foundation of Garcilaso's historiographic authority. Escobar, however, sees the dialogue as the predominant literary form which the Inca's linguistic thought assumes in the text. As will be seen shortly, I conclude that linguistic authority manifests itself in the *Comentarios* as a commentary, a secondary discourse whose object is the original Inca text. For a comprehensive discussion of this aspect of Garcilaso's work, particularly the influence of humanist philology on the Inca's conception of history and historiographic practice, see my "Language and History in the *Comentarios reales de los Incas*," Diss. Yale University 1982.

[9] Ed. Angel Rosenblat, 2nd ed. (Buenos Aires: Emecé, 1945), I, 40. All quotations from the *Comentarios* are from this volume.

narrative, and Garcilaso is careful to set it off from the rest of his discourse as a citation, thus firmly establishing its textual autonomy. That Garcilaso considers the old Inca's narrative to be independent of his own is made explicit in the closing remarks: "Esta larga relación del origen de sus Reyes me dió aquel Inca, tío de mi madre, a quien yo se la pedí, la cual yo he procurado traduzir fielmente de mi lengua materna, que es la del Inca, en la ajena, que es la castellana . . . " (p. 45). His reference to the narrative as a *relación* is also revealing. González Echevarría has shown that the *relación* is not only a form of legal testimony but, as its Latin root (*res-latio*) implies, a verbal organization of reality into an integral and coherent form: in short, a text (p. 25). It is precisely Garcilaso's recognition of this fact that moves him to declare his translation a faithful one, which respects the textual autonomy of his great-uncle's narrative. Indeed, the affirmation of the textuality of Inca history, as we will see, is essential to the conceptual framework of his own text.

Garcilaso's challenge to the authority of traditional historiography in the *Comentarios reales* is motivated by his belief that all European representations of Inca history are essentially incorrect. In the preface he reproaches the Spanish historians precisely for their inability to create an adequate verbal depiction of the material:

> Verdad es que tocan muchas cosas de las muy grandes que aquella república tuvo, pero escrívenlas tan cortamente que aun las muy notorias para mí (de la manera que las dizen) las entiendo mal. Por lo cual, forçado del amor natural de la patria, me ofrescí al trabajo de escrevir estos *Comentarios,* donde clara y distintamente se verán las cosas que en aquella república havía antes de los españoles. . . . (p. 8)

Garcilaso's opening objection is based, not on the fact that these other histories have omitted certain information or included material which is false, but rather on the manner in which the facts are presented. His specific complaint is that they are written so sketchily ("escrívenlas tan cortamente") that it is difficult for him to understand even those aspects with which he is most familiar. Clearly, his concern lies with the manner of representation ("de la manera que las dizen"). Thus, when he offers his own version of Inca history in the form of the *Comentarios,* he presents it to the reader as a clear and distinct exposition of the same material already treated by the Spaniards. The *Comentarios,* Garcilaso states, is an intelligible reinterpretation.

The boldness of his challenge to the imperial historiographic establishment becomes more evident if we consider the following facts. First, the crown rigorously controlled Spanish historiography concerning the New World. In 1571 a special office was created, with the title "Cronista Mayor de Indias," to oversee the compilation of historical materials and the production of the official version. Moreover, all extraofficial accounts were subject to the approval of the Cronista Mayor before being released for publication. Hence, the function of the office, which initially had been that of providing information to the Council of the Indies, became increasingly censorial, in effect creating a historiographical monopoly.[10] The entire weight of the crown's authority shielded the officially approved histories from outside challenges by unsanctioned versions.

Garcilaso was precisely one of those illegitimate historians whom authorized historiography intended to exclude. A number of circumstances contributed to making him an immediately suspect historical source. The fact that he was a *criollo,* born in the New World, would tend to arouse suspicions about his loyalty.[11] It is well known that differences in interests between the crown and those to whom America was home surfaced soon after the process of settlement began. But Garcilaso Inca was also a *mestizo,* as his name graphically illustrates. In his very person he represented the union between Spain and indigenous Peru, as well as their considerable differences. He was both conqueror and conquered and therefore subject to the additional suspicion occasioned by that dichotomy. His loyalty was not all that was in question, however. His Indian heritage further undermined his historiographic position since natives of the New World were commonly considered to be ignorant savages or, at best, intellectually and morally inferior.[12]

Yet despite all the apparent shortcomings of its author, the *Comentarios reales* was approved for publication in 1604, and when it appeared in print almost five years later, it was virtually uncensored. Its

[10] Demetrio Ramos, "La institución del Cronista de Indias, combatida por Aguado y Simón," *Anuario colombiano de historia social y de la cultura,* 1 (1963), 89-105.

[11] For a detailed study of the word *criollo* and its social, political, and cultural connotations, see José Juan Arrom, *Certidumbre de América,* 2nd ed. (Madrid: Gredos, 1971), pp. 11-26.

[12] The principal advocate of the innate inferiority of the natives of the New World was, of course, Juan Ginés de Sepúlveda in his *Demócrates Segundo; o, De las justas causas de la guerra contra los Indios* (1548).

challenge to the European representation of the culture and history of the Inca Empire remained intact. But the success of Garcilaso's history ultimately rested on his ability to make his racial identity a legitimizing factor rather than a stigma.

A reading of the prefatory letters to his first work, a translation of León Hebreo's *Dialoghi d'amore* which appeared in 1590, reveals that Garcilaso had already conceived and perhaps even begun work on both *La Florida* and the *Comentarios* while he was putting the finishing touches on the translation. That many of his views on language and history are contained in seminal form in the *Diálogos de amor* and *La Florida* should therefore come as no surprise.

The prologue had become a pompous and highly rhetorical literary convention by the sixteenth century, but with Garcilaso Inca de la Vega, as with Cervantes, it assumes a singular strategic importance, perhaps because both writers were acutely aware of violating established norms.[13] Garcilaso's prefaces are dominated by his desire to justify himself and his undertaking. With historiographic legitimacy seemingly beyond his reach, he was forced from the very beginning of his literary career to establish himself as a credible narrator.

Garcilaso's accreditation is founded, ironically enough, on the very factor that initially rendered him a suspect and illegitimate narrator: his Inca heritage. The claim to a racial and cultural identification with the indigenous rulers of Peru becomes a central motif throughout his literary career. His change of name from Gómez Suárez de Figueroa to Garcilaso Inca de la Vega upon arriving in Spain is certainly the most symbolic manifestation of a desire to establish his *mestizo* identity. As "Garcilaso Inca de la Vega" he signs the prefatory letters which appear with *La traducción del Indio de los tres diálogos de amor de León Hebreo* and which are addressed to Maximiliano of Austria and Felipe II. His racial identity also plays a prominent role in the history of Hernando de Soto's expedition, *La Florida del Inca*, where once again it appears in the title.

This insistence on affirming his indigenous heritage is incorporated and developed in the prefatory letters to the *Diálogos de amor*. In the dedication to Felipe, Garcilaso presents his birthplace as one of the justifications for undertaking the translation:

---

[13] For a discussion of the literary significance of the prologue during the Golden Age, see Alberto Porqueras Mayo's *El prólogo en el Renacimiento español* and *El prólogo en el manierismo y barroco españoles* (Madrid: Consejo Superior de Investigaciones Científicas, 1965, 1968).

> La segunda [causa] es entender yo, si no me engaño, que son
> éstas las primicias que primero se ofrecen a V. R. M. de lo que en
> este género de tributo se os debe por vuestros vasallos los natu-
> rales del Nuevo Mundo, en especial por los del Pirú y más en
> particular por los de la gran ciudad del Cuzco, cabeza de aquellos
> reinos y provincias, donde yo nací. (p. 7)

The offer of tribute to Felipe does not obscure what Garcilaso seeks
to highlight: the fact that he is a native of the New World, and that as
an American he offers its first literary work. The fourth justification
for the undertaking is even more explicit in its presentation of the
author's indigenous heritage:

> La cuarta y última causa sea el haberme cabido en suerte ser de
> la familia y sangre de los Incas, que reinaron en aquellos reinos
> antes del felicísimo imperio de V. S. M. Que mi madre, la Palla
> doña Isabel, fué hija del Inca Gualpa Topac, uno de los hijos de
> Topac Inca Yupanqui y de la Palla Mama Ocllo, su legítima mu-
> jer, padre de Guayna Capac Inca, último rey que fué del Pirú.
> (p. 7)

This brief genealogy of his Inca ancestry establishes his identity as a
member of the royal family of the pre-Hispanic rulers—a fact whose
importance he underlines by placing his indigenous heritage on an
equal footing with his illustrious Hispanic blood, the de la Vega family.[14]

But the Inca's insistence on his illustrious American origins cannot
be brushed aside as a simple case of compensatory boasting, since his
racial identity is inextricably tied to a linguistic one. Garcilaso repeatedly presents himself throughout his works as a native speaker of
Quechua. In the *Diálogos* he affirms:

> porque ni la lengua italiana, en que estaba, ni la española, en que
> la he puesto, es la mía natural, ni de escuelas pude en la puericia
> adquirir más que un indio nacido en medio del fuego y furor de
> las cruelísimas guerras civiles de su patria, entre armas y caballos
> y criado en el ejercicio de ellos. . . . (p. 8)

This statement can only be understood as an example of the *excusatio
propter infirmitatem*, the rhetorical formula of false modesty. But in

---

[14] The most complete account of Garcilaso's family is in John Grier Varner's *El Inca: The
Life and Times of Garcilaso de la Vega* (Austin: University of Texas Press, 1968).

Garcilaso's case it serves the purpose of drawing attention both to his superior command of Spanish (he is generally recognized as one of the classics of the language) and to his chosen linguistic identity as a native speaker of an indigenous language. In *La Florida* the point is reiterated:

> por no haber tenido en España con quien hablar mi lengua natural y materna, que es la general que se habla en todo el Perú, aunque los incas tenían otra 'particular que hablaban entre sí unos con otros, se me ha olvidado de tal manera que, con saberla hablar tan bien y mejor y con más elegancia que los mismos indios que no son incas, porque soy hijo de palla y sobrino de incas. . . . (p. 281)

There can be no doubt, then, that Garcilaso considers Quechua to be his native tongue, although he admits that lack of exposure to the language has affected his fluency. His identity as an Inca, son of an Indian princess and nephew of the rulers of the Tahuantinsuyu, is a linguistic as well as a racial fact. The inclusion of Quechuan terminology into a predominantly Spanish discourse should not be considered a linguistic violation; on the contrary, it complements and enriches a narrative which Garcilaso insists on presenting as the literary achievement of an Indian of the New World:

> Este nombre curaca, en lengua general de los indios del Perú, significa lo mismo que cacique en lenguaje de la isla Española y sus circunvecinas, que es señor de vasallos. Y pues yo soy indio del Perú y no de S. Domingo ni sus comarcanas se me permita que yo introduzca algunos vocablos de mi lenguaje en esta mi obra, porque se vea que soy natural de aquella tierra y no de otra. (p. 288)

Garcilaso's linguistic identity is most forcefully proclaimed and most thoroughly elaborated in the prologue to the *Comentarios reales*. For it is precisely in this work about the history and customs of his mother's people that it achieves full textual significance. In the *Comentarios* the Inca's command of Quechua becomes the central justification for undertaking a corrective history and forms the foundation of his claims to a privileged historiographic authority. It allows Garcilaso to present his narrative as the only true and correct interpretation of pre-Hispanic Peru:

En el discurso de la historia protestamos la verdad della, y que no
diremos cosa grande que no sea autorizándola con los mismos
historiadores españoles que la tocaron en parte o en todo; que mi
intención no es contradezirles, sino servirles de comento y glosa y
de intérprete en muchos vocablos indios, que, como estranjeros
en aquella lengua, interpretaron fuera de la propriedad della,
según que largamente se verá en el discurso de la historia. . . . (p. 8)

This passage deserves careful consideration since it clearly presents
Garcilaso's claim to narrative authority in linguistic terms. Unlike the
authors who invoke the prerogative of the "I-witness" and claim to
rectify the historical record itself (Bernal Díaz, for example), the Inca
offers his history as a reinterpretation. The authority of the narrator
in the *Comentarios* is derived exclusively from the interpretive privilege which a command of the original language of the Inca texts
grants him. Indeed, he will repeatedly oppose his own linguistic com-
petence to the incompetence of the Spaniards—"Que el español que
piensa que sabe más dél [Quechua], iñora de diez partes las nueve
. . ." (p. 49). The fact that the source text is oral, and thus subject to
a certain degree of instability, does not seem to concern him since
historical truth in the *Comentarios* is defined as the correct exegesis of
certain key terms. For Garcilaso, historical truth lies in the accurate
interpretation of the original word as the receptacle of the totality of
meaning.

Although Garcilaso's title has been seen as an allusion to Julius
Caesar's *Commentarii de bello gallico,* no one has taken into account the
importance of the philologic and literary significance of the word
commentary in a Renaissance context. Michel Foucault, in *The Order of
Things,*[15] discusses the central role of the discourse of commentary in
the sixteenth century and argues that interpretation was conceived as
a way of acquiring knowledge, since the world was seen as a vast system of similitudes and affinities. Knowledge lay in the deciphering of
the resemblance and the interpretation of its broader significance:

Knowledge therefore consisted in relating one form of language to another form of language; in restoring the great,
unbroken plain of words and things; in making everything
speak. That is, in bringing into being, at a level above that of all
marks, the secondary discourse of commentary. The function

[15] New York: Pantheon Books, 1970.

> proper to knowledge is not seeing or demonstrating; it is inter-
> preting. (p. 40)

The revival of antiquity implied a vast enterprise of reinterpretation, and commentary, in practice as well as theory, emerges as a predominant mode of discourse. Both Christian and pagan sources were treated in the same manner: they were restored through a textual exegesis which manifests itself as a secondary discourse or metatext. A brief glance at the catalogues of commentaries on the works of Aristotle, or at the philologic commentaries of Lorenzo Valla, Erasmus, Johann Reuchlin, or Fray Luis de León on the biblical text, should suffice to convince the skeptic that the commentary had achieved the status of a subgenre in the Renaissance. Should doubt remain, we could mention a number of works that are made up of both a text and a metatext by the same author. Giordano Bruno's *De gl'heroici furori* (1585) consists of a series of sonnets accompanied by a commentary in dialogue form. The poems were never meant to stand alone. The verses of San Juan de la Cruz's "Noche oscura" are in fact accompanied by two such commentaries—"La subida del Monte Carmelo" and another entitled, like the poem, "Noche oscura."

We have already seen that Garcilaso presents the *Comentarios* as an interpretation. His criticism of "other" histories—those written by Spaniards—is firmly grounded on the argument that an insufficient knowledge of Quechua has led to false interpretations of the historical record. He describes his undertaking as one of *commentary and gloss,* and his narrative role as that of an *interpreter* of the language of the Indians. Indeed, he takes great pains to emphasize that his intention is not to invalidate the record of events presented by the Spaniards, but to interpret that record correctly. Further, he assures the reader that he will not introduce new material or contradict what has been presented. And in fact he goes so far as to commit his own account of events to the authority of others. But perhaps most significant is his presentation of the old Inca's narrative as an autonomous text in the opening pages of the *Comentarios.* Garcilaso's is a commentary on the Spanish histories only secondarily, that is, only in so far as the exegesis of the Quechuan texts results in a correction of errors of interpretation committed by the Europeans. The *Comentarios* is above all a commentary on the original language text of Inca history as it was transmitted to Garcilaso through his great-uncle's oral narrative and through clarifications and amplifications which he later requested of his Peruvian compatriots as he prepared to write his history.

Foucault reminds us that commentary always implies the existence of a primary text to which the metatext must subordinate itself:

> And yet commentary is directed entirely towards the enigmatic, murmured element of the language being commented on: it calls into being, below the existing discourse, another discourse that is more fundamental and, as it were, "more primal," which it sets itself the task of restoring. There can be no commentary unless, below the language one is reading and deciphering, there runs the sovereignty of an original Text. (p. 41)

What Foucault neglects to mention, however, is that the original text is sovereign not simply because it came first but because, for the sixteenth-century humanist, the original language text is the receptacle of full signification. It is not the text as an entity but rather its language which has semantic privilege. We are reminded here of the poignant declaration made by a disenchanted Fray Luis, Garcilaso's contemporary, concerning the correction of the Vulgate translation of the biblical text:

> . . . pensar que con la Vulgata ni con otras cien traslaciones se hiciesen, aunque más sean al pie de la letra, se pondrá la fuerza que el hebreo tiene en muchos lugares, ni se sacará a luz la preñez de sentidos que en ellos hay, es grande engaño, como lo saben los que tienen alguna noticia de aquella lengua y los que han leído en ella los Libros Sagrados.[16]

For Garcilaso too the source of truth is ultimately a command of the original language. A true history of the Tahuantinsuyu is accessible only through the exegesis of its texts because Quechua, like Hebrew for Fray Luis, is the receptacle of total meaning and therefore the only possible vehicle for the transmission of truth. The citation of his great-uncle's narrative is closed with the following remarks:

> Esta larga relación del origen de sus Reyes me dió aquel Inca, tío de mi madre, a quien yo se la pedí, la cual yo he procurado traduzir fielmente de mi lengua materna, que es la del Inca, en la

---

[16] "Informes inéditos de Fr. Luis de León acerca de la corrección de la Biblia," *Obras completas castellanas*, ed. P. Félix García, 2nd ed. (Madrid: Biblioteca de Autores Cristianos, 1951), p. 1367.

ajena, que es la castellana, aunque no la he escrito con la majestad de palabras que el Inca habló ni con toda la significación que
las de aquel lenguaje tiene, que, por ser tan significativo, pudiera
haverse estendido mucho más de lo que se ha hecho. Antes la he
acortado, quitando algunas cosas que pudieran hazerla odiosa.
Empero, bastará haver sacado el verdadero sentido dellas, que es
lo que conviene a nuestra historia. (p. 45)

Historiographic authority in the *Comentarios* is founded on the Inca's
identity as a native speaker of Quechua, and historical truth is
achieved as the result of an exegesis and interpretation of the language of the original text. This emphasis on the word as the kernel of
semantic plenitude accounts for the apparent looseness with which
the concept of text is implicitly defined in the *Comentarios*. For Garcilaso the authentic text of Inca history is any discourse, oral or written, immediate or reconstructed from memory, that—and this is of
central importance—is composed in Quechua. In presenting his narrative as a commentary on the original language text, he secures his
own interpretative prerogative. But, most importantly, he allows the
Inca text to surface as the ultimate authority.

University of Wisconsin, Madison

Coloniaje y conciencia nacional :
Garcilaso de la Vega Inca
y Felipe Guamán Poma de Ayala*

PAR

Raquel CHANG-RODRÍGUEZ
Department of Romance Languages, The City College, CUNY, New York

> Despidan en mí a un tiempo del Perú cuyas raíces estarán siempre chupando jugo de la tierra para alimentar a los que viven en nuestra patria, en la que cualquier hombre no engrilletado y embrutecido por el egoísmo puede vivir, feliz, todas las patrias.
>
> José María Arguedas, *El zorro de arriba y el zorro de abajo.*

En los siglos XVI y XVII la idea de patria estaba circunscrita al lugar o sitio donde se nacía (¹). Según el *Diccionario de Autoridades* conciencia es la « ciencia de sí mismo, o creencia certísima de aquello

---

(*) Quiero hacer constar que la investigación que este estudio resume fue llevada a cabo con la ayuda generosa del *National Endowment for the Humanities* y de un *Professional Staff Congress-City University of New York Research Award*.

(1) Véase Sebastián Covarrubias, *Tesoro de la lengua castellana o española, según la impresión de 1611, con las adiciones de Benito Remigio Noydens publicadas en la de 1674*, ed. Martín de Riquer (Barcelona : Horta, 1943).

que está en nuestro ánimo, bueno o malo » (²). La palabra nación está ligada al acto de nacer. En este sentido son intercambiables « ciego de nación » y « ciego de nacimiento. » El término conciencia nacional sugiere entonces una serie de conceptos vinculados a la propia percepción y a nuestra ubicación en un determinado espacio. Como por conciencia se entiende la « ciencia de [uno] mismo » es imprescindible saber quiénes somos para identificarnos con un espacio geográfico determinado y las realidades que éste concita. En Hispanoamérica el choque cultural producido por el descubrimiento y la conquista causa una disyunción trágica para los indígenas y da casos curiosos entre los europeos. Muy notable es el del marinero Gonzalo Guerrero quien, contento de vivir entre indios, rechaza la invitación de Hernán Cortés de unirse a su expedición diciendo : « Yo soy casado y tengo tres hijos, y tiénenme por cacique y capitán cuando hay guerras; idos con Dios, que tengo labrada la cara y horadadas las orejas... y por más que le dijo y amonestó [Jerónimo de Aguilar] no quiso venir. » (³) Gonzalo Guerrero es otro hombre. El nuevo continente ha modificado su conciencia de la propia identidad. Garcilaso de la Vega en *La Florida del Inca* (1605) cuenta de otro español, Diego de Guzmán, que « negó » a los suyos para irse con los indios. Aunque el Inca explica la acción por la « ceguera del juego y afición de la mujer » que Guzmán rehusó dar a quien se la había ganado, hay más. A Guzmán se le prometió perdón y la restitución de su caballo. Con todo, optó por permanecer entre los indios adquiriendo así otra identidad (⁴).

En el mundo andino este proceso de autoidentificación proyectado hacia el desarrollo de una conciencia nacional es complejo pues está ligado, además de a la propia percepción, a la composición étnica y a intereses económicos que desde temprano estratificaron a la sociedad del rico virreinato de Nueva Castilla. La violencia de la conquista y primeras décadas de la colonización produjeron una desubicación total en los súbditos del imperio incaico. Aunque éste estaba compuesto por pueblos diferentes regidos por la aristocracia cusqueña, ya se ha comprobado que cada una de estas etnías ocupaba un lugar específico en la organización imperial así como en el Cusco urbano

---

(2) *Diccionario de Autoridades* (Madrid : Gredos, 1963), III, 165.

(3) Bernal Díaz del Castillo, *Historia verdadera de la conquista de la Nueva España*, introducción y notas de Joaquín Ramírez Cabañas, 6ta ed. (México : Porrúa, 1968), Capt. XXVII, p. 40.

(4) *La Florida del Inca*, Prólogo de Aurelio Miró Quesada y Sosa, estudio bibliográfico de José Durand, edición y notas de Emma Susana Speratti Piñero (México : Fondo de Cultura Económica, 1956), Libro V, 1ra parte, capt. i, p. 333. Citamos por esta edición.

donde vivían y se educaban los jóvenes nobles provenientes de pueblos sojuzgados. Los miembros de estas diversas etnías eran fácilmente identificables porque conservaban su vestimenta y adorno (⁵). Con la llegada de los europeos este mundo tan rígidamente ordenado se derrumba; los valores de la antigua cultura son vistos ahora como negativos (⁶). Para los andinos la conquista es un *pachacuti* (ruina común, cisma). Por eso sus mitos, cantos y escritos reclaman la vuelta al « orden justo. » Ella no significa simplemente el regreso a los tiempos del Inca sino la restauración del principio del orden, perdido con la llegada de los europeos (⁷).) El sentimiento de orfandad y abandono de los súbditos del Incario está bien captado en la *Relación de la conquista del Perú* (1570) de Titu Cusi Yupanqui, primer cronista indígena que describe la llegada de los españoles y el cerco del Cusco (1536). Derrotado, Manco Inca II decide refugiarse en Vitcos. Sus aterrados súbditos le preguntan :

> ¿A qué rey, á qué señor, á quién los dexas encomendados?
> ¿Qué deseruiçios, qué traiçiones, qué maldades te hemos hecho para que nos quieras dexar ansí desamparados e sin señor ni rey a quien respetar, pues jamás hemos conosçido otro señor ni padre sino a tí y a Guaina Cápac tu padre, y a sus antepasados? No nos dexes, señor, desa manera desamparados, desconsolados... (⁸)

La pérdida del Cusco, centro sagrado del Tawantinsuyu, la derrota del ejército incaico escogido únicamente para vencer, se plasma aquí como trauma colectivo. El reconocimiento de este desamparo marca el fin de la antigua forma de vida. Que esta disyunción signó de forma indeleble la mentalidad indígena lo prueba bien el mito de Inkarrí contado por campesinos de diferentes zonas del Perú actual. Aunque las versiones varían, lo central del mito se resume así : el Inca fue

---

(5) John H. Rowe, « Inca Culture at the Time of the Spanish Conquest, » *Handbook of South American Indians*, ed. Julian H. Steward (Washington D. C. : Bureau of American Ethnology, 1946), II, 234-237.

(6) Pablo Macera ha comentado : « Por otro lado la agresión cultural derrumbó los ajustes sico-fisiológicos de esas mismas poblaciones [andinas], que, en pocos días, después de sus derrotas militares, perdieron toda razón de ser. Los indios del Perú aprendieron violentamente que la totalidad de sus valoraciones positivas merecían, por el contrario, una estimación derogatoria por parte de quienes los habían vencido. No había razón para vivir; sólo quedaba la básica e intensiva razón de sobrevivir; y esta misma disminuyó a causa del *stress* de la conquista. » *Visión histórica del Perú* (Lima : Editorial Milla Batres, 1978), pp. 124-125.

(7) Juan M. Ossio, « Introducción », *Ideología mesiánica del mundo andino*, ed. Juan M. Ossio (Lima : Ignacio Prado Pastor, 1973), p. XXIII.

(8) *Relación de la conquista del Perú*, ed. y prólogo de Francisco Carrillo (Lima : Biblioteca Universitaria, 1975), p. 95.

decapitado en el tambo de Cajamarca. Su cabeza fue salvada y ente-
rrada cerca del Cusco. El cuerpo del Inca, a un tiempo gobernante,
ser divino y modelo arquetípico, está rehaciéndose. Una vez termine
esta reconstitución, cuerpo y cabeza se unirán. Vendrá entonces un
tiempo nuevo y el mundo estará ordenado (⁹). En tanto mito las diferentes versiones del Inkarrí muestran la ruptura causada por la conquista fuera de un esquema histórico pasadista (¹⁰).

Vale destacar que si bien los Incas ignoraron la escritura, se dieron
cuenta de la importancia de preservar el pasado. Para hacerlo se
valieron de diversos recursos nemotécnicos. Entre los más resal-
tantes están el uso de quipus y de báculos rayados (¹¹). La historia
incaica compartía con la occidental de entonces su carácter morali-
zante aunque no su presentación lineal de los acontecimientos. Ella
tenía como centro las hazañas emulables de los soberanos; los malos
hechos, derrotas o desgracias no se consignaban (¹²). Esta conciencia
de la historia le daba a la nobleza cusqueña una identidad; y a los pueblos integrantes del Tawantinsuyu les otorgaba un lugar específico
dentro de la organización imperial. Por eso la disyunción causada por
la conquista y colonización se hace más evidente en el ámbito andino.

Por más de cuarenta años los súbditos del Incario resistieron con
variado éxito desde Vilcabamba los embates españoles. Las ambicio-
nes de Manco Inca II y sus herederos — Sayri Tupac, Titu Cusi Yupanqui y Tupac Amaru I — también fueron alentadas para ventaja propia por las diversas facciones conquistadoras que luchaban entre sí
ayudadas por aliados indígenas. La discordia entre Diego de Almagro
y Francisco Pizarro pasa de las palabras a los hechos cuando el primero, después de su fracasada expedición a Chile, llega al Cusco y
ayuda a sofocar la rebelión de Manco Inca II. Almagro reclama
para sí la ciudad imperial por encontrarla dentro de su gobernación.
Comienza un largo período de guerras civiles que separó a los conquistadores y a su vez alentó las esperanzas de los seguidores de Manco
Inca II refugiados en Vilcabamba — los invasores se destruirían entre

---

(9) José María Arguedas y Josafat Roel, « Puquio, una cultura en proceso de
cambio », *Formación de una cultura nacional indoamericana*, selección y prólogo
de Angel Rama (México : Siglo Veintiuno, 1975), pp. 34-79. El artículo recoge las
versiones más completas del mito y apareció originalmente en *Revista del Museo
Nacional*, 25 (1956).

(10) Franklin Pease, « El mito de Inkarrí y la visión de los vencidos, » *Ideología mesiánica*, p. 446.

(11) Raúl Porras Barrenechea, *Fuentes históricas peruanas* (Lima : Juan Mejía
Baca y L. P. Villanueva, 1954), pp. 103-135; y del mismo autor, *Mito, tradición e
historia del Perú* (Lima : Biblioteca Peruana, 1974), pp. 28-29.

(12) Raúl Porras Barrenechea, *Los cronistas del Perú* (Lima : Sanmartí y Cía.,
1962), p. 11.

sí; la restauración del Incario se haría realidad entonces. La derrota y muerte de Almagro (1538) apenas cuatro años después de la entrada española en el Cusco (1533), el asesinato de Francisco Pizarro (1541) por los seguidores de Almagro el mozo, la derrota de los almagristas en Chupas y la condena a muerte en el Cusco de su líder (1542) así como las rebeliones de Gonzalo Pizarro (1544-48) y de Francisco Hernández Girón (1554) contra la autoridad real, separaron al estamento conquistador en diversos bandos y retrasaron la obra colonizadora. Una vez derratoda la facción almagrista quedaron, a *grosso modo*, los seguidores de Gonzalo Pizarro o de la Corona. Que los simpatizantes de uno u otro bando no eran fieles a ningún ideal excepto al avance económico y social lo ilustra la evaluación de estos hombres hecha por Francisco de Carbajal, el temido « demonio de los Andes » : los « pasadores » o « tejedores » iban de una a otra facción como « lanzaderas en un telar »; « los de la mira » no habían tomado partido alguno pues sólo esperaban el desenlace de los acontecimientos para agregarse al bando ganador [13]. La derrota y decapitación del primer Virrey de Nueva Castilla, Blasco Núñez de Vela, por Gonzalo Pizarro en la batalla de Añaquito (1546) precisamente por ser portador de leyes que imponían la autoridad real sobre los derechos de los conquistadores limitando el uso de las encomiendas y beneficiando a los indígenas, muestra bien las fuerzas centrípetas que desde los comienzos de la historia colonial separan a los diversos componentes del estamento dominante. El surgimiento del grupo criollo más tarde enriquecido mayormente en el comercio, formará otro sector de intereses muchas veces en desarmonía con las autoridades virreinales. Como sabemos, los criollos no disfrutaron de iguales derechos a los españoles en tanto acceso al poder colonial.

Con los conquistadores llegaron al Tawantinsuyu sus esclavos negros [14]. Su ayuda a los europeos es evidente desde los primeros años : un africano ayudó a salvar la vida de Diego de Almagro; otro fue enviado a observar la ciudad de Tumbes cuando fue descubierta por Pizarro en 1528. Capturado por los indios, éstos lo bañaron y restregaron para quitarle de la piel lo que suponían era pintura. En la lucha contra los andinos los esclavos negros mostraron su valía y

---

(13) Garcilaso de la Vega Inca, *Comentarios reales*, segunda parte, estudio preliminar y notas de José Durand (Lima : Universidad Nacional Mayor de San Marcos, 1962), III, Libro, IV, capt. xxviii, p. 596; III, Libro VI, capt. i, pp. 836-837. Citamos por esta edición.

(14) La discusión que sigue está basada en James Lockhart, *Spanish Peru, 1532-1560. A Colonial Society* (Madison : The University of Wisconsin Press, 1962), y Frederick P. Bowser, *El esclavo africano en el Perú colonial (1524-1560)*, tr. Stella Mastrangelo (1974; México : Siglo Veintiuno, 1977).

lealtad a los españoles. La rebelión de Manco Inca II donde los africanos lucharon junto a sus amos, hizo que los conquistadores depositaran mayor confianza en ellos. Por su fidelidad, el esclavo africano pasó a ocupar un lugar intermedio entre el europeo y el indio a pesar del sitio que la ley así como su condición de mercancía le asignaban. Se han señalado varias causas para explicar el porqué de esta lealtad. La misma raza del africano le impedía desaparecer fácilmente, lo que sí era factible para los auxiliares andinos o nicaragüenses acompañantes de los conquistadores. El africano era irreversiblemente extranjero en Nueva Castilla aunque ya hubiera servido en otras partes de América. Este extrañamiento lo hace identificarse más rápidamente con el español. Vale destacar que en la sociedad colonial la posesión de esclavos negros era una indicación de riqueza y lujo; éste también será factor importante en el aumento de la importación de africanos bien por la vía Pacífica o Atlántica. Además, muchos españoles radicados en las Antillas abandonaron la región en busca de las riquezas recién descubiertas. Llegaban al Perú acompañados de sus esclavos negros como muestra de su riqueza y capacidad para explotar la nueva colonia.

Para mediados de la década de 1550 el Perú tenía una población africana de alrededor de 3,000; la mitad de ella residía en Lima. Pronto surge una disyuntiva : la Corona no estaba dispuesta a ceder el control de la población indígena a conquistadores prontos a desafiar su autoridad, pero era urgente desarrollar la Nueva Castilla con mano de obra barata. La mita, institución incaica, fue reactivada por los españoles pero sin las restricciones favorables al trabajador operantes en el Tawantinsuyu. Sin embargo, se hizo evidente que únicamente la mita no proveería a la colonia la mano de obra necesaria para trabajar las minas y las grandes plantaciones agrícolas de la zona costera. Para llegar a la costa los indios tenían que viajar grandes distancias y vivir en clima diferente. A cambio de su trabajo recibían una paga que apenas les alcanzaba para comer. Muchos morían o desaparecían en el camino sumándose a los grupos de indios forasteros. Reconociendo estos problemas los terratenientes costeños empleaban a esclavos negros, yanaconas y trabajadores indígenas libres en las faenas agrícolas, pues era imprescindible suplementar la mano de obra mitaya con otra fuerza laboral barata ([15]). Necesidades económicas abrieron las puertas a una mayor importación de esclavos africanos concentrados en la costa peruana. Pero quedaba todavía por resolver el problema de la explotación de las minas. Es

---

(15) En 1563 la Corona prohibió estos viajes pues los indios, habituados a un clima, morían rápidamente en otro. Esta ley no se cumplió. Véase Bowser, p. 42.

aquí donde figuran nuevos sectores de la población productos de la mezcla racial.

Ordenanzas reales de 1575 prescribieron el censo de negros y mulatos libres en las colonias americanas para hacerlos pagar tributos e incorporarlos a la fuerza de trabajo. La medida, como otras muchas leyes para gobernar las Indias, fue sólo letra muerta. En el Perú recomendaciones similares habían sido avanzadas por, entre otros, los Virreyes Marqués de Cañete y Francisco de Toledo. Los proponentes de tales medidas veían en la incorporación de negros y mulatos — para el trabajo de las minas — y mestizos — para el trabajo en las ciudades — a la fuerza laboral de Nueva Castilla un alivio para la población indígena. Al mismo tiempo, así las autoridades mantendrían bajo vigilancia a una población numerosa, indisciplinada y potencialmente peligrosa. Estos nuevos sectores que a pesar de ser libres no gozaban de iguales derechos a los europeos, tampoco compartían las obligaciones de los esclavos africanos o de los indios. Estas medidas lograrían su integración a la economía nacional. Como sabemos, fue imposible de llevar a la práctica tales disposiciones. El trabajo en las minas fue ocupación casi exclusiva de la población indígena. Bajo la administración del Virrey Toledo (1569-1589), se creó el *modus operandi* de la mita que sostendría la industria minera en el Perú a través del período colonial. A pesar de los reparos de las autoridades virreinales, se aumentó la importación de esclavos africanos para el trabajo agrícola en las zonas costeras. Como bien ha resumido Frederick F. Bowser :

> Fuera del esclavizamiento abierto y la explotación más despiadada, no había manera de hacer que la decreciente población nativa sostuviera las economías diferentes, aunque complementarias, de la costa y la montaña. Como la mayor parte de los indios que quedaban estaban concentrados en la sierra, era lógico que Toledo y sus sucesores los destinaran al trabajo en esa zona y dejaran a la costa basarse en los africanos. Hacia el fin del gobierno de Toledo los españoles establecidos en la costa empezaron a sentir el cambio de la política oficial, con el resultado de un marcado aumento en la demanda de negros. A partir de la década de 1580 se forjó entre Perú y Africa un vínculo que hubiera sido inconcebible veinte años antes. De seguidor casi incidental de los campamentos durante la conquista y las guerras civiles, y máximo símbolo de ostentación para conquistadores *nouveaux riches*, el esclavo negro se había transformado en una de las claves para el desarrollo económico de Perú (16).

Así, a menos de sesenta años de la entrada española en el Cusco, vemos cómo y por qué se articulan y desarticulan variados intereses

---

(16) Bowser, p. 47.

económicos que fijan el futuro desarrollo de Nueva Castilla. Ellos también determinan la división social, los privilegios de cada clase, y hasta la composición racial de diversas zonas geográficas.

La consolidación del poder español tanto en el orden administrativo como militar, fue llevada a cabo por el Virrey Francisco de Toledo. Los rebeldes de Vilcabamba regidos por Tupac Amaru I fueron atacados y obligados a abandonar su refugio en la serranía andina. El último Inca fue hecho prisionero y decapitado en la plaza del Cusco (1572). Los descendientes indios y mestizos del linaje real fueron desterrados y perseguidos. El matrimonio del capitán Martín García de Loyola quien había apresado al Inca rebelde, y de la coya Beatriz, sobrina de Tupac Amaru I y rica heredera de encomiendas, parecía apuntar hacia la fusión de estos mundos diversos en mestizaje armonizador de las herencias española e india.

Quien primero avizoró la realidad peruana como un complejo mosaico ubicado en un común espacio geográfico fue el Inca Garcilaso de la Vega. El hijo del conquistador español y la princesa incaica articula en su obra — la traducción de los *Diálogos de amor* (1590) de León Hebreo, *La Florida del Inca* (1605) y los *Comentarios reales* (1ra parte, 1609; 2da parte, 1617) — cómo las varias razas y culturas que han confluido en el antiguo Tawantinsuyu son capaces de posibilitar un futuro común. Estudioso de la filosofía neoplatónica, Garsilaso ve la conquista como vía para llevar a cabo un mestizaje donde estas razas y culturas estarían ligadas por el amor. Con esta integración se restablecería la unidad primigenia y nacería un mundo más perfecto — el mestizo [17]. Ahora bien, esta idea de una armonía ideal está matizada en la obra del Inca por estallidos de disyunción. Las desarticulaciones nos remiten a la destrucción causada por la conquista y colonización y al mismo conflicto individual de Garcilaso. Por eso en la entrevista entre Hernando de Soto y la señora de Cofachique descrita en *La Florida del Inca* hay un entendimiento perfecto; sin embargo, la atmósfera platónica que envuelve al conquistador y a la india se desvanece con el suicidio de un joven florido, incapaz de resolver el conflicto de lealtades impuesto por la presencia española [18]. La realidad americana se entromete en el nítido plan garcilasiano. La presión entre el ideal que el autor delinea para el futuro de América, y los hechos que él mismo siente como tragedia, otorga a

---

(17) William D. Ilgen, « La configuración mítica de la historia en los *Comentarios reales* del Inca Garcilaso de la Vega, » *Estudios de literatura hispanoamericana en honor de José J. Arrom*, ed. Andrew P. Debicki y Enrique Pupo-Walker (Chapel Hill : North Carolina Studies in the Romance Languages and Literatures, 1974), pp. 37-46.

(18) *La Florida*, Libro III, capt. xii, pp. 215-216.

sus escritos una tensión evidente también en el drama personal de Garcilaso quien en vida luchó por el debido reconocimiento de sus dos estirpes. En un plano ideal el Inca es doblemente noble. Empero, en España se ve obligado a explicar y desmentir el calificativo de « bárbaros » adjudicado a sus ancestros peruanos, y a resaltar la lealtad de su padre. Biografía y escritura están indisolublemente ligadas en este afán de presentar correctamente los acontecimientos para así honrar igualmente al Incario y a España, a la palla Chimpu Ocllo y al capitán Sebastián Garcilaso de la Vega.

Este deseo de reafirmar su doble herencia y a su vez de dar a entender el pasado americano obliga a Garcilaso a explicar y corregir. Sus intereses lingüísticos lo llevan a precisar el nombre del Perú ([19]), y, en moderna postura, a afirmar la importancia del conocimiento del idioma para comprender la cultura de un pueblo ([20]). Su obsesivo afán de exactitud no es meramente libresco, como no son tampoco simples muestras de erudición sus correcciones a cronistas coetáneos que creyendo escribir desde la autoridad de su conocimiento transmiten informaciones erróneas. Al contrario, esta ansia revela los deseos del Inca de configurar el pasado tal y como lo concebían sus ilustres parientes miembros de la aristocracia cusqueña. O sea, de presentar otra y para él más ajustada versión del pasado y presente andinos. Por eso no debe extrañar que el autor de los *Comentarios reales* considere patria a todo el territorio integrante del Tawantinsuyu y no únicamente el lugar donde había nacido como era costumbre entonces. Como bien ha anotado José Durand, « fundándose en la existencia de un imperio incaico fuertemente unitario, [Garcilaso] será el primer americano que percibe la naciente nacionalidad, a fines del siglo XVI » ([21]).

En este sentido es importante destacar que en el « Proemio al letor » de su obra primeriza, *La Florida del Inca*, el autor se reafirma indio ([22]) y a la vez añade :

> Y llevando más adelante esta piadosa consideración, sería noble artificio y generosa industria favorecer en mí, aunque yo no lo merezca, a todos los indios, mestizos y criollos del Perú, para que, viendo ellos el favor y merced que los discretos y sabios hacían

---

(19) José Durand, « Dos notas sobre el Inca Garcilaso, » *El Inca Garcilaso, clásico de América* (México : Sep Setentas, 1976), pp. 138-160.

(20) Aurelio Miró Quesada y Sosa, « Las ideas lingüísticas del Inca Garcilaso, » *Boletín de la Academia Peruana de la Lengua*, N°. 9 (1974), pp. 27-63.

(21) José Durand, « Influjo de Garcilaso en Tupac Amaru, » *Realidad nacional*, selección y notas de Julio Ortega (Lima : Retablo de Papel, 1974), II, 213.

(22) José Durand, « Estudio preliminar, » *Comentarios reales*, segunda parte, I, 35-37.

a su principiante, se animasen a pasar adelante en cosas
semejantes, sacadas de sus no cultivados ingenios (F, P, p. 10).

Garcilaso pone fe en los componentes americanos del mosaico
peruano. Pero su mensaje va más allá. La merced y favores por él
recibidos servirán de ejemplo. Que quienes son capaces de aprovechar
la lección sean indios, mestizos y criollos, eleva y equilibra a sectores
marginados de la sociedad colonial. Si estos grupos cuyos ingenios
no han sido cultivados pueden « pasar adelante » siguiendo el ejemplo
de un igual, ellos también merecen merced y favores. La consideración de Garcilaso muestra su cariño y preocupación por su tierra y
por quienes ha dejado atrás. Al mismo tiempo, sus palabras reflejan
confianza y esperanza en el futuro de su pueblo.

Si bien el Inca, cansado de esperar recompensas terrenales, dedica
su obra última, *Historia general del Perú*, a la « gloriosísima virgen
María », el prólogo de la segunda parte de los *Comentarios reales*
está dirigido a « los indios, mestizos y criollos de los reinos y provincias del grande y riquísimo imperio del Perú, el Inca Garcilaso de la
Vega, su hermano, compatriota y paisano, salud y felicidad » (CR, D,
I, 53). El autor va más allá de su Cusco natal para identificarse con el
imperio del Perú, el territorio del antiguo Incario [23]. Cuando usa la
palabra hermano, reafirma sus vínculos con indios, criollos y mestizos. Para Garcilaso estos lazos han sido forjados por la sangre, el
suelo y el sufrimiento; a su vez, ellos han sido fortalecidos por el
amor a esa patria grande y todos sus habitantes. Cuando el autor
desea « salud y felicidad » augura un futuro donde debe ser posible
vivir felizmente todas las patrias y culturas que conforman la nacionalidad peruana [24].

Las tres razones con las que el autor justifica los *Comentarios reales*
inciden en su armónica visión del pasado incaico, valorizan tanto
la herencia india como la española y miran al futuro con optimismo.
En la primera Garcilaso explica, « [escribo]por dar a conocer al universo nuestra patria, gente y nación » (CR, Pr., I, 55). Continúa describiendo las riquezas del Perú, pero se detiene en las virtudes de sus
hijos destacando por sobre todo su capacidad intelectual. Como acos-
tumbra, Garcilaso pone en boca de un español, su maestro Juan de
Cuéllar, la alabanza al intelecto de sus condiscípulos : « ¡ Oh hijos y
cómo quisiera ver una docena de vosotros en la Universidad de Salamanca ! », pareciéndole podían florecer las nuevas plantas del Perú en

---

(23) Durand, « Influjo..., » p. 208.

(24) José María Arguedas expresa ideas similares en *El zorro de arriba y el
zorro de abajo* (Buenos Aires : Losada, 1971), p. 287. Ver también su « El complejo
cultural en el Perú, » *Formación de una cultura*, pp. 1-8.

aquel jardín y vergel de sabiduría » (CR, Pr., I, 56). Orgullosamente, el Inca añade :

> Y por cierto que tierra tan fértil, de ricos minerales y metales preciosos, era razón criase venas de sangre generosa y minas de entendimien:os despiertos para todas artes y facultades, para las cuales no falta habilidad a los indios naturales y sobra capacidad a los mestizos, hijos de indias y españoles o de españolas e indios, y a los criollos, oriundos de acá nacidos y connaturalizados allá (CR, Pr., I, 56).

En afán armónico, escribe también para « celebrar... las grandezas de los heroicos españoles que con su valor y ciencia militar ganaron, para Dios, para su Rey y para sí, aquese rico Imperio » (CR, Pr, I, 57). Sus hazañas deben ser premiadas pues honran a la patria europea y sirven de ejemplo a futuras generaciones. En la tercera causa, Garcilaso señala un camino a seguir fundamentado en la propia experiencia. El Inca ha asumido el ejercicio de las letras para « lograr bien el tiempo con honrosa ocupación, y no malograrlo en ociosidad, madre de vicios » (CR, Pr., I, 58). Como sus justos reclamos le han sido negados, se forja a sí mismo un lugar en esa sociedad a través del « honesto trabajo del estudio » (CR, Pr., I, 58). Sus escritos lo configuran a él mismo y a su patria americana. Por ellos tienen tanto el Perú como el Inca una historia. El prólogo de Garcilaso se constituye así en testamento espiritual [25] para sus hermanos y paisanos. Aunque el mestizo peruano escribe transido de dolor tanto por el drama del Perú como por el propio, no pierde las esperanzas en el futuro. Atisba senderos que pueden ser andados por sus compatriotas de hoy y de mañana. Por eso les ruega y suplica a todos

> se animen y adelanten en el ejercicio de virtud, estudio y milicia, volviendo por sí y por su buen nombre, con que lo harán famoso en el suelo y eterno en el cielo. Y de camino es bien que entienda el mundo viejo y político que el nuevo (a su parecer bárbaro) no lo es ni ha sido por falta de cultura (CR, Pr. I, 56).

Incapaz de realizarse en el presente, el mundo armónico ansiado por el Inca se convierte en sueño del porvenir.

No debe extrañar entonces que la lectura de los *Comentarios reales* fuera considerada subversiva y por tanto haya sido prohibida después de la rebelión de Tupac Amaru II (1780) [26]. El proyecto independentista de José Gabriel Condorcanqui, asiduo lector del Inca, muestra las fricciones y enfrentamientos de los diversos estamentos

---

(25) Durand, « Influjo..., » pp. 214-215.

(26) Julio Cotler, *Clases, estado y nación en el Perú* (Lima : Instituto de Estudios Peruanos, 1978), p. 57.

de la sociedad colonial peruana. Si bien Garcilaso no menciona en
sus escritos a los afroperuanos ni el lugar que ellos ocuparán en el
futuro, Tupac Amaru II sí da libertad a los esclavos negros incorpo-
rándolos de esta manera al proyecto nacional patrocinado por su
rebelión ([27]). Este levantamiento aglutinó tanto a sectores populares
como poderosos. Pero a medida que la participación de grupos despri-
vilegiados aumentó y el carácter anti-colonial de la rebelión se mani-
festó, el grupo criollo y sus allegados le restaron su apoyo ([28]). Que
el sueño armónico e integrador de Garcilaso de la Vega Inca sigue
siendo únicamente un proyecto a fines del siglo XVIII, en los albo-
res de la independencia política de España, lo puntualiza el pensamiento de la *intelligentsia* criolla recogido en tantas páginas del *Mercurio Peruano* ([29]). Como bien ha anotado Julio Cotler, por entonces
« los criollos se enfrentaban a la poderosa administración colonial
que les impedía consolidar su poder, a la par que sin ella se veían ame-
nazados por el peligro indígena. Su elección se inclinó en favor de
España » ([30]).

Si bien el Inca Garcilaso ofrece en sus escritos un fundamento armónico y un mensaje esperanzador para aglutinar a los diversos sectores
de la sociedad colonial peruana, su coetáneo de ascendencia yarovilca
e Inca, Felipe Guamán Poma de Ayala, en su *Primer nueva corónica y
buen gobierno* (ca. 1615) protesta violentamente contra los abusos
coloniales y detalla un plan para constituir un estado indio bajo la
jurisdicción del rey de España ([31]). El documento del cronista-dibu-
jante ofrece una visión diferente y polémica de la conquista y de las
primeras décadas de la colonización pues subraya por qué el mundo
ordenado del Incario está ahora en total caos ([32]). Su proyecto de

---

(27) Anteriormente Hernández Girón había dado libertad a los esclavos para
aumentar con ellos su bando, Bowser, p. 29.

(28) Cotler, p. 57.

(29) Cotler, pp. 60-63.

(30) Cotler, p. 58. Este investigador sostiene que en el Perú la lucha por la
independencia se convierte en movimiento contrarrevolucionario. También estudia
los factores que han impedido la creación de un estado-nación integrador de
los diversos sectores de la sociedad peruana. V. pp. 65-67 et passim.

(31) *Primer nueva corónica y buen gobierno*, ed. John V. Murra y Rolena
Adorno (México : Siglo Veintiuno, 1980), III, 1031. Citamos por esta edición
usando la paginación de los editores entre corchetes en el texto.

(32) Sobre la naturaleza polémica de esta carta-crónica, véase Nathan Wachtel,
« Pensamiento salvaje y aculturación : el espacio y el tiempo en Felipe Guamán
Poma de Ayala y el Inca Garcilaso de la Vega, » *Sociedad e ideología : ensayos
de historia y antropología andinas* (Lima : Instituto de Estudios Peruanos, 1973),
pp. 161-228. Sara Castro-Klaren en « Huamán Poma y el espacio de la pureza, »
Revista Iberoamericana, 47 (1981), 45-67, se ocupa en detalle del plan administrativo
del autor.

« buen gobierno » cuestiona el sistema vigente y propone su reemplazo. Guamán Poma explica en detalle el fracaso del plan administrativo inaugurado por las autoridades coloniales y exige un cambio para beneficio del Rey y de los indios. Su proyecto está basado en el modelo incaico. Pero la propuesta de Guamán Poma cuestiona también el derecho de los españoles a gobernar las Indias. Una de las tesis más atrevidas de esta curiosa obra sostiene que no hubo conquista (II, 564) pues tampoco hubo resistencia. Si los europeos no han luchado, nada les da derecho al señorío :

> Y así aués de conzederar y acauar con esto. Que no hay comendero ni señor de la tierra cino son nosotros propetarios lexítimos de la tierra por derecho de Dios y de la justicia y leys. Quitando al rrey que tiene derecho, no hay otro español. Todos son estrangeros, *mitimays*, en nuestra tierra en nuestro mando y señorío que Dios nos dio (III, 972).

Al tanto de las polémicas de la época, el peruano usa argumentos fundamentados en los escritos de los defensores de su raza (33). Y, aunque sagazmente el autor reconoce la autoridad real culpando a los funcionarios coloniales por los errores que han diezmado a los antiguos peruanos, su atrevido plan configura una sociedad futura cuya norma será el orden incaico. Consecuente con ella, Guamán Poma arguye que cada uno debe permanecer donde Dios lo situó pues él « hizo el mundo y la tierra y plantó en ellas cada cimiente, el español en Castilla, el Yndio en las Yndias, el negro en Guinea... que otro español ni padre no tiene que entrar, porque el Ynga era propetario y lexítimo rey » (III, 928). La presencia española en América ha alterado esta disposición divina. El signo subversivo de esta crónica se hace más evidente : el autor reclama para sí y los suyos lo que legítimamente les pertenece por haberles sido otorgado por autoridad divina (II, 929). La visión diferente y andina de los hechos ofrecida por Guamán Poma configura el carácter cataclísmico con que los antiguos peruanos percibieron la conquista. Sus asertos sobre la legitimidad incaica así como su insistencia en que no hubo resistencia muestra a los europeos como usurpadores. Por tanto, desde los corregidores hasta los clérigos han actuado sin derecho, guiados por su ambición e intereses. Por eso todos roban y abusan a los indios. Guamán Poma escribe precisamente para informar al Rey sobre la conducta de sus delegados americanos : está en poder del soberano reemplazar a tales funcionarios y autorizar la constitución de un estado basado en el modelo incaico y regido, claro está, por indios. Cuando el autor propone a los antiguos

---

(33) Rolena Adorno, « Las otras fuentes de Guamán Poma : sus lecturas castellanas, » *Histórica*, No. 2 (1978), pp. 137-159.

peruanos como administradores futuros, reafirma su propia valía y la de su pueblo. Los andinos son capaces de razonar y gobernar como ya lo ha probado su historia; y que lo puedan hacer mejor que los españoles los eleva sobre ellos. Esta argumentación muestra la naturaleza contestataria de la *Primer nueva corónica y buen gobierno* así como el astuto manejo de razonamientos europeos por su autor.

Al contrario de Garcilaso, Guamán Poma ve en los mestizos y demás castas a los mayores enemigos de los indios (III, 1026, 1127, 1131) [34]. No oculta su odio contra ellos. Para Guamán Poma el mestizo es un ser sin pasado; como carece de obligaciones y de trabajo debe vivir junto al español (II, 448). Aunque el autor no muestra tales resentimientos contra los negros, sí recomienda fuertes castigos contra quienes violan la ley. Pero, sin embargo, culpa a sus amos españoles por las fallas en la instrucción que daban a sus esclavos. Guamán Poma sostiene que los negros debían ser juzgados por sus iguales. Ni sus dueños ni el aparato legal español debían tener autoridad sobre ellos en cuanto a casos civiles y penales. La propuesta es sorpresivamente liberal. El peruano da a los esclavos la autoridad y capacidad para regirse que le niegan sus amos europeos (II, 718-725) [35].

Si bien los proyectos de Garcilaso de la Vega Inca y Felipe Guamán Poma de Ayala visualizan de modo diferente los problemas andinos, para ambos la patria ha dejado de ser únicamente el sitio donde han nacido. Los dos se identifican con todo el territorio del antiguo Tawantinsuyu y, a la vez, se sienten herederos de un vasto patrimonio cultural. Tanto Garcilaso como Guamán Poma aceptan lo irremediable — la autoridad de la Corona. Pero a través de sus escritos no vacilan en subrayar injusticias, cuestionar la legitimidad de la conquista y contrastar el pasado con el presente. Los dos desean un futuro mejor para esa tierra suya, tan diversa en su geografía como en sus habitantes. Con lente profético, Garcilaso avizora una sociedad más perfecta fundamentada en el mestizaje. Guamán Poma quiere garantizarles a los indios un lugar en ese futuro. Preocupado por la disminución de la población andina y temeroso de su extinción y de la desaparición de su cultura, propone la separación [36]. Sorprende que a menos de cien años de la entrada española en el Cusco, un mestizo y un indio hayan percibido con tal nitidez y profundidad los problemas que

---

(34) Sobre los supuestos prejuicios raciales de Guamán Poma, véase Raúl Porras Barrenechea, *El cronista indio Huamán Poma de Ayala* (Lima : Lumen, 1948), pp. 50-52.

(35) Bowser, pp. 228-229.

(36) Las pocas estadísticas disponibles indican que los temores de Guamán Poma estaban más que justificados. Véase George Kubler, « The Quechua in the Colonial World, » *Handbook of South American Indians*, II, 334-339.

atenazarán a generaciones venideras deseosas de romper las barreras que separan a los diferentes mundos que conforman el Perú. A pesar de su tristeza personal y de haber sido testigos de la destrucción y opresión de los suyos, ni Garcilaso ni Guamán Poma se dan por vencidos. Los dos tienen conciencia del pasado a la vez que asumen el presente. Desde el momento trágico y complejo que les tocó vivir, reafirman su confianza en el futuro. Escriben con fe en el porvenir de una patria donde confluyen, como dijera tan acertadamente José María Arguedas, « todos los grados de calor y color, de amor y odio, de urdimbres y sutilezas, de símbolos utilizados e inspiradores » (37).

(37) *El zorro de arriba y el zorro de abajo*, p. 298.

GARCILASO Y EL MODELO
DE LA NUEVA CULTURA

Los *Comentarios reales* del Inca Garcilaso de la Vega pueden hoy
ser leídos como un verdadero "texto de cultura"[1]. En primer lugar, porque organizan un modelo del sentido histórico, que hace
del discurso del pasado un proyecto del porvenir. Y, en segundo
lugar, porque implican un programa cultural de redefiniciones,
cuya articulación es política. Por lo primero, el Inca Garcilaso convierte a la narrativa arcádica en una hipérbole histórica, característica de la historiografía humanista; es decir, reconstruye el Imperio incaico no sólo como otra Roma sino como la república neoplatónica que el humanismo renacentista confía a la virtud política.
De ese modo, representa el relato arcádico como una utopía filosófica; y se complace en la melancólica paradoja de las inadecua-
ciones del discurso y la historia: el ideal de la república utópica
humanista ha sido ya realizado por los incas, y ha sido destruido
por los conquistadores. No obstante, por lo segundo, por ser un
programa cultural de definición política, los *Comentarios* no se limitan a la hipérbole histórica sino que se configuran como otro
de los ejemplos de la actualidad y la virtualidad de lo nuevo. Así,
son un fruto de la abundancia de Indias, tanto como los otros frutos fecundos que demuestran que las Indias son la realización superior de España y del humanismo; pero estos *Comentarios* se definen no sólo por su equivalencia natural y moral sino por el sentido político de su poderoso reclamo a nombre de lo diferente.

Por lo mismo, ya desde su carácter narrativo doble (arcadia
y utopía, historia y filosofía política, reconstrucción filológica y

---

[1] Puede consultarse B. A. USPENSKY *et al.*, "The Semiotic Study of Culture", en Jan van der En & Mojmir Grygar (eds.), *Structure of Texts and Semiotic
of Culture*, Mouton, The Hague, 1973; y también J. M. LOTMAN, "Problems
in the Typology of Culture", en Daniel P. Lucid (ed.), *Soviet Semiotics*, Johns
Hopkins University Press, Baltimore, 1977.

NRFH, XL (1992), núm. 1, 199-215

construcción figurativa) los *Comentarios reales* dan forma a los dos
grandes modelos discursivos del relato sobre América: el discurso
de la abundancia y el discurso de la carencia. El discurso de la
abundancia suma imágenes de la Edad de Oro, adapta las virtudes del Príncipe cristiano al patriarcado incaico, incluye en Europa los bienes de Indias y en éstas a Europa como una semilla providencial. Pero, sobre todo, la abundancia nos enseña, a través
de sus ejemplos de verosimilitud puesta a prueba, que la realidad
haciéndose se convierte en el modelo natural de la filosofía moral
y de la cultura naciente. Ni la naturaleza ni la historia están aca-
badas de hacer, y sus cambios y transformaciones se abren fecun-
damente desde el presente de las incorporaciones como un modelo del porvenir. En cambio, el discurso de la carencia (un verdadero contradiscurso) se trama en tanto lamento y denuncia, con
poderosa capacidad demostrativa de la violencia histórica, la destrucción irracional y la desigual calidad de las empresas humanas. La carencia se abre como un contrasentido histórico pero también como el extravío del presente; como su amenaza en la mala
administración, el faccionalismo, el desvalor de lo conquistado y
la privación de los derechos naturales. En su lectura de los hechos, el Inca Garcilaso accede a todos los protocolos de su tiempo, pero no deja de tramar, muchas veces con sutileza simétrica,
la melancólica ironía de la pérdida en la misma demostración de
la abundancia. Sabemos que el libro se escribe para disputar la
distorsión política promovida por los historiadores y comentaristas toledanos; pero se escribe también como una filosófica reflexión crítica, en tiempos imperiales de apogeo, demostrando, en
su laberíntico modo contrastivo e inductivo, que los poderes de
acopio conllevan destrucción y olvido.

Contra ese olvido el Inca Garcilaso reconstruye la memoria
como el espejo de la identidad abundante en la carencia que borra y distorsiona. Así, el libro construye un archivo identificato-
rio de los sujetos que, en el cambio histórico desencadenado, ven
sus destinos sociales en zozobra. Si la noción de continuidad dentro del cambio es central a la conciencia histórica humanista, en
el Inca Garcilaso se trata, además, de una vasta labor de reparaciones: no hay un modelo de inter-relaciones dado, sino que la
discontinuidad histórica, con su violencia y su pérdida, tal como
se recuenta en la segunda parte de los *Comentarios,* disuelve los hechos y vacía el sentido. Por eso, el Inca procede a reorganizar los
hechos en la perspectiva de la narración política, allí donde los
ejemplos son una demostración filosófico-moral y la historia un

modelo cultural. Escribir la historia, lo sabemos, es hacerla. Y para el Inca Garcilaso este rehacer histórico se plantea como una larga disputa por la información y su sentido. Por lo tanto, deberá elaborar una compleja estrategia discursiva que se le aparece como un "gran laberinto". Se trata del laberinto historiográfico, es decir, de la grafía del hecho y del hecho de la escritura[2].

En lo que sigue me gustaría poder demostrar la siguiente hipótesis: el Inca Garcilaso de la Vega no escribe como un español aculturado pero tampoco como un mestizo cultural. Escribe, en verdad, como un "indio" (tal como se llama a sí mismo en su traducción de León Hebreo), como un "inca" (tal como se nombra a sí mismo como si renombrara a su padre), como un testigo indígena de la historia que lo destina a la escritura. La crítica, al discutir las fuentes historiográficas del Inca, no ha podido sino verificar su rica formación literaria, pero de ello no es preciso concluir que se trata de un producto homogéneo de sus lecturas ni, mucho menos, que incorpora el Incario al archivo occidental. Aun si se trata, evidentemente, de un heredero de la filología, no se es un gramático literal sino uno cultural y, por lo mismo, su método es político. Otros críticos han preferido ver en la obra del Inca una metáfora biológica de su mestizaje, y han difundido la noción, no menos metafórica, de una conciliación amestizada, indígena y española, que haría de su obra una homogeneización de ambos mundos en la síntesis supuesta de la historia colonial y el destino católico. Evidentemente, ambas tendencias documentan bien su interpretación. Pero, creo yo, limitan con su propia información al seguir una mecánica deduccionista y reductiva. Y,

---

[2] Sobre este punto son esclarecedoras las observaciones de MICHEL DE CERTEAU en "La operación historiográfica", en su libro *La escritura de la historia*, Universidad Iberoamericana, México, 1985. Puede verse también DEREK ATTRIDGE *et al.* (eds.), *Post-structuralism and the Question of History*, Cambridge University Press, Cambridge, 1987. ENRIQUE PUPO-WALKER ha discutido la construcción narrativa de los *Comentarios* en su *Historia, creación y profecía en los textos del Inca Garcilaso*, J. Porrúa Turanzas, Madrid, 1982, y el desarrollo de la prosa de ficción en *La vocación literaria del pensamiento histórico en América*, Gredos, Madrid, 1982. Sobre la dimensión histórica de los *Comentarios* son importantes los ensayos de JOSÉ DURAND reunidos en su libro *El Inca Garcilaso: clásico de América*, Sepsetentas, México, 1976. Fuentes historiográficas del Inca son analizadas también por AURELIO MIRÓ QUESADA en *El Inca Garcilaso y otros estudios garcilasistas*, Cultura Hispánica, Madrid, 1971. Una alerta discusión sobre la lectura de las crónicas es la de CARLOS ARANÍBAR, "Algunos problemas heurísticos en las Crónicas de los siglos XVI-XVII", *Nueva Coronica*, Lima, 1963, núm. 1, 102-135.

sobre todo, no responden por un modelo cultural implícito en la obra sino por modelos externos a ella. El primero, internalizado por su occidentalismo difusionista (que equivale a un eurocentrismo fatal); el segundo, el del mestizaje, naturalizado por su suma neutralizadora de las partes (que equivale a la ideología dominante del estado nacional). Para no disolver al Inca en la enciclopedia de su tiempo y para evitar convertirlo en la metáfora de una nacionalidad, que nunca es homogénea en nuestros países multinacionales, nos proponemos releer los *Comentarios reales* como parte de otro proceso: el de las apropiaciones, que la cultura colonial dominada produce, a través de las cuales las culturas nativas, indígenas y multinacionales, evolucionan incorporando nueva información, reparando sus circuitos, afirmando sus sistemas y, en fin, procesando la violencia y proyectando el porvenir. Así, en tanto texto de cultura, los *Comentarios* serían otro de los actos de reapropiación que la nueva cultura ejerce en el archivo de la cultura hegemónica[3].

Desde esta perspectiva, es parte de la estrategia discursiva del Inca Garcilaso la necesidad de re-escribir la historia nativa utilizando el repertorio de la historia europea. Este acto historiográfi-

---

[3] En los últimos años, desde la etnohistoria tanto como desde la crónica del discurso cultural, se viene realizando un esfuerzo consistente por precisar las versiones indígenas y las representaciones nativas que hacen suya la alfabetización, los repertorios discursivos, los códigos culturales españoles, adaptados y trans-codificados por la formación de una lectura aborigen, heteróclita y descentradora. N. WACHTEL, en *La vision des vaincus*, Gallimard, Paris, 1971, todavía asume la noción de "aculturación", pero no sin advertir que no se puede entenderla como parte de la empresa colonial sino que "al contrario, la aculturación revela la crisis, se confunde con ella" (p. 212). Y aunque considera a Garcilaso dominado por la necesidad humanista de unidad, afirma que los *Comentarios* "son una obra de combate" porque la interpretación de Garcilaso se opone a la historiografía toledana y que la obra es "un rechazo del Perú colonial" (p. 245). En lugar de la noción neutralizadora y niveladora de aculturación preferimos la de transcodificación, que implica un desplazamiento de las adaptaciones informativas al sistema de la propia cultura. No es casual que José María Arguedas se definiera en esta otra dirección nativa cuando afirmó "Yo no soy un aculturado" (1968). Los trabajos de ROLENA ADORNO sobre Guaman Poma de Ayala sistematizan el análisis de la textualidad cultural aborigen, sobre todo su *Guaman Poma, Writing and Resistance in Colonial Peru*, University of Texas Press, Austin, 1986, y la colección de ensayos *Cronista y príncipe, la obra de don Felipe Guaman Poma de Ayala*, Universidad Católica, Lima, 1989. Véase también RAQUEL CHANG-RODRÍGUEZ, *Violencia y subversión en la prosa colonial hispanoamericana*, J. Porrúa Turanzas, Madrid, 1982, y BEATRIZ PASTOR, *Discursos narrativos de la conquista: mitificación y emergencia*, Norte, Hanover, 1988.

co, por el cual Europa escribe las Indias, no se cumple como mera occidentalización del Incario, y mucho menos como una mecánica aculturación. En efecto, la historia del Incario no es un capítulo más de la historia occidental sino una verdadera puesta en crisis del orden de su archivo: la historia, su gramática, su filosofía moral, su didáctica, su ideal político, dan cuenta no de las virtudes del *sensus historicus* europeo sino de la autorrevelación cultural del Perú a través de y gracias a la hipérbole retórica humanista. El Incario es traducido por el Inca a la lengua filosófica de su tiempo en una estrategia de lectura y escritura que hace de la traducción cultural una reconstrucción del sujeto americano en el nuevo discurso histórico. Este nuevo discurso está hecho de resúmenes, alusiones, re-codificaciones y nuevos ordenamientos; esto es, de una textura formal que abre el umbral (un espacio marginal, un margen de escritura) donde el sujeto americano pueda enunciar su nombre entre los lenguajes, su renombre entre los repertorios de los saberes legítimos. Utilizar de este modo el archivo para reordenarlo de acuerdo con los objetos de la diferencia cultural, supone incorporar la idea del archivo a la alteridad efectiva de las cosas y los nombres de Indias. Si el Incario no conoció la escritura, se apodera, en este libro, de las escrituras de la tradición para inscribir su narrativa entre los relatos del origen y del fin, como un relato heroico del recomienzo del acto de narrar desde fuera pero internamente.

Un ejemplo revelador de esta estrategia discursiva lo encontramos en la peculiar reconversión que de la filología hace el Inca Garcilaso. Si, en efecto, "la estructura del lenguaje se relaciona con la estructura del conocimiento y así con la definición de la realidad histórica"[4], las relaciones de retórica, historia y filosofía en los *Comentarios reales* requieren todavía ser articuladas a partir del modelo lingüístico que reorienta su escritura. La "nostalgia crítica" que Petrarca exhibe en tanto filólogo de la Antigüedad clásica perdida que busca recuperar palabra a palabra, parece

---

[4] NANCY S. STRUEVER, *The Language of History in the Renaissance*, Princeton University Press, Princeton, 1970. También dice lo siguiente: "The theory and structure of spoken and written discourse reflect the changing tensions between rhetorical exigencies and philosophical or theological axioms; at every crucial change in the temper of the Western intellectual tradition a new resolution of these conflicting demands alters the configurations of linguistics, literature, and pedagogy" (p. 6). Tratándose de una reestructuración del discurso desde una experiencia colonial, la empresa del Inca reordena estas configuraciones para replantear la teoría cultural dominante.

resonar en la diligencia filológica del Inca Garcilaso, cuya lengua materna, el quechua, se le impone como el modelo cultural de la traducción, y no sólo la literal, que debe suscitar para que en la recomposición crítica de la lengua madre se sostenga tanto la realidad perdida como la memoria personal, tanto la especificidad de lo otro como la verdad de lo diferente, tanto la bondad de lo antiguo como la fecundidad de lo nuevo. La fidelidad de la lengua nativa es el modelo de la verosimilitud de una narrativa que incorpore los términos antagónicos como dos sistemas paralelos y equivalentes, que no deben borrarse el uno al otro, que podrían nutrirse para producir (como el árbol barroco del injerto, que el Inca nos ofrece) nuevos y mayores frutos. Así, la filología es la más reciente de las disciplinas quechuas: la autorrevelación cultural del sujeto en su lenguaje[5].

Petrarca nos dice que la copia de los *Institutos de oratoria* de Quintiliano llegó a sus manos "despedazada y mutilada", y el sentido dramático de pérdida que comunica no es diferente al que expresa el Inca Garcilaso cuando nos dice, una y otra vez, que el manuscrito del padre Blas Valera llegó a las suyas como "papeles rotos" después del saqueo inglés del puerto de Cádiz. Si Petrarca lamenta la mano del tiempo inexorable, Garcilaso conoce bien la mano de la historia, irreverente y no menos destructora. La pasión y devoción filológica se expresa en el maestro y en el discípulo con el mismo emblema de la lectura que restaura el palimpsesto de la lengua, como un saber más cierto, a través de esos papeles rescatados donde la escritura triunfa sobre los poderes arbitrarios. Garcilaso cita, glosa, resume, comenta y amplía el manuscrito del padre Blas Valera, como una fuente de autoridad superior, más fiel incluso que las fuentes históricas a la mano porque su certidumbre se basa en un privilegio de la lengua: el padre Valera es, como Garcilaso, un mestizo, un quechua hablante, un sabio nativo, cuyo texto (supuestamente escrito en latín) no alcanza a cumplir su destino comunicativo, su realización histórica, sino a través de su incorporación al texto del Inca. Así, estos "papeles rotos" son un discurso interno a la obra, y el padre Valera una suerte de interlocutor doble que sostiene a la escritura

---

[5] DONALD E. KELLEY trata la "nostalgia crítica" de Petrarca en su trabajo "Humanism and History", en Albert Rabil Jr. (ed.), *Reinassance Humanism, Foundations, Forms and the Disciplines*, University of Pennsylvania Press, Philadelphia, 1988, t. 3, pp. 236-270. La dimensión filológica del Inca es tratada por MARGARITA ZAMORA en *Language, Authority, and Indigenous History in the Comentarios Reales de los Incas*, Cambridge University Press, Cambridge, 1988.

no sólo con su autoridad clásica y erudita sino, sobre todo, con
su apertura hacia la oralidad originaria, hacia el quechua. Es, por
lo tanto, un traductor interno en la obra, que confirma y amplía
la actividad mediadora del traductor Garcilaso. Reveladoramen-
te, Garcilaso no traduce meramente del quechua hacia el español
universal, sino de éste a aquél, en un cotejo de mutuo discerni-
miento comparatista y filológico; es decir, confirma el sistema de
apropiaciones al incorporar a su diccionario quechua el otro, alterno, español. El plurilingüismo dialógico, por lo tanto, se ins-
taura en el centro de la obra, como una de sus articulaciones culturales de persuasión política. Al citar los "papeles rotos" (figu-
rativamente no son un libro, emblemáticamente aluden a una
historia americana escrita por americanos, pero no sabemos, literalmente, cuán rotos), no es improbable que el Inca los reescri-
ba, como ya hiciera el padre Las Casas en su memorable operación textual del diario de navegación de Cristóbal Colón. Haría
falta un cotejo minucioso de las formas de cita que efectúa el Inca, pero también del estilo más circunspecto del padre Valera y
del más narrativo de Garcilaso, si bien en el lenguaje de aquél
son patentes algunos giros retóricos de éste. En cualquier caso,
el Inca incorpora el texto de Valera a su propia estrategia discursiva, al punto de hablar a través suyo, y viceversa, en una operación de traducción (quechua, latín, español) que, desde las primeras páginas, define la identidad de la obra a partir del modelo
nativo del quechua. Así, la escritura adquiere la actualidad de la
voz y la presencia articulada del pasado[6].

Si Petrarca creyó que el latín ciceroniano proveía la mejor expresión de la realidad, el Inca Garcilaso evidentemente cree que
el quechua es la matriz de la realidad, su centro generador. Una
y otra vez vuelve al quechua, no solamente para asumir su condición de quechua hablante autorizado para revisar los errores de
interpretación, que siendo pérdidas del lenguaje son extravíos de
la realidad peruana; sino, esencialmente, para constatar la diferencia de lo real en la diferenciación de la lengua. De una a otra
lengua, la realidad se hace transitiva, traducible pero no indistin-
ta, porque en cada una el objeto y el sujeto responden por un código distinto, cuya racionalidad es cultural. Así, la integridad de
la lengua es el derecho natural de la existencia de un pueblo, y
esta convicción es una práctica y una visión política. Mientras que

---

[6] Sobre el padre Valera véase JOSÉ DURAND, "Los últimos días de Blas
Valera", en *Libro de Homenaje a Aurelio Miró Quesada*, vol. 1., Lima, 1967.

el latín sostiene tanto la autoridad historiográfica de lo escrito como la nobleza de la tradición, que abre su archivo al quechua para que inscriba en él su propia diferencia; el castellano, por su lado, se convierte en la lengua de la transacción, en el espacio de lo cotidiano, que el quechua remonta en su camino hacia el latín. En esas tres dimensiones, el Inca (que ha traducido los *Diálogos de amor* de León Hebreo, y cuyo latín, confiesa, es limitado) trama su estrategia de traslados, incorporaciones y legitimaciones. La cultura (información procesada, intercambiada, preservada) se le revela como una compleja producción de signos que tienen sentido en el espacio mayor de una comunicación plurilingüe y multiétnica; allí donde el sujeto es un héroe del discurso, un fundador del lenguaje que lo constituye, y en el que elabora su espacio virtual[7].

"Soy el copista de aquellos cuya verosimilitud o mayor autoridad demanda que se les dé crédito" (Prefacio a *De viris illustribus*), escribió Petrarca; y Garcilaso, apoderándose de esa tradición autorial diversificada, convoca en sus *Comentarios*, junto al mestizo Blas Valera, el relato más hegemónico pero no menos humanista de Cieza de León y la reflexión más erudita y ortodoxa del padre José de Acosta. La robusta autoridad de Gómara y el alerta testimonio del contador Zárate completan su esquema de autoridades, verdaderas mediaciones de la información, que le permiten introducir en su narrativa un sistema de verificación crítico y puntual. Pero este acopio de pruebas no se limita a sostener la verdad de los hechos, ya que Garcilaso está interesado sobre todo en los efectos de la verdad, en la persuación de lo verosímil, en el orden que éste sostiene y en el lugar que ocupa histórica y culturalmente[8]. O sea, la narrativa se desdobla en discurso político. Por eso, en el mapa de las conexiones posibles con la tradición historiográfica no se puede dejar de considerar la noción histórica de Maquiavelo, que es fundamentalmente política. Para él, ya no se trata sólo de elogiar a Roma sino de criticarla y aprender

---

[7] Sobre la función cultural y etnológica de la traducción pueden consultarse SUSANA JÁKFALVI-LEIVA, *Traducción, escritura y violencia colonizadora: Un estudio de la obra del Inca Garcilaso*, Maxwell School, Syracuse University Press, Syracuse, 1984 y REGINA HARRISON, *Signs, Songs, and Memory in the Andes, Translating Quechua Languague and Culture*, University of Texas Press, Austin, 1989.

[8] PUPO-WALKER, *La vocación literaria del pensamiento histórico en América*, pp. 74-76 anota la importancia de la verosimilitud en la historia, término que es ya utilizado por Petrarca.

de su historia. Después de todo, el estudio del pasado puede servirnos para el porvenir. Y su *Historie fiorentine* termina con la muerte de Lorenzo de Medici en 1492, precisamente al comienzo de la más destructiva serie de nuevas invasiones "bárbaras"[9]. No es una coincidencia que los *Comentarios reales* terminen con la matanza que hace el tirano Atahuallpa de la familia real cuzqueña, a la que pertenece el propio Garcilaso, como bisnieto de Túpac Yupanqui, el antepenúltimo emperador inca. En una suerte de apéndice, Garcilaso cuenta que ha recibido una carta de los descendientes imperiales, que viven en el Cuzco, quejándose de su postración y reclamando justicia real; con lo cual el relato actualiza el pasado, y en la historia de su familia sobreviviente inscribe la suya propia, diferidamente pero del lado de los vencidos. De un modo no menos elocuente concluye la segunda parte de los *Comentarios*, la *Historia general del Perú*, con la matanza de Túpac Amaru I ordenada por el virrey Toledo, cuya violencia política y distorsión histórica deben habérsele aparecido como una aberración tiránica, lo que le mueve a disputar, en el discurso, la suerte del sentido histórico. Esos dramáticos finales de ambos libros evocan el modelo narrativo cíclico; y si la tragedia se repite es porque la verdad del pasado no es una lección moralmente asumida. El Inca, muchas veces, parece movido por la necesidad de comunicar la urgencia ética de la experiencia histórica.

Pero si por un lado se escribe la historia del Incario para reescribir el presente con un modelo del porvenir (también aquí la *oratio* se decide como *ratio*), por otro lado se da cuenta de los procesos formativos de la nueva cultura, ya que la historia de los orígenes es literalmente un catálogo de las adaptaciones, transplantes e incorporaciones. Por ello, la información debe ser primero procesada, y en ello el Inca lleva la palabra reguladora de la lengua nativa. Se trata de un principio de catalogación. "Los españoles —nos dice en el capítulo 4 del libro segundo— aplican otros muchos dioses a los incas por no saber dividir los tiempos y las idolatrías de aquella primera edad y las de la segunda. Y también por no saber la propiedad del lenguaje para saber pedir y recibir la relación de los indios"[10]. Esta "falta de relación verdadera que tuvieron los historiadores" confunde las series y los géneros, tanto como la ignorancia de la pronunciación confunde los significa-

<hr>

[9] Sigo a Donald R. Kelley, art. cit., en este resumen.

[10] Inca Garcilaso de la Vega, *Comentarios reales de los Incas*, 2 ts., ed. de Ángel Rosenblat, Emecé, Buenos Aires, 1943.

dos. En uno de los ejemplos, el Inca narra la lección de lingüística quechua que da a un sacerdote, lección, nos dice, a *viva voce*, "que de otra manera no se puede enseñar". Ese sacerdote es un maestro de quechua, pero su deficiente competencia sugiere que el procesamiento de la otra cultura falla aquí seriamente. Esa lengua que "mamé en la leche", repite, le lleva a traducir y a corregir, a mediar entre las lenguas y los hablantes con la verdad de la suya propia.

En cambio, en la famosa historia de los melones (un capataz envía al dueño de la hacienda diez melones y una carta que transportan dos indios, a quienes les advierte que no coman de la fruta porque lo dirá la carta), nos encontramos con dos series de signos que los nativos no pueden procesar. La primera es, claro, la letra, pues ignoran la escritura; de modo que cuando deciden comerse un melón esconden la carta para que no los vea, pero cuando el dueño lee la misiva descubre la falta de los indios, quienes quedan abrumados por el poder de la letra. No es casual que la letra forme parte de las facultades de los amos, y que la ignorancia indígena sea parte de la "simplicidad de los indios del Nuevo Mundo" (cap. 29, libro nono). Pero la otra ignorancia es menos evidente. En el camino, llevando los melones, uno de los indios le dice al otro: "¿No sabríamos a qué sabe esta fruta de la tierra de nuestro amo?" Se trata, dice el Inca, de los primeros melones que se dieron en Lima, en Pachacámac, que fue el centro religioso de la costa peruana. No conocer la escritura es, en este ejemplo, paralelo al desconocimiento del sabor del fruto de una tierra que "mostraba su fertilidad". Esa doble ignorancia supone la pérdida de la misma tierra, que ya no es de los indios sino de "nuestro amo". Y, sin embargo, el ejemplo de la pérdida es la ganancia del relato: no sólo por gracia de la historia popular, que asocia los orígenes a la fábula de la abundancia, sino porque esa historia popular es una alegoría del conocimiento socialmente sancionado. Los indios ignoran saber y sabor, pero el relato del Inca les devuelve, con la palabra del origen, la sabiduría de las reparaciones equivalentes y el gusto de la fábula.

En efecto, el proceso del intercambio sígnico (después del procesamiento de la información, el otro mecanismo definitorio de la cultura) se cumple en los *Comentarios reales* como una intensa, proliferante, fecunda interacción hecha sobre la "fertilidad" de la tierra. El discurso de la abundancia registra el repertorio de estos intercambios, que son emblemáticos de las incorporaciones que hacen las Indias de la nueva información llegada de España.

Si la naturaleza es procesal, el mundo natural se enriquece gracias a esta fecundidad del Nuevo Mundo. Y no sólo por la historia providencialista que hace de las Indias el destino de España, su realización; sino porque en el discurso crecen estos frutos y frutas como la nueva hipérbole americana de la representación barroca. Si, en efecto, en la perspectiva, el naturalismo de la imagen supone una presencia del sujeto renacentista en el mundo, en la percepción de los nuevos objetos americanos (como el famoso rábano gigante) opera, en cambio, un nuevo sistema de representación: el objeto no obedece a la geometría de la perspectiva, al control nominal de la serie y al dictamen de los sentidos; el objeto excede el campo de la nominación y de la visión, y se hace inverosímil al punto de poner a prueba la verificación. El Inca se apresura a sumar testigos (un interlocutor autorizado le dice: "yo soy testigo de vista de la grandeza del rábano") pero no deja de asombrarse de su propio registro: "temía poner el grandor de las cosas nuevas de mieses y legumbres que se daban en mi tierra, porque eran increíbles para los que no habían salido de las suyas" (cap. 29). Estas cosas nuevas son emblemas del intercambio, pero de un intercambio sígnico no previsto en los sistemas de la representación, ya que la naturaleza en Indias transfigura el objeto con el nuevo valor de la abundancia. Hasta el padre Acosta reconoce la peculiaridad de estos transplantes, y se complace el Inca en ello ya que su "autoridad refuerza mi ánimo para que sin temor diga la gran fertilidad que aquella tierra mostró a los principios con los frutos de España, que salieron espantables y increíbles" (cap. 29).

Pero estos objetos que no corresponden ya al sistema de clasificación y descripción español proliferan no sólo en la tierra fértil sino en la fertilidad del discurso. Es en el discurso donde su carácter barroco actúa como el emblema de la nueva cultura. En primer lugar, porque la realidad europea es transformada por el nuevo sistema de las incorporaciones; y en segundo lugar, porque las Indias ponen en crisis los medios de la representación homogeneizadora, eurocentrista, y demandan su lugar propio y su nuevo discurso. Este barroco inmanentista y fecundo se define así en tanto sistema de representación alterno. Los signos tienen nombre pero adquieren en este nuevo discurso un re-nombre imprevisto. Por lo tanto, el repertorio de la Edad de Oro ocurre como una segunda fundación. Lo que el Inca llama "los principios" son un espacio edénico recobrado de la mitología de los orígenes pero renombrado en su nuevo recomienzo por el discurso de la cultura naciente. Así, el mundo natural se convierte en el modelo fecundo del modelo cultural[11].

Por eso, el árbol nativo que da nuevos frutos con el injerto español se levanta como el emblema de estas incorporaciones y crecimientos. También por ello los mestizos se desarrollan desde la fuente aborigen, haciendo suya la información disponible. En el Prólogo a la segunda parte de los *Comentarios* leemos lo siguiente:

> Pues ya de sus agudos y sutiles ingenios [de los mestizos], hábiles para todo género de letras, valga el voto del doctor Juan de Cuéllar, canónigo de la Santa Iglesia Catedral de la imperial Cozco, que, siendo maestro de los de mi edad y suerte, solía con tiernas lágrimas decirnos: ''¡Oh hijos, y cómo quisiera ver una dozena de vosotros en la Universidad de Salamanca!'', pareciéndole podían florecer las nuevas plantas del Perú en aquel jardín y vergel de sabiduría. Y por cierto que tierra tan fértil, de ricos minerales y metales preciosos, era razón criasse venas de sangre generosa y minas de entendimientos despiertos para todas artes y facultades, para las cuales no falta habilidad a los indios naturales y sobra capacidad a los mestizos, hijos de indias y españoles o de españolas e indios, y a los criollos, oriundos de acá, nacidos y connaturalizados allá[12].

El discurso barroco de la nueva cultura tiene un agente virtual: el sujeto que trama la fertilidad de la naturaleza y la del intelecto; sujeto plural (indio, mestizo y criollo), hace del discurso, por lo pronto, su espacio multiétnico. Otra vez, la cultura adquiere la forma de una demanda política por los derechos del saber y la universalidad del conocer.

En este mismo Prólogo el Inca Garcilaso convoca a los ''varones apostólicos'' (testigos de privilegio) para afirmar que ''con las

---

[11] Sobre este punto puede verse mi ensayo ''Para una teoría del texto latinoamericano: Colón, Garcilaso y el discurso de la abundancia'', *RCLL*, 1988, núm. 28, pp. 101-115, donde se discute la construcción de este modelo. En cuanto a la representación y la descripción, puede consultarse MICHAEL BAXANDALL, *Patterns of Intention, on the Historial Explanation of Pictures*, Yale University Press, New Haven, 1985, así como MARGARET R. MILES, *Visual Understanding in Western Christianity and Secular Culture*, Beacon Press, Boston, 1985. Es muy útil el resumen crítico de DAVID CAST, ''Humanism and Art'', en el tomo de Albert Rabil ya citado (pp. 412-449). Todavía nos falta un estudio sistemático sobre la perspectiva, la percepción y el discurso cultural en América Latina.

[12] INCA GARCILASO DE LA VEGA, *Historia general del Perú, Segunda parte de los Comentarios reales de los Incas*, 3 ts., ed. de Ángel Rosenblat, Emecé, Buenos Aires, 1944.

primicias del espíritu'' los indios "hacen a los de Europa casi la ventaxa que los de la iglesia primitiva a los cristianos de nuestra era''. La idea no es nueva, pero le sirve para reordenar la cronología, y hacer que la fe católica se desplace de Europa a Indias ("a residir con las antípodas''). Ello implica que los incas fueron cristianos sin saberlo, y que esperaban la evangelización para ser mejores cristianos que los europeos. Por lo mismo, su civilización moral podía competir con ventaja con Persia, Egipto, Grecia y Roma (Prólogo, pp. 9-10). Si ello ocurre en la dimensión religiosa y moral, en la política no es menor la calidad filosófica, la tolerancia y la sabiduría de su gobierno y su república, verdaderos modelos contrastantes de la violencia y la arbitrariedad de los poderes metropolitanos. En el capítulo 10 del libro sexto se lee: "Esta nación tan poderosa y tan amiga de perros, conquistó el Inca Cápac Yupanqui con regalos y halagos más que no con fuerza de arma porque pretendían ser señores de los ánimos antes que de los cuerpos''. La noción colonial de conquista es aquí ajena a la práctica política imperial, y probablemente su uso es sólo contrastivo, ligeramente paradójico, ya que tampoco se trata de una "conquista espiritual'' (lugar común difundido sin mayor escrutinio, que vale la pena poner en cuestión), sino de una distinta: la asociación política, pacífica y negociada[13].

No obstante, a pesar de las evidencias y las promesas, la experiencia colonial está hecha también por la carencia. Y es sobre ella que la abundancia trabaja, no para ocultarla o diferirla, sino para denunciar, hasta donde es posible hacerlo, la disparidad entre la palabra y el hecho, entre el discurso ideológico y la práctica colonial. Después de todo, son las injusticias y agonías de la carencia las que agudizan las demandas de la abundancia posible. No es que una sea más real que la otra, sino que las pruebas de la abundancia deducen una virtualidad correctiva, una resolución política. Por eso, se lamenta el Inca: "Y con ser la tierra tan rica y abundante de oro y plata y piedras preciosas, como todo el mundo sabe, los naturales della son gente más pobre y mísera que hay en el universo'' (cap. 4, libro octavo).

Esa conciencia trágica de la escritura es también una operación cultural reparadora. Luego del procesamiento, después del intercambio, la información, en efecto, debe ser preservada; y,

---

[13] Sobre este importante aspecto político puede verse el consistente análisis que hace FRANCES G. CROWLEY en su *Garcilaso de la Vega, el Inca and his Sources in "Comentarios reales de los Incas"*, Mouton, The Hague, 1970.

justamente, los *Comentarios reales* se definen por su sistema de conservación, que en la memoria, en el registro, en el testimonio, en la verificación y en la crítica organizan, al modo de un instrumento de auto-preservación, la información que debe ser salvada de la destrucción y proyectada, como ejemplo didáctico y como modelo virtual, al lector futuro, al Perú por hacerse. Lo dice el Inca: "Yo, incitado del deseo de la conservación de las antiguallas de mi patria, esas pocas que han quedado, porque no se pierdan del todo, me dispuse al trabajo tan excesivo como hasta aquí me ha sido y delante me ha de ser, el escribir su antigua república hasta acabarla" (cap. 8, libro séptimo). Escribir es conversar: el libro equivale a la memoria pero también a la actualidad reparadora; y en él, como en un mapa del presente hecho por el pasado para que sea rehecho en el futuro, puede leerse a sí mismo ese Perú virtual, cuyas carencias deben ser reescritas por su abundancia.

La violencia, ciertamente, no deja de asombrar al Inca, por su gratuidad y ceguera. Hablando de una fortaleza derribada por los conquistadores, dice: "Desta manera echaron por tierra aquella gran majestad, indigna de tal estrago que eternamente hará lástima a los que la mirasen con atención de lo que fue; derribándola con tanta priesa que aun yo no alcancé della sino las pocas reliquias que he dicho". Y, sin embargo, los monumentos y virtudes del Incario están de pie en el libro, que los levanta y revela como la demostración del ingenio y la destreza de su pueblo, que ninguna conquista podría borrar.

Todo comienza ("a la puerta de este gran laberinto") en el interior del sujeto que se remonta a su infancia, a la lengua materna y al linaje indígena, "para contar lo que en mis niñeces oí muchas vezes a mi madre y a sus hermanos y tíos y a otros sus mayores acerca deste origen y principio". El comienzo, en efecto, es la historia interna del sujeto que escribe la escena original de la voz, allí donde escucha y transcribe: "Y será mejor que se sepa por las propias palabras que los Incas lo cuentan que no por las de otros autores españoles". El autor es también un inca, y en el seno del habla materna recibe su propia voz. El sujeto habla de su propia historia cultural al trazar el origen de su relato histórico: el objeto narrado es el sujeto dialógico, construido por el cuento y el diálogo, por la memoria que le cede el encargo del habla de la tribu. El cuento es la información sobreviviente, que el narrador preserva. Ese testimonio mide lo perdido en la historia y lo recobrado en el discurso. Leemos:

Es assí que, residiendo mi madre en el Cozco, su patria, venían a visitarla casi cada semana los pocos parientes y parientas que de las crueldades y tiranías de Atahuallpa [. . .] escaparon, en las cuales visitas siempre sus más ordinarias pláticas eran tratar del origen de sus Reyes, de la majestad dellos, de la grandeza de su Imperio, de sus conquistas y hazañas, del gobierno que en paz y guerra tenían, de las leyes que tan en provecho y favor de sus vasallos ordenaban (cap. 15, libro primero).

Lo que sigue prefigura la historia del autor en el ritual del diálogo:

En estas pláticas yo, como muchacho, entraba y salía muchas veces donde ellos estavan, y me holgara de las oír, como huelgan los tales de oír fábulas. Passando pues días, meses y años, siendo ya yo de diez y seis o diez y siete años, acaesció que, estando mis parientes un día en esta su conversación hablando de sus Reyes y antiguallas, al más anciano dellos, que era el que dava cuenta dellas, le dixe: "-Inca, tío, pues no hay escritura entre vosotros, que es la que guarda la memoria de las cosas passadas ¿qué noticia tenéis del origen y principio de nuestros Reyes? Porque allá los españoles y las otras naciones, sus comarcanas, como tienen historias divinas y humanas, saben por ellas cuándo empezaron a reinar sus Reyes y los ajenos [. . .] que todo esto y mucho más saben por sus libros. Empero vosotros, que carecéis dellos ¿qué memoria tenéis de vuestras antiguallas?, ¿quién fue el primero de nuestros Incas?, ¿cómo se llamó?, ¿qué origen tuvo su linaje? [. . .] ¿qué origen tuvieron nuestras hazañas?"
[Y el tío le responde] "-Sobrino, yo te las diré de muy buena gana; a ti te conviene oírlas y guardarlas en el corazón (es frasis dellos por dezir en la memoria)".

Esta actualización de la escena primaria del diálogo está construida por una autodefinición del sujeto. El sujeto se excluye de su linaje, cuando dice "no hay escritura entre vosotros" pero se incluye en él cuando pregunta por el principio de "nuestros Reyes". Asimismo, se separa de los españoles cuando habla de "sus Reyes" y "sus libros". Y vuelve a distanciarse de los suyos cuando pregunta "vosotros. . . ¿qué memoria tenéis de vuestras antiguallas?" Y, por fin, suma las personas del sujeto colectivo en "nuestros Incas" y "nuestras hazañas". Esa oscilación de la pertenencia al grupo ocurre como una verdadera identificación del lugar pronominal desde donde habla del sujeto: habla desde el lenguaje que interroga al pasado, y pregunta por sí mismo al indagar por la historia colectiva. Pero si no pertenece al pasado (que es vuestro, de los ancianos) ni a los españoles (ellos se nombran en su propia historia, en sus libros), ¿desde dónde pregunta este sujeto? Pregunta desde el diálogo, desde ese umbral del futuro, donde no hay escritura incaica y donde la memoria oral y quechua, que él debe traducir, lo convierte en el heredero y en la herencia, en sujeto y objeto, al mismo tiempo, del pasado que se incribe en el presente como una profecía nativa. Por eso, la pregunta por la memoria del *vosotros* es respondida apelando a *tu* memoria: tú eres quien debe recordar, responde el inca tío, anticipando la historia preservada en el Libro.

Y concluye el Inca:

> Esta larga relación del origen de sus Reyes me dio aquel Inca, tío de mi madre, a quien yo se la pedí, la cual yo he procurado traducir fielmente de mi lengua materna, que es la del Inca, en la ajena, que es la castellana, aunque no la he escrito con la majestad de palabras que el Inca habló ni con toda la significación que las de aquel lenguaje tiene, que, por ser tan significativo, pudiese haverse entendido mucho más de lo que se ha hecho.

No en vano el inca tío es llamado "tan buen archivo".

En la dedicatoria de los *Diálogos de amor* Garcilaso había escrito: "mi madre, la Palla doña Isabel, fue hija del Inca Gualpa Topac, uno de los hijos de Topac Inca Yupanqui y de la Palla Mama Ocllo, su legítima mujer, padre de Guayna Capac Inca, último rey que fue del Pirú" (p. 7). Garcilaso, entonces llamado Gómez Suárez de Figueroa, vivió con su madre y su padre, el noble y rico capitán español Garcilaso de la Vega, los doce primeros años de su vida, y la casa de Cusipata era frecuentada por la familia materna. La Palla Isabel Chimpu Ocllo, llamada Isabel Juárez, era nieta de Túpac Yupanqui, antepenúltimo emperador inca; y el inca tío, siendo "tío de mi madre", debe ser hermano de Gualpa Topac, esto es, otro de los hijos de Túpac Yupanqui. De tal manera que el inca tío es, en verdad, tío abuelo del Inca Garcilaso. Tratándose de Garcilaso, que se había demostrado prolijo en asuntos de su nobilísima genealogía española, estas precisiones no resultan vanas. Y, lo que es más importante, acontecen dentro del peculiar sistema de parentesco incaico, cuya trama intrincada podría iluminar el lugar desde donde el Inca Garcilaso habla[14]. Esa interioridad del linaje en la historia, del

---

[14] Véase el trabajo de FLOYD G. LOUNSBURY, "Some Aspects of the Inka

sujeto cultural en el sujeto histórico, parece sugerir aquí que entre el bisabuelo (Túpac Yupanqui, el antepenúltimo emperador) y el bisnieto (el Inca Garcilaso), la cuarta instancia de la descendencia, se restablece el ciclo del linaje: el bisnieto se convierte en el reemplazo del bisabuelo, y otro ciclo empieza con él. El inca tío sería, así, el oficiante del ritual del parentesco, al trasladar en el joven mestizo el encargo de una nueva historia, de una memoria que recomienza. El diálogo es, por lo tanto, la escena emblemática de la autorrevelación: el joven, en la traslación escrita de la palabra oral, se transforma en el autor; escribir es su tarea, hacer el mapa de la memoria, el modelo de la patria realizada. Sólo que en lugar del linaje nos deja otro libro, hecho desde el quechua distintivo y desde el parentesco simbólico. Por eso, en la escritura, ha dejado de ser Gómez Suárez de Figueroa y se ha dado el nombre de Inca Garcilaso de la Vega, el primer inca de nombre español, sin reino y sin destino social, que debe construirse como sujeto en el libro de la memoria y del porvenir, de la historia y de la nueva cultura. Ese nombre, por lo demás, renombra a su padre y lo incorpora en la interioridad del nuevo sujeto a la familia de su madre. Simbólicamente, indianiza a España. Nombrando a una imagen del yo en el lenguaje de la nueva cultura, el escritor se inscribe en su propio libro como el primer habitante del discurso americano.

Julio Ortega
Brown University

Kinship System'', en John V. Murra *et al.* (eds.), *Anthropological History of Andean Politics*, Cambridge University Press, Cambridge, 1986, pp. 121-136; originalmente publicado como un número de *Annales*, Paris, 1978, vol. 33, núms. 5-6.

AMÉRICA Y LA POESÍA ÉPICA ÁUREA:
LA VERSIÓN DE ERCILLA

A la memoria de Marcos A. Morínigo

De los casi doscientos poemas épicos escritos entre 1550 y 1700, la materia de América generó una veintena de textos a lo largo de los dos siglos áureos[1].

Ciertamente en América también se publicaron poemas épicos de tema religioso e histórico, pero no son de interés para el tema que nos ocupa[2]. Las razones por las que los hechos de la realidad histórica se convierten en inmediata materia digna de ser narrada son complejas y difíciles de individualizar o jerarquizar. Las sociedades y sus escritores objetivan su propia contemporaneidad, meditan acerca de ella, de manera muy distinta a como se la observa desde la distancia histórica. Vivir y contar lo vivido, ya se sabe, son actividades que entran en conflicto y contradicción por naturaleza, porque decidir lo que se va a contar es, irremediablemente, inventar el pasado. A este respecto, el descubrimiento del continente americano por los españoles y la ocupación de una gigantesca parte de su territorio, más o menos completada para 1545[3], recibió un tratamiento literario singular en el que, en mi opinión, dos géneros se destacan por la jerarquía de sus textos: el discurso histórico y el discurso épico.

Que ambos se puedan mencionar unidos y se puedan ver hoy como variedades que también caben en la historia literaria, tiene más que ver con nuestra lectura

---

[1] Cf. F. Pierce "La poesía épica española del Siglo de Oro" en *Edad de Oro* IV (1985) 87-106, espec. 88-90. Ver también P. Piñero Ramírez "La épica hispanoamericana colonial" en L. Íñigo Madrigal, coord. *Historia de la literatura Hispanoamericana*, Madrid: Cátedra, I, 161-188, espec. 183-184.

[2] Cf. los apéndices bibliográficos en F. Pierce, *La poesía épica del Siglo de Oro,* Madrid: Gredos, 1968, 327-375 y la correspondiente en el artículo de Piñero Ramírez citado en la nota anterior.

[3] Cf. Ch. Gibson, *Spain in America,* N. Y. Harper, 1967, 24-35; R. Konetzke, *América Latina II. La época colonial,* Madrid: Siglo XXI, 1972, pp. 34 y ss.

actual que con las características con que se los dotó en el momento de su producción[4].

En el caso de Ercilla, la identificación de épica e historia fue durante mucho tiempo suficientemente intensa como para que se considerara a *La Araucana*, desde su publicación, como fuente documental imprescindible. El propio Ercilla se ocupó de que ello fuera así, a lo largo del texto y aun antes del texto mismo. En efecto, en su *Aprobación*, el capitán Juan Gómez, al final de la edición princeps de la Primera Parte, Madrid, Pierres Cossin, 1569, sostiene que "en lo que toca a la verdad de la historia, yo no hallo cosa que se pueda emendar por ser, como es, tan verdadera, así en el discurso de la guerra y batallas y cosas notables como en la descripción y sitios de la tierra y costumbres de los indios; y esto puedo decir como hombre que ha estado en ella más de 27 años, siendo de los primeros que entraron a conquistarla y me hallé en lo más dello y vi a don Alonso de Ercilla servir a su Majestad en aquella guerra donde públicamente escribió este libro"[5].

En la Dedicatoria a Felipe II al frente del texto Ercilla le recuerda que "entre las mismas armas, en el poco tiempo que dieron lugar a ello, escribí este libro" y en el *Prólogo* de la misma edición advierte a los lectores que el poco tiempo libre que tuvo durante la campaña "le gasté en este libro, el cual porque fuese más cierto y verdadero, se hizo en la misma guerra, y en los mismos pasos y sitios, escrebiendo muchas veces en cuero por falta de papel y en pedazos de cartas, algunos tan pequeños, que apenas cabían seis versos, que no me costó poco trabajo juntarlos".

Este valor testimonial ha terminado por teñir todo el texto de *La Araucana* a pesar de que recién en la Segunda Parte, XVI, 21 se funden finalmente narrador y actor para dar intenso sesgo autobiográfico al poema[6]. Pero *La Araucana*, precisamente por la autoridad que le confería esta sensación de inmediatez, alimentada por el propio Ercilla, terminó por convertirse en documento histórico y se ha tenido en cuenta para el estudio de las crónicas posteriores de Alonso de Góngora Marmolejo y de Pedro Mariño de Lobera, así como también de la contemporánea de Gerónimo de Vivar[7]. En efecto, junto con las *Cartas* de Valdivia y la obra de Vivar (recientemente descubierta, pero ya citada en el siglo XVII por Antonio de

---

[4] Para precisiones metodológicas y características textuales del material historiográfico colonial, v. Walter Mignolo, "Cartas, crónicas y relaciones del descubrimiento y la conquista" en L. Íñigo Madrigal, coord. *o.c.*, pp. 57 y ss.

[5] Para este capitán, v. José Medina "Juan Gómez de Almagro, el que aprobó *La Araucana*" en *Revista Chilena de Historia y Geografía* XX, 24 (1916), 5-42.

[6] Cf. J. B. Avalle-Arce "El poeta en su poema (El caso Ercilla)" *Revista de Occidente*, XCV (1971), 152-169, especialmente p. 159, en donde retrotrae la experiencia personal de Ercilla a la octava 69 del Canto XII de la Primera Parte.

[7] Cf. el excelente estudio de José Durand "Caupolicán, clave historial y épica de *La Araucana*" *Revue de Littérature Comparée* LII (1978), 367-389. Para la *Crónica y relación copiosa y verdadera de los Reinos de Chile* de Gerónimo de Bibar o Vivar, v. ahora la pulcra edición de Leopoldo Sáez-Godoy, Berlín: Colloquium Verlag, 1979.

León Pinelo)[8], *La Araucana* ha pasado a ser la fuente documental básica para el conocimiento de la conquista de Chile y de sus primitivos habitantes. En general, los hechos bélicos, las referencias geográficas y culturales de lo que es hoy el territorio de Chile y de sus pobladores, no han sido desmentidos por las otras fuentes documentales. El poema, en cambio, debe verse, en mi opinión, como la compleja fusión de sucesos históricos referidos y hechos personales, narrados ambos dentro de las convenciones de un género y filtrados a través de una postura ideológica, es decir, dentro del marco de ideales políticos y principios éticos, que se identificaba con el poder imperial. *La Araucana* es, en uno de sus niveles de significación más importantes que aquí será tratado tangencialmente, un texto panegírico y también apologético, es decir, político.

Es también, si se exceptúan cuatro poemas menores sin mayor importancia, la única obra literaria de don Alonso de Ercilla[9].

América es, pues, en cierto modo, la fuente única de su inspiración; los casi dos años de su vida en Chile y los casi ocho en América desde 1555 a 1563, marcan el origen de su actividad de creación literaria que se extenderá con esta única obra, por lo menos hasta 1590, es decir, unas dos terceras partes de su vida.

Pero si la experiencia americana moldea la vida del escritor, el mundo americano del texto va cambiando también a lo largo de las tres Partes que se van publicando en 1569, 1578 y 1589 y aún póstumamente, en la versión completa de 1597. La evolución de Ercilla como poeta, como pensador, como testigo y juez de la empresa americana, se reflejará inevitablemente en el lento proceso de elaboración de este texto abierto, como lo requiere su voluntad histórica.

Así, pues, el momento de la escritura no puede restringirse, como hemos visto que Ercilla y su camarada Juan Gómez pretendían, a la inmediata cercanía de los hechos. Sin embargo, este pormenor hiperbólico generado para aumentar la "historicidad" textual, tuvo temprana aceptación literal y ya un buen lector de Ercilla como lo era el jesuita Joseph de Acosta en su *Historia natural y moral de las Indias* (1590) reconstruyó algo ecológicamente el comentario, como ejemplo paradigmático. Así, escribiendo acerca del plátano y de sus virtudes afirma, después de mencionar las bondades del fruto: "Todavía las hojas secas sirvieron a don Alonso de Ercilla (como él dice) para escribir en Chile algunos pedazos de *La Araucana;* y a falta de papel no es mal remedio, pues será la hoja del ancho de un pliego de papel[10]..."

[8] Cf. *Tratado de Confirmaciones Reales.* Parte I, cap. VII, fol. 34 v., ed. facsímil de 1630 en Biblioteca Argentina de Libros Raros Americanos 1, Buenos Aires, 1922 y *Epítome,* título IX "Historias del Reino de Chile" fol. 85, ed. facsímil de 1629, Washington, 1958.

[9] Las otras obras son una temprana Glosa publicada por López de Sedano en el *Parnaso español* en 1770; un romance sobre la acción naval frente a las Azores en 1582 y dos sonetos a él atribuidos. Cf. José T. Medina, *Vida de Ercilla.* México: FCE, 1948, pp. 31, 132, 138-139 y 400.

[10] Libro IV, c. XXI, p. 116a, BAE, t. LXXIII.

La América que refleja *La Araucana,* sin embargo, llegará a sus lectores a través de la experiencia cortesana de su autor, pues la Primera Parte se imprimió casi seis años después de la vuelta de Ercilla a España y de varios viajes dentro y fuera de España. La decisión de dedicarla a Felipe II y hacerlo su narratario, su mejor lector, habrá puesto en acción una compleja tarea de selección, reordenamiento y pulimiento del material recogido en Chile, cualquiera haya sido el momento en que Ercilla decidió tal dedicatoria y tal interlocutor[11].

El poema se habría de convertir en un texto exaltador del imperio. La conquista de Chile se transforma así en parte de un diseño y un designio más general y adquiere otra perspectiva. No se trata de las aventuras guerreras de un puñado de soldados en el extremo sur de un continente nuevo y desconocido sino de hechos centrales en la idea misma de gobierno de Felipe II. Esta centralidad explica que en este texto sobre la jornada americana se incluya, en la Segunda Parte, canto XXIV, una descripción de la batalla de Lepanto que sigue muy de cerca el texto de la *Relación...* de Fernando de Herrera a quien, por otra parte, Ercilla había de aprobar las *Anotaciones* a Garcilaso en 1580. Y también explica que la Tercera y última Parte se cierre (y no se cierre) con la explicación de la jornada de Portugal[12]; la posesión más cercana a la Corona se une así a la más remota. Lejos de ser estos Cantos, junto con la descripción del asalto a San Quintín en los cantos XVII y XVIII, meros añadidos, son parte estructural de la idea que el poema genera: la unidad firme de la empresa de Felipe II. Esta visión triunfalista de la epopeya española, por lo demás, influyó sobre la épica posterior. Lepanto y Portugal reaparecerán en un texto que canta las hazañas en México de Hernán Cortés: *El peregrino indiano* de Antonio de Saavedra Guzmán de 1599[13]. América se transforma así, desde la experiencia personal de Ercilla en el atalaya más apropiado para observar el mundo de Felipe II y, a su vez, las acciones bélicas en Chile con el tributo del poeta a su monarca.

Que son digno tributo, lo literaturiza Ercilla mediante los recursos más ennoblecedores del género. Los araucanos adquieren así estatura literaria épica y ella quedará inextricablemente unida al discurso histórico.

Desde el mismo título, que es adaptación al castellano del topónimo indígena Arauco, los antiguos pobladores del centro del actual territorio de Chile, que se llamaban a sí mismos *mapuches* o 'pobladores de la tierra' son, hasta hoy, de alguna manera, la recreación de Ercilla[14].

---

[11] Al Rey se dirige la voz poética numerosas veces directamente, además de las treinta y tres referencias directas que aparecen en el texto. Cf. F. Pierce, *Alonso de Ercilla y Zúñiga,* Amsterdam: Radopi, 1984, p. 56.

[12] En efecto, Ercilla dejó abierta la posibilidad de una continuación en el Canto XXXVI, p. 43.

[13] Para un análisis agudo y marcadamente ideológico de "la mirada imperial" como elemento unificador del poema, v. Jaime Concha "El otro Nuevo Mundo" en *Homenaje a Ercilla.* Concepción: Universidad de Concepción, 1969, pp. 31-82; para San Quintín, pp. 38 y ss.

[14] V. G. Friederici, *Amerikanistisches Wörterbuch* s.v. *mapuche;* A. Tovar, *Catálogo de las lenguas de América del Sur,* p. 22 y ss.; T. Buesa, "Americanismos" en *Enciclopedia Lingüística Hispánica* III p. 347.

En efecto, este acto de nominación es, en verdad, un acto de construcción de la realidad de los pobladores de Chile y un modo de estructurarla y autorizarla para sus lectores y, finalmente, para la historia[15].

No debe sorprender, pues, que los apelativos del poema sean también los que califiquen a los araucanos por antonomasia. Así, Ercilla recurre al latinismo *indómito* de estirpe ovidiana (*Metamorphoseon* XIII, 355) sin documentación previa en textos literarios castellanos para calificar a los araucanos; y será éste el adjetivo que los distinguirá a lo largo del poema desde el primer Canto en cuya octava 47 se dice de "esta soberbia gente libertada" que

> siempre fue esenta, indómita, temosa
> de lengua libre y de cerviz erguida

de esta acumulación adjetiva se distinguirá *indómito* como el epíteto que mejor define a los defensores del territorio de Arauco; y así, *Autoridades* ejemplificará su uso con un texto posterior de la *Historia de Chile* del padre Alonso de Ovalle y ya a fines del XVI Hernando Álvarez de Toledo titulará su poema *El Purén indómito*, en abierto homenaje al autor de *La Araucana*. En el siglo XVIII don Antonio de Alcedo en su memorable *Diccionario geográfico-histórico de las Indias occidentales o América*, en el artículo *araucanos*, los define con fórmulas del discurso literario que tiene su origen en el texto de Ercilla; "son enemigos implacables de los españoles, que no han podido nunca reducirlos ni sujetarlos, para evitar los muchos estragos que han hecho varias veces en todo aquel reino con sus invasiones, sorprendiendo las ciudades, las fortalezas y las campañas sin perdonar la vida a ningún español... sus ejércitos se forman de todas las tribus que convocan con el mayor sigilo y se dividen en caballería e infantería; su primer ataque es terrible... son robustos, hermosos y liberales;..."

En el artículo sobre *Purén* recuerda Alcedo que el valle es "célebre por los combates que en él han tenido los españoles contra los araucanos, haciéndolo teatro de las acciones más gloriosas".

Esta legendaria resistencia de inicial factura literaria adquiere, sin embargo, valor premonitorio en un caso singular; el topónimo *Elicura* mencionado por Caupolicán en III, 85, 7, pero ausente de los textos de los cronistas Góngora Marmolejo y Mariño de Lobera, reaparece en el mismo *Diccionario* de Alcedo como testimonio de la resistencia de los lugareños. La tersa definición declara sobriamente que es "Sitio del reino de Chile, al mediodía del fuerte de Paicaví, célebre por la gloriosa muerte que padecieron, a manos de los indios de Purén los venerables padres de la distinguida compañía, Martín de Aranda, natural de Chile, Horacio Vechi de Sena y Diego Montalbán de Méjico, el 14 de diciembre del año 1612". El enfrentamiento de estos textos con el de Ercilla no puede ser más alec-

---

[15] Pierre Bourdieu, *Ce que parler veut dire*, París: Fayard, 1982, pp. 99 y ss.

cionador y da, con la perspectiva del tiempo que lo separa del hombre ilustrado que fue Alcedo, un aire profético no intencional a *La Araucana*. De este modo, el discurso literario que Ercilla elige parece corroborar la contundente precisión de los hechos históricos y la adaptación de los modelos clásicos parece la única posible para la visión del vencedor. Por ello, las imágenes son intercambiables, porque el heroísmo tiene dimensiones semejantes. Lo épico de estos encuentros guerreros se reafirma en los recursos formales del género; lejos de ser un molde que obliga a permanentes constricciones expresivas y narrativas, la épica resultaba para Ercilla la convención necesaria, el espacio que le permitía la libertad de lo imaginario para el relato de su experiencia.

Esto explica la inevitable y brillante presencia de Virgilio y Ariosto como los polos entre los que la épica se convierte en marco flexible de dimensiones múltiples. Pero también Garcilaso, quien desde la lírica da al endecasílabo castellano los mecanismos de expresión que Ercilla volverá a trasladar al ámbito épico original.

Nada ilustra mejor esta actitud de Ercilla que el examen pormenorizado de los recursos retóricos. Así, por ejemplo, el símil venatorio sirve para ambas partes del conflicto y en cada ejemplo hay hábiles cambios que merecen especial atención.

En III, 62, comienza una comparación con la caza como parte de la vigorosa y dramática relación de la muerte de Valdivia; la elección de este recurso retórico se justificaba ante el lector competente por la larga y brillante tradición clásica y ciertamente española e italiana. Desde Séneca y Lucano[16] a Ariosto y Garcilaso, esta imagen del lebrel atraillado e impaciente por perseguir la caza o atacarla se rehace con Ercilla en un procedimiento de dinamización que exalta la carrera misma y recrea la ansiedad de la muerte próxima. Ercilla rinde un brillante homenaje a Garcilaso al recordar la Égloga II, 1666-1669

> Como lebrel de Irlanda generoso
> que al jabalí cerdoso y fiero mira
> rebátese, sospira, fuerza y riñe
> y apenas le costriñe la atadura

Toma de este pasaje los aspectos léxicos fundamentales del símil; *lebrel, Irlanda, generoso, cerdoso, fiero,* pero rehace la imagen completamente para dramatizar el intento de huida de Valdivia y un clérigo, que habían quedado solos, además de otros pocos españoles, en medio de araucanos flecheros que habían ido eliminando "de dos en dos y de tres en tres" al resto del contingente:

---

[16] Para Séneca, A. Vilanova, *Las fuentes y los temas del Polifemo de Góngora*. Madrid: RFE, Anejo LXVI, 1957. I, pp. 245 y ss.; para Lucano, D. Janik "Ercilla lector de Lucano" en *Homenaje a Ercilla* ya citado, pp. 83 y ss. y, ahora, Gareth A. Davies *"La Araucana* en el espejo de Lucano" en A. Gallego Morell ed., *Estudios sobre literatura y arte dedicados al profesor E. Orozco Díaz*. Granada, 1979.

Cual suelen escapar de los monteros
dos grandes jabalís fieros, cerdosos,
seguidos de solícitos rastreros,
de la campestre sangre cudiciosos,
y salen en su alcance los ligeros
lebreles irlandeses generosos,
con no menos cudicia y pies livianos
arrancan tras los míseros cristianos

En el Canto siguiente, en cambio, la imagen se invierte y los españoles pasan a ser los cazadores y los araucanos la presa:

En cazador no entró tanta alegría
cuando más sin pensar la liebre echada
de súbito por medio de la vía
salta de entre los pies alborotada,
cuanto causó la muestra y vocería
del vecino escuadrón de la emboscada
a nuestros españoles, que al instante
arrojan los caballos adelante

(IV, 13)

Las variaciones de la comparación merecerían detenido estudio, aun a riesgo de deformaciones telescópicas, porque el número de ellas es tan abundante en el poema, pero vale la pena mencionar que en los dos casos el propósito expresivo está muy hábilmente ejecutado: la imagen del lebrel y el jabalí en la primera cita anticipa el sangriento fin de Valdivia, que el texto nos hace percibir como inevitable, desde el trágico retrato que de él se da en el poema. Por otra parte, la doméstica imagen de la liebre refuerza la dimensión heroica del episodio por anticipada antítesis, pues los indios, aparentemente indefensos ante los jinetes españoles, serán finalmente los vencedores en este feroz encuentro, el símil adquiere un matiz irónico final y la liebre, unificación de la multitudinaria rebelión araucana, forzará a huir a los sobrevivientes de este ataque.

Pero la capacidad de variación y uso de un mismo recurso en el extenso poema, escrito a lo largo de muchos años, se da en otros textos. En XXI, 38, la comparación se aplica a uno de los personajes indígenas que atraviesa el poema en medio de explosiones de temeridad de carácter mítico. El joven cacique Rengo, rival permanente de Tucapel y personaje suspendido en la historia para volver a aparecer, probablemente, en continuaciones que nunca escribió Ercilla, es el protagonista de este mismo recurso retórico que inmoviliza a Valdivia en su arrojo final.

En Rengo la comparación se renueva con el dinamismo espectacular reservado a los héroes épicos: en la misma ciénaga, los lebreles de Irlanda se transforman en

"animosos sabuesos" y los jabalíes sólo descriptos en el texto anterior, se dinami-
zan ahora en las típicas acumulaciones verbales que caracterizan las descripciones
bélicas. Las repeticiones etimologizantes, las construcciones correlativas y parale-
lísticas, las hipérboles y las imágenes de tradición ariostesca dan poderosa fuerza a
la escena en la que Rengo intenta inútilmente y con su sola persona, transformar la
derrota en triunfo:

> Cual cerdoso jabalí herido
> al cenagoso estrecho retirado
> de animosos sabuesos perseguido
> y de diestros monteros rodeado
> ronca, bufa y rebufa embravecido
> vuelve y revuelve deste y de aquel lado
> rompe, encuentra, tropella, hiere y mata
> y los espesos tiros desbarata
>
> el bárbaro esforzado de aquel modo
> ardiendo en ira y de furor insano
> cubierto de sudor, de sangre y lodo,
> estaba solo en medio del pantano
> resistiendo la furia y golpe todo
> de los tiros que de una y otra mano
> cubriendo el sol, sin número salían
> y como tempestad sobre él llovían
>
> (XXII, 38-39)

Pero hay pasajes que se apoyan en imágenes parciales de este mismo ámbito
metafórico. En V, 20, al relatar los hechos valerosos de Diego Cano en la batalla de
la cuesta de Andalicán se describe cómo se lanza sobre los araucanos

> rompe por ellos y la lanza el pecho
> de aquel que dilató su muerte en vano
> y glorioso del bravo y alto hecho
> al caballo picó a la diestra mano

texto que recuerda a Garcilaso, Égloga I, 20

> que en vano su morir van dilatando

aplicado a los ejercicios cinegéticos del virrey de Nápoles.

La imagen cobra en Ercilla palpitante dimensión humana y, desde esta perspectiva, tiñe de frivolidad, sin duda injusta, el texto de Garcilaso. Pero el diálogo entre
los dos textos permite la ecuación Diego Cano es a D. Pedro de Toledo como los

araucanos son a los ciervos; sin embargo, puede invertirse esta ecuación desde el
ámbito existencial que Ercilla da a su texto; en efecto, en VI, 30, los ciervos de
Garcilaso son los españoles ya vencidos:

> mas contrastar a tantos no pudiendo
> sin socorro, favor ni ayuda alguna
> dilatando el morir les fue forzoso
> volver a su camino trabajoso

A medida que avanza el poema, sin embargo, y cuando la voz poética se hace acto-
ra y Ercilla asume ambas funciones, el valor indígena adquiere más angustiosa
urgencia, los enfrentamientos significan inexorablemente la derrota araucana.
Ercilla reserva para sí el testimonio victorioso y nunca será testigo de la derrota
española. La violencia se materializa en la crudeza del léxico descriptivo, en las
acumulaciones nominales y verbales; el recuerdo garcilasiano se desprende de la
inicial comparación cinegética y prestigia el melancólico esfuerzo inútil de batallas que eluden el triunfo aborigen:

> Mas aunque de vivir desconfiaban
> perdida de vencer ya la esperanza
> el punto de la muerte dilataban
> por morir con alguna más venganza

> (XV, 39, 1-4)

Otro ejemplo lo ofrece el soneto II, en el que Garcilaso encarece la inclemencia
de la amada

> para que sólo en mí fuese probado
> cuánto corta una espada en un rendido

> (vv. 7-8)

La lengua poética del amor visto como batalla, de ilustre tradición en la lírica europea, pasa en Ercilla a su campo semántico original y recupera una dimensión
ausente en Garcilaso. La espada metafórica de la lírica se convierte en el vigoroso
brazo araucano que practica su violencia sobre los españoles:

> Flojos ya los caballos y encalmados
> los bárbaros por pies los alcanzaban
> y en los rendidos dueños derribados
> la fuerza de los brazos ensayaban

> (VI, 32, 1-4)

En el Canto X vuelve sobre el motivo de modo más directo y la metáfora bélica adquiere urgente referencialidad. Ya no se trata de la amada que hiere con la espada el desdén al rendido amante. Son las mujeres araucanas las que prueban en los españoles espadas verdaderas

> prueban la flaca fuerza en los rendidos
> y si cortan en ellos sus espadas,
> haciéndolos morir de mil maneras
> que la mujer cruel, eslo de veras

(X, 7, 5-8)

El texto documenta algo más que las persistencias de un motivo garcilasiano; recuerda el duro encuentro por parte de los habitantes de América de esta arma terrible del conquistador y de su lento aprendizaje, no siempre eficaz[17]. Pero el motivo aún halla un último eco en *La Araucana* que, en parte, reescribe de modo dramático la expresión proverbial *a moro muerto, gran lanzada* ya citada por Herrera en sus *Anotaciones* al soneto de Garcilaso. En el Canto XIV, un español derribado por el "peso y movimiento" del cuerpo sin vida de Millapol, se lanza sobre el araucano en inútil lucha:

> y encima del cadáver arrojado
> de dar la muerte al muerto deseoso
> recio por uno y por el otro lado
> hiere y ofende el cuerpo sanguinoso
> hasta tanto que, ya desalentado,
> se firma recatado y sospechoso,
> y vio aquel que aferrado así tenía
> vueltos los ojos y la cara fría.

La prueba del valor sobre el rendido adquiere aquí una variante límite que funciona también como antífrasis del proverbio, al tiempo que subraya el absurdo de la lucha mediante la acumulación de procedimientos intensificadores de significado. La paronomasia *muerte-muerto* fuerza la tensión hasta la paradoja y la futilidad de la acción queda destacada en las dos parejas de sinónimos *hiere-ofende* y *recata-do-sospechoso*, ambas de valor encarecedor. En medio, *desalentado* 'fatigado' prepara la transición de la acción furiosa marcada por la primera pareja a la cautela y creciente inmovilidad que va de la sospecha al reconocimiento de las señales de la muerte en el rostro enemigo. Finalmente, la expresión adquiere la más alta jerarquía en el poema cuando Caupolicán, ya vencido, la usa en su arenga final, contra la fortuna, que pretende humillarlo con una muerte deshonrosa. Al jefe araucano

---

[17] Cf. A. Salas, *Las armas de la Conquista*, Buenos Aires: Emecé, 1950, p. 182.

no le puede alcanzar mano del soldado español; sólo la diosa Fortuna puede ensayar sobre este vencido su fuerza[18]:

> Que aunque ensaye su fuerza en mí de tantas
> maneras la fortuna en este día
> acabar no podrá, que bruta mano
> saque al gran general Caupolicano

(XXXIV, 26, 5-8)

Si los hechos bélicos del mundo inédito de América se adecuaban admirablemente a la tradición retórica de larga vigencia en Europa, otros elementos descriptivos exigían, precisamente por su carácter exótico, un proceso de adaptación. La tensión entre veracidad histórica y narración literariamente prestigiosa, debía encontrar un medio expresivo eficaz. No vacila, naturalmente, Ercilla, en el empleo de topónimos y antropónimos araucanos y quechuas, pero también se lanza a la invención fantástica, sobre todo para los nombres de personajes. En un texto que contiene extraordinaria riqueza de cultismos y latinismos: un texto, en verdad, de fundamental importancia para estudiar la evolución del lenguaje poético de los siglos áureos, las novedades del léxico clásico encuentran espacio común sin conflictos, con indigenismos y nuevas acepciones americanas del vocabulario común castellano.

De hecho, *La Araucana* inicia la tradición que recogerán otros poemas épicos de tema americano, de vocabularios al final del texto "porque hay en este libro algunas cosas y vocablos que por ser indios no se dejan entender", como señala Ercilla en la *Declaración de algunas cosas de esta obra*.

En los 20.272 versos de la versión más extensa, encuentran cabida una docena y media de indigenismos a lo largo de las tres partes, si no tenemos en cuenta los nombres propios de personas, dioses aborígenes y lugares. Algunos suficientemente arraigados en el léxico como para que no aparezcan explicados en la *Declaración*. Ninguno de ellos es araucano; siete son quechuas y aimaras, lo que se explica porque el léxico del Perú ya tenía cierto arraigo entre los españoles; el resto son de origen caribe, centroamericano y mexicano. Alguno, como *tiburón* (XXXIII, 54, 5) aparece entre los ingredientes mágicos de Fitón, de origen clásico puesto que en su mayoría vienen de Lucano. El resto indica el arraigo del léxico del inicial contacto con América, que los españoles (y los indígenas del Caribe que viajaban con ellos) dispersaron por el continente. Alguno arraigó en el uso general, como *cacique* (el más frecuente en el poema) que halló especial aceptación en el vocabulario político; otro como *arcabuco,* halló recepción en Góngora. Las denominaciones de animales como en muchos casos, se universalizaron, como *alpaca*

---

[18] Para el comentario sobre esta relación con Garcilaso, v. *RIb* XL, 86 (1974), 119 y ss.

(XVI, 37, 3), *vicuña* (ibid.) y el mencionado *tiburón*. Esto es todo. En otros casos, Ercilla optó por adaptaciones y sustituyó los indigenismos por palabras del léxico castellano. Naturalmente, esto respondía a necesidades exclusivamente literarias. Desde el *Sumario* de Gonzalo Fernández de Oviedo de 1530, el interés por la realidad americana y la denominación de sus componentes ocupó el interés de los cronistas de Indias quienes, siguiendo el ejemplo de Plinio, mezclaron en sus narraciones lo histórico y lo natural, añadiéndolo al título. La historia era así para el propio Oviedo, "general y natural" o para Joseph de Acosta, "natural y moral", por ejemplo.

Las necesidades de la épica, que no impedían, por lo demás mezclar palabras extranjeras o nuevas en el texto[19], obligó a dar nombres castellanos, por ejemplo, a las armas indígenas

> Las armas de ellos más ejercitadas
> son picas, alabardas y lanzones
> con otras puntas largas enastadas
> en la facción y forma de punzones;
> hachas, martillo, mazas barreadas,
> dardos, sargentas, flechas y bastones,
> lazos de fuertes mimbres y bejucos,
> tiros arrojadizos y trabucos.

En esta enumeración para lectores españoles se intuye, detrás de la *maza barreada,* la temible *macana* y en los versos primeros de la octava las lanzas reciben especial atención porque precisamente el terreno escabroso y desigual hacía menos útil el caballo y la multitud de lanzas araucanas, las más largas que encontraron los conquistadores, impidieron el uso útil de las cabalgaduras[20]. Precisamente porque las armas están consustanciadas con el género épico, Ercilla se referirá a la "espada" araucana como sinécdoque por *armas* (I, 50, 8), aunque no la conocieron los pobladores de América hasta la llegada de los españoles, como Garcilaso Inca llamará *troneras* a las fortificaciones indígenas desde las cuales se disparaban flechas afuera, aunque la palabra designaba los lugares donde estaba la artillería emplazada en las fortificaciones europeas. En otros casos, junto al nombre de animales de América, Ercilla usa equivalentes castellanos como en XVI, 37, 3:

> pacos, vicuñas, tigres y leones

verso en que *jaguar* y *puma* que eran denominaciones sin duda conocidas por Ercilla, han sido remplazados respectivamente por *tigre* y *león*, más afines al léxi-

---

[19] Cf. B. Weinberg, *A History of Literary Criticism in the Italian Renaissance,* Chicago, 1974, I, 206.
[20] Ver A. Salas, *o.c.,* pp. 77 y ss.

co épico tradicional. El mismo procedimiento reaparece en la tercera parte, canto XXXVI, 15,7 cuando, entre los presentes que las "sencillas gentes" del Sur ofrecen a los expedicionarios se cuentan:

una lanuda oveja y dos vicuñas

en que la "lanuda oveja" debe referirse a la nativa *llama* que atrajo la atención de dibujantes y grabadores europeos desde muy temprano, y probablemente a ella también se refiera, dos estrofas más adelante, la mención de "la piel del carnero vedijosa" (XXXVI, 18,6).

La flora americana, que generó tantas espléndidas páginas en los cronistas, se desdibuja, necesariamente, en este texto bélico, que sólo admite la mención repetida de bejucos; una sola del *mangle* en contexto náutico y no paisajístico (XV, 75,3) y otra de la "frutilla coronada", que define una escena humorística de la expedición al Sur, hacia el final del poema:

que produce la murta virtuosa
y aunque agreste, montés, no sazonada
fue a tan buena sazón y tan sabrosa
que el celeste maná y ollas de Egipto
no movieran mejor nuestro apetito
(XXXV, 44)

El resto de las descripciones está consagrado a paisajes no referenciales y altamente estilizados que ubican las acciones de guerra (o relacionadas con ella) en el marco literario adecuado[21]. En cambio, una apropiada mención de la constelación del Crucero, la Cruz del Sur, traslada al hemisferio correspondiente el motivo clásico del paso de las horas (XX, 78,3).

El río Nibequetén, tributario del Biobío aparece en dos ocasiones con mención de su violento caudal:

De allí llegó al famoso Biobío
el cual divide a Penco del Estado
que del Nibequetén, copioso río,
y de otros viene el mar acompañado
(I, 62)

En la Segunda Parte vuelve Ercilla a citarlo en XXI, 32:

al gran Nibequetén, que su corriente
no deja a la pasada fuente y río
que todos no los traiga a Biobío.

[21] Cf. Rosa Perelmuter-Pérez, "El paisaje idealizado en *La Araucana*", HR 54, 2 (1986), 129-146, especialmente p. 145.

Estas noticias, escuetas, dan, sin embargo, certera noticia de la aventura chilena al lector avisado. Ya P. de Valdivia en carta del 15 de octubre de 1550 señalaba este río como "de dos tiros de arcabuz en ancho, que iba muy lento y sesgo y daba a los estribos a los caballos" y Mariño de Lobera (1. I, p. 3, cap. 38) advierte en su *Crónica del Reino de Chile* que el cruce de los ríos de Chile se puede tener "por una de las mejores", si se compara con otras "hazañas memorables"..., "porque según vemos en las historias, se cuenta en ellas por gran cosa haber algunos ejércitos pasados tal y cual río, que, en comparación de los que hay en Indias, son pequeños arroyos"[22]. El paisaje inédito y de variedad inverosímil habrá que buscarlo en otros textos.

Ercilla dedicará a otro paisaje, al paisaje humano, sus mejores esfuerzos literarios y de ellos surgirá, como dijimos al principio, la estampa guerrera que acompaña hasta hoy la imagen de los araucanos, sin duda construida en la intensa experiencia personal, pero también por las exigencias retóricas del poema épico. Cuando se mencionan las exigencias retóricas, no se hace para negar estatura heroica a los araucanos y establecer o reestablecer una supuesta veracidad histórica, opuesta a esta imagen. Este tipo de consideración tiene toda la apariencia de una trillada actitud paternalista que hace poca justicia al notable esfuerzo de objetividad que Ercilla trata de transmitir. Se trata, en cambio, de analizar, desde nuestro tiempo, los elementos que exige el género en que este texto se inscribe y su libre recreación en *La Araucana;* en otras palabras, el necesario homenaje a la tradición clásica y renacentista de la épica, recorre todo el poema y la comparten los personajes españoles y araucanos por igual. Si la partida de catorce españoles del fuerte de Penco, bajo las súplicas y las miradas ansiosas de sus mujeres responde al ilustre modelo virgiliano y a una compleja red de cambios y adaptaciones (IV, 87, 5-6) y si Villagrán repite las palabras de César al cruzar el Rubicón (IV, 94, 6), el araucano Rengo se transforma en Heracles, vencedor de Anteo, cuando triunfa sobre su rival Cayeguán'alzándolo en el aire (X, 39).

Si hay que comparar a Lautaro con otros héroes por su valor, las figuras de los guerreros romanos invocadas no alcanzan la dimensión del jefe araucano (III, 42-43), y se reescribe la polémica de antiguos y modernos con nuevos casos nunca antes conocidos. El motivo clásico de la descripción de armaduras y revista de las tropas, permite rehacer en tierras americanas, para la coraza de Gualemo (XXI, 38, 8), el célebre mito del delfín enamorado de augusta tradición greco-latina.

Ambos bandos son protagonistas de escenas de punzante realismo que recuerdan las sangrientas imágenes de Lucano. Ambos bandos comparten las crueldades de todas las guerras históricas: el saco de Concepción por los araucanos (Canto VII) recibe el mismo rigor descriptivo que el de San Quintín (Canto XVIII) por las tropas españolas en Francia. Lautaro castiga a sus soldados (VII, 41, 2) con el mismo suplicio con que Caupolicán será ajusticiado.

[22] Cf. BAE, t. CXXX, p. 319a.

Pero si los paralelismos parecen tener apoyo documental en la inacabada rebelión de los indígenas, hay recursos expresivos de clara estirpe literaria. La lucha
como *juego* (V, 6, 2), como *danza* (II, 22, 2), como *fiesta* (XXVIII, 70, 1), como
partido (XXIV, 65, 4), entre otros sinónimos festivos, es recurso que viene de
Ariosto, y que la voz poética utiliza con ironía (IV, 5, 8); a su vez, la particular
óptica del poema dota de especial humor, en medio del peligro, a Lautaro, el jefe
araucano, quien se complace en asustar "con una baraúnda y vocería" a su propio
bando, al que toma por sorpresa (VIII, 9-10) o con un caballo alborotado al campo
español (XI, 48-52).

Finalmente, el propio pasado legendario español permite ilustrar mejor el valor
araucano en Millarapué. Cuando los españoles ajustician a doce caciques

> quedando por ejemplo y escarmiento
> colgados de los árboles al viento.
> (XXVI, 22, 7-8)

La escena se cierra con una imagen que asocia y resemantiza hábilmente la
popularizada por el romancero de los siete infantes de Lara[23]. En efecto, cuando se
han ahorcado por su propia mano los caciques, la voz poética comenta:

> y los robustos robles desta prueba
> llevaron aquel año fruta nueva
> (XXVI, 37, 7-8)

que recuerda en los lectores españoles la exclamación "Ay, fruta temprana" de
Gustios cuando descubre en una fuente las siete cabezas de sus jóvenes hijos. De
esta manera, parece justo concluir que Ercilla completa literariamente el mito araucano. Sabe, sin embargo, que la realidad de los hechos obliga a dejar el poema
abierto, pues la rebelión está lejos de haberse acabado (XXXVI, 43). En verdad, a
medida que el poema avanza, a medida que los recuerdos de América se hacen más
lejanos o el tiempo de la escritura se separa más del de la historia, el rechazo de la
violencia de los jefes españoles es más claro y la ambigüedad de la voz narrativa
ante la falta de clemencia es más intensa. Precisamente, estos rasgos de solidaridad
son los que han llamado más la atención de la crítica contemporánea. Desde nuestro tiempo, que ha visto la desaparición de las últimas formas de los imperios
modernos, la voz de Ercilla tiene peculiar atractivo. La polisemia intensa de este
texto, con tantas tradiciones literarias ricamente superpuestas, permite explicaciones parciales que si no nos devuelven el poema en su contexto, al menos aclaran

---

[23] Cf. BAE, t. X, p. 450, n.º 681. "Presenta Almanzor a Gustios las cabezas de sus hijos." No solamente al romancero acude Ercilla para definir a los araucanos; hay, a mi parecer, claras reminiscencias
de las novelas de caballerías en la descripción del desafío de Lautaro y Marco Veaz (XII, 20) y en el
juramento de Lautaro (XII, 40-41).

por qué sigue interesando. La glorificación de los poderosos ha ido cediendo, en estas postmodernidades culturales, a la exaltación de los indefensos y al redescubrimiento de lo menor o lo secundario; la misión contestataria del intelectual y del artista se inclina a estas orientaciones que no carecen de prestigiosos antecedentes.

Mientras tanto, no está de más recordar, o volver a recordar, que el poema de Ercilla se propuso, y consiguió, dar una indeleble voz poética a la glorificación del poder imperial. En esta tarea no sólo hizo de su monarca un nuevo Augusto y de España una nueva Roma; también elevó a estatura heroica a los habitantes naturales de Chile, les dio factura literaria que determinó su lugar en la historia y los dotó de una gloria que no ha conocido hasta hoy la penumbra del olvido.

ISAÍAS LERNER
Graduate School, CUNY

EL PAISAJE IDEALIZADO EN *LA ARAUCANA*

 O cabe duda que *La Araucana* de Alonso de Er-
cilla es al menos en parte una obra testimonial,
fruto de las experiencias del poeta y soldado con
los indios araucanos en Chile entre junio de 1557,
fecha en que llega a la isla de Quiriquina (XVI,
20), y principios de 1559, cuando toma puerto en
Callao (XXXVI, 37).[1] Durante ese tiempo, Ercilla
viaja con las tropas españolas por diversas partes del territorio
hasta arribar, acompañado de sólo un puñado de hombres, al archipiélago de Chiloé, en la zona austral de Chile. Pero, a pesar de
que hace este recorrido por tierras ignotas, ciertamente desconoci-
das por su destinatario—el rey Felipe II—y su público lector,
Ercilla no se detiene demasiado en describir la zona que lo rodea.[2]
Abundan referencias a "prados espaciosos" (IV, 77), "cultivadas
lomas" (XXIV, 100) o "matas intricadas" (XXVI, 5), pero hay muy
pocas descripciones de estos prados, lomas y matas.

Varias son las razones que explicarían esta aparente indiferencia. Una sería, como dice el propio Ercilla en el Prólogo, el "mal
aparejo y poco tiempo que para escribir hay con la ocupación de la
guerra." Pero esto sólo sería aplicable a las partes del poema com-

---

[1] La cantidad de versos testimoniales es menor de lo que podría pensarse. Como
señala Marcos Morínigo, de los 21,160 versos en el poema, menos de una sexta parte
son auténticamente testimoniales. Véase la introducción a su edición, preparada
conjuntamente con Isaías Lerner, de *La Araucana* (Madrid, 1979), I, 25. Las citas
subsiguientes del poema remiten a esta edición.

[2] En el Prólogo a la Parte I, Ercilla dice que ha decidido escribir su obra para
que no se desconozcan las hazañas de los españoles, "porque la tierra es tan remota
y apartada . . . que no se puede tener della casi noticia."

puestas durante la contienda, un porcentaje bastante reducido, según ha quedado establecido.[3] Y, puesto que la mayor parte del poema se escribe a posteriori, ya sea en la Imperial, o en prisión, o de vuelta en España, la falta de exactitud descriptiva también podría responder al extendido intervalo entre acontecimiento y escritura.[4] Otra razón podría ser no que a Ercilla le hubiera faltado el tiempo sino el interés. En las palabras al lector que encabezan la Parte II del poema, el autor se muestra asombrado de que los indios luchen tan arduamente por lo que a él no le parecen más que "unos terrones secos" y "campos incultos y pedregosos." Mariano Latorre también atribuye a esto su desapego, señalando que a Ercilla "no le conmueven tales detalles. El hecho de descubrir nuevas tierras para su rey, y la resistencia, a través de bosques cerrados y húmedos, significan más que el paisaje dormido bajo un cielo azul de verano."[5]

Además de estas razones circunstanciales o personales se podrían aducir otras de orden literario. En la poesía épica del siglo de oro, así como en la anterior, se encuentran pocas descripciones de la naturaleza y, cuando las hay, raramente son prolijas. Hablando de lo que él llama "el paisaje épico," E. R. Curtius apunta que "el suceder épico debe ilustrarse en sus puntos cruciales y culminantes con una caracterización sumaria del lugar, de la misma manera que la trama teatral requiere un decorado, por primitivo que sea, y aunque sólo consista en un letrero con las palabras 'esto es un bosque.' "[6] Más que *descriptio*, pues, Curtius encuentra *enumeratio* en los textos que revisa. De ahí tal vez que en *La Araucana* no se detallen esos prados, lomas y matas, puesto que el paisaje está subordinado al acontecimiento bélico. Si observamos, para citar dos ejemplos, los pasajes donde se describen el paso (IV, 90-93) y el llano (XII, 34-35) que Lautaro escoge para hacer guerra, veremos que aun cuando Ercilla se detiene a trazar el escenario de un hecho ("Porque se tome bien del sitio el tino / quiero aquí figurarle por

---

[3] Morínigo llega a la conclusión que "Ercilla escribió primeramente y durante la campaña toda la parte testimonial del poema, unos 2.800 versos en total divididos entre las partes 2ª y 3ª (en la versión de 1597 de esta última)" (pág. 47).

[4] Véanse Morínigo y Lerner, esp. págs. 47-48.

[5] Mariano Latorre, *La literatura de Chile* (Buenos Aires, 1941), pág. 42.

[6] E. R. Curtius, *Literatura europea y Edad Media latina*, trad. Margit Frenk Alatorre y Antonio Alatorre (México, 1955), I, 287.

entero," dice en el primero de estos pasajes), el acento recae en el valor estratégico del lugar. Esto es, que al describir un sitio se detallan con preferencia las condiciones que explican su importancia para la guerra y no sus cualidades estéticas.

Las preceptivas literarias, tanto clásicas como del siglo de oro, muestran asimismo esta falta de interés en la descripción de paisajes. Siguiendo a Aristóteles, para quien el *mythos* o asunto era lo esencial en la poesía dramática y narrativa, los tratadistas españoles de los siglos XVI y XVII por lo general ignoran o menosprecian el elemento descriptivo. De hecho, en aquellas preceptivas donde se trata del tema, la descripción generalmente figura como un tipo de narración. Miguel de Salinas, por ejemplo, en su *Retórica en lengua castellana* (1541), tiene un apartado sobre la "narración de lugar" en el que se limita a parafrasear el lugar común horaciano del *ut pictura poesis;* mientras que años después en sus *Tablas poéticas* (1617) Cascales la menciona de paso al enumerar los diferentes tipos de narración en la epopeya, pero no hace más que repetir que, como todas, debe ser "breve, clara y verosímil." Existe, además, una dificultad que podríamos llamar "epistemológica" para que pueda haber descripciones detalladas del paisaje en los poemas de los siglos áureos. No se puede, después de todo, describir lo que de hecho no se ve, y lo cierto es que el artista literario de aquel entonces no acostumbraba observar con detenimiento modelos reales como preparación para sus descripciones. Así leemos en el capítulo "De la descripcion" del *Cisne de Apolo* (1602) de Luis Alfonso de Carballo lo siguiente: "Y quando supiere el poeta la cosa que ha de descriuir, para que salga la descripcion perfecta enterarse ha muy bien de lo que ha de descriuir y representarlo ha en su fantasia *como si con los ojos lo huviera visto.*"[7] La recomendación de Carballo demuestra

---

[7] Véase el Capítulo x, "De la narración o pintura del lugar," en la *Retórica* de Salinas, págs. 79-80 en la reciente edición de Elena Casas, *La retórica en España* (Madrid, 1980). Para Cascales, véase en la edición de Antonio García Berrio, *Introducción a la Poética clasicista: Cascales* (Barcelona, 1975), la tabla titulada "De la epopeya," esp. la sección "Partes cuantitativas de la epopeya: la narración," págs. 265-68. Para Carballo, véase la edición de Alberto Porqueras-Mayo (Madrid, 1958), II, 72-73 (el subrayado es mío). Con relación al *loci descriptio*, consúltese asimismo el apartado sobre la *evidentia* (§369) en Heinrich Lausberg, *Elementos de retórica literaria*, trad. Mariano Marín Casero (Madrid, 1975), págs. 179-80. En algunos casos la descripción de paisajes también se discute como un tipo de argumento (*argumentum a loco*); así en Quintiliano, *Institutio Oratoria*, v, x, 37.

que la descripción tiene poco o nada que ver con la contemplación
real de la naturaleza (no dice "habiéndolo visto" sino "como si lo
hubiera visto"). Se trata de un arte en conjunto mental ("fantasia"),
o lo que el filósofo llamaría "idealista."

Sea cual fuere la razón—y las aducidas hasta aquí tienen amplia
justificación—el hecho es que la naturaleza, y particularmente la
naturaleza chilena, no ocupa un lugar relevante en el poema.[8] No
es de extrañar, por lo tanto, que la crítica haya desatendido este
aspecto de la obra. Latorre sólo se refiere, y muy de pasada, a su
"paisaje convencional," y así lo hace Maxime Chevalier, aunque se
apresura a añadir a modo de disculpa que Ercilla supo moderar
este impulso a la estilización del paisaje: "Rendons-lui grâces de
n'avoir pas introduit dans ses vers les frais bocages et les sources
cristallines, dont Pedro de Oña fera grand usage."[9] Lo cierto es,
sin embargo, que los momentos paisajistas en *La Araucana*, aunque
infrecuentes, y aunque convencionales (a veces hasta aparecen esos
bosques y fuentes cuya existencia negaba Chevalier), no carecen
de interés e importancia, como intentaré demostrar en las páginas
que siguen.

A mi ver, estos pasajes descriptivos merecen ser estudiados, en
primer lugar, por su valor "testimonial," pues son testimonio, ya
no de experiencias personales sino de vivencias culturales, de la
formación humanística del autor. Poco hay en estos paisajes, in-

---

[8] La crítica decimonónica fue especialmente dura con Ercilla por no haber sabido
retratar las maravillas naturales americanas. J. C. L. Simonde de Sismondi se queja
de que el poeta no se haya dado cuenta "qu'il fallait peindre cette végétation variée,
et si différente de celle d'Europe . . . qu'il fallait enfin que les décorations de la
scène où il allait nous introduire fussent en entier sous nos yeux" (*De la littérature
du midi de l'Europe* [Paris, 1819], III, 449). Menéndez y Pelayo, por su parte, observa
lo siguiente: "La naturaleza está descrita alguna vez, sentida casi nunca, salvo en
el idilio de la tierra austral y del archipiélago de Chiloé. Las indicaciones topográficas
de Ercilla son de una precisión y de un rigor matemáticos, al decir de los historiadores
y geógrafos chilenos; pero no son gráficas, ni representan nada a la imaginación"
(*Antología de poetas hispano-americanos* [Madrid, 1928], IV, xi). Todavía en el siglo
XX se oyen quejas, como la de Cintio Vitier, de que el poeta "no tuvo ojos para la
naturaleza chilena" (Silvestre de Balboa, *Espejo de paciencia*, ed. Cintio Vitier [Santa
Clara, Cuba, 1960], pág. 22).

[9] Latorre, págs. 41-42; Maxime Chevalier, *L'Arioste en Espagne (1530-1650)*
(Bordeaux, 1966), pág. 145. Eugenio Florit discute brevemente algunos de los "paisajes
renacentistas" de la obra en "Los momentos líricos de *La Araucana*," *RI*, 33 (1967),
45-54.

dudablemente, que nos remita a Chile; si acaso remiten a un Chile idealizado, cuyas perfecciones se deben no a la observación directa sino a recuerdos literarios. Y, sea dicho de paso, la familiaridad de Ercilla con autores clásicos y modernos—Virgilio, Lucano, Ariosto, Dante, Boccaccio, Sannazaro—para citar sólo algunos, no era nada despreciable.[10] Si no con un mapa de Chile, pues, el poeta nos deja con un mapa de sus lecturas. Así veremos que los prados y jardines que se retratan en estos versos llevan el sello innegable de lo pastoril.

En segundo lugar estos pasajes son importantes por su función temática, pues con ellos se suspende de momento el *pathos* que produce el acontecer épico y se aligeran sus tensiones y aridez. El objeto de los episodios bucólicos en la épica era, precisamente, crear un paréntesis u "oasis pastoril," para emplear la expresión de Renato Poggioli, donde el lector y los personajes pudieran descansar de las vicisitudes de la guerra.[11] Consciente de la existencia de otros caminos poéticos, de lo que podría llamarse la opción bucólica, Ercilla se pregunta en la Parte II del poema: "¿Quién me metió entre abrojos y por cuestas/tras las roncas trompetas y atambores,/pudiendo ir por jardines y florestas/cogiendo varias y olorosas flores?" (XX, 4). Y aunque seguidamente dice que no, que seguirá fiel a su propósito—enunciado ya en la primera octava del poema—

[10] Véase José Toribio Medina, *Vida de Ercilla* (México, 1948), págs. 23-24. Consúltense también la Introducción a la selección del poema preparada por Jean Ducamin, *L'Araucana* (Paris, 1900), esp. págs. lxxvii-lxxxiv y el estudio de Chevalier citado *supra*.

[11] Renato Poggioli, *The Oaten Flute* (Cambridge, MA, 1975), págs. 9-10 *et passim*. En *Pastoral* (London, 1971), Peter V. Marinelli explica que este tipo de contraposición era frecuente en la épica renacentista, y documenta su observación con un ejemplo tomado de la *Gerusalemme Liberata* de Tasso, donde el interludio pastoril se aloja en medio de un ambiente hostil, guerrero como en *La Araucana* (véanse esp. págs. 65-67). En el *Arauco domado* (1596), de Pedro de Oña, poema modelado claramente en el de Ercilla, también se ve esto repetidamente. Por ejemplo en el Canto V, el idilio de Caupolicán y Fresia, que tiene lugar en una hermosa floresta del valle de Elicura, precede justamente—de hecho, queda interrumpido por—el pasaje donde se describe la batalla de Penco. Lo mismo se observa en el siguiente pasaje de *El Bernardo* (1624) de Bernardo de Balbuena: "Por una selva que el humor del rio/De rosas llena y de árboles tenia,/Y las aves sin dueño con el frio/Sus ramas de suavísima armonía,/Bravo el moro bajaba, y de un sombrio/Bosque, que el tumbo de la sierra hacia,/A caballo salir vió un hombre anciano/Tras él dos perros, y un neblí en la mano" (v. 135; cito por la edición de Madrid de 1852).

de cantar, a despecho de Ariosto, únicamente las batallas entre españoles y araucanos, el poeta se apartará varias veces de los áridos campos de batalla para sumirse en esos jardines y florestas, donde por fin veremos dilatadas representaciones de la naturaleza.

La Araucana comienza, tras un breve exordio, con unas octavas dedicadas a la descripción de Chile (I, 6-12).[12] Pero más que nada se trata de una enumeración de los accidentes geográficos de la región, procedimiento que se remonta a la epopeya medieval, donde con frecuencia los primeros versos traían indicaciones topográficas y geográficas.[13] Unas estrofas más adelante, todavía en el Canto I, tenemos la primera descripción próxima y detallada de la naturaleza. La escena es el campo araucano, el lugar donde los indios se han reunido para elegir el nuevo cacique:

> Hácese este concilio en un gracioso
> asiento de mil florestas escogido,
> donde se muestra el campo más hermoso
> de infinidad de flores guarnecido:
> allí de un viento fresco y amoroso
> los árboles se mueven con ruido,
> cruzando muchas veces por el prado
> un claro arroyo limpio y sosegado,
>
> do una fresca y altísima alameda
> por orden y artificio tienen puesta
> en torno de la plaza y ancha rueda,
> capaz de cualquier junta y grande fiesta,
> que convida a descanso, y al sol veda
> la entrada y paso en la enojosa siesta;
> allí se oye la dulce melodía
> del canto de las aves y armonía.   (I, 38-39)

En estas dos octavas encabalgadas Ercilla pinta, no "campos incultos y pedregosos," sino un paisaje ideal, un *locus amoenus* de los más acabados. La adjetivación trillada (viento fresco, claro arroyo, fresca alameda, dulce melodía) y los toques hiperbólicos (mil flo-

---

[12] Hablando de lo poco que verdaderamente hay de "descripción" en esa sección, Sismondi dice: "Ercilla n'a point senti qu'en poésie il fallait peindre un climat ou une contrée, au lieu de la mesurer, qu'il fallait mettre sous nos yeux ces sauvages montagnes des Andes . . . et non pas dire simplement que la montagne a mille lieues de long" (III, 449).

[13] Véase Curtius, I, 286-87.

restas, infinidad de flores, altísima alameda) delatan una pintura retorizante, dictada por la tradición. Esta versión erciliana del paraje ameno, cuya filiación con la poesía pastoril es evidente,[14] contiene todos los ingredientes del motivo, los básicos así como los más elaborados, según la definición de Curtius: "[Los] elementos esenciales [del *locus amoenus*] son un árbol (o varios), un prado y una fuente o arroyo; a ellos pueden añadirse un canto de aves, unas flores y, aún más, el soplo de la brisa."[15]

En tres pasajes más, dos también de la primera parte del poema, el campo de los araucanos se presenta igualmente idealizado. El primero de éstos describe los preparativos para una fiesta indígena en celebración de una victoria sobre los españoles. El escenario de las festividades recuerda el del concilio que vimos más arriba, aunque aquí la descripción es mucho más escueta: "dentro de aquel círculo y asiento, / cercado de una amena y gran floresta, / en memoria y honor del vencimiento / celebran de beber la alegre fiesta" (III, 73). Aun cuando se la califica de "amena," esta floresta resulta ser mucho menos idílica que la anterior. La nota de realismo penetra en la escena con la grotesca mención del adorno de los "altos árboles," en los cuales los indígenas "las cabezas empalaban / que de españoles cuerpos dividían; / los troncos, de su rama despojados, / eran de los despojos adornados" (III, 72). En el segundo pasaje, otro paraje ideal servirá de fondo a una junta indígena. Una vez más, el ambiente bucólico guarda poca relación con la acción que se desenvuelve en el mismo, pues tenemos aquí una vega donde, a pesar de que los árboles "provocan a contento" y el viento sopla "más amoroso" (XII, 43), Lautaro y sus huestes se hallan reunidos para hablar de la guerra y de luchar hasta morir. En estos ejemplos,

---

[14] El *locus amoenus* constituye, hasta bien entrado el siglo XVI, el motivo central de todas las descripciones de la naturaleza. En la tradición pastoril clásica (Teócrito, Virgilio) era el escenario esencial y de ahí lo hereda la poesía pastoril renacentista. Recuérdense, para citar sólo dos ejemplos, los versos de Garcilaso en la Égloga I, donde Salicio se encuentra "recostado / al pie d'una alta haya en la verdura / por donde una agua clara con sonido / atravessava el fresco y verde prado;" y en la Égloga II, donde el mismo Salicio describe otro paisaje ideal: "Combida a un dulce sueño / aquel manso rüido / del agua que la clara fuente embía / y las aves sin dueño, / con canto no apprendido, / hinchen el ayre de dulce armonía." (Véanse Curtius, I, 280-86; y Elías Rivers, ed., *La poesía de Garcilaso* [Barcelona, 1974], esp. págs. 292-93).

[15] Curtius, I, 280.

por tanto, el paisaje idílico no inspirará la consabida escena de lamento amoroso o reflexión nostálgica, sino escenas marciales, marcadas generalmente por actos o lenguaje de señalada hostilidad.

En el tercer pasaje, donde el recuento es más ornamentado (y menos gráfico) que en el primero, el campo de los araucanos es de nuevo objeto de una celebración, esta vez en honor a Tegualda, quien describe el lugar de esta manera:

> "Llegué por varios arcos donde estaba
> un bien compuesto y levantado asiento,
> hecho por tal manera que ayudaba
> la maestra natura al ornamento;
> el agua clara en torno murmuraba,
> los árboles movidos por el viento
> hacían un movimiento y un ruido
> que alegraban la vista y el oído." (XX, 42)

En las estrofas que siguen a ésta, el prado se sumará a los elementos del cuadro, completando así la descripción de un *locus amoenus* que en este caso, como en otros dos que discuto más adelante (Cantos XVII y XVIII), sirve de fondo a una escena amorosa. Como era de esperar, los protagonistas indígenas, Tegualda y Crepino, se desenvuelven de manera tan "literaria" como lo es el ambiente que los rodea, siguiendo las reglas y convenciones del amor cortés y exhibiendo las mismas pasiones, actitudes y deseos de sus contrapartes europeas.[16]

Otro indígena, esta vez Fitón, de nuevo le da ocasión a Ercilla de describir un elaborado escenario, el jardín enclaustrado y secreto del mago,

> do se puede decir que estaba junto
> todo lo natural y artificioso:
> hoja no discrepaba de otra un punto,

[16] En su *Semblanzas literarias de la Colonia* (Santiago de Chile, 1945), Eduardo Solar Correa observa algo semejante: "Los indígenas del poema son, en realidad, almas españolas en cuerpos araucanos; piensan, sienten y obran del mismo modo que el peninsular del siglo XVI, y están guiados por los mismos impulsos. Los más genuinos y brillantes aspectos del alma hispánica de aquel entonces aparecen reflejados en el indio: el espíritu caballeresco, el orgullo nacional, la preocupación religiosa, el culto de la mujer, la generosidad y pundonor, la arrogancia en el decir y en el obrar" (pág. 42). Lía Schwartz Lerner rastrea las posibles fuentes literarias de algunos episodios como éste en "Tradición literaria y heroínas indias en *La Araucana*," *RI*, 37 (1972), 615–25.

haciendo cuadro o círculo hermoso,
en medio un claro estanque, do las fuentes
murmurando enviaban sus corrientes.

No produce natura tantas flores
cuando más rica primavera envía
ni tantas variedades de colores
como en aquel jardín vicioso había;
los frescos y suavísimos olores,
las aves y su acorde melodía
dejaban las potencias y sentidos
de un ajeno descuido poseídos.   (XXVI, 48-49)

Si en el paraje que describe Tegualda resalta la colaboración entre lo natural y lo artificial ("[asiento] hecho por tal manera que ayudaba/la maestra natura al ornamento"), en el jardín de Fitón lo artificial ha logrado aventajar a lo natural. Su "jardín vicioso" (o sea, 'abundante') supera la labor de Natura de tal manera que embelesa a todo aquél que en él se encuentra. Los componentes de este jardín, sin embargo, difieren apenas de los del *locus amoenus*, y esto concuerda con la observación de Curtius de que el paraje ameno suele penetrar en la descripción poética de jardines. Los elementos del jardín enclaustrado son por lo tanto, según la enumeración de A. Bartlett Giamatti, una fuente, hierba, árboles, flores y el canto de los pájaros.[17] Ercilla en su recuento nos da éstos y más, añadiendo pormenores como el olor que impera en el jardín o las piedras preciosas que adornan el muro que lo rodea (XXVI, 47). Estos dos detalles en especial emparentan la representación del jardín de Fitón con la de otro jardín, el paraíso bíblico, cuyas joyas y fragancia se mencionan con frecuencia en las versiones cristianas del paraíso terrenal.[18]

---

[17] Curtius, I, 286; A. Bartlett Giamatti, *The Earthly Paradise and the Renaissance Epic* (Princeton, 1966), pág. 59.

[18] El tema del jardín enclaustrado, rodeado de un alto muro, aparece ya en la época medieval, por ejemplo en el *Cancionero de Baena*. Véanse los ejemplos aducidos por Emilio Orozco Díaz en su *Paisaje y sentimiento de la naturaleza en la poesía española* (Madrid, 1974), pág. 67. En la exposición de este tema, como señala Orozco Díaz citando a Le Gentil, casi seguramente actúa la influencia del *Roman de la Rose*. En *La Araucana* esta influencia se transparenta especialmente en la descripción del jardín de Fitón donde, como en el pasaje del jardín de la Rosa, se pinta un jardín rodeado de un hermoso muro en el que se encuentran "entalladas" (XXVI, 47; *entaillié* en el *Roman de la Rose*, 132-33) muchas figuras alegóricas. Para la discusión de las joyas y la fragancia del paraíso terrenal, véase Giamatti, págs. 70 y 71.

Pero el jardín de Fitón, esta relación aparte, no es sino un paraíso falso, producto de los encantamientos del mago, lugar que—como vimos anteriormente—deja "las potencias y sentidos/de un ajeno descuido poseídos," y que casi hace olvidar al poeta su deber: "De mi fin y camino me olvidara,/según suspenso estuve una gran pieza,/si el anciano Fitón no me llamara/haciéndome señal con la cabeza" (XXVI, 50).[19] Los interludios pastoriles en la obra, como éste que el poeta experimenta en el jardín del mago, serán necesariamente eso—un interludio o paréntesis, un descanso pasajero que invariablemente culminará con el regreso a la contienda, actividad ésta que ha de permanecer el foco central del poema.

La identificación jardín-paraíso que se produce en el episodio de Fitón se repite varias veces en la obra. En dos ocasiones que preceden al encuentro con el hechicero, el poeta, en sueños, es transportado por figuras femeninas a parajes amenos. En el primer caso Belona, la diosa romana de la guerra, lo lleva a un "campo fértil" donde abundan tanto las flores como la materia poética (XVII, 42). Las dos primeras estrofas describen un sitio semejante al que acabamos de ver, aunque aquí la abundancia se debe únicamente a la Naturaleza:

> Salimos a un gran campo a do natura
> con mano liberal y artificiosa
> mostraba su caudal y hermosura
> en la varia labor maravillosa,
> mezclando entre las hojas y verdura
> el blanco lirio y encarnada rosa,
> junquillos, azahares y mosquetas,
> azucenas, jazmines y violetas.
>
> Allí las claras fuentes murmurando
> el deleitoso asiento atravesaban
> y los templados vientos respirando
> la verde yerba y flores alegraban;
> pues los pintados pájaros volando
> por los copados árboles cruzaban

---

[19] Con relación al paraíso falso, Giamatti observa que "that form of the earthly paradise, the false paradise or enchanted garden, appealed to some poets of the Renaissance. As symbol and setting, the false paradise embodies the split between what seems and what is; it looks like the true earthly paradise, but in the end it is not" (pág. 85).

formando con su canto y melodía
una acorde y dulcísima armonía.   (XVII, 44-45)

La representación del lugar es, una vez más, puramente retórica. Los elementos (fuentes, vientos, yerba, flores, pájaros, árboles) y la adjetivación (claras, deleitoso, templados, dulcísima, etc.) apuntan a una naturaleza ideal que no delata particularidad alguna de ese Nuevo Mundo que Ercilla estaba explorando. A diferencia de los demás parajes comentados hasta ahora, la descripción de éste es mucho más prolija, pues se extiende a las próximas seis estrofas. En ellas la estilización se hace todavía más patente, pues este lugar ameno está poblado de las prototípicas divinidades de los bosques— ninfas, sátiros, faunos y silvanos—enfrascados todos en pasatiempos y deportes característicos de los campos Elíseos (XVII, 46-48).

En medio de este "deleitoso asiento" se encuentra un collado "sobre todas las tierras empinado" (XVII, 49). A su cumbre lleva Belona al poeta, quien descubre en tan elevado lugar otro ámbito ideal: "allí el templado céfiro clemente/lleno de olores varios respiraba,/hasta la cumbre altísima el collado/de verde yerba y flores coronado" (XVII, 50). La mención del viento, los olores, la alta cumbre y las flores relaciona este cuadro, como ocurre en el caso del jardín de Fitón, con el paraíso terrenal.[20]

Algo semejante acontece en el segundo viaje en sueños, que se produce inmediatamente después. Una mujer a quien Ercilla no nombra ("mi guía," dice en una ocasión [XVII, 70]; "Razón" la llama en otra [XXIII, 28]) se presenta en la cumbre de la montaña donde él se encuentra aún y le muestra un cuadro de belleza tal que al poeta le parece ver "si decirse puede, un paraíso" (XVIII, 66). En las tres estrofas siguientes se describe un sitio que, al igual que los otros dos ejemplos, guarda semejanza con ese *locus amoenissimus* que es el paraíso bíblico. De nuevo, la coincidencia—como lo anticipa la interpolación del poeta ("si decirse puede")—es sólo superficial. Los dos parajes que se observan desde la cumbre asi-

---

[20] Al catalogar los componentes del paraíso terrenal, Giamatti incluye todos estos elementos (véanse págs. 53, 56 y 70). En otra parte, comentando un pasaje de Estacio donde se dice que "a grove reached to heaven," observa que esto es "an interesting classical precursor of what was to become Christian belief: that the earthly paradise was on a mountain top, often so high that it touched the moon" (pág. 44; véanse también págs. 53 y 56). Ercilla hace eco a esta tradición cuando dice que desde la cumbre le parecía "mirando abajo estar cerca del cielo" (XVII, 51).

mismo resultan ser paraísos falsos, nacidos como lo fueron en sueños o visiones. Como en el episodio de Fitón, el poeta recuerda bruscamente su deber ("súbito el alboroto y fiero estruendo/de las bárbaras armas y armonía/me despertó del dulce sueño" [XVIII, 74]) y abandona el paraje ideal para regresar al campo de batalla.

El último jardín paradisíaco que aparece en la obra es, a diferencia de los que hemos observado hasta aquí, un lugar real, o al menos arraigado en la realidad, no producto de encantamientos o sueños. Las islas del archipiélago de Chiloé, a las que llega Ercilla con un reducido número de soldados tras múltiples dificultades, presentan un paisaje maravilloso, un cuadro de vida tan perfecto que de nuevo parecería una idealización o invención. El propio poeta, anticipando el escepticismo o los reparos de su lector, advierte que lo que ha narrado no es mentira:

> Quien muchas tierras vee, vee muchas cosas
> que las juzga por fábula la gente,
> y tanto cuanto son maravillosas,
> el que menos las cuenta es más prudente;
> y aunque es bien que se callen las dudosas
> y no ponerme en riesgo así evidente,
> digo que la verdad hallé en el suelo
> por más que afirmen que es subida al cielo.   (XXXVI, 1)

En estos versos el narrador, como lo hace en otras partes de la obra, insiste en la veracidad de su experiencia. Pero esa forma de expresarlo ("la verdad hallé en el suelo/por más que afirmen que es subida al cielo"), en este preciso momento, merece observarse con más detenimiento.

El acoplamiento de "suelo" y "cielo"—rima de uso generalizado en el poema y en la poesía del siglo de oro en general[21]—sirve aquí una función determinada, pues a través de esta antítesis el poeta subraya la autenticidad de su aventura, no celeste sino terrenal; no inventada o soñada sino vivida en el suelo de Chiloé, paraíso que Ercilla *descubre* ("parte/de todas nuestras tierras escluida,"

---

[21] Véanse, para citar sólo algunos ejemplos del poema, los siguientes: IV, 86; IX, 15; IX, 22; X, 26; X, 55; XII, 46; XVI, 3; XVI, 55; XXIII, 59; XXVIII, 59; XXXI, 35; XXXIV, 49; XXXV, 43; XXXVI, 1. Con relación al empleo de esta rima en el siglo de oro, consúltese Celina Sabor de Cortázar, "Poética y poesía en Fray Luis de León," en *Homenaje al Instituto de Filología y Literatura Hispánica "Dr. Amado Alonso" en su cincuentenario, 1923-1973* (Buenos Aires, 1975), págs. 386-93.

[XXXVI, 2]) y describe en términos que, una vez más, no pueden menos que suscitar la imagen del jardín bíblico. Un paraíso, en efecto, es lo que debió haberle parecido el archipiélago a los soldados, ya que arriban a Chiloé luego de andar perdidos y desesperados durante siete días (XXXV, 40). El haber llegado a esas "islas deleitosas" (XXXV, 41) les parece milagroso, como también—milagrosamente—una vez allí todos, enfermos o tullidos, quedan sanos, "de nuevo esfuerzo y de valor vestido[s]" (XXXV, 43). Las referencias bíblicas en las estrofas siguientes, la mención del árbol frutal (XXXV, 44) y de la inocencia de los habitantes (XXXVI, 2 y 13) completan el cuadro paradisíaco.[22]

La comparación, o inclusive identificación, de Chiloé con el paraíso terrenal no es sorprendente en sí. En algunos de los parajes anteriores también vimos detalles que recuerdan, aunque no tan acentuadamente como este cuadro, el modelo bíblico. La presencia sostenida de esta imagen en el poema, de hecho, no es sino reflejo de la ubicuidad del motivo edénico en la literatura de la época. Piénsese, por ejemplo, en los árboles, "traspuestos del primero Paraíso," que pueblan el valle de Elicura (*Arauco domado*, V, 15) o en ese otro valle, el de México, "paraíso mexicano" o "humano paraíso" según Balbuena (*Grandeza mexicana*, VI, 5 y 16). Con frecuencia el paraíso figura no como término de comparación sino como referencia geográfica, especialmente a partir del Descubrimiento, cuando la posibilidad de encontrar la sede del jardín bíblico se convierte para muchos europeos en realidad. Así sucede que Cristóbal Colón en su carta del tercer viaje afirma haberse topado con el Edén, y que Amerigo Vespucci en dos ocasiones dice creerse en el paraíso terrenal o cerca del mismo.[23] La reacción de los contemporáneos de estos exploradores al oír tales alegaciones, sin embargo, no fue siempre favorable. Pedro Mártir, por ejemplo, re-

---

[22] Juan Durán Lucio también discute este aspecto del cuadro de Chiloé en su *Literatura y utopía en Hispanoamérica*, Diss. Cornell 1972 (Ithaca, NY, 1972), pág. 71.

[23] Cristóbal Colón, *Los cuatro viajes del Almirante y su testamento* (Madrid, 1946), pág. 188. Con respecto a Vespucci, véase Antonello Gerbi, *La naturaleza de las Indias nuevas*, trad. Antonio Alatorre (México, 1978), págs. 53-54. Todavía a mediados del siglo XVII se seguía debatiendo la cuestión. Antonio de León Pinelo, por ejemplo, dedica dos tomos (*El Paraíso en el Nuevo Mundo* [Madrid, 1656]) a demostrar que el Edén estaba localizado en América del Sur, parte del mundo que él denomina *Continens Paradisi*.

sumiendo el pasaje donde Colón hace su comentario sobre el Paraíso, concluye con impaciencia, "Basta ya de estas cosas, que me parecen fabulosas," palabras que recuerdan la advertencia de Ercilla en los versos citados más arriba: "Quien muchas tierras vee, vee muchas cosas / que las juzga por fábula la gente."[24] Pero fábula o no, para don Alonso la aventura de Chiloé merece el riesgo de contarse, y si el contacto inicial de los españoles con esa tierra le hace recurrir a la imagen del Paraíso, el encuentro con los indígenas del lugar suscitará la evocación de otro modelo clásico: la metáfora de la edad de oro.

Apenas llegan los hombres a las islas del archipiélago, unos indígenas "con muestra de amistad y llano trato" (XXXV, 49) salen a recibirlos. El contraste entre estos mansos indios (al parecer se trata de la tribu de los chilotes) y los fieros araucanos no podía ser mayor, pues reciben a los españoles magnánimamente, lo reparten "todo francamente" y "sin rescate, sin cuenta ni medida" (XXXVI, 10 y 11). Para estos hombres primitivos no parece existir *mío* y *tuyo*, y Ercilla, asombrado ante todo esto, dice de ellos con admiración:

> La sincera bondad y la caricia
> de la sencilla gente destas tierras
> daban bien a entender que la cudicia
> aun no había penetrado aquellas sierras;
> ni la maldad, el robo y la injusticia
> (alimento ordinario de las guerras)
> entrada en esta parte habían hallado
> ni la ley natural inficionado.   (XXXVI, 13)

A lo largo de esta sección el poeta va evocando con sus versos la remota y suspirada edad de oro. Su representación del cuadro de Chiloé recoge muchos de los elementos constituyentes del tema. Se trata básicamente de una naturaleza bella, fértil, cuyas criaturas viven en un estado de armonía.[25] Como en la versión horaciana del

---

[24] Pedro Mártir de Anglería, *Décadas del Nuevo Mundo* (1530), trad. Joaquín Torres Asensio (Buenos Aires, 1944), Primera década oceánica (1493-1510), libro VI, cap. iv, pág. 70. Según se ha señalado repetidamente, la fuente de estos versos, así como la de las demás introducciones morales del poema, se halla en el *Orlando Furioso* (véase VII, 1).

[25] El único elemento del episodio que no cuadra con la descripción tradicional es el clima, que en Chiloé no es primaveral sino frío (el "riguroso invierno" está al comenzar [XXXVI, 30]). En otras versiones del mito, por ejemplo tal como lo recuerda

tema, según aparece en el Epodo XVI, el lugar representa un refugio de los desastres de una guerra, se llega a él hacia el final de la obra, y la acción transcurre en unas islas, detalle que también relaciona este mito con la descripción de los campos Elíseos.[26]

En su estudio acerca del desarrollo del mito de la edad de oro durante el Renacimiento, Harry Levin observa que en las narraciones y crónicas sobre el Nuevo Mundo abundan las referencias a la perdida edad dorada, y opina que ello se debe a que este mito, además del caudal de leyendas clásicas sobre seres y sucesos fabulosos, permitió a los primeros colonizadores "comprender" un mundo para ellos insólito.[27] Y así lo vemos en *La Araucana*, donde, en palabras de Cedomil Goić, "los cándidos hombres naturales de Chiloé . . . renuevan lo maravilloso de la Edad de Oro en la realidad de América."[28] Al penetrar el archipiélago los soldados españoles abandonan (casi se podría decir definitivamente) la guerra, actividad propia de la edad de hierro. Atrás queda la espada o, por metonimia, el hierro, palabra que figura—no casualmente, creo— en los versos que preceden la llegada a Chiloé ("Siete días perdidos anduvimos / abriendo a *hierro* el impedido paso" [XXXV, 40]); o sea, en los versos que preceden justamente el reencuentro de la edad de oro. "The golden age," advierte Levin, "is often conjured up for what may seem to be its own sake; but there is always an implicit cross-reference, and frequently an explicit allusion, to the iron age."[29] La anteposición de lo férreo a lo áureo parecería sugerir una alteración del orden tradicional de las edades (oro, plata, bronce, hierro), pues transporta el *aurea saecula* del pasado al futuro. Pero esto, como veremos seguidamente, no es más que una

---

Pedro Mártir, hay otros detalles que tampoco se avienen exactamente a la descripción erciliana de los indígenas del lugar. Mártir habla de hombres que habitan tierras sin cultivar, que "viven en huertos abiertos, sin leyes, sin libros, sin jueces" (Primera década, libro II, cap. viii, págs. 41-42). Nada más distante de la sociedad bien establecida de estos indios, en quienes Ercilla admira "los ritos, ceremonias y costumbres, / el trato y ejercicio que tenían / y la ley y obediencia en que vivían" (XXXVI, 20).

[26] Ver *Horace: The Odes and Epodes* (Cambridge, MA, 1964), págs. 402-07, esp. los cuarenta últimos versos; y también Giamatti, págs. 27-28.

[27] Harry Levin, *The Myth of the Golden Age in the Renaissance* (Bloomington, IN, 1969), págs. 59-60. Consúltese también Tzvetan Todorov, *La conquête de l'Amérique. La question de l'autre* (Paris, 1982).

[28] Cedomil Goić, "Poética del exordio en *La Araucana*," *RChL*, 1 (1970), 22.

[29] Levin, pág. 22.

impresión, pues el futuro guarda, según el poeta, no años de existencia idílica, sino la inevitable destrucción del modo de vida de
los indígenas de esas tierras. "La cudicia," dice en una parte, "*aún*
no había penetrado aquellas sierras" (XXXVI, 13); "la falsa cautela,
engaño y arte," dice en otra, "*aun nunca* habían hallado aquí acogida" (XXXVI, 2). Ya en los adverbios que he subrayado se delata el
escepticismo o, mejor, pesimismo que el narrador expresa claramente en la siguiente estrofa:

> Pero luego nosotros, destruyendo
> todo lo que tocamos de pasada,
> con la usada insolencia el paso abriendo
> les dimos lugar ancho y ancha entrada;
> y la antigua costumbre corrompiendo,
> de los nuevos insultos estragada,
> plantó aquí la cudicia su estandarte
> con más seguridad que en otra parte.   (XXXVI, 14)

Es el hierro—metal al que ahora se alude, pero sin nombrarlo, en
versos que recuerdan esos otros preambulares al episodio de Chiloé
("con la usada insolencia el paso abriendo / les dimos lugar ancho
y ancha entrada")—el que ha dado cabida a la corrupción, y ante
el cual ha de ceder, ha cedido ya, por el mero hecho del fugaz contacto con los españoles, la edad áurea.

Poco después, como en los otros parajes que examinamos, el
poeta se ve obligado a abandonar el lugar idílico porque su deber
lo reclama. Confrontados con la opción de permanecer entre los
indígenas, los soldados la rechazan de inmediato. Ercilla afirma
que "quedar allí era cosa incompatible" (XXXVI, 24) y que todos
sienten "congoja y agonía" (XXXVI, 25) ante la posibilidad de no
poder partir.[30] Encontrado el camino de regreso, los hombres se

---

[30] En la estrofa siguiente Ercilla de nuevo hace hincapié en esto, alegando que
"[sus] designios verdaderos eran de ver el fin desta jornada." Esa actitud, no lo
olvidemos, no podía dejar de agradar y halagar al rey, destinatario de los cantos
ercilianos, quien además fijaría la recompensa de cada uno de sus soldados. De ahí
probablemente que el poeta subraye que él y su grupo lo han dejado todo, inclusive
un paraíso, por retomar las armas. En el *Orlando* hay un episodio semejante. Los
caballeros, luego de permanecer en un jardín maravilloso uno o dos días, deciden
partir (Canto X, 65). ¿Acción incomprensible? No, típica del héroe renacentista, nos
asegura Giamatti, y sus palabras bien podrían aplicarse a *La Araucana:* "Man is
restless in this garden of everlasting peace. By nature, and in order to function as
a man, he needs the challenge and the context of contingency, of danger and deception
which may lead to glory and honor" (pág. 163).

dirigen a la Imperial, donde al poeta le aguardan ya pocos encuentros con los indios, aunque no pocas dificultades.

La aventura de Chiloé nos proporciona, pues, otro ejemplo—el mejor, me parece—de lo que antes llamé la pintura de un Chile idealizado. Aunque el pasaje reúne los elementos básicos del *locus amoenus*, éste es sin duda el menos convencional de todos. Primeramente, no contiene los adornos o el recargamiento de los otros: no hay flores, ni brisas, ni canto de aves y, por supuesto, tampoco divinidades. Segundo, incluye detalles realistas o auténticamente chilenos, como el que se mencione un árbol frutal de la región, el mirto (XXXV, 44), conocido en botánica como *fragaria chilensis*,[31] o el que el atavío de los indígenas y el clima (XXXVI, 8) sean igualmente propios de esas partes. Aun así, el oasis pastoril ofrece aquí, más que en ninguna otra parte del libro, un marcado contraste al ambiente bélico donde se desarrolla la acción. El pasaje ilustra cabalmente lo que Poggioli denomina "a pastoral of innocence," un cuadro pastoril en el que se reafirman los valores económicos y sociales de la edad de oro y donde la ausencia de personajes femeninos hace todavía más obvia la inocencia de los moradores del lugar.[32]

En las páginas precedentes he tratado de hacer un rápido recorrido por las descripciones de la naturaleza más sobresalientes en *La Araucana*. Hemos visto que aunque en este largo poema predomina la visión amplia, de conjunto y lejanías, del paisaje, hay momentos en los que éste se describe con mayor atención. Estos cuadros suponen un notable desvío del tono y contenido de los episodios que los rodean, ya que con ellos el mundo en guerra cede ante otro pacífico, pastoril aun sin pastores, cuyos elementos coexisten en armonía. Observamos asimismo que dichas descripciones por lo general no arrancan del plano real de lo natural, de la naturaleza observada, sino de una naturaleza estilizada, modelada en normas dictadas por la tradición. Tópicos como el *locus amoenus* y la edad de oro, así como la descripción de los campos Elíseos y del

---

[31] Véase *La Araucana de d. Alonso de Ercilla y Zúñiga*, ed. José Toribio Medina (Santiago de Chile, 1910-1918), donde en la ilustración que corresponde a este verso se cita a Acosta y a Ovalle. También a Oña parece haberle impresionado este árbol chileno, pues lo recuerda aun en uno de los pasajes más claramente convencionales del *Arauco domado*, el idilio de Caupolicán y Fresia (V, 15).

[32] En los episodios que Poggioli discute, a diferencia del de Chiloé, la ausencia del elemento femenino es sólo aparente. Así, por ejemplo, en el episodio de Erminia (*Gerusalemme Liberata*, VII), el cual culmina con un idilio doméstico. Véase *The Oaten Flute*, págs. 9-12.

paraíso terrenal, motivos todos relacionados con la tradición pastoril en sus manifestaciones paganas o cristianas, se incrustan en estos cuadros de paisaje, produciendo con frecuencia bellas descripciones que reflejan poco o nada las particularidades del continente americano.

Al superponer el arte a la naturaleza, la convención a la observación, sin embargo, Ercilla no está demostrando su ineptitud para las descripciones de paisajes, como decía Ticknor, ni su "insensibilidad óptica," como la llama Solar Correa, sino su fidelidad a la práctica y las preferencias de su época.[33] Convendría recordar, antes de seguir ignorando este aspecto del poema o descartar sus descripciones por artificiosas, lo que hace casi un siglo se pregunta Jean Ducamin: "Nous desirerions peut-être aujourd'hui des peintures un peu plus subjectives. Mais pouvons-nous reprocher a un homme du XVIe siècle de n'avoir pas nos goûts?"[34]

Rosa Perelmuter-Pérez
The University of North Carolina,
Chapel Hill

[33] G. Ticknor, *History of Spanish Literature* (Boston, 1863), II, 551; Solar Correa, pág. 32. John Van Horne observa con relación a las descripciones de la naturaleza en *El Bernardo* que muchas de ellas son convencionales y que si en algunos casos Balbuena parece describir un paisaje real, no idealizado, esto constituye un desvío de la norma. En esos contados casos, estima Van Horne, Balbuena "furnishes an exception to the general practice followed by poets who lived in the New World, but were impressed by human activity and classical or renaissance convention, rather than by the virgin nature around them" (*"El Bernardo" of Bernardo de Balbuena* [Urbana, 1927], pág. 127). Si revisamos el *Arauco domado* veremos que, como lo anticipan las palabras de Chevalier, las descripciones son también casi exclusivamente convencionales. A esto se refiere Salvador Dinamarca cuando señala en su *Estudio del "Arauco Domado" de Pedro de Oña* (Santiago de Chile, 1952) que "En cuanto al mundo natural, para Oña sólo tiene importancia lo que puede utilizar en sus figuras poéticas" (pág. 222; véase también el Cap. v, esp. págs. 143–46).

[34] Ducamin, pág. lxvii. No estaría de más recordar asimismo lo que dice Lausberg sobre la importancia de los elementos convencionales para el estudio de una obra literaria: "El reconocer que un pensamiento encontrado en un texto corresponde a un topos es históricamente valioso y tampoco carece de valor para la comprensión del texto en cuestión, si se considera que el autor ha hecho finito (finitizado) el topos y lo ha introducido en el contexto concreto en el que debe cumplir su función en acto" (*Elementos de retórica literaria*, §83, pág. 56).

CARLOS DE SIGÜENZA Y GÓNGORA

RELECTURA CRIOLLA

DE LOS «INFORTUNIOS DE ALONSO RAMÍREZ»

Don Carlos de Sigüenza y Góngora fue el polígrafo americano más eminente del siglo XVII. Matemático, cosmógrafo, filósofo, investigador de las culturas indígenas y empeñoso coleccionista de sus antigüedades, sobresalió por sus dotes literarias y su espíritu científico. Nacido en la capital de la Nueva España en 1645, recibió esmerada educación en su niñez, ingresó en 1660 en el noviciado de la Compañía de Jesús, continuó en 1667 sus estudios de Teología y Matemáticas en la Real y Pontificia Universidad de México, y en 1672 ganó por oposición la cátedra de esta materia. A su muerte, ocurrida en 1700, dejó doce obras impresas, muchas inéditas, y una merecida reputación de sabio [1].

El más leído de sus escritos en nuestros días es el relato conocido por *Infortunios de Alonso Ramírez*. Su mayor difusión se debe en parte al interés que suscitan las andanzas del protagonista, un joven puertorriqueño cuyos azarosos percances le llevaron a darle la vuelta al mundo. Y en parte también se debe a la prolongada polémica en torno a si

---

[1] IRVING A. LEONARD, *Don Carlos de Sigüenza y Góngora, a Mexican Savant of the Seventeenth Century*, Berkeley, CA., University of California Press, 1929; JOSÉ ROJAS GARCIDUEÑAS, *Don Carlos de Sigüenza y Góngora, erudito barroco*, México, Ediciones Xóchitl, 1945, y JOSÉ M. GALLEGOS ROCAFULL, *El pensamiento mexicano en los siglos XVI y XVII*, México, Centro de Estudios Filosóficos, 1951, especialmente págs. 387-391.

dicho relato es una auténtica biografía, de carácter netamente histórico, o si contiene pasajes ficcionalizados que lo acercan a la novela picaresca.

En el curso de la controversia los críticos se han polarizado en dos bandos. En el bando de quienes afirman la historicidad de los *Infortunios* se destaca prominentemente José Rojas Garcidueñas, biógrafo de Sigüenza y editor de varios de sus escritos. Los argumentos formulados por Rojas Garcidueñas se resumen así:

> Varias de entre sus obras, que por haberse publicado llegaron hasta nosotros, muestran que Sigüenza se interesaba tanto en la fidelidad del relato histórico como por la nimia exactitud de las referencias y descripciones de lugar [...]. Ejemplo magnífico de tales obras es la que su autor tituló *Infortunios que Alonso Ramírez, natural de la ciudad de S. Juan de Puerto Rico, padeció así en poder de ingleses piratas que lo apresaron en las Islas Filipinas como navegando por sí solo y sin derrota, hasta varar en la costa de Yucatán, consiguiendo por este medio dar la vuelta al mundo* [...] *Año de 1690* [2]. En esta obra, autores poco avisados y nada críticos, han querido ver una novela como otros lo han hecho con *Los sirgueros de la Virgen,* pero tal pretensión lo único que acusa es plena ignorancia, pues basta leer las dos obras para darse cuenta que la de Sigüenza es un relato de viajes, o sea una obra histórico-geográfica y la de Bramón es un auto con una larga introducción bucólica fuertemente impregnada de matiz teológico [3].

Coincidiendo esencialmente con la postura de Rojas Garcidueñas, aunque apoyándose en un copioso aparato erudito, el profesor J. S. Cummings se manifiesta a favor de la historicidad del relato en el artículo *"Infortunios de Alonso Ramírez:* 'A Just History of Facts'?" [4]. A tal efecto examina

---

[2] He modernizado ortografía, acentuación y puntuación.

[3] Rojas Garcidueñas, *op. cit.,* págs. 144-145.

[4] *Bulletin of Hispanic Studies,* 61 (1984), 295-303.

La frase 'A Just History of Facts' alude a la novela *Robinson Crusoe,* de Daniel Defoe, así descrita por su autor. Pudiera traducirse por 'Una historia exacta de sucesos verídicos', o, de manera más sencilla, por 'historia de sucesos verdaderos', que es la forma que usaré. Para mantener la unidad idiomática del presente estudio traduciré los pasajes que cite de los textos en inglés. Las páginas correspondientes en el original se darán en paréntesis al final de lo acotado.

fuentes coetáneas a los sucesos ocurridos en aguas filipinas, y postula la hipótesis de que si bien los piratas que capturaron a Ramírez "todavía no pueden ser identificados con certeza", Ramírez estuvo a punto de caer en manos del célebre William Dampier. Esa hipótesis le sirve para imaginar lo siguiente:

> Claramente, puesto que Dampier merodeaba por esas aguas en la misma época, bien pudiera Ramírez haber sido capturado por éste en lugar de los desconocidos Bell y Donkin. Si así hubiera sucedido, conoceríamos a Ramírez, no por los *Infortunios* de Sigüenza, sino por ese clásico de la literatura inglesa de viajes, *New Voyages around the World*, de Dampier (Londres, 1697), una de las fuentes de *Robinson Crusoe* (296).

Interrumpe el hilo de sus conjeturas para narrar la biografía de Sigüenza, el esplendor de la vida intelectual de la capital mexicana, el auge de la piratería en el Caribe y el Pacífico y resumir la trama de los *Infortunios* (296-299). De pronto retoma el hilo de las suposiciones y continúa:

> La referencia a Dampier y *Robinson Crusoe* presenta otra cuestión. Desde luego sería absurdo buscar semejanzas entre la 'historia de sucesos verdaderos' de Defoe (que en realidad es la primera gran novela inglesa), y la 'primera novela hispanoamericana' de Sigüenza (que en realidad es una directa narración biográfica), excepto para notar que ninguno de los dos había viajado, pero que por el momento cada uno jugaba un papel parecido: Sigüenza era (lo que Defoe fingía ser) el reportero y editor del relato de un informante para darlo a la imprenta y al interés público. El interés de Sigüenza era auténtico, pero la postura de Defoe era la usual estrategia adoptada para hacer pasar la ficción por realidad (299-300).

De este pasaje pudiera inferirse que el profesor Cummings ha saltado de las conjeturas de las primeras citas a las certezas que este párrafo implica. De todos modos, prosiguiendo las investigaciones que pudieran arrojar nuevas luces sobre la cuestión, cierra el artículo con este informe:

> Investigaciones recientes en the India Office sugieren un capitán Duncan Mackintosh —un respetable marino que se tornó pícaro en 1687— como el Donkin de Ramírez, pero la disparidad de fechas

destruye esta hipótesis. Sin duda futuras investigaciones algún día establecerán la identidad de Donkin, Bell y los demás, y en ese caso demostrarán que los *Infortunios* son ciertamente 'a Just History of Facts' (301-302).

Y no sólo la disparidad de fechas: Donkin también pudiera ser la forma hispanizada de Thompkins[5]. Y como todavía no se ha encontrado la documentación que efectivamente compruebe "la identidad de Donkin, Bell y los demás", esta nueva hipótesis ha de quedar, al menos por ahora, en tela de juicio.

Por otra parte, sus minuciosas investigaciones no han resultado baldías: le autorizan a declarar que los nombres de muchas de las personas principales que aparecen en los *Infortunios,* así como los de los lugares visitados, son verificables (lo cual, desde luego, es lo usual en las novelas históricas). Y su cuidadosa lectura del texto le permite asegurar que Sigüenza añade informes geográficos y náuticos que reflejan sus aficiones, y también pasajes, como los discursos atribuidos a los piratas, que parecen ser apócrifos.

Como no es mi objetivo mencionar a todos los que han participado en esta polémica, sino escoger a los que mayor atención han prestado a exponer nuevos argumentos, selecciono, en el otro bando, tres de los estudios más recientes y representativos. Cronológicamente el primero es el del profesor David Lagmanovich titulado "Para una caracterización de *Infortunios de Alonso Ramírez"*[6]. Este estudio se inicia con un aporte de señalada importancia. Explica: "Desde el punto de vista de la narrativa contemporánea, el episodio más sorprendente de los *Infortunios* [...] ocurre en el antepenúltimo párrafo de la obra". Se refiere a aquel en que Ramírez, después de haberle contado al Virrey sus andanzas, continúa así:

'Mandome (o por el afecto con que lo mira o quizá porque estando enfermo divirtiese sus males con la noticia que yo le daría de los

---

[5] V. LEONARD, *op. cit.,* pág. 32.

[6] *Sin Nombre,* V. núm. 2, octubre-diciembre de 1974, págs. 7-14.

muchos míos) fuese a visitar a don Carlos de Sigüenza y Góngora, cosmógrafo y catedrático de Matemáticas del Rey nuestro señor en la Academia Mexicana, y capellán mayor del Hospital Real del Amor de Dios de la ciudad de México (títulos son estos que suenan mucho y valen muy poco, y a cuyo ejercicio le empeña más la reputación que la conveniencia). Compadecido de mis trabajos no sólo formó esta relación en que se contienen, sino que me consiguió [...] que D. Sebastián de Guzmán y Córdoba [...] me socorriese'.

Creo que la crítica no ha reparado lo suficiente en lo inusitado —sobre todo para el siglo xvii— de este párrafo, en que el protagonista se sale, por así decirlo, de las páginas del libro, y va en busca del autor para que este lo 'escriba' y le dé su ser literario. Tampoco deja de tener interés la aguda utilización de este párrafo por el propio Sigüenza, quien aprovecha para sostener allí (claro que sin decirlo él mismo) que sus importantes trabajos podrían estar mejor remunerados. Hay, pues, un sutil juego de relaciones mutuas entre un "yo" y un "él" narrativos, que alternativamente se desplazan y contraponen o, por mejor decir, que van sustituyendo el uno al otro [...]. Quisiera partir de aquí para señalar, con apoyo de este procedimiento inusitadamente unamunesco, lo que me parece fundamental en los Infortunios: su carácter eminentemente narrativo, el hecho de constituír una construcción literaria ficticia; no una novela contemporánea, pero sí ciertamente una novela (7-8).

La labor hermenéutica que Lagmanovich lleva a cabo en el resto del artículo la ha compendiado él mismo en el párrafo con el cual lo cierra. Dice:

Partiendo del episodio en que el personaje [va] a visitar a su autor, que consideramos un indicio claro del carácter novelesco de la obra, hemos buscado en *Infortunios de Alonso Ramírez* elementos de dos tipos: los que pueden indicarnos su carácter 'literario' en sentido propio, y aquellos que refuerzan la noción de un claro vínculo con la novela picaresca. A favor de lo primero identificamos el tono de realismo naturalista, afín a la noción moderna de 'tremendismo'; la presencia destacada de la naturaleza americana, y el carácter atípico o híbrido del libro, tan frecuente a lo largo de la historia literaria de Hispanoamérica. A propósito de lo segundo, es decir la deuda con la novela picaresca (aludida ya en la técnica de presentación autobiográfica), hemos recordado la prominencia de las salidas y andanzas del protagonista, la importancia del tema del hambre y una discreta presencia de actitudes que relacionamos con el peculiar tono del humor tal como se manifiesta en ese género literario (13-14).

Con el propósito de concretar aún más las presuntas relaciones del relato de Sigüenza con la novela picaresca, la profesora Julie Greer Johnson ha publicado el artículo "Picaresque Elements in Carlos Sigüenza y Góngora's *Los infortunios de Alonso Ramírez*" [7]. En él se propone demostrar que el modelo específico que Sigüenza imita es el *Guzmán de Alfarache,* de Mateo Alemán.

En apoyo de su tesis apunta que "el retrato que Sigüenza pinta de Alonso Ramírez, igual que tales modelos literarios como Lázaro, Pablos y Guzmán, es el del anti-héroe" (60, 2); que los *Infortunios* "es un relato en forma autobiográfica" (63, 1); que si la estructura de la obra de Sigüenza "tiene cierto parecido con las obras picarescas escritas en el Siglo de Oro, sus numerosos paralelismos con una en particular, *Guzmán de Alfarache,* son realmente impresionantes": la ~~pobreza de la~~ familia, la salida del hogar, la constante penuria, el "profundo estigma" que las circunstancias de su niñez les dejaron, el rechazo de parientes acomodados, las tormentas en alta mar, la devoción a la Virgen y, por último, que el episodio en el cual alguien pretende despojar a Ramírez de su esclavo, corresponde "al mismo tema básico en que Guzmán sufre engaños de un tipo u otro". Informa, empero, que

> En contraste con las obras del género picaresco antes mencionadas, *Los infortunios de Alonso Ramírez* es el registro documental de hechos históricos. Por lo tanto el contenido, debido a su propia naturaleza, exige la exposición clara y concisa que Sigüenza emplea para conservar la exactitud del reporte (65, 2).

Y de esas coincidencias y contradicciones infiere:

> Es evidente que [Sigüenza] estaba muy familiarizado con el *Guzmán de Alfarache,* y que éste influyó en cierto modo en la versión literaria de los eventos de la vida de Alonso así como en la formulación de su personalidad (66, 1).

---

[7] *Hispania,* vol. 64, núm. 1, marzo de 1981, págs. 60-67.
La eliminación de la preposición *de* en el apellido de Sigüenza y la inclusión del artículo *Los* en el título del libro aparecen así tanto en el título como en el texto del ensayo. Los copiaré tal como están al citar los pasajes.

El tercero y último de los estudios que deseo destacar es el de la profesora Raquel Chang-Rodríguez titulado "La transgresión de la picaresca en los *Infortunios de Alonso Ramírez*" [8]. En ese estudio formula dos nuevos planteamientos de capital importancia. En el primero de ellos cuestiona la tesis de lo picaresco en los *Infortunios*. Con sencillez, no exenta de firmeza, declara: "El linaje de Alonso no es el del pícaro" (95). Y para desmantelar la ya vetusta tesis cita inmediatamente del texto de Sigüenza:

> Llamose mi padre Lucas de Villanueva, y aunque ignoro el lugar de su nacimiento cónstame porque varias veces se lo oía que era andaluz, y sé muy bien haber nacido mi madre en la misma ciudad de Puerto Rico y es su nombre Ana Ramírez, a cuya cristiandad le debí en mi niñez lo que los pobres sólo le pueden dar a sus hijos que son consejos para inclinarlos a la virtud.

A continuación señala que "la simple genealogía del puertorriqueño, el oficio paterno [honrado carpintero de ribera] y el catolicismo y piedad de la madre" no se compaginan con "la ascendencia delincuencial del pícaro". Y con razón afirma:

> Alonso no es ni pícaro ni hidalgo, sí uno de los tantos 'sin historia' cuya biografía hubiera permanecido inédita sin su cautiverio y naufragio, la insistencia del virrey y el entusiasmo del escriba [...]. Tal y como lo reflejan sus trabajos y humilde linaje, el protagonista es el hombre común en busca de mejor destino (96-97).

Impugnada la tesis de que el carácter de Alonso, el género de padecimientos que sufre y los sucesos de su insólita peregrinación sean elementos que lo conviertan en personaje picaresco, la profesora Chang-Rodríguez procede a un segundo planteamiento, igualmente fecundo: el de hallar otros

---

[8] En su libro *Violencia y subversión en la prosa colonial hispanoamericana, siglos XVI y XVII*, Madrid, José Porrúa Turanzas, 1982, págs. 85-108.

El lector hallará en este estudio una lista más amplia de quienes se han ocupado de los *Infortunios*. Véanse: pág. 92, nota 14; pág. 96, nota 23; pág. 98, nota 24, y pág. 100, nota 27.

modelos retóricos que expliquen la forma autobiográfica, la estructura episódica y el propósito de informar a una autoridad que recompense los trabajos del protagonista. En ajustado examen de obras dentro de la mejor tradición americana señala características similares en la carta en que Colón da cuenta de su primer viaje, carta que "por su tono, énfasis y propósito comparte los objetivos de la relación". Halla también características análogas en la carta-crónica de Guaman Poma en la que consigna sus quejas y reclama justicia; en los escritos de Cortés, Díaz del Castillo, la sin par Sor Juana y, en fin, refiriéndose al propio Sigüenza, explica: "Además de la relación de su propio caso y de numerosas cartas e informes dirigidos a autoridades virreinales y peninsulares donde había combinado la forma epistolar y el estilo de la relación", es en los *Infortunios* donde de manera determinante "la obra del polígrafo mexicano está enlazada a las relaciones"[9].

Habiendo resumido las principales posturas críticas en cuanto a la naturaleza del relato de Sigüenza, quisiera unir mi voz a ese diálogo de voces tan diversas para proponer una lectura en otra dirección. A ese fin comenzaré por informar que entre los modelos narrativos en que figura la relación hay otro más íntimamente vinculado a los *Infortunios*. Me refiero al de las novelas de viajes y aventuras, puestas en boga con las traducciones del redescubierto manuscrito de la *Historia etiópica de los amores de Teágenes y Cariclea,* de Heliodoro (primera versión española, Amsterdam, 1554), enriquecidas con los *Trabajos de Persiles y Segismunda,* de Cervantes (publicada póstumamente en 1616), y la proliferación, dentro y fuera de España, de obras que en conjunto obedecen a los modelos retóricos denominados *peregrinatio vitae* y *peregrinatio amoris*[10]. Y no debe olvidarse un caso

---

[9] El propio Sigüenza corrobora estos acertados comentarios cuando por boca del protagonista declara: "Compadecido de mis trabajos no sólo formó esta relación en que se contienen, sino que me consiguió [...] que D. Sebastián de Guzmán y Córdoba [...] me socorriese". (Del ya citado penúltimo párrafo de los *Infortunios*).

[10] HAHN JUERGEN, *The Origins of the Baroque Concept of Peregrinatio,* Chapel Hill, University of North Carolina Press, 1973.

concreto escrito en América: la *Peregrinación de Bartolomé Lorenzo,* terminada en Lima en 1586 por el jesuíta José de Acosta [11].

Sin prestar demasiada importancia al parecido entre los títulos *Infortunios de Alonso Ramírez* y *Peregrinación de Bartolomé Lorenzo,* es posible demostrar que Sigüenza tuvo en sus manos el relato de Acosta, y en grandísima estima la colección en que este aparece. Para la comprobación acudo, no a meras suposiciones y conjeturas, sino al testimonio hallado en el testamento de Sigüenza. Al donar su biblioteca al Colegio Máximo de San Pedro y San Pablo de la Compañía de Jesús en México, expresamente declara:

> Item. Mando se les entregue a sus P. P. todos los libros pertenecientes a cosas de Indias, así de historias generales y particulares de sus provincias, conquistas y fruto espiritual que se ha hecho en ellas, como de cosas morales, naturales, medicinales de ellas y de *Vidas de varones insignes* que en ellas han florecido, cuya colección me ha costado sumo desvelo y cuidado, y suma muy considerable de dinero, no siendo fácil conseguir otro pedazo de librería de esta línea en todas las Indias [12].

Sin que sea necesario encarecer la importancia de esta verificación, atiéndase a las extraordinarias semejanzas entre los protagonistas. Tanto Alonso Ramírez como Bartolomé Lorenzo son jóvenes, ingenuos y buenos cristianos cuando por azares de la vida se ven obligados a partir de sus respectivos terruños. Ambos padecen penalidades sin cuento en sus largas travesías transoceánicas. Ambos son apresados por piratas protestantes y sufren escarnios de quienes se mofan de sus creencias católicas. Ambos, a punto de perecer, una y otra vez se salvan gracias a sus devotas oraciones. Importante es también, en cuanto a la estructura de la narración, que si la

---

[11] José DE ACOSTA, *Peregrinación de Bartolomé Lorenzo,* Edición y prólogo de José Juan Arrom, Lima, Ediciones Petro-Perú, 1982.

[12] ROJAS GARCIDUEÑAS, *op. cit.,* págs. 165-166. He modernizado la grafía. Es patente que Sigüenza citaba de memoria. El título de la colección es *Varones ilustres de la Compañía de Jesús,* Madrid, 1666. La *Peregrinación* aparece en el tomo V, págs. 759-783.

metáfora fundamental de la vida de los pícaros es el camino, la de estos sufridos peregrinos es la efímera estela que van dejando sobre el mar. Y no menos importante es que el uno y el otro son oscuros personajes de la colonia, cuyas vidas hubieran quedado ignoradas de no haber servido de apoyo y andamiaje para conferir un aire de verosimilitud a las ficcionalizadas biografías que de ellos escriben dos sacerdotes vinculados a la Compañía de Jesús [13].

Por otra parte, los dos sacerdotes viven en períodos diferentes de la historia y del quehacer literario. El manuscrito de la *Peregrinación* se terminó en 1586, durante el reinado de Felipe II, cuando en los dominios españoles no se ponía el sol. El texto de los *Infortunios* se imprimió en 1690, durante el reinado del no menos infortunado Carlos II, cuando el sol imperial se acercaba a su ocaso. Literariamente, Acosta escribió en el apogeo del Renacimiento; Sigüenza, en el del Barroco. Además, Acosta y su protagonista son peninsulares que viajan a las Indias para realizar en las Indias su destino. Sigüenza y el suyo son criollos arraigados en tierra americana, que desde ella otean los horizontes del mundo y en ella cumplen su jornada vital. Y todo eso deja huellas muy visibles en sus obras.

Muy visible es la manera en que se sitúan ante el paisaje. Acosta lo describe subjetivamente en función de los crueles padecimientos que Lorenzo ha de sufrir en su "peregrinación tan trabajosa". Por consiguiente, la naturaleza es invariablemente hostil, alucinante, torturadora. Los caminos son "en extremo dificultosos", las peñas "inaccesibles", las lluvias "torrenciales", "inmensos" los pantanos "en que se atollaba" e "infinitos" los mosquitos. Sigüenza, un siglo después y con óptica más objetiva, distingue entre lo rústico (la naturaleza) y lo urbano (la civilización). Lo rústico es todavía inclemente

---

[13] Me he ocupado de la cuestión de la verosimilitud que exigían los humanistas españoles en el citado estudio sobre Acosta. Para ensanchar el marco geográfico de esta cuestión puede consultarse el meduloso libro de ALBAN K. FORCIONE, *Cervantes, Aristotle and the Persiles,* Princeton, Princeton University Press, 1970.

por bravío e indomeñado. De modo que cuando Alonso viaja con un "mercader trajinante", también experimenta "la fragosidad de la sierra", "aguas continuas, atolladeros penosos, y en los calidísimos valles, muchos mosquitos"[14]. Pero al mencionar las ciudades que jalonan el itinerario de Alonso, el sabio criollo admira lo que el hombre ha construído con su esfuerzo. A San Juan de Puerto Rico "hácenla célebre los refrescos que hallan en su deleitosa aguada cuantos desde la antigua navegan sedientos a la nueva España; la hermosura de su bahía; lo incontrastable del Morro que la defiende; las cortinas y baluartes coronados de artillería que la aseguran" (pág. 6). A La Habana la alaba por su puerto "célebre entre cuantos gozan las islas de Barlovento, así por las conveniencias que le debió a la naturaleza que así lo hizo, como por las fortalezas con que el arte y el desvelo lo ha asegurado" (pág. 7). De la Puebla de los Ángeles "dicen los que la habitan ser aquella ciudad inmediata a México en la amplitud que coge, en el desembarazo de sus calles, en la magnificencia de sus templos y en cuantas otras cosas hay que la asemejen a aquella" (pág. 8). Y ante la opulenta capital del virreinato despliega en hipérboles su nativo orgullo. Haciéndose eco de la *Grandeza mexicana* de Balbuena, eleva la realidad a un plano lírico y exclama: "Lástima es grande el que no corran por el mundo, grabadas a punta de diamante en láminas de oro, las grandezas magníficas de tan soberbia ciudad" (pág. 8).

Ahora bien, el escenario fundamental de las tribulaciones de Alonso no son los hostiles senderos de la sierra, ni las hermosas ciudades, sino los mares del mundo. Repárese cómo el espacio marítimo se expande en relación con los modelos retóricos que han precedido a los *Infortunios*. Los protagonistas de la novela de Heliodoro van y vienen por las aguas del Mediterráneo, pero sin trasponer los límites marcados

---

[14] Cito por la edición de sus *Relaciones históricas*. Selección, prólogo y notas de Manuel Romero de Terreros, México, Ediciones de la Universidad Nacional Autónoma, 1940, págs. [1]-69. Las páginas en paréntesis después de las citas corresponden a esta edición.

por las Columnas de Hércules. El peregrino de Acosta, dejando atrás las columnas que confinaban el medroso mito del *Non plus ultra,* cruza la inmensa extensión del Atlántico, surca las aguas del Caribe, bordea las costas americanas del Pacífico, llega hasta el Perú, y en Lima espera devotamente el fin de sus días. Con ímpetu barroco Sigüenza hace más: Alonso surca las aguas del Caribe, cruza el Océano Pacífico, navega por el Índico, bojea el Cabo de Buena Esperanza, transita por el Atlántico Sur, vuelve al Caribe, y, habiendo cerrado el círculo, naufraga en Yucatán y termina el viaje alrededor del mundo donde lo había comenzado: en la poderosa ciudad de México [15]. Lo que Sigüenza ha logrado al narrar las peripecias del vasto peregrinar de Alonso es la prolongación y adaptación criollas de la novela de viajes y aventuras.

Al postular que los *Infortunios* son una novela de viajes y aventuras conviene fundamentar el aserto destacando sus elementos novelescos más sobresalientes. Algunos han sido señalados ya en lecturas anteriores. J. S. Cummings concede que los detalles náuticos y geográficos son aportes de Sigüenza, y que los discursos de los piratas son apócrifos; es decir, el resultado de una elaboración imaginativa. Lagmanovich agudamente comenta la relación autor-personaje que existe entre Sigüenza y Ramírez, y afirma "el carácter eminentemente narrativo" de lo que califica de "construcción literaria ficticia". Julie Greer Johnson empariente a Ramírez con Guzmán de Alfarache y otros personajes igualmente novelescos. Y Raquel Chang-Rodríguez lo ve como "el hombre común en busca de mejor destino", que transgrede el modelo picaresco y cobra vida literaria en el de la relación.

---

[15] Aunque el imperio se hallaba en franca decadencia, paradójicamente ello redundó en mayor auge económico y político para la ciudad de México. A medida que el comercio entre Sevilla y las colonias se hacía menos frecuente, México asumió el papel de centro metropolitano de las Indias: controlaba el comercio con las Filipinas y el lejano Oriente, servía de centro de distribución de las mercancías que se enviaban a las capitales sudamericanas y costeaba muchos de los gastos de administración y defensa. Véase el amplio estudio de Richard Boyer, "Mexico in the Seventeenth Century: Transition of a Colonial Society" en *Hispanic American Historical Review,* vol. 57, núm. 3, 1977, 455-478.

Es, pues, el aporte fabulador de Sigüenza lo que confiere a los *Infortunios* el nexo orgánico con el género novelesco y ofrece la posibilidad de intuír otros sistemas sígnicos en la obra. De ahí que convenga comenzar por el principio y observar que el autor ha expuesto por boca del protagonista lo que le induce a referir los presuntos episodios relatados por Alonso. Dice el párrafo inicial:

> Quiero que se entretenga el curioso que esto leyere por algunas horas, con las noticias de lo que a mí me causó tribulaciones de muerte por muchos años, y aunque de sucesos que sólo subsistieron en la idea de quien los finge, se suelen deducir máximas y aforismos que, entre lo deleitable de la narración que entretiene cultiven la razón de quien en ello se ocupa, no será esto lo que yo aquí intente, sino solicitar lástimas que, aunque posteriores a mis trabajos, harán por lo menos tolerable su memoria (pág. 5).

No son estas las ideas ni el estilo de un joven marinero de escasa cultura literaria. Son de Sigüenza, quien por razones de estrategia narrativa, con la pretensión de ganar la empatía del lector hacia el protagonista, en realidad ha expuesto su objetivo de retener la atención del lector con el relato de sucesos que "entre lo deleitable de la narración que entretiene, cultiven la razón de quien de ello se ocupa". De modo que si el personaje irá, en el penúltimo párrafo, en busca del autor que le dé vida literaria, es el autor quien desde el primer párrafo se vale del personaje que le ha de servir de idóneo portavoz.

Es Sigüenza, por consiguiente, quien explica las adversas circunstancias que impulsaron a Ramírez a emigrar de su Puerto Rico natal. En cuanto a la penuria que existe en la isla irónicamente comenta:

> Es cierto que la riqueza que le dio nombre, por los veneros de oro que en ella se hallan, hoy, por falta de sus originarios habitadores que los trabajen y por la vehemencia con que los huracanes procelosos rozaron los árboles de cacao que, a falta de oro, provisionaban de lo necesario a los que lo traficaban, y por el consiguiente al resto de los isleños se transformó en pobreza (pág. 6).

Precisadas las causas que determinaban el escaso comercio e inestable empleo de los carpinteros de ribera, oficio que le enseñaba el padre, resolvió buscar fortuna en otra parte. Y así:

Valime de la ocasión que me ofreció para esto una urqueta del capitán Juan del Corcho, que salía de aquel puerto para el de La Habana, en que, corriendo el año de 1675, y siendo menos de trece los de mi edad, me recibieron por paje. No me pareció trabajosa la ocupación, considerándome en libertad y sin la pensión de cortar madera; pero confieso que, tal vez presagiando lo porvenir, dudaba si podría prometerme algo que fuese bueno, habiéndome valido de un corcho para principiar mi fortuna (pág. 7).

Comentario este último — señalado ya por Raquel Chang-Rodríguez — que adquiere el sentido de emblema de una vida marcada por su destino de corcho que las olas llevan, sin rumbo fijo, de un lado a otro.

Prosiguiendo el objetivo de discernir entre los datos escuetos que refiere el joven marino y la manera en que Sigüenza los reelabora y ficcionaliza, confrontemos dos versiones de un mismo episodio. Cuando los piratas conceden a Ramírez y sus compañeros la vida y la libertad, les dan una fragata que habían traído desde Singapur. Y se oye al protagonista decir con voz todavía temblorosa por el temor y el agradecimiento:

Desembarazada la fragata que me daban de cuanto había en ella, y cambiado a las suyas, me obligaron a que agradeciese a cada uno separadamente la libertad y piedad que conmigo usaban, y así lo hice.

Diéronme un astrolabio y agujón, un derrotero holandés, una sola tinaja de agua y dos tercios de arroz; pero al abrazarme el Condestable para despedirse, me avisó cómo me había dejado, a excusas de sus compañeros, alguna sal y tasajos, cuatro barriles de pólvora, muchas balas de artillería, una caja de medicinas y otras diversas cosas (págs. 33-34).

Dos capítulos más adelante, habiendo arribado ya a la costa de Yucatán, aquellas "diversas cosas" se multiplican, por obra y gracia de la imaginación del autor, en este cuantioso botín:

quedáronse en ella y en las playas nueve piezas de artillería de hierro, con más de dos mil balas de a cuatro, de a seis y de a diez, y todas de plomo; cien quintales, por lo menos, de este metal; cincuenta barras de estaño; sesenta arrobas de hierro; ochenta barras de cobre del Japón; muchas tinajas de la China; siete colmillos de elefante; tres barriles de pólvora; cuarenta cañones de escopetas, diez llaves; una caja de medicinas y muchas herramientas de cirujano (pág. 52).

En esta fantasiosa lista (contando con los cien quintales, "por lo menos", de plomo, las finas tinajas de la China y los codiciados colmillos de elefante), se oye la voz de Sigüenza y hasta se percibe un dejo humorístico. Dejo humorístico que encubre una sutil sátira al comparar la abundancia de los pertrechos de guerra que a los ingleses les sobran con la escasez de armas que a los españoles les faltan. El contraste es más evidente si recordamos las circunstancias en que el incauto puertorriqueño fue apresado en aguas filipinas. Cuenta así el episodio:

No dejé de alterarme cuando dentro de breve rato vi venir para mí dos piraguas a todo remo, y fue mi susto en extremo grande reconociendo en su cercanía ser de enemigos.

Dispuesto a la defensa como mejor pude con mis dos mosquetes y cuatro chuzos, llovían balas de la escopetería de los que en ella venían sobre nosotros, pero sin abordarnos, y tal vez se respondía con los mosquetes, haciendo uno la puntería y dando otro fuego con una ascua, y en el interín partíamos las balas con un cuchillo para que, habiendo munición duplicada para más tiros, fuese más durable nuestra ridícula resistencia.

Llegar casi inmediatamente sobre nosotros las dos embarcaciones grandes que habíamos visto y de donde habían salido las piraguas y arriar las de gavia, pidiendo buen cuartel, y entrar más de cincuenta ingleses con alfanjes en las manos en mi fragata, todo fue uno.

Hechos señores de la toldilla, mientras a palo nos retiraron a proa, celebraron con mofa y risa la prevención de armas y municiones que en ella hallaron, y fue mucho mayor cuando supieron el que aquella fragata pertenecía al Rey, y que habían sacado de sus almacenes aquellas armas (págs. 17-18).

La que tan desamparada estaba no era sólo la fragata del Rey, sino todas sus posesiones en América y Oceanía. De modo que esta "ridícula defensa" se convierte en signo metonímico del imperio entero [16].

Estos elementos satíricos constituyen otro de los aspectos inadvertidos en el arte narrativo de Sigüenza. Veamos, por ejemplo, lo que refiere después de la captura por los piratas. Estos parten rumbo a una isla "de Cochinchina en la costa de Camboya" (pág. 21). En ella los moradores "recibían ropa de la que traían hurtada, y correspondían con brea, grasa y carne salada de tortuga y con otras cosas". Entre esas otras cosas, "traían las madres a las hijas y los mismos maridos a sus mujeres, y se las entregaban, con la recomendación de hermosas, a los ingleses, por el vilísimo precio de una manta o equivalente cosa". Después de cuatro meses de comercio en carnes saladas (y sin salar), resolvieron continuar el viaje. Y en pago de la hospitalidad de sus complacientes huéspedes, "acometieron aquella madrugada a los que dormían incautos, y pasando a cuchillo a las que dejaban encinta, y poniendo fuego en lo más del pueblo, tremolando sus banderas y con grande regocijo, vinieron a bordo" (pág. 22). Y añade este interesante pormenor: "Entre los despojos con que vinieron del pueblo y fueron cuanto por sus mujeres y bastimentos les habían dado, estaba un brazo humano de los que perecieron en el incendio; de éste cortó cada uno una pequeña presa y, alabando el gusto de tan linda carne, entre repetidas saludes le dieron fin" (pág. 23).

No sé si algún día se hallarán documentos en los archivos ingleses que confirmen esta "historia de sucesos verdaderos". En tanto, conociendo la vocación americanista del sabio

---

[16] Así como el protagonista de la *Peregrinación de Bartolomé Lorenzo* repite en un plano alegórico la vida y los padecimientos de Cristo, los que sufre Alonso en los *Infortunios* sirven a Sigüenza de signo metonímico de los que sufre "la monarquía de España". Y añade en cuanto a las islas y costas del Mar Caribe en manos ya de ingleses, franceses y holandeses: "Y éstas son las que, poseídas hoy de naciones extranjeras, suministran gente que nos invade los puertos, roba las estancias, apresa las embarcaciones, impide los comercios, retarda las noticias y atemoriza a los navegantes". ("Memorial" enviado al Virrey, junio 2 de 1689, en *Documentos inéditos de don Carlos de Sigüenza y Góngora*. Recopilación, prólogo y notas de Irving A. Leonard, México, 1963, pág. 50).

mexicano [17], podemos imaginar su traviesa sonrisa ante el arreglo de cuentas que resulta del contraste entre la antropofagia carnavalesca de estos marinos europeos y la atribuída a sus compatriotas indígenas. Pues mientras los civilizados súbditos de Su Majestad Británica se relamían de gusto saboreando bocadillos de carne humana apenas bucaneada, los aztecas, según asegura el autor de la *Verdadera historia de la conquista de la Nueva España,* para poder pasar la carne de los españoles tenían que adobarla con sal, tomates y ají [18].

De la descripción de la escena de antropofagia pasa a otra de coprofagia. El pasaje a que voy a referirme aparece en el capítulo IV. Este capítulo, situado entre los tres primeros y los tres últimos de los siete que componen la narración, no sólo ocupa una privilegiada situación central, sino que desde el punto de vista de la técnica narrativa resulta muy innovador: interrumpe el fluír lineal del tiempo y retrospectivamente relata los violentos castigos que el protagonista y los suyos sufrieron durante el cruel cautiverio. La escena, narrada con astuto distanciamiento, es la siguiente:

No pudiendo asistir mi compañero Juan de Casas a la distribución del continuo trabajo que nos rendía, atribuyéndolo el capitán Bell a la que llamaba flojera, dijo que él lo curaría y por modo fácil (perdóneme la decencia y el respeto que se debe a quien esto lee que lo refiera). Redújose éste a hacerle beber, desleídos en agua, los excrementos del mismo capitán, teniendo puesto un cuchillo al cuello para acelerarle la muerte si le repugnase, y como a tan no oída medicina se siguiesen grandes vómitos que le causó el asco y con que accidentalmente recuperó la salud, desde luego nos la recetó, con aplauso de todos, para cuando por nuestras desdichas adoleciésemos (pág. 38).

No me atrevería a decir que esta escena se relacione

---

[17] Véase la referencia a Gallegos Rocafull en la nota 1. También mi *Esquema generacional,* 2ª ed., págs. 78-85.

[18] BERNAL DÍAZ DEL CASTILLO escribe: "En pago de que vinimos a tenerlos como hermanos y decirles lo que Dios Nuestro Señor y el Rey manda, nos querían matar y comer nuestras carnes, que ya tenían aparejadas ollas, con sal y ají y tomates". (*Historia verdadera de la conquista de la Nueva España,* Madrid, 1975, pág. 114).

Interesa notar que luego de haber vivido varias décadas en Tierra Firme todavía usara el indoantillanismo *ají* y no el usual aztequismo *chile* para describir este imaginario "enchilado de conquistadores".

directamente con el humorismo escatológico que a veces aparece en las novelas picarescas. Pienso que se trata de un lúdico enfrentamiento de puntos de vista que a su vez esclarecen facetas contradictorias de la naturaleza humana. Las grotescas arqueadas de asco de Juan de Casas sin duda causaron grandes risas entre la marinería. Para Juan de Casas, criollo de Puebla, aquel tratamiento terapéutico era la mayor degradación a que puede someterse la dignidad de un hombre. Y para el capitán, hombre pragmático, era la aplicación de un eficaz vomitivo que sanaba todas las dolencias, reales o imaginadas, de los prisioneros. La insólita receta resultó, de todos modos, remedio santo.

Las dos escenas que acabamos de glosar se prestan a otro comentario. Si hemos de hallarles algún parentesco literario, por distante que sea, pienso que se acercan más al demoledor humorismo de Rabelais que al de las novelas picarescas, y a la mordaz sátira de Swift que a las privaciones sufridas por el náufrago de Defoe.

Como la novela de Defoe ha sido mencionada en relación con los *Infortunios,* reparemos que tanto esa obra como la de Swift son posteriores a la de Sigüenza. Daniel Defoe (1660-1731) publica las aventuras de Crusoe en 1719; Jonathan Swift (1667-1745) da a la imprenta los viajes de Gulliver en 1726. No hay, pues, base alguna para sugerir una influencia directa. Si algún parentesco existe, habría que buscarlo en afinidades ideológicas y no en la semejanza de los sucesos o de los recursos narrativos.

Con la novela de Defoe apenas hay una que otra coincidencia. Y estas se evidencian desde el título mismo, cuya traducción completa sería: *Vida y extrañas sorprendentes aventuras de Robinson Crusoe, marinero de York, quien vivió veintiocho años totalmente solo en una isla despoblada de la costa de América, cerca de la desembocadura del gran río Orinoco, habiendo sido echado a tierra por un naufragio en el cual todos los tripulantes perecieron menos él. Con un informe de cómo al fin fue extrañamente rescatado por piratas. Escríbelo él mismo.* Como es sabido, el tema fundamental de esas aventuras consiste en el ingenioso aprovechamiento de los medios que la naturaleza le brinda para sobrevivir en una isla desierta. De modo que el parecido se reduciría esencialmente a las inclemencias que Ramírez y los suyos padecieron cuando estuvieron perdidos en la costa de Yucatán.

Las coincidencias ideológicas con Swift son más significativas. En *Viajes por varias remotas naciones del mundo* el novelista inglés relata las éstas sí "extrañas sorprendentes aventuras" de Lemuel Gulliver. El apellido del protagonista es ya una irónica alusión al adjetivo *gullible* 'crédulo, simple'. Pero su sátira no tiene nada de simple: las regiones imaginarias que transita Gulliver son el reverso paródico de la Inglaterra que satiriza. Y las situaciones tan lúcidamente inventadas le permiten hacer una disección a fondo de las fallas de la sociedad inglesa de su tiempo. Y eso, con agudo ingenio, es lo que hizo Sigüenza con la suya.

Apurando las coincidencias cabe señalar que ambos recurren a la antropofagia como recurso grotesco para destacar la inhumanidad del naciente colonialismo. Sigüenza expuso la naturaleza rapaz y despiadada de quienes suelen corresponder a la hospitalidad de los nativos con el despojo y la matanza. Por su parte Swift se vale de un estilo impersonal para sugerir una solución al crecimiento demográfico y la escasa exportación de la Irlanda colonizada: vender los niños de los irlandeses pobres para abastecer la mesa de los ingleses ricos, "dejando así de ser una carga para los padres o el país, y resultando de beneficio público". Y como este manjar resultaría algo costoso, lo recomienda como "muy apropiado para los terratenientes que, como han devorado ya a la mayoría de los padres, parecen tener el mejor título sobre los hijos"[19]. A lo mejor Sigüenza y Swift, eruditos clérigos ambos, percibieron una estrecha relación entre comer de la carne de los demás y vivir del trabajo de los demás.

---

[19] Cito del título y el párrafo 12, reproducidos en WAYNE C. BOOTH, *A Rhetoric of Irony*, Chicago and London, The University of Chicago Press, 1974, págs. 106 y 108.

El sabio mexicano satiriza por igual a ingleses y "españoles", sean estos peninsulares o criollos. Ejemplo sobresaliente
es el caso del pirata renegado con el cual da fin al capítulo IV:

> Ilación es, y necesaria, de cuanto aquí se ha dicho, poder com-
> petir estos piratas en crueldad y abominaciones a cuantos en la pri-
> mera plana de este ejercicio tienen sus nombres, pero creo el que
> no hubieran sido tan malos como para nosotros lo fueron, si no
> estuviera con ellos un español, que se preciaba de sevillano y se
> llamaba Miguel.

> No hubo trabajo intolerable en que nos pusiesen, no hubo oca-
> sión alguna en que nos maltratasen, no hubo hambre que padecié-
> semos, ni riesgo de la vida en que peligrásemos, que no viniese por
> su mano y su dirección, haciendo gala de mostrarse impío y aban-
> donando lo católico en que nació, por vivir pirata y morir hereje
> (págs. 40-41).

Son muy significativos los recursos retóricos que aparecen
en este pasaje: el concepto de ilación, las anáforas "no hubo
trabajo [...] no hubo ocasión [...] no hubo hambre [...]
ni riesgo [...]", la antítesis "vivir pirata y morir hereje", y
sobre todo el párrafo que luego añade para cerrar el pasaje
y el capítulo: "Alúmbrele Dios el entendimiento para que,
enmendando su vida, consiga el perdón de sus iniquidades".
Es la voz de Sigüenza, el orador sagrado, la que se escucha
en esta ocasión.

Ya en tierra mexicana, no es tanto mejor el tratamiento
que Ramírez y los suyos reciben. Así, es igualmente amarga
su queja de haber sido "ocular testigo de la iniquidad que
contra mí y los míos hacían los que, por españoles y católicos,
estaban obligados a ampararme y socorrerme" (pág. 67).
Hay, no obstante, otro episodio que cobra un tono de risueña
sátira cuando el autor, valiéndose de sus prerrogativas de
novelista, lo reconstruye y exorna con un diálogo, animado
e irónico, que lo transforma en el cuento que copio
a continuación:

> No puedo proseguir sin referir un donosísimo cuento que aquí
> pasó. Sabiéndose, porque yo se lo había dicho a quien lo preguntaba,
> ser esclavo mío el negrillo Pedro, esperando uno de los que me habían

examinado a que estuviese solo, llegándose a mí y echándome los brazos al cuello, me dijo así:

— ¿Es posible, amigo y querido paisano mío, que os ven mis ojos? ¡Oh, cuántas veces se me han anegado en lágrimas al acordarme de vos! ¡Quién me dijera que os había de ver en tanta miseria! Abrazadme recio, mitad de mi alma, y dadle gracias a Dios de que esté yo aquí.

Pregúntele quién era yo y cómo se llamaba, porque de ninguna manera lo conocía.

— ¿Cómo es eso?, me replicó, cuando no tuvisteis en vuestros primeros años mayor amigo y, para que conozcáis el que todavía soy el que entonces era, sabed que corren voces que sois espía de algún corsario; y noticiado de ello el gobernador de esta provincia, os hará prender y sin duda alguna os atormentará. Yo, por ciertos negocios en que intervengo, tengo con su señoría relación estrecha, y lo mismo es proponerle yo una cosa que ejecutarla. Bueno será granjearle la voluntad presentándole ese negro, y para ello no será malo el que me hagáis donación de él. Considerad que el peligro en que os veo es en extremo mucho. Guardadme el secreto y mirad por vos, si así no se hace, persuadiéndoos a que no podrá redimir vuestra vejación si lo que os propongo, como tan querido y antiguo amigo vuestro, no tiene forma.

— No soy tan simple, le respondí, que no reconozca ser Vmd. un grande embustero y que puede dar lecciones de robar a los mayores corsarios. A quien me regalare con trescientos reales de a ocho que vale, le regalaré con mi negro, y vaya con Dios (págs. 63-64).

No veo cómo este episodio pueda corresponder "al mismo tema básico en que Guzmán sufre engaños de un tipo u otro". Alonso no es aquí el engañado; es el funcionario que pretendía engañarlo el que salió mal parado. Por otra parte, pudiera decirse que el episodio constituye un destacado ejemplo de narración breve interpolada en el texto de otra narración mayor. De ahí que Sigüenza, excusándose por interrumpir el hilo del relato principal, y confiriéndole al texto interpolado su propia unidad y coherencia, lo inserte y caracterice como "donosísimo cuento". El "donosísimo cuento" revela además el claro concepto que Sigüenza tenía de la relación autor-obra-lector. Las ficticias demostraciones de afecto y los aspavientos gestuales del funcionario son tan vívidamente descritos que parecen ser un remedo de los que empleaban otros funcionarios conocidos tanto del autor como de los lectores. En la caracterización de este paradigma de embaucadores resuenan voces que tal vez se habían escuchado en los pasillos y antesalas de la corte virreinal.

La naturalidad del diálogo, profuso en boca del presunto amigo, sucinto y seco en Alonso, nos sugiere otro comentario. Teniendo en cuenta quiénes eran los destinatarios del relato, y observando la esencial funcionalidad de su discurso narrativo, Sigüenza abandona los atuendos y artificios de la prosa barroca para escribir en el estilo conversacional de una prosa casi costumbrista. Es como si desde la cima del período barroco vislumbrara el venidero y transgrediera, con deleitosa sencillez, todo lo que había de pomposo y rebuscado en una retórica ya en desgaste.

La lúcida percepción de la funcionalidad comunicativa del lenguaje confiere a su prosa otra notable característica: la progresiva americanización de la lengua en que se expresa. Igual que su correligionario José de Acosta, y con idéntica visión de futuro, son numerosos los americanismos que inserta en su discurso narrativo. Sin pretender mencionarlos a todos, repárese que al anotar las causas del empobrecimiento de *Borinquen* (que en el texto aparece escrito *Borriquen*), apunta "la vehemencia con que los *huracanes* procelosos rozaron los árboles de *cacao*". Asimismo nos habla de *canoas, piraguas* y *cayucos;* especifica que los prisioneros eran azotados con *bejucos,* que en la costa de Yucatán se vararon "entre *múcaras",* encuentran isletas a las que llama, con sufijo afectivo, *cayuelos,* y la comida que en ocasiones recibieron en México "se redujo a tortillas de maíz y cotidianos frijoles". Demostradamente es un relato pensado en criollo y escrito en español americano.

El "donosísimo cuento" nos lleva a plantear una serie de cuestionamientos. Si hubiese sido cierto que Ramírez recibía de los piratas únicamente lo indispensable para no perecer de hambre, ¿con qué medios contó para comprar a su "negrillo Pedro"? ¿Y cómo le permitieron lujo tal a un prisionero impecune? ¿Qué compromisos contrajo con los ingleses para que estos, con sus navíos atestados de riquezas, en lugar de seguir a disfrutarlas en Inglaterra, enfilaran sus proas hacia el Brasil, para dejarlo a él y los suyos en aguas americanas? ¿Qué hado intervino para que todos sus compañeros fueran desapareciendo del relato hasta quedar sólo él para contar el cuento? ¿Cuánto añadió y cuánto calló para que sus aventuras resultaran más patéticas? Y por otra parte, ¿fue Sigüenza quien alteró, reorganizó y ficcionalizó lo que convenía a su proyecto autoral de crear una obra que, trascendiendo lo meramente anecdótico, "entre lo deleitable de la narración que entretiene cultive la razón de quien de ella se ocupa"? Para suplir la omisión de informes que resuelvan estas ambigüedades apelo a la siguiente opinión de Borges: "Es norma general que los novelistas no presenten una realidad, sino su recuerdo. Escriben hechos verdaderos o verosímiles, pero ya revisados y ordenados por la memoria"[20].

Es patente que en los *Infortunios* ese proceso actuó por partida doble: los hechos, reales o inventados, pasan primero por el recuerdo del protagonista que los refiere oralmente, y pasan luego por el del autor que los reconstruye y literaturiza al transformarlos en escritura, a la vez que aprovecha la ocasión para agregar elementos irónicos y satíricos así como intencionados comentarios sobre el estado de la sociedad en que vive. Y de ese modo, al relatar la odisea de Alonso, prolonga la modalidad genérica de la novela de viajes y aventuras, ensancha el espacio narrativo de la novela americana y patentiza el pesimismo y el desengaño característicos del período barroco. Esto último podemos detectarlo no sólo de las azarosas peripecias que padece el protagonista sino también de la estructura abierta de la obra, en la cual se ve a Ramírez, en el último párrafo, camino a enrolarse en la Real Armada de Barlovento, a cumplir su ineluctable destino de corcho zarandeado por las olas.

---

[20] JORGE LUIS BORGES, en *El Hogar,* núm. 44, Buenos Aires, 24 de junio de 1938, pág. 30. Citado por ENRIQUE SACERIO GARÍ, *Borges: una literatura intertextual,* en vías de publicación.

Para no extender demasiado los comentarios sugeridos por esta nueva lectura, en los cuales me he visto precisado a sustentarlos con tantas citas de otros autores, permítaseme cerrarlos con una mía. En 1977, al resumir lo que pensaba sobre los *Infortunios,* escribí:

> Calificar a esta obra de novela acaso parezca exageración. Lo más probable es que Alonso Ramírez haya sido un personaje real y sus andanzas más o menos ciertas. Pero Hamlet fue un príncipe danés, y el Bastardo Mudarra y el Caballero de Olmedo también fueron personajes históricos. Lo que importa en tales casos es el manejo que el autor hace de los caóticos elementos que la realidad le ofrece: la selección y ordenación de los episodios, la invención de los pormenores, el sentido que les infunde, la manera en que los cuenta. En los *Infortunios* todo eso es obra de Sigüenza. Se ha visto, además, que en la época barroca la historia constantemente se acomodó a otros fines. ¿Hubo deliberado acomodo en el ciclo de aventuras que llevan al protagonista de México a las Filipinas, de ahí a caer prisionero de piratas ingleses y luego, en un viaje lleno de episodios fortuitos, a cerrar el círculo regresando precisamente a México? Sea cual sea el grado de historicidad del relato, lo cierto es que constituye una biografía ficcionalizada que se lee y disfruta como novela de viajes y aventuras. Y que en ella se ve de nuevo a un sufrido criollo en lucha con el medio, en un momento en que el sol comenzaba a ponerse en el vasto imperio de los Habsburgos [21].

JOSÉ JUAN ARROM

Universidad de Yale.

---

[21] *Esquema,* pág. 85.

SOME OBSCURE POINTS IN THE LIFE OF SOR JUANA INÉS DE LA CRUZ

I

The biography of Sor Juana Inés de la Cruz is yet to be written. Though much has appeared on the subject, many things still remain unexplained. Material of the period in which she lived is very limited. The fact that she was a nun made her figure less in the works of her contemporaries than would otherwise have been the case, and the period of literary stagnation following her death contributed still further to the oblivion in which she rested. When interest in Sor Juana finally revived in Mexico, it was already too late to preserve the documents that existed in the convent of St. Jerome and elsewhere. The laws of reform and the final closing of convents and monasteries scattered books of inestimable value. It is possible, however, even at this remote date to glean a few facts from the meager material that has come down to us. The present article is an attempt to answer in the light of contemporary books and manuscripts a few questions asked over and over again by her many biographers.

One question often raised is: Why did Sor Juana go into a convent? Why did she not remain in the world where she was admired for her beauty and her mental attainments? It will be remembered that Juana became lady-in-waiting to the Marchioness of Mancera, whose husband was the Viceroy of Mexico from 1664 to 1673. Endowed with a pleasing personality and gifted with unusual talents, she quickly attracted powerful friends at court, and met the outstanding people of her time. One would naturally expect that her life would here reach its climax in a blaze of glory. But in 1667, when not quite sixteen, she suddenly retired from the court and entered a convent. Why?

Some of her biographers believe that she must have taken this step because of an unfortunate love affair. Amado Nervo says:

Dicen ... que cierto caballero ... se le adentró en el corazón, logrando inspirarle un gran afecto; añaden unos, que este gentilhombre estaba muy alto para que Juana, hidalga, pero pobre, pudiese ascender hasta él; otros, que se murió en flor cuando iba ya a posarse sobre sus manos unidas la bendición que ata para siempre. Juana de Asbaje, inconsolable, buscó alivio en el estudio y en el retiro.[1]

This romantic legend has long been connected with Juana's name. The story is based on nothing more substantial than the fact that her works contain a large number of love lyrics. This is insufficient evidence on which to build a case.

A few have accepted Juana's own explanation of the decisive change in her life and have declared that she entered a convent to find a place where she could devote herself to her intellectual interests. It must be remembered that she was one of the most unusual personalities developed in the New World, and is hardly to be judged by ordinary standards. José Vigil, one of the first to appreciate her remarkable personality, says:

> Muchos se han ocupado en conjeturar que la resolución de Sor Juana para haber adoptado la vida monástica, puede haber procedido de un amor desgraciado. ... Yo creo, sin embargo, que tal opinión se apoya en un conocimiento imperfecto del carácter de la escritora mexicana.
>
> Yo veo en Sor Juana uno de esos espíritus superiores, ... que son incapaces de sucumbir a debilidades vulgares.[2]

According to her own confession, she had been, from the age of three, a most enthusiastic devotee of learning. She had devoured any and every book that came within her reach. At the age of fifteen she had already established a reputation as the most learned woman in Mexico. That she sought refuge in her books because of a broken heart is impossible. It was because of her learning that she gained a position at the viceregal court. Her books were her first love, and they were probably one of the reasons that impelled her to seek the seclusion of a cloister.

One looks in vain for a religious motive underlying this important step in her life.[3] She even hesitated because she was afraid that con-

---

[1] *Juana de Asbaje* (Madrid, 1910), p. 78.

[2] *Discurso pronunciado en la velada literaria que consagró el Liceo Hidalgo a la memoria de Sor Juana Inés de la Cruz* (Mexico, 1874), pp. 48–49.

[3] For a discussion of this side of the question see Nemesio García Naranjo, "Biografía de Sor Juana Inés de la Cruz," *Anales del Museo Nacional de México, segunda época,* Vol. III, No. 1 (Mexico, 1906), pp. 567–68.

vent life would interfere with her intellectual labors. She herself says that she did not wish any

... ocupacion obligatoria, que embaraçasse la libertad de mi estudio, ni rumor de Comunidad, que impidiesse el sossegado silencio de mis Libros. Esto me hizo vacilar algo en la determinacion, hasta que alumbrandome personas Doctas, de que era tentacion, la vencì con el favor Divino ... .[1]

The biographer of her confessor testifies that she hesitated before taking the step.

Se sintió llamada de Dios al retiro ... mas retardabale el parecerle cõdicion indispensable á las obligaciones de esse estado, aver de abandonar los libros, y estudios, en que desde sus primeros años tenia colocados todos sus cariños. Consultó su vocació, y temores con el Venerable Padre Antonio Nuñes ... . Ya tenia el Padre noticia de las prendas, y dones singulares, que avia el cielo depositado en aquella niña ... y ... aprobò ... la vocacion ... animandola á sacrificar á Dios aquellas primeras flores de sus estudios, si conociesse, que le avian de ser estorvo à la perfeccion ... .[2]

Juana knew that the religious state might interfere with her labors. In spite of this fact, however, she finally decided to become a nun. There must have been, then, another and a more powerful reason that caused her to take the veil. What was it?

Most of Juana's biographers have examined this point in her life with the eyes of the present instead of with the eyes of the past. To understand Juana's motives one must go back to the period in which she lived, and study the social conditions of her time. She lived in a most licentious age. A careful study of contemporary writers shows that moral conditions in Mexico were very bad. The presence of many races, of adventurers, of loose women and worse men brought about conditions that were possibly unequaled elsewhere in the world. How bad they were the following entry in a contemporary chronicle shows:

En 12 murió el Br. Antonio Calderón de Benavides, natural de Méjico, uno de los más singulares clérigos que ha tenido este arzobispado: sobre ser muy galán, de muy linda cara y muy rico, fué constante opinión que se conservó virgen.[3]

---

[1] "Respuesta de la poetisa a la muy ilustre Sor Philotea de la Cruz," *Fama y obras posthumas* (Barcelona, 1701), p. 18. References hereafter will be to this edition.

[2] Juan de Oviedo, *Vida y virtudes del Venerable Padre Antonio Nuñes de Miranda* (Mexico, 1702), p. 133.

[3] Antonio de Robles, "Diario de sucesos notables," *Documentos para la historia de Méjico, primera serie*, Vol. III (Mexico, 1853), under date of July 12, 1668.

Had this not been an astonishing fact, the chronicler would not have taken the pains to record it. The male element of the population was under no restraint (even the priesthood was no exception) and roamed at will, preying on society. Not only immorality, but depravity and bestiality reigned. Things came to such a pass that the Inquisition brought the attention of the civil government to this state of affairs. In a letter written by the inquisitors in 1664 we read:

> ... veemos de tres ó cuatro años á esta parte en las causas que han ocurrido, principalmente de religiosos, que se halla comprehendido en este crimen mucho número de personas eclesiásticas y seçulares ... si á este cáncer no se pone remedio, ... parece muy dificultoso que después lo pueda tener. ... si el Santo Oficio no lo remedia, la justicia seglar no parece que ha de ser suficiente.[1]

The civil government, however, refused to interfere. The church was therefore forced to devise ways and means of combating this evil. If they could not fight it through the men, they could fight it through the women. By building convents and houses of refuge and putting women in them they hoped to improve matters somewhat, and protect women at the same time.

In all of this the attitude of the church toward women was medieval. They were looked upon as an ever present source of temptation to man. Ecclesiastics who did not wish to be tempted avoided them. The biographer of Francisco de Aguiar y Seixas, Archbishop of Mexico from 1682 to 1698, says:

> ... ponderaba [su Illᵐᵃ] quã necessario era para conservar la castidad el recato de la vista; encargaba que no se visitassen mugeres sin grave causa, y aun entonces, quando era necessaria la visita, no se les avia de mirar à la cara ... le oymos decir algunas vezes, que si supiera avian entrado algunas mugeres en su casa, avia de mandar arrancar los ladrillos que ellas avian pisado ... .
>
> Y este genero de orror, y aversion a las mugeres fue cosa de toda su vida, predicando siempre contra sus visitas, y sus galas ... . Tenia por beneficio grande de Dios el aver sido corto de vista.[2]

Juana's confessor, Antonio Núñez, was just as discreet. His biographer says that his motto was "Con las Señoras gran cautela en los ojos, no dexarme tocar, ni besar la mano, ni mirarlas al rostro, o

---

[1] José Toribio Medina, *Historia del tribunal del Santo Oficio de la Inquisición de México* (Santiago de Chile, 1905), pp. 321–22. Part of this document is unprintable.

[2] José Lezamis, *Breve relacion de la vida, y muerte del Doctor D. Francisco de Aguiar y Seyxas* , Mexico, 1699. Not paged. See chapter entitled: "De su castidad, mortificacion, y penitencia."

trage, ni visitar a ninguna ... ." And that he might not be tempted, he says: "Por las calles iba siẽpre con los ojos en el suelo, de la misma manera estaba en las visitas ... . Por evitar qualquiera ocasion de que ... le tocassen, ò besassen las manos ... las llevaba siempre cubiertas con el manteo."[1] Many similar instances could be cited.

It was in such a world that Juana grew up. On the one hand, extreme license; on the other, extreme prudery. Out of such a state of society the famous *Redondillas* were born. Is it not this very attitude and these very conditions that she challenged so boldly in "Hombres necios, que acusáis a la mujer sin razón"? Is it not the terrible dissoluteness of the men of her time that she epitomizes with the words "Juntáis diablo, carne y mundo"?

To remedy this state of affairs, the church began to build *recogimientos*. Some of these were for *mujeres malas;* others for widows, orphans, and single women. The Bishop of Puebla, Manuel Fernández de Santa Cruz, built a number of such *recogimientos* in his diocese, but they would not accommodate all the women clamoring for admission. His biographer writes:

> Franqueadas las puertas de su Palacio empezaron à entrar por ellas en busca de su Pastor ... muchas mugeres que deseaban guardar intacta la Flor de la pureza, que hasta entonces habian conservado, ... pero recelaban timidas perderla ò por ser muy pobres, ò por ser por hermosas, muy perseguidas.[2]

Of the Bishop's efforts on their behalf the same writer says:

> Compuesta ya en la forma dicha la Casa de las recogidas, detcrminò el Señor Don Manuel aplicar el remedio que le pedia la pureza de pobres nobles, y hermosas Doncellas para su resguardo; y aunque yà en la Ciudad avia un Collegio de Virgines, en que pudo assegurar algunas de las que reconocio en mayor peligro, assi por la corta capacidad de dicho Collegio, como por el numero de las pretendientes, tan crecido, que le viniera estrecho el mas espacioso Claustro, discurriò con su animo generoso, comprar la possession de cierto sitio, para eregir a las Flores de la Virginidad un Collegio; pero como cada dia escuchaban sus atentos oydos mas y mas clamores de pobres Doncellas, se hallò obligado à formarles dos Collegios, ò cerrados Huertos, donde negadas à el examen de la ossadia, conservassen intactos los candòres de su virginal pureza.
>
> De los dos dichos Collegios, como de floridos Huertos, salieron muchas Doncellas a florecer transplantadas en Monasterios religiosos, en que man-

[1] *Op. cit.*, pp. 153–54.
[2] Miguel de Torres, *Dechado de principes eclesiasticos* (Puebla, 1716), p. 123.

teniendo el credito de la virtud, subieron cõ presurosos pasos à la cumbre de la perfecciõ; otras sugetandose à las coyundas de el Matrimonio desempeñaron bien la buena educacion ... .[1]

This was the state of affairs in the diocese of Puebla. In Guadalaxara and other places conditions were the same. How about Mexico City? The biographer of Domingo Pérez de Barcía says:

No puede negarse la heroicad, y grandeza de la obra de enclaustrar mugeres, que voluntariamente se retiren, huyendo del Mundo, y sus peligros, para no caer en sus lazos, ni dàr en sus precipios, viendose expuestas, yá por la libertad en que viven, yà por la necessidad en que se hallan à vender su hermosura, à costa de su honestidad, valiendose de sus cuerpos para perdicion de sus almas. De la grandeza de esta obra se via privada esta Ciudad de Mexico, y tan necessitada de ella, quanto se atendia de mugeres mas abastecida, que no pudiendo todas entrar en Monasterios, se lloraban en el siglo en manifiestos peligros ... .[2]

He goes on to say that various attempts were made to establish *recogimientos*, but lack of funds always prevented the realization of the project. A Jesuit, Luis de San Vitores, even wrote a book on the need of a *refugio*, and[3] finally, with the help of Father Xavier Vidal, a house big enough to accommodate six hundred women was built. But money was lacking for the maintenance of the place, and so Payo Henríquez de Ribera, Archbishop of Mexico from 1668 to 1680, was obliged to give the house to the Bethlemites for a hospital.[4]

During this time Juana was living at the viceregal court in *la publicidad del siglo.* She was the talk of the town because of her brilliant attainments. What her situation was she describes clearly in *Los empeños de una casa:*

> Era de mi patria toda
> El Objecto venerado
> De aquellas adoraciones,
> Que forma el comun aplauso,
>
> . . . .
>
> Llegò la supersticion
> Popular à empeño tanto
> Que ya adoraban Deydad
> El Idolo que formaron.
>
> . . . .

[1] *Op. cit.*, pp. 124–25, 150. Also see José Gómez de la Parra, *Panegyrico funeral de Manuel Fernandes de Santa Cruz* (Puebla, 1699), p. 64.

[2] Julián Gutiérrez Dávila, *Vida y virtudes de Domingo Perez de Barcia* (Madrid, 1720), pp. 27–28.

[3] *Op. cit.*, p. 30.   [4] *Ibid.*, p. 31.

Que aviendo sido al principio
Aquel culto voluntario,
Llegò despues la costumbre,
Favorecida de tantos,
A hazer como obligatorio,
El festejo cortesano,

. . . .
Sin temor en los concursos
Defendia mi recato
Con peligro del peligro,
Y con el daño del daño.

. . . .
Mis padres en mi mesura,
Vanamente assegurados,
Se descuidaron comigo:
Que dictamen tan errado.[1]

She was a curiosity, a veritable *monstruo de la naturaleza,* and must have been the object of persistent and in many cases unwelcome attentions. If ordinary women were in danger, the beautiful Juana Inés certainly was. To be sure, she had the protection of the Viceroy. But how long would the Marquis of Mancera retain that office? In a change of administration what would be her fate? Her family was poor, and besides, in her day the chimney-corner for the spinster member of the family had not yet been heard of. Moreover, she was a *criolla* living at a Spanish court. She was therefore at its mercy. That her position was not safe, we may gather from the biography of her confessor:

... el Padre Antonio ... aviendo conocido ... lo singular de su erudicion junto con no pequeña hermosura, atractivos todos á la curiosidad de muchos, que desearian conocerla, y tendrian por felicidad el cortejarla, solia decir, q̃ no podia Dios embiar asote mayor a aqueste Reyno, que si permitiesse, que Juana Ines se quedara en la publicidad del siglo.[2]

He goes on to tell why she left the convent of St. Joseph and adds: " ... le fue forçoso salir, y buscar otro puerto en donde atendiendo cõ menos peligros de enfermedad ... se viesse libre de las muchas olas que la amenazaban."[3] Her biographer, Father Calleja, expresses the same idea. She realized, he says, that " ... la buena cara de una muger pobre es una pared blanca donde no hay necio, que no quiera echar

---

[1] *Segundo tomo de las obras de Soror Juana Inez de la Cruz* (Sevilla, 1692), Act I.
[2] Juan de Oviedo, *op. cit.,* p. 133.　　　[3] *Ibid.,* pp. 134–35.

su borron: que aun la mesura de la honestidad sirve de riesgo, porque ay ojos, que en el yelo deslizan mas: ... ."[1] And she herself says of this step: " ... con todo, para la total negacion que tenia al Matrimonio, era lo menos desproporcionado y lo mas decente, que podia elegir en materia de la seguridad ... de mi salvacion."[2]

It was, undoubtedly, necessary for her to retire from public life at court. There was no *recogimiento* where she might live until she could decide definitely on her future occupation. She was, therefore, practically forced to choose convent life, or be at the mercy of the world. Juana Inés was, perhaps, even lucky to get into a convent, for there was not room for all who applied. With the powerful influence, however, of the Viceroy and of Father Núñez, a haven was found for her. The influence of the latter in this decisive step is not to be overlooked. He it was who finally persuaded her and hastened the ceremony lest the devil should tempt, meanwhile, his beloved Juana Inés.

We may safely conclude that the deep, underlying reason for Juana's retirement from the world is to be found in the social conditions of her time. She was persuaded to take the step, too, in the hope of being somewhat favorably situated for a continuation of her intellectual labors. And when she came under the influence of that powerful *norte de la Inquisición*, the pious Father Núñez, she accepted his advice and took the veil. That she tried convent life a second time shows what serious and what pressing reasons she had for taking the step.

II

Another question recently brought to the fore is whether Juana should properly be called Juana de Asbaje or Juana Ramírez. Amado Nervo, writing in 1910, called her Juana de Asbaje. Fernández del Castillo, writing in 1920,[3] calls her Juana Ramírez, and insists that this is correct, since she herself signed her name that way. He tries to

---

[1] "Aprobación," *Fama y obras posthumas.*

[2] *Fama y obras posthumas,* p. 18. As for matrimony, it is possible that the Viceroy had already selected a husband for her. This seems to have been the regular procedure, at any rate, and Juana had no reason to suppose that he would not select one in her case. Doña Oliva Merleti, a lady-in-waiting at the court, entered the Capuchin order in preference to marrying a man selected for her by the Marquis of Mancera. See Ignacio de Peña, *Trono mexicano en el convento de Capuchinas* (Madrid, 1726), p. 213.

[3] Francisco Fernández del Castillo, *Doña Catalina Xudrez Marcayda* (Mexico, 1920).

prove that she was related to the Hernán Cortés family on her mother's side, her mother's name being Isabel Ramírez de Santillana. Speaking of her name, he says:

Sor Juana, según el uso actual, debería de llevar el apellido Asvaje, que era el de su padre, ... pero en aquella época cada hijo llevaba, diferente apellido, lo que origina no pocos trastornos en las investigaciones genealógicas; de suerte que, aun cuando le correspondía el apellido Asvaje, como ella firmaba Juana Ramírez, ese es el suyo verdadero, con el que se le debe mencionar, y así consta en su retrato que se conserva en el Museo Provincial de Toledo ... .[1]

The inscription on the picture mentioned reads: "En el siglo fue conocida por D.ª Juana Ramirez (por q̃ assi firmaba)."[2] A careful study of this document shows that it is incorrect on two points. The author of the inscription goes on to say: "Tomo el Havito de Religiosa en el Conv.^{to} dl Eximio Dr de la Iglesia S.ª Geronimo de esta Ciud. de Mex.^{co} ẽ 24 de Feb.º de 1668 a.ˢ a los 17. de su edad ... ." This is inaccurate as to her age, for she was only sixteen. Another error in the inscription is the following: " ... haviendo vivido 44 años, 5 meses, 5 dias, y 5 horas." It should read: "43 años, 5 meses, etc." It seems possible, therefore, that the writer was also mistaken in regard to her signature. But Fernández del Castillo goes on to say:

Se podría objetar que el retrato de la religiosa que se conserva en Toledo es muy posterior a la muerte de la poetisa, pero habiendo sido sacado según datos tomados del Convento de San Jerónimo en donde vivió, es claro que las religiosas sabrían cual era el verdadero nombre de Sor Juana.[3]

It is, in fact, more than likely that in the convent of St. Jerome she was always thought of as Juana Ramírez, rather than as Juana de Asbaje. It is a well-known fact that her mother was a *criolla* and her father a Spaniard (Basque). As Juana Ramírez she was a *criolla*. As Juana de Asbaje she was Spanish. It is also a well-known fact that in Mexico at that time the only avenues of preferment open to the *criollos* were the university and the church. In fact, so strong were the *criollos* becoming in the church during the seventeenth century that by the time of the Marquis of Mancera the Augustinians were demanding that all candidates for admission to the order be native

[1] *Op. cit.*, p. 83.
[2] For a copy of this document see Amado Nervo, *op. cit.*, opp. p. 96.
[3] *Loc. cit.*

born.[1] This caused constant bickering between the two factions. The convent of St. Jerome belonged to the Augustinian order. To enter it, therefore, one had to be a native of New Spain. That such was the case the following passage shows:

Estaba yá para tomar el Avito cierta doncella, en el Convento de S. Geronimo, y no teniendo la dote para ello, entraba con nombramiento de algunos, que en dicho convento ay dotados; pero al fin, se advirtió faltarle a esta doncella una de las condiciones, que la fundacion pedia; conviene, a saber, el que sean nacionales de Mexico, y esta no lo era; por lo qual huvosele de impedir su entrada ... .[2]

When one considers that this was a foundation for *criollos*, that the hatred between the natives and the governing class was increasing, and that toward the end of the seventeenth century and the beginning of the eighteenth this hatred was becoming more and more open, one can well understand why the nuns of St. Jerome might have given out that Sor Juana was Juana Ramírez. To date, however, no such signature has been found.

There is evidence, on the other hand, that while she was at the viceregal court she went by the name of Asbaje. In 1668 Diego de Ribera published a poem by Doña Iuana Ynés de Asuage.[3] In November of the preceding year Juana had left the convent of St. Joseph. If she was known as Juana de Asbaje in 1668 she must have been so called before she entered the convent in August, 1667. In other words, this was certainly her name at court. It was, undoubtedly, to her advantage to go by her Spanish name as lady-in-waiting to the Vicereine. Whether she had been known as Juana Ramírez before she went to court nobody knows. It is possible that the *criollos* knew her by that name. However, in the absence of more definite proof favoring the name Ramírez it seems preferable to continue to call her Asbaje since we know that she actually went by that name in 1668.

An easier question to answer is: Which name did she herself prefer? In the *Libro de Prophessiones* of the convent of St. Jerome she wrote: "Yo soror Ju[a] ynes de la chruz hija legima de don p⁰ de

[1] Vicente Riva Palacio, *México a través de los siglos* (Mexico: Ballescá y Cía), II, 669.

[2] Julián Gutiérrez Dávila, *op. cit.*, pp. 351–52.

[3] This appeared in *Poetica descripcion de la pompa plausible que admiró esta Ciudad de Mexico en la Dedicacion de su Templo* (Mexico, 1668). This is cited by Medina, *La Imprenta en México* (8 vols.; Santiago de Chile, 1907–12), No. 1004. A copy of this work exists in the *Biblioteca Palafoxiana* in Puebla, Mexico.

asvaje y bargas machuca Y de isabel rramires, etc."[1] It will be noticed that she signs her father's name in full. This seems to indicate that at that time she preferred that name. Vargas Machuca is an honored name in the annals of Spanish arms, and the name Asbaje aligned her with the Basques, who must be credited with notable achievements in the New World. Was she a *criolla* or a Spaniard at heart? Her works show both tendencies. With their publication, however, she seems to have put herself definitely on the Spanish side. Her second volume, which appeared in Seville in 1692, was dedicated to Don Juan de Orue y Arbieto, a Basque. In that dedication she says: " ... siendo, como soy Rama de Vizcaya, y Vm. de sus nobilissimas familias de *las Casas de Orue y Arbieto*, vuelvan los frutos à su tronco, y los arroyuelos de mis discursos tributen sus corrientes al Mar à quiẽ reconocen su Origẽ." In some of her works she even used the Basque dialect. She was proud of her Basque ancestry. This, too, argues in favor of the name Asbaje.

III

Another question that has been discussed is: Why did Juana, when she was at the height of her fame, renounce fame? It seems impossible at first glance that Sor Juana, having made herself famous, having earned the title of *la décima musa*, and having published in Spain two volumes of poetry, should suddenly renounce her intellectual labors, her mathematical and musical instruments, her library of four thousand volumes, and everything that for her made life worth living to devote herself to a life of cilices and scourges, fasts and vigils. She had lived in the convent of St. Jerome a quarter of a century. She had lived on terms of intimacy with the most prominent people of the city. In Spain she had been the object of dozens of laudatory poems and articles. But for the second time in her life she suddenly retired from the world, and this time it was to lead the life of an ascetic, the life of a martyr. Why?

The blame for this strange renunciation has been generally laid at the door of the Bishop of Puebla, Manuel Fernández de Santa Cruz. A few attributed it to the Inquisition or to Father Núñez. Others

---

[1] This manuscript is now in my possession. González Obregón was the first to reproduce any part of it. See *El Renacimineto, segunda época* (Mexico, 1894), pp. 237–38.

have frankly declared it inexplicable. To understand the situation, let us go back and review briefly the preceding period in the life of Sor Juana.

In the year 1680 a new viceroy, the Count of Paredes, came to Mexico. The *cabildo* of the cathedral asked Juana to write a poem for one of the *arcos* erected in his honor. Placed thus in the limelight, it is not surprising that a friendship developed between Juana and the Count and Countess of Paredes. This was the beginning of a brilliant and happy period for the gifted nun. Her new patrons encouraged her in her literary ambitions. It was for them that she wrote some of her best works. During their residence in New Spain, Sor Juana devoted much more time than the church approved of to worldly things. The Viceroy and his wife were frequent visitors at the convent. The nun became very popular in court circles, and was the object of many attentions, of gifts, of letters, of poems. She was in constant contact with the world. She was in such demand socially that she could hardly find time for her literary work. In the spring of 1688, however, her patrons returned to Spain. With their departure Juana lost her most powerful protectors in New Spain. Though on friendly terms with the Conde de Galve, viceroy from 1688 to 1696, there was not the strong personal bond that bound her to his predecessor. It is to the Countess of Paredes that we owe the first volume of Juana's works.

The period just sketched had disastrous consequences for Sor Juana. Her worldly life brought down upon her the criticism of the more sinister, the more fanatical element in the church. Father Núñez broke off all relations with her. Oviedo says in this connection:

Bien quisiera el Padre Antonio que tan singulares prendas se dedicassen solo á Dios, y que entendimiento tan sublime tuviesse solo por pasto las divinas perfecciones del Esposo que avia tomado. Y aunque se han engañado muchos, persuadidos, á que el Padre Antonio le prohibia â la Madre Iuana el exercicio decente de la Poesia sanctificado con los exemplos de grandes siervos, y siervas de Dios, estorvabale si quãto podia la publicidad, y continuadas correspondencias de palabra, y por escrito con los de fuera; y temiendo que el affecto a los estudios por demasiado no declinasse al extremo de vicioso, y le robasse el tiempo que el estado santo de la Religion pide de derecho ... le aconsejaba con las mejores razones que podia, á que agradecida al cielo por los dones conque la avia enriquecido olvidada del todo de la tierra pusiera sus pesamientos ... en el mismo cielo.

Viendo pues el Padre Antonio, que no podia conseguir lo que desseaba, se retirò totalmente de la assistencia à la Madre Juana ... .[1]

Father Núñez was one of the most powerful ecclesiastics in New Spain. Because of his learning he was popularly known as the "encyclopedia of the Jesuits." There is plenty of evidence to show that all important cases of the Inquisition passed through his hands. The break,[2] therefore, between him and Sor Juana was a most serious matter. The fact that Father Núñez disapproved of her conduct must have ranged against her some of the other intolerant churchmen of the time, such men as José Vidal and the Archbishop himself.

The latter was something of a fanatic. His character was very different from that of his precedessor, the much esteemed Fray Payo in whose honor Juana wrote several poems. Her relations with Aguiar y Seixas must have been quite different, for she never mentions him. If the biographer of the Archbishop is to be trusted, there was probably a good reason why he and Juana were not on intimate terms. He says:

Para remediar los pecados importa mucho el quitar las rayzes de ellos: en esto ponia el Señor Arçobispo mucho cuydado. Una causa muy principal de muchos pecados, suelen ser las comedias, y fiestas de toros; por lo qual aborrecia mucho su Ill.ma estas, y otras semejantes fiestas, à que concurren muchos de todo genero de personas, hombres y mugeres. Predicaba con gran acrimonia contra estos toros, y comedias, y los estorvò siempre que pudo: quando andabamos en las visitas mandaba que en las solemnidades de los Santos, aunque fuessen titulares, no huviesse semejantes fiestas; ... .

Otro medio de que usaba el Señor Arçobispo para desterrar los vicios, y plãtar las virtudes, era el procurar acabar con los libros profanos de comedias, y otros; y repartir libros devotos. Quando venimos de España, truxo unos mil y quinientos libros, que se intitulan *Consuelo de pobres*, que tratan con especialidad de la limosna, para repartirlos entre los ricos, y trocarlos por otros libros malos; y assi lo hazia. Persuadia à los libreros, que no tomassen libros de comedias; y trocò con algunos de ellos todos quantos tenian por los dichos arriba de consuelo de pobres: y luego quemaba los de las comedias: ... .[3]

That Aguiar was a bitter enemy of the worldly life of the times is shown by the following extract from a contemporary:

Il Lunedi 27. dovea andare la Signora V. Regnia, con suo marito, in S. Agostino *de las Cuevas*, invitati dal Tesoriere della Casa della moneta; ma poi

[1] *Op. cit.*, pp. 134, 136.

[2] It is impossible to fix the exact date of this rupture. It must have taken place at some time during Juana's greatest worldly activity, i.e., between 1680 and 1690.

[3] *Op. cit.*, chapter entitled: "De la oracion, contemplacion, amor de Dios y del proximo del Señor Arçobispo."

se n'astennero, per far cosa grata a Monsignor Arcivescovo, il quale biasimava quel passatempo, como scandaloso.[1]

Life in Mexico changed under his administration. It took on a gloomier aspect. Many festival days were abolished,[2] and an effort was made to reform the habits and customs of the people.

Under such an archbishop Juana passed the last days of her life. That Juana wrote *comedias* and even published them must have been a crime in his eyes. In Mexico during his administration no *comedias* and almost no secular verse were finding their way into print.[3] Conditions in Mexico were quite different from what they were in Spain, though even in Spain a movement which opposed the theater was gaining ground. Conditions in Spain, nevertheless, were liberal as compared with those that obtained in New Spain. What the difference was becomes plain when we consider that the books of Sor María de Jesús de Ágreda which were taken off the Index abroad (even the celebrated *Mística Ciudad de Dios* being cleared by the Pope)[4] were prohibited in Mexico by an edict of the Inquisition in 1690.[5] Moreover, the fact that Sor Juana's works appeared in Spain is significant. This was due to the strict censorship[6] on books that existed in New Spain, rather than to other difficulties of publication such as expense and scarcity of paper. The fact that of all her works the most popular one in Mexico was a religious work, the many times reprinted *Ofrecimientos para un Rosario de quince Misterios*, is also highly significant. One is forced to the conclusion that the publication of her collected works would have been impossible in Mexico. The fact that she published them in Spain must have widened the breach that was gradually

[1] Gio. Francesco Gemelli Careri, *Giro del mondo, sesta parte* (Naples, 1700), p. 169. He visited Mexico in 1697.

[2] Francisco Aguiar y Seixas, *Edicto pastoral sobre los días festivos*, Mexico, 1688.

[3] Less than 25 per cent of the books printed in Mexico City were secular in character. These figures are based on tables developed from Medina, *La imprenta en México*, for the period between 1682 and 1698. From 1666 to 1682 about 32 per cent of the books were secular. These figures are only approximate since Medina is not complete, and besides, some of the material of the period has, undoubtedly, been lost. Of these secular works some were official documents, some were *gacetas*, and a few were scholarly works. There was very little of a purely literary character.

[4] Emilia Pardo Bazán, "Prólogo," *Vida de la Virgen María según Sor María de Jesús de Agreda* (Barcelona, 1899), p. 7.

[5] Antonio de Robles, *op. cit.*, under date of September 24, 1690.

[6] The censorship in Mexico during the seventeenth century has not yet been studied. For methods used during the sixteenth see Francisco Fernández del Castillo, "Libros y libreros del siglo XVI," *Publicaciones del archivo general de la nación*, Vol. VI (Mexico, 1914).

establishing itself between her and the church. The first volume of
her works appeared in Madrid in 1689. It contains a large number of
secular poems: lyrics of love and friendship, satirical verse, and burlesque poems in the Italian manner. Whether the book came back
to Mexico I do not know. But enough information about it must
have traveled back to make things slightly uncomfortable for Juana.

At about this same time Sor Juana committed another crime in the
eyes of the church. She wrote a refutation of a sermon preached in Lis-
bon by the brilliant Jesuit, Antonio de Vieyra. The latter had set up
his own opinion in opposition to that of the Church Fathers, Aquinas,
Augustine, and Chrysostom. Juana defended the Church Fathers
with logic and erudition. Her refutation found its way into the hands
of Manuel Fernández de Santa Cruz. He had it published late in
1690,[1] together with a letter, the famous letter signed Sor Philotea de
la Cruz. In it he said in part:

Para que V. md. se vea en este Papel de mejor letra, le he impresso, y
para que reconozca los tesoros, que Dios depositò en su alma, y le sea, como
mas entendida, mas agradecida .... pocas criaturas deben a su Magestad
mayores talentos en lo natural, con que executa al agradecimiento, para que
si hasta aqui los ha empleado bien ... en adelante sea mejor.

No es mi juizio tan austèro Censor, que estè mal con los versos, en que
V. md. se ha visto tan celebrada .... .

No pretendo, segun este dictamen, que V. md. mude el genio, renunciando
los Libros; si no que le mejore, leyendo alguna vez el de Jesu-Christo. ... Mucho
tiempo ha gastado V. md. en el estudio de Filosofos, y Poetas; yà serà razon
que se mejoren los Libros.[2]

This is the letter that has long been held responsible for Sor
Juana's renunciation. It is quite clear from the letter that the Bishop
did not really approve of her secular writings, but it is also clear that
he did not ask her to give up her literary labors. All that he asked her
to do was to devote herself to religious works. He was himself a lover
of learning, and had during his youth written three books of commentary on the Scriptures. He is said to have bought many books
for the Colegio de San Pablo in Pueblo. What gave the letter such
force was the fact that it was printed along with the *Crisis*, and that

[1] Her refutation was reprinted under the title of "Crisis de un Sermón" in the second
volume of her works.

[2] *Fama y obras posthumas*, pp. 2–4.

in it he asked her to pay less attention to *las rateras noticias del dia*. It amounted to a public censure.[1]

Of the cause and effect of this letter, the biographer of the Bishop writes as follows:

> Era muy celebrada en esta Nueva España la Madre Sor Juana Ines de la Cruz, ... assi por la grande capazidad, y soverano entendimiento de que Dios la havia dorado, como por la gracia de saber hazer y componer ... versos: con esta ocasion era visitada de muchas personas, y de las de primera clase: corria la fama por todas partes ... ; llegò la noticia à nuestro amantissimo Obispo ... , y ... condolido ... de ǫ un sujeto de tan relevantes prendas estubiera tan distraido, y combertido à las criaturas, ... resolvio escrivirla la carta siguiente .... .
> Tubo esta carta el deseado efecto ... .[2]

More than two years were to elapse, however, before Juana's renunciation. It does not seem possible, then, that this letter was the cause of the step she took. It was another sign of the times, however, and a thorn in the flesh of the brilliant nun.

In March, 1691, Juana wrote an answer to the famous letter. Her letter is astonishingly frank. One wonders how she dared so reveal her innermost soul. Her answer could certainly have done nothing to mend matters.

Meanwhile, the *Crisis* was receiving wide publicity. In 1692 it was published in Mallorca. In the same year it was reprinted in the second volume of her works, and in the following year it appeared again in the second edition of that volume.[3] It was received with great enthusiasm in Spain. Why did it arouse a storm of criticism in

---

[1] The signature, Philotea de la Cruz, is pregnant with meaning. The name itself means "lover of God." The Bishop pretended that the letter was written by a nun of that name in the convent of the Holy Trinity. There may have been a nun of that name. But why did the Bishop choose that name? One of his predecessors in the bishopric of Puebla, the famous Juan de Palafox y Mendoza, published in Madrid in 1659 a book called *Peregrinacion de Philotea al santo templo y monte de la Cruz.* He says it was written in imitation of a "Philotea Francesa" because it had seemed to him "no inutil emulacion, sino espiritual y santa: que ... otra Philotea Española instruyesse a las demas, con manifestarse humilde seguidora de la Cruz ... ." The books of Palafox were very popular. It is probable that Fernández de Santa Cruz had this book in mind when he wrote Sor Juana. If so, the significance of the signature could not have been lost upon her.

[2] *Op. cit.*, pp. 416, 421. The 1722 edition says that it was her *estudio de libros profanos* that called forth the letter.

[3] The subject of the *Crisis* was kept alive until 1731, when a defense of Father Vieyra's sermon, written by Sor Margarita Ignacia, a Portuguese nun, was translated into Spanish by Iñigo Rosende in a volume entitled *Vieyra impugnado*, published in Madrid.

Mexico? Was it heretical? It was so considered there. In her answer to the Bishop Juana wrote:

> Si el crimen està en la Carta Athenagorica, fue aquella mas que referir sencillamente mi sentir ... ? ... Llevar una opinion contraria de Vieyra, fue en mi atrevimiento, y no lo fue en su Paternidad, llevarla contra los tres Santos Padres de la Iglesia? ... ni faltè al decoro, que à tanto varon se debe ... . Ni toquè à la Sagrada Compañia en el pelo de la ropa; ... . Que si creyera se avia de publicar, no fuera con tanto desaliño como fue. Si es (como dize el Censor) Heretica, porquè no la delata?[1]

We gather from this that it was declared heretical. In Spain, however, Navarro Vélez, *Calificador del Santo Oficio*, declared that it contained nothing contrary to the faith.[2] That it was so strongly condemned in Mexico is due to the fact that conditions there were different. The Jesuits were all powerful. They were practically in control of the Inquisition. Father Vieyra was a Jesuit, and it was felt that the *Crisis* was an attack on that order. How Father Núñez felt about it one can easily guess. Juana had brought herself face to face with the Inquisition. At the time she wrote her reply she had not been brought to trial. No record has been found to show that she ever was. It is not likely that the Inquisition would have waited more than two years to do so. It does not seem possible, then, that it was directly responsible for her renunciation.

Did Juana, upon receiving the Bishop's letter, immediately stop writing about secular things? Not at all. Early in 1691 she wrote a *silva* celebrating a victory won by the *armada de Barlovento* against the French off the coast of Santo Domingo. This was published the same year by Carlos de Sigüenza y Góngora in his *Trofeo de la justicia española*. In 1692 she was still sending manuscripts abroad for the second edition[3] of the second volume of her works. It seems likely that early in 1692 she was still writing some poetry and collecting it for that volume. Sometime in 1692 or 1693 she also wrote a poem thanking her newly found friends in Spain for the laudatory poems and articles which appeared in her second volume. This poem was never finished, and is probably her last work.

---

[1] *Fama y obras posthumas*, pp. 50–51.

[2] Juan Navarro Vélez, "Censura," *Segundo tomo de las obras de Soror Juana Ines de la Cruz*, Sevilla, 1692.

[3] This edition, published in Barcelona in 1693, has on the title-page: "añadido en esta segunda impression por su autora." It also contains some *villancicos* dated 1691.

Sor Juana's renunciation took place in 1693.[1] In March, 1691, when she wrote her answer to the Bishop, she was not yet ready for her great sacrifice. She still defended herself vigorously, claiming for herself the right to study. The letter is, in fact, a defense of the rights of women, a memorable document in the history of feminism. In the light of it, her renunciation is even more startling than it would be had the letter never been written. Yet in it she reveals, too, a struggle in which she was as a house divided against itself. What it was and how insidiously it undermined what a lifetime had built up, the following passage will make clear:

Pues aun falta por referir lo mas arduo de las dificultades;—faltan los positivos [estorvos], que directamente han traido à estorvar, y prohibir el exercicio. Quien no creerà, viendo tan generales aplausos, que he navigado viento en popa, y mar en leche, sobre las palmas de las aclamaciones comunes? Pues Dios sabe, que no ha sido assi: porque entre las flores de essas mismas aclamaciones, se han levantado, y despertado tales aspides de emulaciones, y persecuciones, quantas no podrè contrar; y los que mas nocivos, y sensibles para mi han sido, no son aquellos, que con declarado odio, y malevolencia me han perseguido, sino los que amandome, y deseando mi bien ... me han mortificado, y atormentado mas, que los otros, con aquel: *No conviene a la santa ignorancia, que deben este estudio; se ha de perder, se ha de desvanecer en tanta altura con su mesma perspicacia, y agudeza.* Què me avrà costado resistir esto? Rara especie de martyrio, donde yo era el martyr, y me era el verdugo! ... todo ha sido acercarme mas al fuego de la persecucion, al crisol del tormento: y ha sido con tal extremo, que han llegado a solicitar, que se me prohiba el estudio.
... fuè tan vehemente, y podorosa la inclinacion à las Letras, que ni agenas reprehensiones (que he tenido muchas) ni propias reflexas (que he hecho no pocas) han bastado à que dexe de seguir este natural impulso, que Dios puso en mi: su Magestad sabe ... que le he pedido, que apague la luz de mi entendimiento, dexando solo lo que baste para guardar su Ley, pues lo demàs sobra (segun algunos) en una muger; y aun hay quien diga, que daña.[2]

We gather from this that she was the object of constant persecution, and to such a degree that she began to ask herself if, after all, she was wrong. Should she give up her literary labors and devote herself to the *camino de perfección*? This was the struggle that was going on in

[1] Both Oviedo and Calleja testify to this. The date can be established by the fact that in February and March, 1694, she signed her *Profesión de la fe* and the *Renovación de los votos religiosos*. To do this she must have served her year as novice. Her *Petición*, undated, says: " ... es mi voluntad bolver a tomar el Abito, y passar por el año de aprobacion." This must have been written early in 1693.

[2] *Fama y obras posthumas*, pp. 15, 26–27, 34–35.

her soul and that reached a climax in 1693. It had probably been going on a long time before it came out into the open with the publication of her works. She must have had many enemies. What she suffered we can but guess. Slowly but surely the criticisms of friends and enemies destroyed her peace of mind. Even so, it is doubtful if Sor Juana would ever have given up her books and studies had not events in Mexico so shaped themselves that she felt upon her an inward compulsion.

It now becomes necessary to take a look at what was happening in Mexico between 1691 and 1693. In the summer of 1691 rains and floods were beginning to cause terrible suffering. A contemporary writes:

> Lo q.ᵉ se experimento de trabajos en Mexico en estos trece dias no es ponderable. Nadie entrava en la Ciudad por no estar andables los caminos, y las calsadas. Faltó el carbon, la leña, la fruta, las hortalisas, las aves ... . El pan no se sasonaba por la mucha agua ... y nada se hallava de quanto hè dicho, sino à exsecivo precio ... .
>
> El crecimiento con qᵉ se hallava la Laguna de Tescuco à veinte y dos de Julio, dio motivo a los pusilamines para que dixesen à vozes *que se anega Mexico*.[1]

The crops were ruined and by the end of the year the city was in the grip of a famine. By the beginning of 1692 conditions were so bad that the Viceroy asked that secret prayers be said in convents and monasteries for the relief of the city. Many a day there was no bread. Moreover, the supply of grain in the *alhóndiga* was getting low. The populace began to threaten violence, blaming the Viceroy and his government for their sufferings. Finally, on the night of June 8, 1692, the Indians marched upon the viceregal palace and stormed it, setting fire to it and the surrounding buildings. The Viceroy and his wife took refuge in the monastery of St. Francis. Everybody sought monasteries and other places of security. The soldiers were helpless. Hordes of Indians pillaged the plaza and the surrounding neighborhood. Nothing could be done to stop the terrible riot. Bells rang all night. In the nunneries and monasteries prayers were said. Jesuits and Franciscans went in procession to the plaza in an effort to quiet the rioters, but they were hissed and their images were treated with

---

[1] *Copia de una Carta de don Carlos de Sigüenza y Góngora a don Andrés de Pez acerca de un tumulto acaecido en México* (MS), August 30, 1692.

disrespect. After days and nights of terror, during which the churches ceased to function, the civil government succeeded in restoring order. Weeks and months of *azotados* and *ahorcados* kept alive the memory of the tumult. Famine continued to take its toll, for there was no bread. Disease followed. Toward the end of the year the *peste* was general throughout the land. Those were dark days for Mexico. Why had this affliction visited the country? The consensus of opinion was that it was a punishment for the sin, the license and irreligiosity that had reigned in Mexico. Robles says:

> Las causas de este estrago se discurren ser nuestras culpas que quiso Dios castigar, tomando por instrumento el mas debil y flaco, como es el de unos miserables indios, desprevenidos, como en otros tiempos lo ha hecho su Divina Magestad, como parece por historias divinas y humanas. ... Dios nos mire con ojos de misericordia! Amen.[1]

Sigüenza y Góngora says, speaking of the floods: "Oyese por este tiempo una voz entre las ... del bulgo q.^{e} atribuia à castigo de las pasadas fiestas la tempestad en el monte, el destroso en los Campos, y la inundacion de los arribales ... ."[2] He says, furthermore: " ... yo no dudo q.^{e} mis pecados y los de todos le motivaron [a Dios] à q.^{e} amenazandonos como Padre con azote de agua prosiguiese despues el castigo con hambre p^a nuestra poca enmienda ... ."[3] Another contemporary writes: " ... hallándonos con un príncipe tan benigno por virey, ... son tantos nuestros pecados, que no ha bastado su santidad y celo para que la justicia de Dios no nos castigue, como lo estamos esperimentando."[4]

The tragic events just narrated gave point to the remonstrances addressed to Juana on the score of her failure to walk in the *camino de perfección*. Where she had before stopped to reflect occasionally on her duty in the matter, now, with suffering and death on every hand, her own heart, her own conscience, must have taken a hand. It is not unlikely that she blamed herself somewhat for the sad state of affairs in Mexico. Death was everywhere. It took two of her lifelong friends, Juan de Guevara[5] and Diego de Ribera.[5] It laid a heavy hand on the

---

[1] *Op. cit.*, p. 97.   [2] Letter cited.   [3] *Ibid.*

[4] "Copia de una carta escrita por un religioso grave ," *Documentos para la historia de México, segunda serie*, III (Mexico, 1855), 311.

[5] *Sucesos*, 1676–96 (MS), under date of April 11 and September 7, 1692.

convent of St. Jerome, where ten nuns died[1] between April 24, 1691, and August 5, 1692. And in September, 1692, news came from Spain of the death of her beloved patron, the Count of Paredes. Life was becoming stern. But it was not too late. She could yet make amends. It is something of this spirit that shines through the fanaticism of the last two years of her life. Stern religious counselors had turned her eyes inward upon herself. Could outward compulsion alone have worked such a change? Does it not bespeak inward conviction? Sor Juana had very much a mind of her own. The Inquisition could have made her give up her books, her instruments, her literary labors, but it could not make her *volar a la perfección*. Inner conviction was needed for that.

Does not Juana herself express this in the *Peticion que en forma causidica presenta al Tribunal Divino la Madre Juana Ines de la Cruz, por impetrar perdon de sus culpas?* In it she says:

... en el pleyto que se sigue en el Tribunal de nuestra Justicia contra mis graves, enormes, y sin igual pecados, de los quales me hallo convicta por todos los testigos del Cielo, y de la Tierra, y por lo alegado por parte del Fiscal del crimē de mi propia consciencia, en que halla que debo ser condenada à muerte eterna, y que aun esto serà usando conmigo de clemencia, por no bastar infinitos Infiernos para mis inumerables crimenes y pecados: ... reconozco no merezco perdon ... con todo, conociendo vuestro infinito amor, è misericordia, y que mientras vivo, estoy en tiempo, y que no me han cerrado los terminos del poder apelar de la sentencia ... con todo, por quanto sabeis vos que ha tantos años que yo vivo en Religion, no solo sin Religion, sino peor que pudiera un Pagano: ... es mi voluntad bolver à tomar el Abito, y passar por el año de aprobacion. ... [2]

Undoubtedly force of circumstances joining hands with many parallel influences had brought about a crisis in Juana's life; not one cause, but many, working toward a common end, gradually broke the strong spirit and made her accept the martyr's rôle.

How did Juana carry out her penitence, for such it was? Oviedo says, speaking of this and of Father Núñez' part in it:

Quedose la Madre Iuana sola con su Esposo, y ... el amor le daba alientos á su imitacion, procurando con empeño crucificar sus pasiones, y apetitos con tan ferveroso rigor en la penitencia, que necessitaba del prudente cuidado, y

---

[1] *Libro de Prophessiones.*

[2] *Fama y obras posthumas,* pp. 129–31.

atencion del Padre Antonio para irle á la mano, porque no acabasse à manos de su fervor la vida. Y solia decir el Padre alabando à Dios, que Iuana Ines no corria sino que volaba á la perfeccion.[1]

Everything she had she sold for the relief of the poor. The same writer says:

> ... se deshizo de la copiosa libreria que tenia, sin reservar para su uso sino unos pocos libritos espirituales que le ayudassen en sus santos intentos. Echô tambien de la celda todos los instrumentos musicos, y mathematicos singulares, y exquisitos que tenia, y quantas alhajas de valor, y estima la avia tributado la admiracion, y aplauso de los que celebraban sus prendas como prodigios; y reducido todo à reales, fuerõ bastantes á ser alivio, y socorro de muchissimos Pobres.[2]

This, too, confirms the theory that the suffering in Mexico had much to do with her renunciation. She was joined in her charitable enterprise by Aguiar y Seixas, who also sold his library for the relief of the poor.

Two years later her penitence reached the heights of the heroic when, during the plague that invaded the convent of St. Jerome, Juana labored night and day nursing the sick, comforting the dying, and laying out the dead. Her fragile spirit, broken by the storms that had beaten about her, gave up the unequal struggle, and she who once had been the object of hatred and jealousy died in the odor of sanctity, revered and loved by all.

DOROTHY SCHONS

UNIVERSITY OF TEXAS

[1] *Op. cit.*, p. 137.   [2] *Loc. cit.*

Women's Studies Int. Forum, Vol. 8, No. 5, pp. 511–519, 1985.
Printed in Great Britain.

SOR JUANA INÉS DE LA CRUZ:
'LET YOUR WOMEN KEEP SILENCE IN THE CHURCHES . . .'

NINA M. SCOTT

Department of Spanish and Portuguese, University of Massachusetts, Amherst, MA 01003, U.S.A.

Synopsis—Sor Juana Inés de la Cruz chose to take the veil not only because she had no wish to marry but because in her time the convent was the only environment which sanctioned a woman's desire for a life of study and meditation. However, her brilliant mind ventured far beyond the parameters permitted by her church, for she devoted a large part of her literary activities to secular topics, dared to criticize the male Catholic establishment and questioned the Church's inconsistent—and to her, oppressive—treatment of women. In her autobiographical letter 'The Reply to Sister Philotea' (1691) she took her most radical feminist stance and artfully manipulated both Scripture and patristic texts to support her personal ends: the right of women to an education and to an intellectual life.

'Entréme religiosa, porque aunque conocía que tenía el estado cosas . . . muchas repugnantes a mi genio, con todo, para la total negación que tenía al matrimonio, era lo menos desproporcionado y lo más decente que podía elegir en materia de la seguridad que deseaba de mi salvación;' 'And so I entered the religious order, knowing that life there entailed certain conditions . . . most repugnant to my nature; but given the total antipathy I felt for marriage, I deemed convent life the least unsuitable and the most honorable I could elect if I were to insure my salvation.'[1] So stated Sor Juana Inés de la Cruz in her famous letter 'La Respuesta a Sor Filotea' 'The Reply to Sister Philotea' (1691), a statement of startling frankness, considering that she was answering a letter of censure from the Bishop of Puebla, an ecclesiastical superior to whom she, as a nun, owed humility and obedience.

The autobiographical nature of her letter is extremely important, given the marginality of women in the literary activities of her day and the fact that up until that time most accounts of women in the Church had been recorded by male authors. We are thus dealing with a primary source of great importance, yet critics rightfully caution about accepting all of the 'Respuesta' at face value, recalling that autobiographies are self-portraits, the calculated impression an author wishes posterity to remember. Nevertheless, the brilliance of Sor Juana's mind and the enigmatic nature of her personality have fascinated generations of *sorjuanistas*, who have grappled with the elusive prose of the 'Respuesta' in attempts to decode the messages left by this supremely intellectual woman who dared to verbalize a radically feminist stance in a time and context most unpropitious to her.

The fact that she was a nun, formed within the ecclesiastical world of viceregal Mexico, is naturally crucial to her life and work. As daughter of the Catholic Church, she found herself alternately supported and censured by an institution whose attitudes towards women had been largely shaped by the internalization of patriarchal ideologies rooted in the earliest days of the Christian faith. The decision to take the veil ultimately forced her into a series of irreconcilable dilemmas which were at once personal, intellectual and spiritual. Her status as a woman and a nun demanded obedience, humility and self-effacement, yet during her lifetime Sor Juana was publicly acclaimed for her genius both by the secular and the ecclesiastical world, and was well aware that she was the intellectual superior of many

---

[1] All Spanish quotations of Sor Juana's works (with the exception of the 'Primero Sueño') are from *Obras completas de Sor Juana Inés de la Cruz*, Vol. 4, and will henceforth be indicated in parentheses in the text. The English translations of the 'Respuesta a Sor Filotea' are from Margaret Sayers Peden's *A Woman of Genius* and will likewise be indicated in parentheses immediately following the quotations. All other translations are mine. The material cited here is from *Obras completas* (henceforth *OC*) (p.466) and Peden (p.30).

[2] Elías Trabulse, in 'Prólogo' to Francisco de la Maza's *Sor Juana Inés de la Cruz ante la historia* (p.21). As I will be citing a number of different authors from this compilation, I will henceforth refer to it in the text as Maza (1980).

of her male contemporaries. Sor Juana made a calculated decision when she chose the religious life, and from within the confines of her convent dared to challenge the Catholic establishment in ways which became increasingly radical. This study will focus on those aspects of Sor Juana's biography which deal with her decision to profess, and then examine three related works—the 'Primero Sueño', the 'Carta atenagórica' and the 'Respuesta'—to show the skill with which she manoeuvred to achieve maximum personal and intellectual freedom.

Born in 1651, Juana Inés de Asbaje y Ramírez de Santillana was the illegitimate daughter of a middle-class Mexican *criolla* and a Spanish captain. Family circumstances, coupled with her great intellectual precocity caused her to be sent at the age of eight to live with her relatives in the capital; at the age of about sixteen she was appointed lady-in-waiting to the Vicereine. Her status at court was brilliant, earned largely through her intelligence, charm and beauty, but as Octavio Paz points out, Juana had neither legitimacy, a dowry nor the protection of her father, so that she could not hope for an advantageous marriage (p.152). The Viceroys made much of her, but as each one stayed in office for only a few years, she could not count on their sustained support. For all intents and purposes she was totally on her own. Her professed aversion to marriage was probably sincere, all the more because a husband would most likely have opposed her intellectual pursuits, and since this left her no other viable personal or economic alternatives, entrance into a convent was her best option. In the context of her time becoming a religious was a profession like any other and the convent also held the appeal of being the one place where women could legitimately devote their lives to study, to meditation and, in a limited way, to writing. From a contemporary perspective it is sometimes difficult to appreciate the great attraction which the communal religious life held for women of the past, yet from its inception in the patristic age, the convent had offered women a genuinely liberating choice. According to theologian Ruether, 'Asceticism redeemed woman from the female condition. It gave women license to reject traditional demands put upon them by society; . . . they could withdraw into female communities to engage in intense study and cultivation of their minds and spirits . . . Asceticism allowed women to move from being an object, governed and defined by others, to being a subject, in charge of defining one's life as a spiritual person' (Ruether, 1979: 151–152).

In the text of the 'Respuesta' Sor Juana delineated those inclinations of her nature to which she would have given free rein, had she been able: 'que eran de querer vivir sola; de no querer tener ocupación obligatoria que embarazase la libertad de mi estudio, ni rumor de comunidad que impediese el sosegado silencio de mis libros' (p.446) 'wishing to live alone, and wishing to have no obligatory occupation that would inhibit the freedom of my studies, nor the sounds of a community that would intrude upon the peaceful silence of my books' (pp.30–32). Given these tendencies, she vacillated in her decision to profess and sought the counsel of Antonio Núñez de Miranda, Jesuit confessor to the viceroys and her own spiritual advisor. According to her letter, Núñez convinced her that such inclinations were 'temptation' and urged her to take the veil. Juana Inés's physical and intellectual gifts, coupled with her uncertain social position were cause for alarm to Núñez and to at least one other cleric. Sor Juana's first biographer, the Spanish Jesuit Diego Calleja, repeatedly mentioned the risk of her being alone during those years, an opinion shared by Núñez: 'solía decir que no podía Dios enviar mayor azote a aqueste Reino que si permitiese que Juana Inés quedare en la publicidad del siglo' (Maza, 1980: 279) 'he used to say that God could not send a greater scourge upon this Realm than to allow Sor Juana to remain in the public eye of the time.'

The fact that at least two members of the religious establishment concurred in their estimation of her as risk and potential threat *as woman* was illustrative of the institutionalized bias against women transmitted to Christianity via Paul and the Pauline communities (Prusack, 1974: 97–98), subsequently to be further-ed by Church Fathers such as Augustine and Jerome, for it was during the patristic period and the institutionalization of the celibate life that there developed a dualistic attitude towards humankind which equated woman with carnality and made her ethically dangerous to the more spiritual male (Ruether, 1974: 157). Both Calleja and Núñez were thus profoundly relieved when Juana professed in 1669 and was safely contained by the Jeronymite convent of St Paula.[3] However, profession was neither cheap nor easy and admission to elite nunneries was reserved for the legitimate daughters of the economically privileged white *criollos*. It was probably a combination of Núñez's influence and Juana's fame at court that caused the Jeronymites to disregard her illegitimacy,[4] but, in a concession to appearances, Juana maintained in her document of profession that she was indeed of legitimate birth. It would not be the last time that she would manipulate the facts to serve her ends.

---

[3] Sor Juana had originally opted to join the severely ascetic Discalced Carmelites, the reformed order founded by St Theresa of Avila, but fell ill after a few months and withdrew from this community. She subsequently chose the more relaxed order of the Jeronymites.

[4] Núñez also persuaded a rich aristocrat to donate the sizable dowry that Sor Juana needed for admission to St Paula, a common act of charity among wealthy colonials.

To a modern reader the 'Respuesta' at times conveys a startling lack of vocation, but in her day it was common for many women to profess for decidedly pragmatic reasons without feeling that this contradicted their commitment to a religious life. Sor Juana never doubted her orthodoxy: it was the communal life which made her apprehensive, though a lax order such as hers allowed her considerable leeway. St Paula required perpetual enclosure, but the less-rigorous convents of colonial Mexico were by no means silent retreats of prayer and meditation. The nuns were attended by servants and slaves and enjoyed concerts, plays and other social gatherings. Sor Juana in particular was sought out and lionized by a succession of viceroys who facilitated and encouraged her sustained intellectual involvement in the secular world. The convent was as close as she could come to a room of her own in which to nurture her intellectual life.

Scholars have pointed out that the involvement of nuns in literary pursuits was not uncommon in Spanish America (Lavrin, 1983; Monguió, 1983) but Sor Juana was unique in the scope and direction of her writings, for she did not restrict herself to the religious meditations, lives of saints or reports of mystical visions which formed the literary *corpus* of her contemporaries. Her enlightened mind anticipated a more modern era and she scorned the praise allotted two other nuns for their literary activities: memorization of the Breviary and translations of Jerome's letters from Latin; to her it seemed regrettable that 'tales talentos no se hubieran empleado en mayores estudios con principios científicos' (p.469) 'such talents could not have been employed in major studies with scientific principles' (p.80).

The issue of permissible inquiry vs excessive and thus sinful striving for knowledge is the topic of one of Sor Juana's most complex and brilliant works: the 'Primero Sueño' 'First Dream'. Sabàt-Rivers judges the 'Sueño' to be a late work and, along with the 'Respuesta', essential to an understanding of the nun as poet and as person (1982: 283). The poem is unquestionably important in revealing to the careful reader the ways in which she managed to question Church doctrine while appearing to remain within approved parameters (Montross, 1981: 39–40). The dream sequence was a common Baroque convention, as was the allegorical dialogue between the Flesh and the Spirit (or the Body and the Soul); in Sor Juana's poem, once she achieves the state of dream-sleep, her body is left totally behind while the soul soars upward, not towards the conventional spiritual union with Christ, but towards an intellectual comprehension of the nature of the Cosmos. Within the linguistic and conceptual labyrinths of her poem Sor Juana hid the transformation of a conventional topic into a controversial one: she converted the soul into pure intellect and addressed the topic of permissible vs sinful striving for knowledge. The soul as depicted in the 'Sueño' does indeed transgress and is punished for it by a dual failure to reach its goal, all of which safely conforms to Church doctrine. But by simultaneously citing the myths of Icarus and Phaeton Sor Juana implied that the attempt to rise above restrictions and assert one's liberated self constituted success, even though it might provoke a devastating retaliation by the gods. Thus, while Sor Juana appears to endorse established doctrine, the covert message of the 'Sueño' is quite the opposite.

Sor Juana's most famous religious work also did not conform to the norm. It is openly ambitious, and instead of the hidden agenda of the 'Sueño', this time her defiance of the Catholic establishment was quite open. In 1690 she wrote a critique of a sermon by the Portuguese Jesuit Antonio de Vieira, acclaimed as a brilliant preacher both in Europe and in Latin America. Sor Juana's critique was at first in oral form but then someone, almost certainly the Bishop of Puebla himself, was so impressed that he requested her to put her comments in writing (Puccini, 1967: 35–36). Some critics have found it puzzling that Sor Juana should have chosen to comment on a sermon preached some forty years earlier, but upon reading both Vieira's text and her critique of it, her motives seem quite clear: her intellectual ambition fueled a desire to equal or surpass the Jesuit's accomplishments in speculative theology.

Vieira's sermon hinges on the nature of Christ's greatest *fineza*, or act of selfless love towards humankind. Not a little pompously he announced at the onset that he would not only refute the opinions of Saints Augustine, Thomas Aquinas and John Chrysostom on the subject, but that he had conceived of a *fineza* greater than any of theirs: 'Que ninguna fineza del amor de Cristo me darán, que yo no daré otra mayor; y a la fineza del amor de Cristo que yo dijere, ninguno me dará otra igual' (*OC*: 674) 'they will not think of one proof of Christ's love that I will not better, and the *fineza* of Christ's love which I shall state, no one will be able to equal.' Sor Juana began her critique by stating flatly that his undeniably brilliant arguments rested on a framework which was logically unsound. She must have realized her own daring at challenging a male adversary of a very powerful order, but in spite of several *pro forma* statements of humility, one senses that she is enjoying herself: 'que no es ligero castigo a quien creyó que no habría hombre que se atreviese a responderle, ver que se atreve una mujer ignorante, en quien es tan ajena este género de estudio, y tan distante en su sexo . . .' (p.435) 'it is no small chastisement for one who believed that no man would dare to answer him to see that an ignorant woman dares to do so, to whom these studies are so alien and so little practised by her sex

. . .' Sor Juana's critique is written in an informal, conversational style, for she stated in the 'Respuesta' that she had no idea that the Bishop would publish her remarks,[5] but in print some of her more flippant statements must have jarred her readers: '¡Válgame Dios! . . . ¿Qué forma de argüir es ésta? (p.418) 'Good Lord! . . . What manner of reasoning is this?' she asked at one point, and at another, which discussed Christ's presence on Earth, remarked impatiently, 'No gastemos tiempo: ya sabemos la infinidad de sus presencias' (p.422) 'Let us not waste time: we already know the countless examples of His presence.' By means of copious biblical references she defended the stance of the three Church Fathers, which not only gave her a chance to demonstrate her own facility with Latin and mastery of scholastic methods, but also her profound knowledge of Scripture. However, some of her conclusions are theologically equivocal—indeed almost heretical—and Montross has shown that Sor Juana was not above manipulating the logical premises on which she based her refutations of Vieira (Montross, 1981: 10).

Her published critique unleashed a storm of controversy and criticism, but there were other factors at play besides her precarious theology. The fact that the author was a woman rankled many, and in the conclusion of her statement Sor Juana had also indulged in some unfortunate mythological allusions. Apparently totally deferential to Vieira's stature, she had remarked, '. . . y basta para bizarría en los pigmeos atreverse a Hércules. A vista del elevado ingenio del autor, aun los muy gigantes parecen enanos . . . ¿Pues qué hará una pobre mujer? Aunque ya se vio que una quitó la clava de las manos a Alcides, siendo una de las tres imposibles que veneró la antigüedad' (p.434) '. . . it is a gallant act of courage for a pygmy to dare to challenge Hercules. In view of the great eminence of the author's ability, even the tallest giants appear as dwarfs . . . . What is a poor woman to do? Although it so happened that a woman took the club from the hands of Alcides, which was one of the three impossible tasks venerated by Antiquity.' Hercules, also known as Alcides, was famous for his strength but not reknowned for his intelligence and Sor Juana also chose to mention the episode when Hercules was sent to serve the Lydian queen as atonement for one of his murderous frenzies. Omphale amused herself by making her slave put on dresses and do women's work while she wore the Thespian Lion's skin and appropriated his club, both emblems of Hercules' masculine prowess.[6] That Sor Juana should allude to this kind of role reversal while criticizing a Jesuit of the fame of Vieira was perceived as an act of insolence and impropriety and retribution was not long in coming.

Around the year 1690, a year of famine, pestilence and social turmoil in the viceroyalty as a whole, Sor Juana came under mounting pressure because of her notoriety and her continued activity in secular literature. The new Archbishop of Mexico, Francisco Aguiar y Seixas, was a severe and misogynistic prelate in no way disposed to judge her case favorably. 'A twisted Catholic puritan, he had a pathological aversion to women, to whom he imputed all the evils against which the Church inveighed . . . . If, through some mischance, a woman crossed his threshold, he promptly ordered all the bricks torn up and replaced upon which sacrilegious feet had trod' (Leonard, 1971: 160). The publication in Madrid of a volume of Sor Juana's poetry, much of which dealt with courtly love, could not have been less propitious. The Bishop of Puebla, who greatly admired Sor Juana and knew her well, apparently attempted to head off the wrath of the Archbishop by publishing a religious work of hers: the critique of Vieira's sermon. He gave her text the flattering title 'Carta antenagórica' 'Letter Worthy of Athena' but as the Bishop was not on good terms with Aguiar he covered himself by simultaneously drafting a letter of censure to the author; some critics speculate that he may also have wanted to give Sor Juana a chance to defend herself publicly (Paz, 1982: 531; Caudet, 1979: 139). The letter is short and generally kindly in tone, but it also specifically suggested that in order to avoid damnation Sor Juana would do well to curtail her excessive devotion to matters secular in favor of more worthy subjects: 'Lástima es que un tan gran entendimiento, de tal manera se abata a las rateras noticias de la tierra, que no desee penetrar lo que pasa en el Cielo . . . que no baje más abajo, considerando lo que pasa en el Infierno' (OC: 696) 'What a pity that such a great mind should so surrender itself to the base follies of the world that it should not wish to comprehend that which passes in Heaven . . . may it not sink any lower, considering that which passes in Hell'. Perhaps to soften the effect of his letter the Bishop availed himself of the pseudonym 'Sor Filotea' (God-lover'), a polite conceit implying that his was not a letter from a superior but rather from a sister nun.

The receipt of this letter, coupled with the effects of long-standing criticism of her activities by many

---

[5] Paz is of another opinion: he feels that Sor Juana had prior knowledge of the Bishop's intentions (pp.538–539) and that her permission to include the critique in the second volume of her works (1692) is proof positive of her initial consent to have this work published (p.561).

[6] Similarly, in her play Los empeños de una casa, Sor Juana departed from the Baroque convention of having women disguised as men and introduced a man (Castaño) in woman's attire.

others, triggered a personal crisis in Sor Juana. Her rational mind had trouble reconciling the mixed signals of praise and censure sent out by her superior, and while the Bishop specifically stated that he did not hold with those who deplored all learning in a woman, the nun knew that the real issues were both her sex and her pursuit of secular knowledge. Her reply is an impassioned, eloquent and anguished attempt at intellectual self-justification.

Of the three works discussed in this study, the 'Respuesta' is her clearest and most radical statement, one in which she articulated the many areas where she felt constrained by the convent: her loneliness in always having to work alone, with neither teachers nor peers with whom to discuss her ideas; the times her studies were forbidden by superiors anxious to have her remain in 'holy ignorance'; the constant interruptions of her work by her religious duties and the chafings inherent in a close communal life. On the one hand her status as a nun permitted her the greatest possible opportunity to exercise her intellectual vocation; on the other, her concomitant success coupled with her defiance of the rules put her on a collision course with the ecclesiastical establishment. In the context of her time her superiors felt completely justified in their censure of her excessive involvement in secular literature, but to Sor Juana's rational mind the Bishop's criticism appeared to be a case of monumental inconsistency. How could he publish her critique of Vieira's sermon, praise her Athena-like wisdom and simultaneously censure her publicly? With all due respect Sor Juana pointed out the fundamental conflict of his position: 'De donde se conoce la grandeza de vuestra bondad, pues está aplaudiendo vuestra voluntad lo que precisamente ha de estar repugnando vuestro clarísmo entendimiento' (p.471) 'By which one knows the munificence of your kindness, for your goodwill applauds precisely what your reason must wish to reject' (p.90).

Apart from the particular controversy over Vieira's sermon, Sor Juana also addressed other ongoing problems which she had with her church, particularly the restricted parameters within which it was disposed to let her intellect operate. She cited fear of the Inquisition as one factor which deterred her from dealing with religious subjects (Núñez was a member of the Inquisition) and defended her right to express herself in poetry by reminding the Bishop that parts of the Bible (specifically Psalms and the Song of Songs) were also in verse. She had been told to ignore secular subjects and devote herself to Theology, yet she, like the Austrian Jesuit Athanasius Kircher, whose scientific works she knew well, felt the Universe was a universal chain whose parts were intrinsically inseparable. As Sor Juana had already stated in the 'Sueño', the mind

had to proceed step by logical step from one concept to another before attempting to deal with Theology, the Queen of Sciences. The most basic problem, however, remained her sex and the gist of the 'Respuesta' is her perception that the Church itself was inconsistent in its treatment of women. As the first step in her defense Sor Juana cited an extensive list of illustrious learned women, culled from mythological, biblical and historic sources. She was also aware that, at least in part, the antifeminist tradition in the Church had its roots in Scripture, specifically in the Pauline Epistles. The Bishop had referred to Paul in his letter, but stated that neither he nor the apostle subscribed to the position that women should be denied learning, 'cuando no sacan las letras a la mujer del estado de obediente' (OC: 695) 'as long as learning does not make a woman disobedient.' The Bishop had also mentioned St Jerome, spiritual father of Sor Juana's order and—in spite of his misogyny—the author of a number of celebrated letters which encouraged the education of young girls and women. Sor Juana took the surprising gambit of appealing to precisely these two saints for the authority to defend her own intellectual vocation and to plead for other women with similar inclinations. The method which she used in presenting her arguments provides the reader with significant insights into parts of the 'Respuesta' generally ignored by critics: her use of Scripture and of certain patristic texts to support her case.

Given the expanded roles of women in today's Christian churches, scholars have rigorously re-examined those passages from Scripture which deal with the status of women. Most theologians agree that in the context of his time, Jesus's treatment of women was not only liberal but revolutionary; they have also underscored the significant role which women played in the establishment and furtherance of the early Christian church. A close reading of the letters of Paul attests to this fact, but the rules of conduct which he drafted for the Church at Corinth, as well as the later, deutero-Pauline Pastorals (Timothy and Titus), in effect continued the prevailing tradition of the subservience of women and excluded them from the public magisterium. As Parvey notes, Paul's theology endorsed the equality of women in Christ, but, as he was convinced that the end times were near, he kept to the traditional norms of social behavior; thus, what 'Paul had understood as a kind of temporary status-quo ethics . . . became translated two generations later into moral guidelines for keeping things as they are forever. The later Church . . . inherited two seemingly widely divergent messages: the theology of the equivalence in Christ; the practice of women's subordination' (p.146).[7]

---

[7] For a detailed examination of this issue, see Ruether (1979), Fiorenza (1979) and Hewitt and Hiatt (1978: 45–56).

Sor Juana was most interested in those passages of Paul which dealt with the issues of a woman's right to learn and to teach, and boldly went straight to 1 Corinthians 14.34, a passage which appears totally detrimental to her position: 'Mulieres in Ecclesiis taceant . . .' 'Let your women keep silence in the churches: for it is not permitted unto them to speak; . . .' (King James Version). Sor Juana, however, demanded that this verse be interpreted not only according to its meaning within Paul's entire Epistle, but also within the context of its time. She noted that in the first-century Church women did indeed teach each other in the temples and offered the somewhat ingenuous explanation that they were told to be quiet because their voices interfered with the apostles' preaching. She also asserted that the phrase 'it is not permitted unto them to speak' referred to public preaching in church, from which women were barred and with which position Sor Juana agreed. She correctly stated that in 1 Corinthians 14 Paul was addressing the entire issue of the interpretation of Scripture, urging that only those who were truly qualified to carry on exegesis be permitted to speak. Citing Rom. 12.3, Sor Juana ultimately concluded, 'Y en verdad no lo dijo el Apóstol a las mujeres, sino a los hombres; y no es sólo para ellas el *taceant,* sino para todos los que no fueren muy aptos' (p.463). 'And in truth, the Apostle did not direct these words to women, but to men; and that *keep silence* is intended not only for women, but for *all* incompetents' (p.72). While on the subject, she addressed the Church's general lack of consistency in this matter. If it endorsed Paul, and all women were to keep silent, why then did the Church praise and encourage the writings of St Theresa, Sor Agreda and others?

Sor Juana did not restrict herself to Paul's letter to the Corinthians, but cited as well the Epistles to Timothy and Titus, which also deal with rules of conduct for men and women.[8] To prove that Paul had permitted women to study in private she cited 1 Timothy 2.11: 'Mulier in silentio discat . . .' 'Let the woman learn in silence . . .' without, however, giving either the rest of the passage, which reads 'with all subjection' nor the following verse, which deals with the same topic: 'But I suffer not a woman to teach, nor to usurp authority over the man, but to be in silence.' In other words, she used only that part of the verse which supported her case, ignoring

the context of the Epistle as a whole and contradicting herself with respect to what she said about the interpretation of 1 Corinthians 14.34. There was good reason for her to suppress 1 Timothy 2.12, for the issue of women as instructors to other women was another topic which passionately concerned her.

To support her arguments in favor of women teachers she quoted Titus 2.3 as: 'Anus similiter in habitu sancto, bene docentes . . .' 'The aged women likewise, that they be in behavior as becometh holiness, teachers of good things;' A look at the original text reveals that here, too, Sor Juana had manipulated her source. First of all she omitted that part of the verse which referred to aged women as prone to gossip and to too much wine and once again she cited out of context. Verses 4 and 5 of this same Epistle spell out what the good things were which the aged women were to teach, which were to exhort young women to be sober and discreet, to love their families, to keep a good home and to be 'obedient to their own husbands, that the word of God be not blasphemed .'[9] All of this Sor Juana suppressed, for she wished to emphasize the words 'bene docentes.' In Latin this phrase has an equivocal meaning, as is shown by the variety of ways modern translations have rendered it: 'teachers of good things' (King James Version); 'teaching well' (Douay-Rheims; 'to teach what is good' (New Oxford Annotated Bible); 'teachers of the right behavior' (Jerusalem Bible). Sor Juana chose to take Paul's charge—that women should teach—one step further and made it the heart of her plea for the education of all young women. She deplored the fact that many Mexican girls were deprived of any education whatever because the close association with male teachers was an invitation to scandal which many families wished to avoid. As her letter to the Bishop progressed, 'bene docentes' gradually became 'una mujer anciana, *docta en letras* y de santa conversación y costumbres' (p.465, italics mine) 'an older woman, *learned in letters* and in sacred conversation and customs' (p.76) who would further the education of young girls in reading, writing, mathematics, etcetera. Interpreted in this way and taken to the above conclusion, 'bene docentes' strayed mightily from the intention of the original Pauline text. Was she aware of the liberties she was taking with her Scriptural authority? It seems difficult to believe otherwise but she was so

---

[8] In Sor Juana's time the Church accepted the Pastorals as authentic Pauline texts, but subsequent scholarship has shown that there are substantive variations in syntax and vocabulary in these Epistles and thus place them in the second half of the second century. (See Buttrick *et al.,* 1955: 343–344.) Ruether furthermore believes that the 'deutero-Pauline community that produced the pastorals also edited the original corpus of Paul, i.e. 1 Cor. 14:34' (1979: 143).

[9] With reference to this statement, *The Interpreter's Bible* explains: 'Since Christian women had been granted unusual freedom, it was necessary that they should be unusually careful not to become insubordinate or neglectful at home. Otherwise their actions would scandalize and alienate pagans. To upset the order of the family would be to precipitate social revolution and bring ruin on the church' (p.535).

concerned with the lack of suitable women teachers that she would go to any length to prove her point: '. . . es grande daño el no haberlas. Esto debían considerar los que atados a *Mulieres in Ecclesia taceant*, blasfeman de que las mujeres sepan y enseñen; como que no fuera el mismo Apóstol el que dijo: *bene docentes*' (p.465) 'Then is it not detrimental, the lack of such women? This problem should be addressed by those who, bound to that *Let women keep silence in the church*, say that it is blasphemy for women to learn and to teach, as if it were not the Apostle himself who said: *The aged women . . . teaching well*' (p.76).

In her search for another authority to support her position, Sor Juana also turned to the writings of St Jerome, the fourth-century ascetic, missionary and scholar who was in many ways curiously similar to Juana herself. A superb scholar and elegant stylist, he was nevertheless no great theologian (Fremantle, 1892: xxix–xxxiii), and his biographer Kelly points out other contradictory tendencies. Although Jerome's iconography portrays him as a solitary hermit, his stint in the desert was brief and unsuccessful and he felt happiest either in urban society or in his scholarly activities. A man of passion and strong sexual drives, he made the celibate life a condition for holiness and struggled all his life to resolve the conflict between his ascetic ideals and his love for pagan culture and literature. The text of the 'Respuesta' attests to Sor Juana's familiarity with Jerome's famous letters, especially the ones written to or about women, which comprise about one-third of all extant epistles. Although overtly misogynistic, Jerome was nevertheless close to a circle of devout, patrician Roman women who gave him not only spiritual, but considerable financial support as well. Sor Juana mentioned the names of a number of these supporters of Jerome in her list of illustrious women of the past, emphasizing especially those of Paula and her two daughters Blesilla and Eustochium. Paula had headed one of the twin monastic communities which Jerome established in Bethlehem and was also the patroness of Sor Juana's convent. Although Jerome and Paula had exchanged many letters during their twenty-two years of association, only two of these remain, and most of what we know of this woman comes from Jerome's long eulogy, directed to Paula's daughter Eustochium. In this letter (No. 108) he dwelled at length on her modesty, chastity, generosity, and pious nature; however, it was Paula's learning, which Jerome mentioned only in passing, which most interested Sor Juana, and is the one quality she chose to mention to the Bishop: 'Paula, docta en las lenguas Hebrea, Griega y Latina y aptísima para interpretar las Escrituras' (p.461) 'Paula, learned in Hebrew, Greek and Latin, and most able in interpreting the Scriptures' (p.66). Actually, Jerome did not refer to Paula's expertise in exegesis so much

as to her facility in learning and speaking Hebrew, it being the widow Marcella who excelled in the interpretation of Scripture (No. 127). It is possible that Sor Juana confused the two letters, but given her *modus operandi* up to this point, the slip could just as well be intentional.

Just as she had suppressed Paula's humility and piety to highlight her intellect, Sor Juana also edited Jerome's letter to Laeta (No. 107) to serve her particular purposes. Laeta was Paula's daughter-in-law and this letter, one of Jerome's most famous, contained detailed instructions for the education of her infant daughter, also named Paula. As the child was destined to enter the community in Bethlehem, Jerome was most anxious that she be trained for her role from the start. Paula was to be taught to read and speak both in Latin and Greek and her readings were to be restricted solely to Scripture.[10] Sor Juana quotes at length from this letter, specifically excerpting the command to Laeta: 'And let it be her task daily to bring you the flowers which she has culled from Scripture' (Fremantle, 193). Sor Juana stressed the fact that the child's *mother* was to be her teacher, concluding that therefore both Paul and Jerome had sanctioned teaching by women. However, a comparison of Jerome's text with the passage cited by Sor Juana reveals that she had taken isolated sentences from different parts of his letter and recombined them in her quotation, suppressing Jerome's explicit instructions to Laeta that Paula was to have a male teacher, 'a master of approved years, life and learning' (p.191) who would not think it beneath him to teach a girl. Read in its original context this passage implies that although Laeta is to listen to her daughter recite scriptural passages, she should above all be a 'model on which she may form her childish conduct' (p.193). Basically, then, Paul and Jerome agreed that women could teach each other rules of conduct, a far cry from the kind of intellectual training Sor Juana advocated. She, however, continued to insist that both Paul and Jerome backed her position to effect reforms in the education of women: '¡Oh, cuántos daños se excusaran en nuestra república si las ancianas fueran doctas como Leta, y que supieran enseñar como mandó San Pablo y mi Padre San Jerónimo!' (p.464) 'Oh, how much injury might have been avoided in our land if our aged women had been learned, as was Laeta, and had they known how to instruct as directed by Saint Paul and by my Father, Saint Jerome' (p.74).

But however much she argued and manipulated all manner of authorities to support her case, Sor

---

[10] Kelly notes that Jerome did not follow this curriculum when teaching young boys at a school which he founded in Bethlehem, as 'he initiated them without compunction into the pagan classics' (p.275).

Juana realized that her basic problem with her Church remained that of her sex. In the conclusion of her letter she alternates between statements of assertion and humility, which attests to the conflictive position in which she found herself. Chastised for her critique of Vieira she demanded on the one hand, 'Mi entendimiento tal cual ¿no es tan libre como el suyo, pues viene de un solar?' (p.468) 'My reason, such as it is, is it not as unfettered as his, as both issue from the same source?', then countered her own boldness with more submissive phrases: 'aprecio, como debo, más el nombre de católica y obediente hija de mi Santa Madre Iglesia, que todos los aplausos de docta' (p.469) 'I esteem more highly my reputation as a Catholic and obedient daughter of the Holy Mother Church than all the approbations due a learned woman' (p.84). Did she mean this or were such phrases artfully constructed rhetorical gambits designed to placate 'Sor Filotea' and other hostile readers? She had, after all, taken a daring step by refusing to repent when given a chance to do so, and instead took the initiative in voicing the demand for women—in and out of the Church—to have the right to an intellectual life.

But the Church as institution was too formidable an adversary to challenge for long, and in spite of Sor Juana's numerous admirers and supporters, majority opinion still demanded that she bow to the will of her superiors. This she appeared to do, and although she continued a number of literary activities, including revisions of previously publish-ed works as well as the creation of some new material, disastrous events beyond her control in the years 1691–1693 caused her to lose confidence in herself, diminish her literary output and abandon a position of public defiance. She recalled Núñez—who had withdrawn his spiritual support of her for two years—as her confessor, renewed her vows and sold off her voluminous library to propitiate the vindictive Archbishop. However, Paz points out that Juana had not given up her worldly goods even at her death (p.601) and speculates that the renewals of her religious vows were probably *pro forma* admissions of repentance and humility. In his opinion she never totally capitulated. Formula or no, the context of her time still obliged the finest mind in colonial Spanish America to say of herself: 'Yo, Juana Inés de la Cruz, la más mínima de los esclavos de María Santísima Nuestra Señora, debajo de la corrección de la Santa Madre Iglesia Católica Romana' (p.516) 'I, Juana Inés of the Cross, the most insignificant slave of the Most Holy Mary, Our Lady, under the guidance of the Holy Roman Catholic Mother Church'; 'Juana Inés de la Cruz, la más indigna e ingrata criatura de cuantas crió vuestra Omnipotencia' (p.520) 'Juana Inés of the Cross, the most unworthy and ungrateful creature ever created by Your Omnipotence'; 'Yo, la peor

del mundo' (p.523) 'I, the worst in the world.' She died in an epidemic four years after writing the 'Respuesta'.

In *A Room of One's Own* Virginia Woolf, who never knew of Sor Juana, made several observations about women of the past that are curiously appropriate to the Mexican nun. Sor Juana most definitely suffered from a lack of private space, from a life fragmented by obligatory duties and from the hostility with which many of her contemporaries reacted to her intellectual pursuits. Woolf had tried to imagine the fate of a gifted sister of Shakespeare and concluded that 'genius of a sort must have existed among women . . . . But certainly it never got itself on paper' (Woolf, 1957: 50). In Sor Juana's case it did, but the 'Respuesta' documents the price she had to pay for having dared to defy the establishment and to ask the unaskable questions. Mistress of hidden meanings, of paradox and irony in her language, the conscious manipulation of both her sources and her methods of reasoning to serve her own ends reveals the lengths to which she would go in the battle to keep her voice from being silenced.

REFERENCES

Buttrick, George Arthur, *et al.*, gen. eds. 1955. *The Interpreter's Bible. The Holy Scriptures in the King James and Revised Standard Versions with General Articles and Introduction, Exegesis, Exposition for Each Book of the Bible*, Vol. 11. Abingdon Press, New York.

Caudet, Francisco. 1979. Sor Juana Inés de la Cruz. La Crisis de 1690. *Cuadernos americanos* 222 (enero–feb-rero): 135–140.

Cruz, Sor Juana Inés de la. 1957. *Obras completas de Sor Juana Inés de la Cruz. Comedias, sainetes y prosa*, Vol. 4. Salceda, Alberto G., ed. Fondo de Cultura Económica, Mexico.

Cruz, Sor Juana Inés de la. 1976. *Sor Juana Inés de la Cruz: Obras selectas*. Sabàt, Georgina de Rivers and Elías L. Rivers, eds. Editorial Noguer, Barcelona.

Cruz, Sor Juana Inés de la. 1982. *A Woman of Genius. The Intellectual Autobiography of Sor Juana Inés de la Cruz*. Trans. Margaret Sayers Peden. Lime Rock Press, Salisbury, Conn.

Fiorenza, Elisabeth Schüssler. 1979. Word, spirit and power: Women in early Christian communities. In Ruether, Rosemary and Eleanor McLaughlin, eds, *Women of Spirit. Female Leadership in the Jewish and Christian Traditions*. Simon and Schuster, New York.

Fremantle, W. H. Translator of *St. Jerome: Letters and Select Works*. See below.

Hewitt, Emily C. and Suzanne R. Hiatt. 1978. *Women Priests: Yes or No?* Seabury Press, New York.

Jerome, 1892. *St. Jerome: Letters and Select Works*. Vol. 6 of *A Select Library of Nicene and Post-Nicene Fathers*. Trans. W. H. Fremantle. Wm. B. Eerdmans, Grand Rapids, Mich.

Kelly, J. N. D. 1975. *Jerome. His Life, Writings and Controversies*. Duckworth, London.

Lavrin, Asunción. 1972. Values and Meaning of Monastic Life for Nuns in Colonial Mexico. *The Catholic Historical Rev.* **58** (October): 367–387.

Lavrin, Asunción. 1983. Unlike Sor Juana? The model nun in the religious literature of Colonial Mexico. *Univ. Dayton Rev.* **16** (Spring): 75–87.

Leonard, Irving. 1971. *Baroque Times in Old Mexico.* 1959. Rpt. University of Michigan Press, Ann Arbor.

Maza, Francisco de la. ed. 1980. *Sor Juana Inés de la Cruz ante la historia.* (Biografías antiguas. *La Fama* de 1700. Noticias de 1667 a 1892.) Revisión de Elías Trabulse. UNAM, México.

Monguió, Luis. 1983. Compañía para Sor Juana: Mujeres cultas en el virreinato del Perú. *Univ. Dayton Rev.* **16** (Spring): 45–52.

Montross, Constance. 1981. *Virtue or Vice? Sor Juana's Use of Thomistic Thought.* University Press of America, Washington, D.C.

Parvey, Constance F. 1974. The theology and Leadership of women in the New Testament. In Ruether, Rosemary Radford, ed., *Religion and Sexism.* Simon and Schuster, New York.

Paz, Octavio. 1982. *Sor Juana Inés de la Cruz o Las trampas de la fe.* Seix Barral, Barcelona.

Perelmuter Pérez. Rosa. 1983. La estructura retórica de la *Respuesta de Sor Filotea. Hispanic Rev.* **51** (Spring): 147–158.

Prusack, Bernard P. 1974. Woman: Seductive Siren and Source of Sin? Pseudoepigraphal Myth and Christian Origins. In Ruether, Rosemary Radford, ed., *op. cit.*

Puccini, Dario. 1967. *Sor Juana Inés de la Cruz: Estudio d'una personalità del Barroco messicano.* Edizione dell'Atteneo, Roma.

Ricard, Robert. 1951. Antonio Vieira y Sor Juana Inés de la Cruz. *Revista de Indias* (enero–junio): 66–87.

Ruether, Rosemary Radford. 1974. Misogynism and Virginal Feminism in the Fathers of the Church. In Ruether, Rosemary Radford, ed., *op. cit.*

Ruether, Rosemary Radford. 1979. Patristic Spirituality and the Experience of Women in the Early Church. In Fox, Matthew, ed., *Western Spirituality: Historical Roots. Ecumenical Roots.* Fides/Claretian, Notre Dame, Ind.

Sabàt-Rivers, Georgina. 1977. *El Sueño de Sor Juana Inés de la Cruz: Tradiciones literarias y originalidad.* Tamesis, London.

Sabàt-Rivers, Georgina. 1982. Sor Juana Inés de la Cruz. In Madrigal, Luis Iñigo, ed., *Historia de la Literatura Hispanoamericana*, Vol. 1. Ediciones Cátedra, Madrid.

Vermeylen, Alphonse. 1976. El tema de la mayor fineza del amor divino en la obra de Sor Juana Inés de la Cruz. In Magis, Carlos H., ed., *Actas del Tercer Congreso Internacional de Hispanistas.* Colegio de México, Mexico.

Woolf, Virginia. 1957 [1929]. *A Room of One's Own.* Harcourt, Brace, Jovanovich, New York.

REVISTA DE CRITICA LITERARIA LATINOAMERICANA
Año XX, N° 40. Lima-Berkeley, 2do. semestre de 1994; pp. 259-280.

ENGENDRANDO EL SUJETO FEMENINO DEL SABER O LAS ESTRATEGIAS PARA LA CONSTRUCCION DE UNA CONCIENCIA EPISTEMOLOGICA COLONIAL EN SOR JUANA

Yolanda Martínez-San Miguel
University of California at Berkeley

> Yo no estudio para escribir, ni menos para enseñar, que fuera en mí desmedida soberbia, sino sólo por ver si con estudiar ignoro menos. (143-144)
>
> Demás, que yo nunca he escrito cosa alguna por mi voluntad, sino por ruegos y preceptos ajenos, de tal manera, que no me acuerdo haber escrito por mi gusto, si no es un papelillo que llaman el *Sueño*. (178)
>
> –Sor Juana Inés de la Cruz, "Respuesta de la poetisa a la muy ilustre Sor Filotea de la Cruz".

I. *Introducción*

En este ensayo comento la "Respuesta de la poetisa a la muy ilustre Sor Filotea de la Cruz" y el "Primero sueño" intentando identificar el sujeto que se construye para enunciar un discurso epistemológico que se engendra desde múltiples subalternidades: en primer lugar, el mundo colonial, en segundo lugar desde el ámbito literario, y en tercer lugar, desde la realidad femenina. Estas subalternidades son parte esencial en la construcción de los múltiples sujetos que asume Sor Juana, unas veces enunciando desde el verso gongorino, otras desde el género autobiográfico; unas veces amparándose en el mundo religioso o en la asexualidad elusiva, otras veces afirmando su condición femenina; unas veces recurriendo al racionalismo, otras al saber del cuerpo; unas veces asumiendo la omisión o el silencio, otras desde el pleno dominio de la autoridad. Este vaivén que se observa en la constitución del sujeto a través del análisis del discurso resulta fundamental para entender el espacio desde el cual Sor Juana enuncia y autoriza su deseo de conocer.

La lectura epistemológica de los textos de Sor Juana se inició hace algunos años, con propuestas como las de Francisco López Cámara

(1950) y Gerard Cox Flynn (1960), quienes debaten sobre las posibilidades de que en Sor Juana predominen tendencias cartesianas o neoplatónicas, pero que excluyen por completo la problemática femenina en la postulación de este discurso epistemológico. Aunque en estos comentarios se identifica un sujeto epistemológico que se plantea el problema del conocimiento, el modelo es siempre Descartes, Platón, o Aristóteles, por lo que se deja a un lado uno de los aspectos fundamentales de estos textos: quién habla y qué estategias utiliza para autorizarse. Lo que me interesa comentar en este trabajo es cómo el sujeto femenino que enuncia este discurso intenta autorizarse para entrar en un discurso tradicionalmente masculino y eurocéntrico. Es importante señalar que Sor Juana escribe en un momento en que en Europa empieza a postularse el discurso epistemológico como un espacio autónomo en relación con la Iglesia. Por ejemplo, Descartes, con quien se ha comparado a Sor Juana, produce una serie de tratados epistemológicos que evidencian este creciente proceso de secularización del conocimiento que aspira a un saber "científico" sobre el universo. Se trata de un momento en que se postula un nuevo orden natural, que puede ser conocido y explicado por los hombres (entiéndase como la humanidad masculina) desde premisas independientes de las verdades absolutas e irrevocables de la religión. En este momento Sor Juana, una mujer que se convierte en monja no por vocación, sino por un deseo de encontrar un espacio desde el cual lograr sus aspiraciones de conocer ("Respuesta", 147), intenta legitimarse al adentrarse en un campo intelectual decididamente masculino. Es en este proceso de legitimación del sujeto que habla, enmarcado en la elaboración de un sistema de conocimiento, que deseo detenerme en este comentario.

He seleccionado dos textos muy estudiados y conocidos de Sor Juana porque en ambos se encuentran dos estrategias distintas para constituir un "yo" ante el conocimiento. Además, en ambos se ha identificado un discurso común:

> Si nos detenemos en sus textos más personales, aquéllos escritos por su propio "gusto", nos encontraremos con dos interesantes documentos: la ya citada "Respuesta" y el "Primero sueño", que por su complementariedad –uno inscripto dentro del género epistolar, el otro la recreación poética de una íntima experiencia– constituyen un solo discurso, el más personal, y que de alguna manera podríamos clasificar dentro del paradigma de lo *autobiográfico*. (Pellarolo, 2)

En el "Primero sueño" veo una propuesta de un sistema de conocimiento que se enuncia desde el discurso literario, con un estilo decididamente gongorino, en la cual el sujeto se define a partir de la asexualidad y de la ausencia de un cuerpo. Una vez que el sujeto logra demostrar su competencia para llevar a cabo el metafórico viaje que alude al proceso de conocimiento, se revela el género femenino del sujeto hablante. De esta forma el sujeto se autoriza, para luego revelar que carece de uno de los elementos esenciales del sujeto que tradicionalmente enuncia el discurso epistemológico: la masculinidad. Por otro lado, la aparente ausencia del cuerpo, y el énfasis en la racionalidad que resulta evidente en el poema puede responder a la inescapable realidad de que el cuerpo posee una sexualidad a la cual se le impide acceder al discurso epistemológico. Esto explicaría también por qué en sus autos sacramentales se destaca la importancia del cuerpo y de lo empírico en el proceso de adquisición de conocimiento.

En mi estudio de la construcción del sujeto utilizaré la definición de Paul Smith, que deconstruye este término en cuatro dimensiones básicas:

> The human *agent* will be seen here as the place from which resistance to the ideological is produced or played out, and thus as *not* equivalent to either the "subject" or the "individual".

> "The individual" will be understood here as simply the illusion of whole and coherent personal organization, or as the misleading description of the imaginary ground on which different subject-positions are colligated.

> And thence the commonly used term "subject" will be broken down and will be understood as the term inaccurately used to describe what is actually the series or the conglomeration of *positions*, subject-positions, provisional and not necessarily indefeasible, into which a person is called momentarily by the discourses and the world that he/she inhabits.

> The term "agent," by contrast, will be used to mark the idea of a form of subjectivity where, by virtue of the contradictions and disturbances in and among subject-positions, the possibility (indeed, the actuality) of resistance to ideological pressure is allowed for (even though that resistance too must be produced in an ideological context) (xxxv).

A partir de esta visión del sujeto comento los textos de Sor Juana en relación con el contexto en que vivían las monjas en el siglo XVII, sin perder la dimensión individual que se puede observar en los mismos. Es importante estudiar a Sor Juana en su contexto social, pero debe evitarse leer sus textos como la voz de todas las monjas que compartían su experiencia social, pues Sor Juana fue una monja atípica en muchos aspectos (Lavrin, "Unlike Sor Juana?)

También tomo en consideración la crítica que hace Smith acerca del doble sujeto definido por el feminismo, pues me parece que estas categorías pueden ser útiles en este comentario, en particular para entender la ambigua dinámica entre la asexualidad y la sexualidad:

> If two of the more distinct (by virtue of being larger) targets of this book have been (a) the notions of fixed and cerned subjectivity inherited from traditional humanist thought in a most unexpected way by many of our currently available oppositional discourses, and (b) the poststructuralist fantasy of the dispersed or decentered subject, it might appear perverse of me to be advocating feminism's deployment of both. However, it must be remembered that I'm describing the deployment of both simultaneously. The effect of feminism's double-play is demonstrably to have broken down the old habit of presuming the "subject" as the fixed guarantor of a given epistemological formation, as well as to have cast doubt on the adequacy of the poststructuralist shibboleth of the decentered "subject". (150-151)

De acuerdo a la perspectiva de Smith, el sujeto debe ser considerado como una serie de posiciones alternas que no se pueden articular sin contradicciones internas. Lo que se cuestiona en última instancia es la coherencia y unidad de un "sujeto", como un espacio definible en una posición estable. El sujeto deja de ser, entonces, un espacio clausurado, homogéneo y estático. Y este acercamiento enriquece y dinamiza la definición basada en una oposición binaria entre un "yo" y un "otro". No se trata simplemente de multiplicar a los "otros", sino de reconocer además que el "yo" no es una variable controlada ni estable en el proceso de la constitución del sujeto.

En cuanto a las posiciones del sujeto, me detengo en las múltiples perspectivas que asume el "yo" que habla para legitimar su autoridad y su derecho a adquirir un saber, sin transgredir abiertamente toda una red institucional de control con la cual Sor Juana intenta negociar su espacio personal. Al igual que Paul Smith, me parece importante estudiar al sujeto en su proceso de definición en contraposición con unos "otros" que pueden ser tanto externos al sujeto como internos. Un elemento fundamental de la relación yo-otro que Smith sugiere es que el otro que interpela al sujeto puede ser una persona, un grupo social, o incluso una ideología dominante. La idea de incluir la otredad interna del psicoanálisis como parte de mi percepción del sujeto que enuncia es conservar la posibilidad de una resistencia ante las interpelaciones que esos otros exteriores dirigen al sujeto. Por lo tanto, la noción del "sujeto" no debe equivaler a la situación de sujeción que la palabra implica, sino que debe dar un espacio a la resistencia como una forma legítima para definir un "yo" que se opone a estas interpelaciones del exterior.

Regresando al contexto religioso en que se enmarca la obra de Sor Juana, es importante tener en mente que ella defiende su derecho a una racionalidad femenina justo cuando otro grupo de religiosas recurren a las experiencias místicas como un espacio alterno desde donde autorizar un conocimiento femenino. Estas mujeres, estudiadas por Jean Franco en el primer capítulo de su libro *Plotting Women* fueron eventualmente integradas al control institucional mediante la red de confesores que autorizaban o censuraban la legitimidad de estas experiencias femeninas. Según Jean Franco, la misma Sor Juana recibió sugerencias de su confesor Núñez de Miranda para que dirigiera sus deseos de saber hacia el campo de la mística, e incluso para que iniciara un camino hacia la santidad (40). Sin embargo, Sor Juana se negó a ocuparse en experiencias alternas, que implicaban la domesticación de su inquietud intelectual mediante su integración a la irracionalidad del "balbuceo místico" (Franco, xvi). A Sor Juana le interesa ingresar al discurso de la racionalidad tradicionalmente masculina, para acceder a un saber que, como plantea claramente en el "Primero Sueño", no está dirigido ni a hombres ni a mujeres en particular, sino a la capacidad racional humana, que no depende del género sexual. De esta manera la asexualidad de Sor Juana es una de estas posiciones del sujeto que abiertamente desafía la marginación de las mujeres de los campos intelectuales de la época.

En contraste con la ausencia del yo que se nota en el "Primero sueño", la "Respuesta a Sor Filotea" parte de la autobiografía como el espacio discursivo en que el yo femenino se presenta y representa ante una autoridad religiosa (el Obispo de Puebla) que le ha escrito a Sor Juana fingiendo que es una monja compañera, Sor Filotea de la Cruz. El yo de la carta se dirige a la monja-obispo, en un interesante juego discursivo que pone al descubierto la distancia verdadera entre la supuesta compañera y el Obispo real que la amonesta por entrar en un debate público con la publicación de su "Carta Atenagórica" (Ludmer, 50-51). Es importante recordar que en el control institucional de la mujer, el aspecto que con mayor celo se vigilaba era el acceso de las mujeres a la esfera pública (la publicación de textos, pronunciación de sermones en la iglesia, la participación en debates). Por ejemplo, Santa Teresa recibe una amonestación de la Inquisición, no porque se dude de la legitimidad de sus experiencias místicas, sino porque el manuscrito de su *Vida* ha comenzado a circular muy ampliamente entre los lectores de ciertos círculos (Steggink, 53-57). En el mismo momento en que la mujer se convierte en agente de su propia experiencia, las instituciones intervienen para integrarlas a unas redes de poder en las cuales la decisión definitiva sobre la participación en la esfera pública depende de otro sujeto autorizado, y obviamente masculino. En el caso de la "Respuesta" sabemos que el Obispo amonesta a Sor Juana después de que ha sido él mismo quien publicara la "Carta Atenagórica" sin su permiso. Este tirante juego de autoridades es lo que hace preciso que Sor Juana se identifique con diversas posiciones del sujeto que le permitan negociar con las diversas redes de esta autoridad institucional. Y la autobiografía viene a ser el espacio ideal para este arreglo de posiciones del sujeto, porque contiene la auto-reflexión sobre esta subjetividad en cuanto sujeto, y por ello me parece que se puede contrastar con el "Primero sueño" en el que intencionalmente el sujeto se borra como presencia particularmente individual y agencial, para retener solamente la posicionalidad asexual y de la racionalidad sin cuerpo.

II. *Sor Juana y las mujeres religiosas en la colonia*

Para poder observar esta constitución del sujeto dentro de estas redes de poder institucional, resulta útil tomar en cuenta los estudios sobre el ambiente en que vivían las mujeres religiosas de la época[1]. En particular, Asunción Lavrin ha estudiado la organización de los conventos, beaterios, recogimientos y orfanatorios, como lugares donde se podían retirar las mujeres de la época, que tenían que escoger entre el matrimonio o algún espacio que les proveyese de la protección y supervisión necesaria a su sexo. También Lavrin destaca cómo estos conventos estaban claramente asociados a los sectores hegemónicos de la sociedad colonial ("Female Religious, 165). Por lo tanto, aunque los conventos implicaban el retiro de las monjas de la vida secular, lo cierto es que se mantenían estrechos lazos entre los conventos y los sectores financieros de la sociedad que podían proveer un ingreso a estas instituciones a través de rentas o compra de propiedades, así como las donaciones y la asignación de dotes a las monjas que profesaban en los mismos. Lo que Lavrin comenta de la vida de las religiosas es toda una infraestructura económica que les servía de sustento para mantener la institución. Contrario a la idea generalizada de que sólo profesaban las mujeres pobres sin otros recursos para subsistir, la realidad es que las dotes que se pagaban cuando profesaban las monjas limitaban el ingreso a estos conventos a los sectores pudientes de la sociedad (Lavrin, "Unlike Sor Juana?", 62). Lo que Lavrin trata de ilustrar es que los conventos no eran retiros para mujeres provenientes de sectores marginales de la sociedad que escogían la vida religiosa para poder sobrevivir económicamente. Aunque había mujeres que profesaban como "hermanas seculares", y pagaban menos dote, éstas tenían que llevar a cabo labores físicas, con lo que se marcaba una jerarquía interna en el convento según la procedencia social de la religiosa (Lavrin, "Female Religious", 177).

Otro aspecto que se menciona en estos estudios es la dimensión cultural de esta vida religiosa. Una de las aportaciones más significativas de estos conventos fue que las monjas que profesaban en los mismos recibían una educación más completa que las mujeres promedio:

> Nuns were expected to read and write well, to keep accounts, and to know some Latin for their prayers. Many excelled in their learning and mastered skills beyond the expectations of the period. Nuns also served as teachers of young female pupils who were placed in convents to be educated until they were of age. In fact, the education imparted to young girls was not systematic, and varied considerably according to the abilities of the teacher. (Lavrin, "Female Religious", 185).

Lo más importante de esta descripción de la dimensión cultural de los conventos es que se integra a Sor Juana en todo un contexto en el cual su escritura forma parte de un corpus bastante amplio de escritos femeninos que fueron propiciados por los confesores como una forma de aprender y ejercer control sobre la narrativización de las experiencias femeninas[2]. Sin embargo, Sor Juana resulta un caso atípio, porque sus escritos lograron una publicidad poco común para otras mujeres en su época (Lavrin, "Unlike Sor Juana?", 75). Este es unos de los aspectos de su vida que atrae la atención de sus superiores, que se sienten en la necesidad de amonestarla. Lavrin también destaca toda una serie de aspectos en los cuales la vida de Sor Juana como monja se acerca y se aparta de la religiosa típica de la época. Por un lado, Sor Juana afirma en su "Respuesta" que profesó buscando tranquilidad para retirarse a sus estudios (146-47), pero sin embargo murió participando en las labores de servicio comunitario. En sus escritos no se encuentran alusiones a experiencias místicas que eran muy comunes en la época, ni experiencias narrativas de penitencia y mortificación del cuerpo, y el sujeto que se construye en sus textos no tiende a la auto-humillación esperada de la religiosa obediente. Sin embargo, al igual que muchas monjas, Sor Juana mantuvo una cercana relación con su confesor Antonio Núñez, y al final de su vida volvió a su confesionario durante su última crisis espiritual. Lavrin afirma que fue Antonio Núñez quien entusiasmó a Sor Juana para que profesara, pues ésa era la mejor manera de integrar a esta mujer a un control institucional ("Unlike Sor Juana?," 67).

Al integrarse a este orden institucional, sin embargo, Sor Juana tuvo que negociar con las diversas presiones que recibió para dedicarse a la teología, o a la mística (Franco, 40). Aunque su deseo de retirarse al convento para dedicarse a sus estudios no era incompatible con el ambiente cultural en el que vivía, también fue cierto que la convivencia comunitaria, y la presión de sus confesores y superiores se convirtió en una de las grandes batallas que libró Sor Juana para definirse como sujeto en un espacio personal en el cual lograr sus aspiraciones intelectuales.

Aunque Sor Juana comenzó a escribir bajo el mecenazgo de la marquesa de Mancera, Leonor Carreto, en la corte virreinal, fue en el convento que escribió la mayoría de su obra. Por lo tanto, resulta importante ubicar su obra dentro del contexto cultural y económico en que se constituyeron los conventos en la colonia. Como señala Lavrin, aunque Sor Juana es una monja atípica en muchos sentidos, también es cierto que al final de su vida abandonó sus estudios y escritos y se dedicó al servicio religioso, lo que evidencia la fuerza de este orden institucional o un cambio en las estructuras de poder que implicó la pérdida de apoyo dentro de este orden jerárquico (Bergmann, 155). Este ambiente dominado por una jerarquía masculina fue el marco en donde se produjo la propuesta epistemológica de Sor Juana, que Franco resume como: "forms of reason that are not mere rationalizations of male authority" (xvi). Comentaré las propuestas de un sujeto epistemológico femenino en los textos de Sor Juana a partir de este marco en el cual se formula el sujeto como agente en un espacio histórico y social.

III. *El "Primero sueño": la doble mirada del sujeto elusivo*

Este texto representa un viaje intelectual del Alma, que busca el alcance de un conocimiento absoluto. El marco de este viaje es la noche, y el sueño, que son aspectos fundamentales en la definición inicial del sujeto. En primer lugar, la noche implica la ausencia de la luz, que se asocia con el sentido de la vista. La mirada en el texto es precisamente el sentido que puede distinguir la sexualidad del cuerpo, que es lo que ocurre cuando al final del texto el Sol descubre el cuerpo y la percepción de la sexualidad se equipara a la percepción de los colores y de las formas materiales. Por lo tanto, la noche obliga al sujeto cognoscitivo a valerse de otros medios para "ver" lo cognoscible que no sean sus ojos físicos, que sólo ven colores y apariencias de las superficies (Arenal, 130). Por otro lado, Electa Arenal sugiere que la noche es el espacio adecuado para buscar un conocimiento sin estar a expensas de un castigo inquisitorial (Arenal, 132). Por lo tanto, la noche es el espacio alterno para la búsqueda de un saber que transgrede un orden institucional, particularmente porque el sujeto que conoce es mujer durante el día y asexual (o simplemente abstracta, como el Alma) durante la noche. Esta transgresión del viaje cognoscitivo se tematiza en elpoema a través de los mitos que se mencionan en el poema (Bergmann, 160).

Por otro lado, el sueño tiene tres significados: (1) fisiológicamente, describe un estado corporal que permite al Alma (la capacidad racional) emprender su viaje intelectual; (2) alude, por otro lado, a las imágenes que se aparecen durante el sueño corporal, en donde ocurren eventos que resultan falsos cuando despertamos, por lo cual el viaje intelectual realizado puede ser meramente un sueño, y por lo tanto es una transgresión del sujeto femenino que está fuera del plano de lo real; y (3) alude a un ideal deseado, que en este caso es el acceso a un conocimiento verdadero.

La constitución del sujeto en el poema se logra a partir de las siguientes estrategias: (1) la elisión del sexo del hablante, que evita los adjetivos que podrían revelar su género y los tiempos verbales que podrían identificar claramente una primera persona como hablante; (2) la sustitución del "yo" que realiza el viaje por toda una serie de sujetos alternos que carecen de sexualidad, como el Alma, el entendimiento, el pensamiento, la Imaginativa (o mirada intelectual), y el cuerpo a nivel fisiológico general; y (3) la revelación del género del hablante sólo después que se ha completado la experiencia intelectual[3]. Esta elisión del yo que se convierte alternativamente en cuerpo y Alma es el eje a partir del cual se intenta definir una epistemología femenina. Comentaré ejemplos de estas estrategias en el texto del "Primer sueño".

El poema describe inicialmente la llegada de la noche, y con ella, cómo todos los animales se retiran a dormir. Luego de que "[e]l sueño todo, en fin, lo poseía" (268), se describe el proceso mediante el cual el cuerpo se duerme. La descripción detallada de los procesos fisiológicos e inconscientes del cuerpo (Bergmann, 159), lo hace una presencia constante en el poema, aunque diferida a un segundo nivel, puesto que al ser de noche no se puede "ver"la superfiecie –y por lo tanto la sexualidad– de este cuerpo. Se trata de una presencia evasiva, que no se revelará hasta que regrese el día. Lo importante de esta constitución de un sujeto sin cuerpo (o un sujeto abstracto) es que esta naturaleza del sujeto permite postular una separación entre el Alma y el cuerpo[4]. El sujeto entonces se desdobla en dos dimensiones, el cuerpo dormido que no participa del viaje cognoscitivo aunque sigue presente en el texto, y el Alma sin cuerpo, que contiene todas las capacidades racionales del sujeto. Es entonces que se elabora la metáfora central del poema: la doble visión del sujeto dividido5. El cuerpo sólo puede ver a través de los ojos físicos, que pueden detectar cualidades exteriores, pero no esenciales de los objetos. El Alma posee la visión intelectual de la imaginativa, que no requiere de la luz para ver las esencias cognoscibles. Esta visión intelectual tiene una capacidad totalizadora de la cual carecen los ojos físicos:

> así *ella*, sosegada, iba copiando/ las imágenes todas de las cosas,/ y el pincel invisible iba formando/ de mentales, *sin luz*, siempre vistosas,/ colores, las figuras
>
> [...]/ y al *alma* las mostraba;/ *la cual*, en tanto, toda convertida/ a su inmaterial ser y esencia bella, / aquella contemplaba, / participaba de alto ser, centella/ que con similitud en sí gozaba;/ y juzgándose casi dividida/ de aquella que impedida/ siempre la tiene, *corporal cadena/* que grosera embaraza y torpe impide/ el vuelo intelectual con que ya mide/ la cantidad inmensa de la Esfera, ... (271-272, Subrayado mío)

Por lo tanto, el sujeto gramatical de este fragmento es la fantasía, que retrata las figuras que la Imaginativa "ve" cuando el Alma se libera de la cadena corporal. El sujeto se convierte, entonces, en receptor pasivo de estas imágenes que la "mirada intelectual" le comunica, mientras el cuerpo, aunque está dormido, se evoca como una presencia constante.

El viaje del Alma, en su ascenso hacia el espacio, marca esta distancia imaginaria entre el cuerpo-máquina que duerme, y la capacidad racional, que carece de fisiología, y por lo tanto carece de sexualidad. Entonces, el Alma intenta comunicar a la "comprensión" –a través de su "mirada intelectual– el conocimiento del universo:

> la vista perspicaz, libre de antojos, / de sus intelectuales, bellos ojos, / sin que distancia tema,/ ni de obstáculo opaco se recele,/ de que interpuesto algún objeto cele,/ libre tendió por todo lo criado;/ *cuyo inmenso agregado, / cúmulo incomprensible,* / aunque a la vista quiso manifiesto/ dar señas de posible, / a la *comprensión* no, que, entorpecida/ con la sobra de objetos, y excedida/ de la grandeza de ellos su potencia, / retrocedió cobarde. (275-76, subrayado mío).

El retroceso del Alma al enfrentarse a la inmensidad múltiple y confusa del universo construye a un sujeto abstracto y contemplativo, que intenta sin éxito asumir una perspectiva exterior a su humanidad. El sujeto intelectual que intenta trascender el mundo material para obtener un conocimiento desde una perspectiva superior no tiene éxito en este viaje, porque el mundo entonces se le presenta como un agregado caótico, como un espacio de lo "otro" incomunicado con este sujeto que vive en ese espacio material. La "otredad" de este mundo es producto de la constitución de este sujeto racional que trata de negar su cuerpo para acceder a un conocimiento trascendente sobre el entorno material. Como comenta Cascardi sobre Don Quijote, en el texto de Sor Juana la lucha del sujeto no es la de una interioridad que ha logrado separarse efectivamente del mundo exterior, puesto que su propio proceso de conocimiento demuestra la inseparabilidad del cuerpo que vive en el mundo y el proceso de conocimiento sobre ese mundo (Cascardi, 37).

El descubrimiento de que esta perspectiva es imposible, porque implica una negación de la naturaleza misma del Alma –que proviene de lo humano, y tiene una relación obligada con un cuerpo– y constituye un primer nivel del retroceso que se emprenderá al final del poema, cuando el regreso de la luz solar revelará el cuerpo que duerme, y con él, su género femenino.

La metáfora de la "mirada intelectual" domina una sección importante del poema, que describe el paso del método intuitivo, al método discursivo, sin que ninguno de los dos pueda presentar a ese mundo como un cúmulo organizado y articulado:

> y por mirarlo todo nada vía, / ni discernir podía, / bota la facultad intelectiva, / en tanta, tan difusa,/ incomprensible especie que miraba [...]/ Mas como al que ha usurpado/ diuturna oscuridad, de los objetos/ visibles los colores,/ si súbitos le asaltan resplandores, / con la sobra de luz queda más ciego; [...]/ y a la tiniebla misma que antes era/ tenebroso a la vista impedimento,/ de los agravios de la luz apela,/ y una vez y otra con la mano cela/ de los débiles ojos deslumbrados/ los rayos vacilantes, / sirviendo ya, piadosa medianera, / la sombra de instrumento/ para que, recobrados,/ por grados se habiliten, / porque después, constantes,/ su operación más firmes ejerciten... (276-277)

En el viaje intelectual, los ojos intelectuales resultan cegados por la luz del conocimiento. Esta es la segunda ocasión en que el sujeto pierde su capacidad visual: la primera vez con la ausencia de la luz solar, y en esta segunda ocasión por el exceso de luz que produce el conocimiento que intenta adquirirse desde la perspectiva abstracta del Alma. Es entonces que el Alma reconoce un límite al conocimiento racional, y debe retroceder hacia el cuerpo para recuperar su naturaleza dual.

El reconocimiento de incapacidad para completar exitosamente el ascenso al conocimiento intuitivamente se enuncia desde un "yo" que narra usando el tiempo imperfecto, donde el "yo" coincide con la tercera persona (yo/ él quería), y por lo tanto, no queda clara la perspectiva del "hablante". Se trata de un "yo" que se enuncia desde una distancia, desde una perspectiva exterior en la cual el cuerpo es objeto de la mirada intelectual y sensorial, que se nota también en los últimos versos del poema, en donde el cuerpo es visto "desde afuera" por el hablante que habita ese cuerpo. Esta estrategia es lo que Pellarolo denomina como el sujeto descentrado (12):

> Estos, pues, grados discurrir *quería* unas veces, pero otras *disentía*, / excesivo juzgando atrevimiento/ el discurrirlo todo, / quien aun la más pequeña, / aun la más fácil parte no *entendía*/ de los más manuales/ efectos naturales;/ quien de la fuente no alcanzó risueña/ el ignorado modo/ con que el curso dirige cristalino/ deteniendo en ambajes su camino; ... (282, Subrayado mío)

Sin embargo, difiero de la lectura que Pellarolo hace del sujeto que se constituye en el poema como uno pasivo, pues la misma niega la capacidad alterna de las otras subjetividades que se definen en el texto, al sólo reconocer como sujeto de la enunciación al "yo" que "des-

pierta" y que se reafirma a través del "digo" (Pellarolo, 11). Este tipo
de lectura se resiste a trabajar con la multiplicidad de sujetos que el
texto recoge, y elimina una dimensión importante del mismo: el sujeto
agente coincide con la capacidad racional, que se desdobla en una serie
de sujetos gramaticales en el poema, tales como el entendimiento, el
discurso, el pensamiento, el Alma, y que son los que realizan el viaje,
visualizan el caos de este mundo exterior que han intentado trascender
al abandonar el cuerpo, y retroceden en el momento en que reconocen
el límite de la razón. En el fragmento que sigue, he subrayado estos
elementos que sustituyen al "yo" femenino y corporal, y que llevan a
cabo las acciones que los verbos señalan:

> Pues si aun objeto solo (repetía/ tímido *el pensamiento*)/ huye *el conocimien-*
> *to*/ y cobarde *el discurso* se desvía; / si a especie segregada,/ como de las de-
> más independiente, / como sin relación considerada, / da las espaldas *el*
> *entendimiento*/ y asombrado *el discurso* se espeluza/ del difícil certamen
> que rehúsa/ acometer valiente, / porque teme, cobarde,/ comprenderlo mal,
> o nunca, o tarde/ ¿cómo en tan espantosa/ máquina inmensa discurrir pu-
> diera? (283, Subrayado mío)

Es precisamente en el momento en que se reconoce la inutilidad de
la perspectiva racional exclusiva, que el cuerpo inicia su proceso de
despertar, y el Alma regresa apresuradamente a su prisión –que se
constituye en su localización natural– desde la cual puede volver a
funcionar en el mundo:

> Consiguió, al fin, la vista del Ocaso/ el fugitivo paso,/ y, en su mismo des-
> peño recobrada,/ esforzando el aliento en la ruina,/ en la mitad del globo
> que ha dejado/ el Sol desamparado,/ segunda vez, rebelde, determina/ mi-
> rarse coronada,/ mientras nuestro Hemisferio la dorada/ ilustraba del Sol
> madeja hermosa,/ que con luz judiciosa/ de orden distributivo, repartiendo/
> *a las cosas visibles sus colores*/ iba, y restituyendo/ entera a los *sentidos exte-*
> *riores*/ su operación, *quedando a la luz más cierta / el Mundo iluminado y yo*
> *despierta* (288, Subrayado mío)

El regreso al cuerpo no debe leerse negativamente, ya que el poema señala desde un poco antes la falta de éxito de la empresa intelectual racionalista. En primer lugar, el Alma es incapaz de desentrañar
el agregado caótico del universo, y por ello resulta cegada por el exceso
de información que recibe. En segundo lugar, el Alma se define en el
texto a partir de su convivencia con un cuerpo, que forma parte de los
fenómenos físicos del mundo que se intenta conocer. En tercer lugar, la
mirada desdoblada apunta hacia una metáfora corporal y sensorial
que acompaña necesariamente la descripción del viaje intelectual. De
esta manera, el discurso apunta hacia la presencia de los sentidos
(aunque sea a nivel metafórico) en el proceso cognoscitivo. Negar por
completo al cuerpo y a sus sentidos equivale a negar los únicos medios
prácticos del conocimiento, y sin ellos el Alma se ve incapacitada para
recorrer con éxito los pasos de cualquier método del saber. Por último,
la negación del cuerpo en el poema coincide con la elisión del "yo" femenino, lo que permite una lectura política e ideológica de ese cuerpo fe-

menino que intenta acceder a un discurso epistemológico masculino. La mujer se ve obligada a abandonar su cuerpo para acceder a un conocimiento, pero a la vez se ve imposibilitada para obtener este conocimiento si no puede regresar al cuerpo. El poema sugiere la naturaleza cíclica de este proceso, en el cual la mujer es cuerpo de día y capacidad racional de noche, sólo para volver a ser cuerpo más tarde. Por lo tanto, el poema apunta hacia una epistemología que no puede negar su naturaleza corporal, pero que lo intenta en el deseo de comprobar que el entendimiento femenino es tan capaz como el masculino, y que las diferencias sexuales son, entonces, secundarias. La negación del cuerpo en el poema es, por lo tanto, una estrategia discursiva, que si se lee con más detenimiento resulta ser una posposición del cuerpo, más que una negación absoluta. El sujeto no funciona en ningún momento como capacidad racional pura, pues sus medios de conocimiento se asocian metafóricamente al cuerpo y a sus capacidades sensoriales.

No leo el "Primero sueño" como una propuesta racionalista cartesiana, porque el cuerpo jamás resulta eficientemente evadido, pues durante todo el viaje se menciona la presencia de este cuerpo dormido como una presencia indispensable. El cuerpo controla en gran medida a la capacidad racional, que sólo puede emprender el viaje en sueños, o cuando el cuerpo está inconsciente de su presencia material. Tampoco veo en Sor Juana propuestas reducibles exclusivamente a las epistemologías platónicas o aristotélicas, pues ninguno de estos métodos resulta exitoso, ya que el Alma retrocede al final, obteniendo el conocimiento positivo de la inoperancia de esos métodos.

Por último, el sujeto en el poema se inscribe en un vaivén entre el cuerpo (con su sexualidad) y el no-cuerpo como función de una corporalidad pospuesta. Se termina con las oposiciones binarias tajantes en el texto, en la medida en que el Alma jamás resulta completamente independiente del cuerpo, y por lo tanto jamás se constituye como una racionalidad pura. La epistemología que propone el poema juega con la naturaleza dual del ser humano, y con la necesidad de autorizar su voz en un espacio en que carecer de masculinidad equivale a carecer de capacidad racional. Sor Juana demuestra en su poema la diferencia de estos dos niveles de la constitución del sujeto cognoscitivo al probar que la racionalidad no es un atributo masculino sino humano. Y una vez se establece este punto, el cuerpo dormido y pospuesto durante el viaje vuelve a ocupar una posición sobresaliente, en el momento en que la luz descubre su superficie y en esa superficie se revela la sexualidad. Es importante notar cómo la sexualidad está vista en el poema como una característica del cuerpo análoga a la forma y al color en los otros objetos materiales. Esto parece sugerir que la sexualidad es una característica exterior más, que no niega la esencia racional en lo femenino. Por lo tanto, el sujeto en el poema, que se había constituído originalmente como un cuerpo dormido en la oscuridad, se propone al final del texto como una mujer despierta a la luz del día, inscrita al resto del mundo concreto que la luz solar revela. Al final del texto se concilian la multiplicidad de instancias del "yo" con las múltiples otredades del cuerpo y el mundo material, y se afirma positivamente un conocimiento sobre la igualdad de los seres humanos en cuanto a su capacidad cognoscitiva.

Quiero pasar, ahora, al comentario de la "Respuesta", donde el nivel autobiográfico resulta más claro, y donde Sor Juana escribe como mujer, monja y subalterna, que defiende su derecho a saber.

IV. *"Respuesta a la muy ilustre Sor Filotea de la Cruz"*

En la "Respuesta" se utilizan otras estrategias para constituir el sujeto. En primer lugar, existe el reconocimiento de una posición subalterna en relación con las autoridades eclesiásticas masculinas —representadas por el Obispo de la Puebla y su seudónimo sor Filotea de la Cruz— a la vez que se elabora una posición de resistencia contra las amonestaciones que provienen de este sector. Hay además una conciencia de subalternidad o marginalidad femenina, que se articula mediante la presentación de la autobiografía intelectual de Sor Juana, que se enfrenta a la autoridad materna (en su dimensión social) y a la autoridad eclesiástica (como la dimensión religiosa). Por otro lado, ocurre un nuevo desdoblamiento del "yo", que se articula a partir de la definición del sujeto religioso o femenino, y el ansia de saber como una "negra inclinación" o un "enemigo" que no permite al sujeto dedicarse a las otras labores comunales en el convento. Negar este "enemigo" equivale a negar el "yo", y de esta manera el sujeto femenino asume un rol pasivo frente a la agencialidad excesiva de esta "negra inclinación", que es, obviamente, parte del mismo "yo". Finalmente, el sujeto se autoriza a partir de su lectura de los textos bíblicos para defender un espacio femenino dentro del campo del saber, y para justificar su estudio de las ciencias humanas en vez de la teología. Es a partir de estos aspectos que llevo a cabo mi comentario sobre la "Respuesta", texto en el cual se asume la femeneidad, entre toda una serie de elementos de subalternidad, para definir un espacio propio.

La naturaleza evidentemente autobiográfica y epistolar del texto resulta importante al tomar en cuenta que en la autobiografía el sujeto se postula como objeto de la autoreflexión, mientras que a la vez se constituye en un discurso que será leído por otros. Por lo tanto, esta autoreflexión del sujeto queda enmarcada en la necesidad de transmitir cierta imagen a otro. No se trata de un retrato espontáneo, sino muy interesado, de ese yo que escribe y que conforma el discurso. Según Mitchell, la autobiografía femenina del siglo XVII en Europa es el origen de la novela y fue fundamental en la constitución de un sujeto femenino que está en el proceso de hacerse en el contexto de un nuevo espacio social: "I think the novel arose as the form in which women had to construct themselves as women within new social structures; the woman novelist is necessarily the hysteric wanting to repudiate the symbolic definition of sexual difference under patriarchal law, unable to do so because without madness we are unable to do so" (430). Salvando, obviamente, las distancias entre el mundo colonial como espacio político, económico y social al margen de una España en crisis y la Europa del siglo XVII en vías de constituirse en sociedades capitalistas, resulta interesante leer la "Respuesta" como ese texto donde se muestra autobiográficamente el "proceso" de un sujeto femenino que intenta definir un espacio para funcionar dentro de un orden social y religioso.

Por otro lado, también es importante mantener en mente la estrecha relación entre el género autiobiográfico y la enunciación de un saber del sujeto:

> The "tactical reasons" for wanting to break open "the enunciatory abyss," and for underscoring the mediating gap between the "knowledgeable subject" and the "I" that speaks, seem to me to have never quite fully enough engaged in the discourses of the human sciences. [...] The question of the "subject" in this conjuncture is crucial since what is taken to be the "subject," the "I" that speaks a given discourse, reflects, as it has always been taken to reflect, specific epistemologies. Wherever the "I" speaks, a knowledge is spoken; wherever a knowledge speaks, an "I" is spoken (Smith, 100)

La preocupación de Smith en relación con esta unión entre "yo" y "saber" es precisamente que se borra la agencialidad de un sujeto que se convierte en un saber. Para Smith es necesario preservar al sujeto en su capacidad de agente que articula o participa de un saber, y distanciarse de la noción abstracta de un sujeto que en vez de hablar sobre ese saber se convierte en el saber. Es en la autobiografía que Smith ve la posibilidad de constituir un agente en el proceso de conocer, logrando así una posibilidad de resistencia a las epistemologías existentes.

Por lo tanto, mi lectura de la "Respuesta" parte de este doble enfoque de la constitución de un sujeto femenino en un nuevo orden social, y de la distancia entre este sujeto que conoce y el sujeto que enuncia, para intentar leer en la "Respuesta" un proceso de autoreflexión del sujeto que no excluya a la historia.

Lo primero que marca el texto de la carta es el señalamiento de la distancia existente entre el "yo" que escribe y el "vos" a quién se le escribe, pues sor Filotea es un Obispo que ha amonestado a Sor Juana por su dedicación al estudio y escritura de los asuntos mundanos. Es por ellos que se elabora la "retórica del silencio", y las "tretas del débil" que Ludmer comenta en su ensayo. En la descripción del destinatario, Sor Juana desplaza atributos personales del Obispo a la carta que éste le ha dirigido, diciendo que se trata de "vuestra doctísima, discretísima, santísima y amorosísima carta" (138). Por un lado, todo este respeto a la figura autoritaria se resume en una promesa de obediencia a la sugerencia de dedicarse a los estudios teológicos, para luego asumir la resistencia a lo que ya ha afirmado que asumirá como un precepto:

... digo que recibo en mi alma vuestra santísima amonestación de aplicar el estudio a Libros Sagrados, que aunque viene en traje de consejo tendrá para mí sustancia de precepto, con no pequeño consuelo de que aun antes parece que prevenía mi obediencia vuestra pastoral insinuación, como a vuestra dirección, inferido del asunto y pruebas de la misma carta. (141-142)

La resistencia se articula a partir de una enumeración de "explicaciones" iniciales para su resistencia a estudiar y escribir sobre los temas sagrados: [1] no se trata de falta de aplicación, sino de que se considera "indigna" e "incapaz" para el manejo de las Sagradas Letras (142); [2] un error en el juicio sobre las Sagradas escrituras se considera herejía, y por ello es mejor dedicarse al Arte, donde el error sólo acarrea risas y censura (143); [3] no escribe sobre tema alguno por gusto propio sino por peticiones de otras personas, a quienes debe complacer u obedecer (143-144); y [4] antes de dedicarse al estudio de la teología, "Reina de las Ciencias", es necesario conocer sobre las demás ciencias humanas (148-150). Por lo tanto, lejos de someterse sin cuestionamiento alguno a los preceptos del Obispo, sor Juana justifica su manera de proceder, pues ella supuestamente siempre ha querido a llegar al estudio de la teología, cuando se sienta preparada para acometer esta empresa tan importante. De esta manera, sor Juana legitima sus estudios dentro del contexto religioso.

El vaivén argumentativo de sor Juana hace evidente la necesidad de una negociación con las autoridades existentes para lograr su cometido original al entrar al convento: "que no otro motivo me entró en la Religión, no obstante que al desembarazo y quietud que pedía mi estudiosa intención eran repugnantes los ejercicios y compañía de una comunidad" (144). Y para facilitar esta negociación, el vaivén en la constitución de un destinatario permite la utilización de un estilo ambiguo, que a veces se dirige a sor Filotea como "señora", o como igual, y que otras veces destaca la distancia al llamar a su destinatario "vuestra grandeza" (141), "vuestra venerable presencia" (141), entre otros. A este vaivén hace referencia directamente Sor Juana al final de la carta, cuando pide disculpas por la desigualdad en el estilo: "y si os pareciere incongruo el *vos*, de que yo he usado, por parecerme que para la reverencia que os debo es muy poca reverencia la Reverencia, mudadlo en el que os pareciere decente a lo que os merecéis, que yo no me he atrevido a exceder de los límites de vuestro estilo, ni a romper el margen de vuestra modestia" (183-84). El uso del paréntesis —"venerable señora mía)" (183– para aludir al respeto que se le tiene al Obispo, aunque conservando el seudónimo de sor Filotea, sirve a Sor Juana para contestar "espontáneamente" la amonestación de su igual desigual. Sor Juana asume, entonces, una subalternidad subversiva, en la medida en que su contestación construye un destinatario que tendrá que aceptar los argumentos de su defensa si se quiere seguir calificando como razonable, sensato y condescendiente.

El segundo elemento que la carta elabora es la división del sujeto femenino en dos facetas que funcionan complementariamente: por un lado un "yo" obediente y por el otro, un "yo" dominado por la "negra inclinación" de su ansia de saber. Su "autobiografía" intelectual se puede leer como la historia de esta "inclinación" que acosa al otro "yo" que se preocupa por la salvación del alma y la obediencia de los preceptos religiosos. Esta pugna contra sí misma comienza desde que despierta su capacidad racional:

> ... desde que rayó la primera luz de la razón, fue tan vehemente y poderosa la inclinación a las letras que ni ajenas reprehensiones (que he tenido muchas), ni propias reflexas (que he hecho no pocas) han bastado para que deje de seguir este natural impulso que Dios puso en mí: su Majestad sabe por qué y para qué: y sabe que le he pedido que apague la luz de mi entendimiento, dejando sólo lo que baste para guardar su Ley, pues lo demás sobra (según algunos) en una mujer: y aun hay quien diga que daña. (144, Subrayado mío)

Esta "inclinación" se equipara inicialmente a una fuerza natural de origen divino que el sujeto tiene inscrita en su capacidad racional, aun cuando ha tratado de librarse de ella para poder obedecer a sus contemporáneos, que ven el estudio como una actividad ajena a lo femenino. Sin embargo, es difícil que el final de esta cita se lea como una aceptación sincera de las ideas generales en contra del estudio de las mujeres, pues se trata: [1] de una capacidad puesta por Dios en el sujeto femenino, y [2] con un propósito determinado. De manera que si Dios pone en la mujer la capacidad racional e intelectual, es imposible que tengan razón quienes afirman que la misma es dañina a las mujeres, pues de ser cierto Dios no la habría puesto en ellas.

Después de esta caracterización inicial, la autobiografía se convierte en "la narración de mi inclinación" (145) y cómo ésta era más fuerte que el deseo infantil de comer golosinas (145), que la vanidad del cabello femenino (146) y que incluso la llevó a desear cambiar de traje para asistir a la Universidad en México como lo hacían los hombres (145-46). Sor Juana califica su deseo de saber como "las impertinencillas de mi genio" (147), "mi negra inclinación" (153) y "mi mayor enemigo" (147). Es tal la fuerza de esta inclinación, que logra vencer los obstáculos que se le presentan para estudiar, ya sea por ser mujer, por tener que participar en actividades conventuales o por prohibición de sus superiores. Por lo tanto, esta inclinación se constituye como otro sujeto que pugna contra ella misma por dominarla, mientras ella trata de huir de ésta sin éxito:

> Entréme a religiosa, porque aunque conocía que tenía el estado de cosas (de las accesorias hablo, no de las formales), muchas repugnantes a mi genio, con todo, para la total negación que tenía al matrimonio, era lo menos desproporcionado y lo más decente que podía elegir, en materia de seguridad que deseaba, de mi salvación: a cuyo primer respecto (como al fin más importante) cedieron y sujetaron la cerviz todas las *impertinencillas de mi genio*, que eran de querer vivir sola, de no querer tener ocupación obligatoria que embarazase la libertad de mi estudio, ni rumor de

comunidad que impidiese el sosegado silencio de mis libros. Esto me hizo vacilar algo en la determinación, hasta que alumbrándome personas doctas de que era tentación, la vencí con el favor divino, y tomé el estado que tan indignamente tengo. Pensé yo que *huía de mí misma;* pero ¡miserable de mí! *trájeme a mí conmigo y traje mi mayor enemigo en esta inclinación,* que no sé determinar si por prenda o castigo me dio el Cielo, pues de apagarse o embarcarse con tanto ejercicio que la Religión tiene, reventaba, como pólvora, y se verificaba en mí el *privatio est causa appetitus.* (146-147, "la privación es causa de apetito", Subrayado mío)

En esta lucha interna del yo contra sí mismo, el sujeto se escinde en dos identidades que coexisten contradictoriamente en el mismo cuerpo. Sor Juana presenta así un sujeto internamente contradictorio en su intento de negociar todas las posiciones diversas a la vez: la obediencia a sus superiores (que ya resulta casi inoperante, pues su deseo de estudiar supera la necesidad de libros para lograr su objetivo) y su deseo de conocer. Como queda claro al final de la cita, con el uso de la frase en latín, sor Juana describe su inclinación como invencible, pues es mayor mientras más resistencia se le opone. Finalmente, en su caracterización de esta "inclinación" pone en perspectiva la supuesta gravedad de sus faltas, al afirmar que después de todo, no se trata de algo que ponga en peligro la integridad de su alma: "Bien se deja en esto conocer cuál es la fuerza de mi inclinación. Bendito sea Dios, que quiso que fuese hacia las letras, y no hacia otro vicio que fuera en mí casi insuperable; y bien se infiere también cuán contra la corriente han navegado (o por mejor decir han naufragado), mis pobres estudios" (154). Sor Juana se constituye, de esta manera, como un sujeto dividido en el cual la inclinación es el agente y la monja-mujer es el sujeto pasivo dominado por esta inclinación. Lo único que antecede a esta inclinación es el deseo de salvar su alma, por lo cual señala que su deseo de saber no es tan maligno como otros vicios, que sí pondrían en peligro su salvación. Aunque afirma claramente que no entró al convento por una vocación religiosa firme, también es cierto que equipara su deseo de saber a un camino de virtud similar al que tuvo Cristo cuando se hizo ser humano (158-161).

Por último, en la "Respuesta" sor Juana recurre a la autoridad de los textos bíblicos para proponer una lectura alterna a las palabras "Mulieres in Ecclesiis taceant, non enim permittiur eis loqui,...". (" Las mujeres callen en las iglesias, porque no les es dado hablar") En esta parte final de la carta Sor Juana recurre al Doctor Arce para autorizar una interpretación de estas palabras que no le quite el derecho a las mujeres para estudiar:

> Y al fin resuelve con su prudencia que leer públicamente en las cátedras, y predicar en los púlpitos, no es lícito a las mujeres; pero que el estudiar, escribir y enseñar privadamente, no sólo les es lícito, pero muy provechoso y útil: claro está que esto no se debe entender con todas, sino con aquellas a quienes hubiere Dios dotado de especial virtud y prudencia, y que fueren muy provectas y eruditas y tuvieren el talento y requisitos necesarios para tan alto empleo:... (167)

A partir de este punto de autorización, Sor Juana elabora su lectura de este texto, y amplía el significado del mismo para: [1] incluir a los hombres entre los que deben callar y abstenerse de interpretar las Sagradas Letras, ya que la masculinidad no es sinónimo de sabiduría: "y esto es tan justo que no sólo a las mujeres (que por tan ineptas están tenidas), sino a los hombres (que con sólo serlo, piensan que son sabios) se había de prohibir la interpretación de las Sagradas Letras,...". (167); [2] defender la necesidad de ancianas doctas que asegurarían una honesta educación para las jóvenes (170-171); y [3] para defender el estudio privado que ella misma practica: "pues vemos que, con efecto, no se permite en la Iglesia que las mujeres lean públicamente ni prediquen ¿por qué reprenden a las que privadamente estudian?" (174). Y para fortalecer ese punto enumera a todas las mujeres que la Iglesia permitió que escribiesen, incluso antes de ser canonizadas, por lo que se deduce que el estudio privado de las mujeres en nada daña a la Iglesia, sino que la fortalece.

Por lo tanto, Sor Juana reconoce el control institucional que la Iglesia ejerce contra la participación de las mujeres en la esfera pública. En su defensa no emprende la apertura del espacio público de los sermones, los debates, ni las publicaciones ni a las mujeres ni a los hombres, sino sólo a aquellos "muy doctos y virtuosos y de ingenios dóciles y bien inclinados" (167-168). Su defensa se limita más bien a su derecho al estudio privado, pues el mismo no contraviene el control institucional y jerárquico al que ella se encuentra sometida. Por ello es que recalca tanto que nunca ha escrito nada por su gusto, y por ello es que tanto la "Carta Atenagórica" como la "Respuesta" conservan la estructura de una carta personal e íntima, que no aspira a un público amplio, aunque eventualmente estos textos lleguen a ser publicados. Sor Juana se define como un sujeto doblemente controlado: por su "negra inclinación" (que después de todo no llega a poner en peligro su salvación) y por el control que al acceso del espacio público ejerce la Iglesia contra sus monjas. Además señala el peligro de permitir la libre entrada al espacio público de todos hombres, pues los que no son humildes representan un peligro para la Iglesia, y utiliza a Lutero como su ejemplo central, entre otra larga lista de hombres que amenazaron a la Iglesia como orden institucional (168-69). El peligro, por lo tanto, no son las mujeres estudiosas, sino los entendimientos arrogantes que acceden a un saber que no pueden manejar con prudencia.

V. *Conclusión*

En los dos textos que he comentado, Sor Juana recurre a una serie de estrategias similares. En primer lugar, el nivel autobiográfico está presente en ambos textos, aunque el sujeto se desdobla en el Alma, el discurso, el pensamiento y el entendimiento en el "Primero sueño", y en la negra inclinación divina y natural (contradictoria combinación que domina en todo el texto) que se narrativiza en la "Respuesta" Lo más importante es que el sujeto que se constituye en ambos textos no es ni uno solo, ni un espacio estable, por lo cual la multiplicidad de sujetos se puede leer como la multiplicidad contradictoria de posiciones que el sujeto-agente asume en su negociación con la realidad, y con las interpelaciones de los múltiples "otros" (Smith, xxxv).

Por otro lado, el cuerpo, lo femenino, lo subalterno y lo marginal comparten el espacio con lo racional, lo masculino, las jerarquías dominantes y la autoridad. En sor Juana desaparecen las oposiciones binarias excluyentes, y los términos opuestos empiezan a coexistir en un espacio de múltiples concesiones, donde se recoge un "proceso" de construcción de una subjetividad que no parece encontrar un lugar adecuado en el orden social existente. Se trata de una mujer que desea vivir sola y dedicarse a los estudios en una época donde sus alternativas eran casarse o profesar; se trata de una mujer que quiere acceder a un saber tradicionalmente masculino; se trata de una monja cuyos escritos se han adentrado en el terreno del debate público. Esta falta de espacio obliga al sujeto a hacer ciertas negociaciones que le permitan sobrevivir logrando parte de sus objetivos: [1] Sor Juana profesa, pero defiende su derecho a estudiar; [2] el Alma abandona al cuerpo –cuya presencia pospuesta es central en todo el poema– pero debe regresar a él con el regreso del día; y [3] el hablante elusivo del texto logra acceder a un saber, pero al final siempre tiene que enfrentar problemáticamente su sexualidad. El resultado de estas múltiples pugnas es la defensa que hace el sujeto de su capacidad racional e intelectual, intentando comprobar que el entendimiento no depende del sexo para ser capaz de conocer.

A nivel discursivo, esta multiplicidad de sujetos en negociaciones parciales con la realidad generan un discurso ambigüo, denso, sinuoso, que se resiste a la lectura pasiva, y que requiere una lectura detenida para desentrañar algunas de sus complejidades. En el "Primero sueño", el estilo gongorino sirve como un obstáculo a la lectura pasiva, y el significado pospuesto es el viaje intelectual de una mujer. Al final, la sintaxis pierde su dificultad para revelar a la "luz más cierta/ el Mundo iluminado y yo despierta" (283). No es, por lo tanto, la sexualidad del sujeto lo que se oculta detrás de la dificultad de la escritura. La sexualidad sólo se pospone. Lo que se dificulta en el discurso es el proceso de acceder al saber mismo, de manera que el entendimiento se presenta como su agente eficiente y competente de este proceso cognoscitivo que no resulta, sin embargo, exitoso. Pues hasta el proceso mismo del conocimiento resulta pospuesto, ya que lo más importante no es obtener un conocimiento específico y cierto, sino atreverse a emprender el viaje con el regreso de cada noche.

Por otro lado, es significativo que el "tratado" epistemológico de Sor Juana esté escrito en versos gongorinos, pues Sor Juana enuncia aquí desde la literatura, y no desde la narración autobiográfica, el proceso mismo de adquisición del conocimiento. Como sugiere Cascardi, la literatura se convierte en una especie de espacio alterno desde dónde plantear problemas cognoscitivos que no se incluyen en los discursos epistemológicos de la época:

> In turning away from epistemological answers to skepticism, Cervantes, Dostoevsky, and Flaubert cannot themselves be called skeptics. Rather, one finds in their works ways of posing the questions of our knowledge of others and the external world which circumvent epistemological methods. Thus in speaking of the "bounds of reason" I mean to indicate the limits of traditional epistemology, its formulation of the problem of the knowledge, and its manner of response to the threats of skepticism, and also the possibility of a range or region of knowledge which might be available where epistemology fails. (xi)

Y esta región del saber que Sor Juana recorre es el saber desde un cuerpo femenino, que enfrenta la resistencia social de su época en su proyecto cognoscitivo.

Por último, en la "Respuesta" la autobiografía está mediada por la condición epistolar e íntima del texto. Sor Juana no escribe para un público amplio, como lo hace Descartes en su *Discurso del método,* pues si para Descartes la publicidad era un elemento positivo en la constitución de un método secular del saber humano e incluso para mantener una buena fama –"para no perder ocasión ninguna de servir al público, si de ello soy capaz, y para que si mis escritos valen algo, puedan usarlos como crean más conveniente los que los posean después de mi muerte" (66)6– en el caso de sor Juana implicaba mayor represión de su interés cognoscitivo, por lo que la monja afirma constantemente que nunca escribió la "Carta Atenagórica" pensando que iba a ser publicada, y que nunca ha escrito por su propia voluntad (180-181). Se trata, por lo tanto, de dos textos autobiográficos que se dirigen a fines distintos: en Descartes la escritura se dirige a la publicación y difusión de un nuevo método de conocimiento que tendrá alcances amplios, mientras que en Sor Juana la autobiografía-carta es casi una confesión que intenta negar este deseo de llegar a un espacio público, pues ello implicaría una mayor persecución7.

Sin embargo, tanto la "Respuesta" como el "Primero sueño" elaboran problemáticamente la narración de una mujer que aspira a un saber. Y en ambos textos la adquisición de un conocimiento resulta secundario al intento de obtener ese saber, pues es en ese proceso que el sujeto se constituye a sí mismo. Tal vez sor Juana resulte un ejemplo alentador al cual referirse en estos tiempos del postmodernismo, en el cual el escepticismo ha hecho incluso innecesario intentar obtener un conocimiento individual, porque el discurso parece carecer hasta de un significado diferido. En sor Juana se ilustra claramente el límite de la abstracción en la concepción del sujeto, pues, a fin de cuentas, el sujeto siempre ha vivido en un mundo en el cual negocia su espacio, y por más viajes que el Alma emprenda, siempre tendrá que regresar al cuerpo.

NOTAS

1. En esta sección resumo dos estudios de Asunción Lavrin con el deseo de contextualizar la escritura de sor Juana en relación con su vida religiosa. Para más detalles sobre este tema, ver los artículos de Asunción Lavrin citados en este ensayo.
2. Ver la antología de Electa Arenal y Stacey Schlau, *Untold Sisters: Hispanic Nuns in Their Own Works,* donde se incluye toda una toda una serie de escritos de mujeres contemporáneas a Sor Juana
3. Georgina Sabat Rivers hace una relectura feminista del "Primero Sueño" y señala que la elisión del género del hablante está compensado por toda una serie de alusiones mitológicas femeninas, y por la profusión de adjetivaciones femeninas para calificar los objetos descritos en el poema. Ver Sabat Rivers, "A Feminist Rereading of Sor Juana's *Dream*", en Stephanie Merrim, 142-161. Sin embargo, tanto ella como Jean Franco ven en este poema una constitución de un sujeto neutro o masculino que no corresponde adecuadamente con la experiencia del cuerpo y la sexualidad que en el texto apuntan hacia una epistemología feminista. Sor Juana no busca parecer un hombre cuando elide la sexualidad, sino ocultar su femeneidad para acceder a un conocimiento que le es negado por ser mujer, pero que quiere adquirir siendo mujer. No hay en Sor Juana un abandono de su sexualidad, pues ello implicaría una profunda contracdicción con su defensa del derecho femenino al conocimiento que discutiré en más detalle en relación con la "Respuesta"
4. Sor Juana no define el Alma únicamente como la dimensión divina del ser humano, sino que lo hace coincidir con la capacidad racional humana.
5. Como apunta Bergmann, en el poema también se elabora una doble voz: la poética y la filosófica, a partir de las cuales se constituye el sujeto femenino, que es a la vez el "objeto" del sueño. De esta manera, Sor Juana logra desafiar la objetificación de la mujer en el discurso poético tradicional, pues en su texto lo femenino es el "sujeto"/"objeto" que lleva a cabo este proceso cognoscitivo. Ver Bergmann, 159-173; 170.
6. Al final de su obra Descartes explica sus razones para publicar sus tratados epistemológicos, y entre las razones menciona que el resistirse a publicar le puede acarrear mala fama entre el público. Su segunda razón es que quiere difundir sus ideas para recibir las objeciones de otros estudiosos, de manera que las mismas le ayuden a avanzar en su proceso cognoscitivo. Ver *Discurso del método,* 74-75. Obviamente, para Sor Juana publicar se constituye en un motivo de mala fama, pues no es lícito a las mujeres entrar a espacio público, y la publicación de sus escritos lejos de ayudarla implicó estorbos más severos a su deseo de saber.
7. No quiero decir que Descartes no estuviese a su vez negociando un espacio alterno al saber controlado por la Iglesia, ya que en su *Discurso del método* menciona la condena de Galileo como un freno a su deseo de publicar su método. Pero en el caso de Sor Juana se trata de un temor a la censura de la Iglesia no sólo por aspirar a un saber heterodoxo, sino por ser una mujer quien intenta acceder a este conocimiento, y además por ser una monja que ha invadido el espacio público al difundirse su "Carta Atenagórica". Por lo tanto, Sor Juana tiene que negociar elementos más elementales, tales como su sexualidad, y su acceso privado al estudio, algo que para Descartes no resulta problemático. Por ello es que en el método cartesiano el "yo" es un espacio estable que se convierte en el centro del sistema, mientras que en Sor Juana se pospone este "yo" en una multiplicidad de posiciones, y demostrar la competencia para hablar sobre estos temas se convierte en el plano principal de sus textos.

BIBLIOGRAFIA

Arenal, Electa. "Where Woman is Creator of the Wor(l)d. Or, Sor Juana's Discourses on Method". *Feminist Perspectives on Sor Juana Inés de la Cruz.* Ed. Stephanie Merrim. Detroit: Wayne State University Press, 1991. 124-141.

Arenal, Electa y Stacey Stalin, ed. *Untold Sisters: Hispanic Nuns in Their Own Works.* Albuquerque: University of New Mexico Press, 1989.

Bergmann, Emilie. "Sor Juana Inés de la Cruz: Dreaming in a Double Voice". *Women, Culture and Politics in Latin America.* Berkeley: University of California Press, 1990. 151-172.

Cascardi, Anthony. *The Bounds of Reason: Cervantes, Dostoevsky, Flaubert.* New York: Columbia University Press, 1986.

Cruz, Juana Inés de la. "Primero Sueño". *Obras Escogidas.* Barcelona: Bruguera, 1979. 265-312.

-----. "Respuesta de la poetisa a la muy ilustre Sor Filotea de la Cruz". *Obras escogidas.* Buenos Aires: Espasa-Calpe, 1949. 138-184.

Descartes, René. *Discurso del Método.* Río Piedras: Editorial de la Universidad de Puerto Rico, 1984.

Flynn, Gerard Cox. "A Revision of the Philosophy of Sor Juana Inés de la Cruz". *Hispania* 43.4 (Diciembre 1960): 515-520.

Franco, Jean. "Introduction". "Sor Juana Explores Space". *Plotting Women. Gender and Representation in Mexico.* New York: Columbia Press, 1989. xi-xxiv; 23-54.

Lavrin, Asunción. "Female Religious". *Cities and Society in Colonial Latin America.* Louisa Schell Hoberman y Susan M. Socolow, ed. Albuquerque: University of Mexico Press, 1991. 165-195.

-----. "Unlike Sor Juana? The Model Nun in the Religious Literature of Colonial Mexico". *Feminist Perspectives on Sor Juana Inés de la Cruz.* Ed. Stephanie Merrim. Detroit: Wayne State University Press, 1991. 61-85.

López Cámara, Francisco. "El cartesianismo en Sor Juana y Sigüenza y Góngora". *Filosofía y letras* 19-20.39 (Julio- Septiembre 1950): 107-131.

Ludmer, Josefina. "Tretas del débil". *La sartén por el mango.* Puerto Rico: Huracán, 1985. 47-54.

Mitchell, Juliet. "Femininity, Narrative and Psychoanalysis". *Modern Criticism and Theory.* David Lodge, ed. New York: Longman, 1990. 426-30.

Pellarolo, Silvia. "Des-centrando el sujeto escriturario en "El Sueño" de Sor Juana". Ponencia leída en la conferencia *Women Speak: feminismo, cultura e historia,* 13 de abril de 1991, Universidad de California en Irvine.

Sabat-Rivers, Georgina. "A Feminist Rereading of Sor Juana's *Dream". Feminist Perspectives on Sor Juana Inés de la Cruz.* Ed. Stephanie Merrim. Detroit: Wayne State University Press, 1991. 142-161.

Smith, Paul. *Discerning the Subject.* Minneapolis: University of Minnesota Press, 1988.

Steggink, Otger. "Introducción". *Libro de la Vida. Santa Teresa de Jesús.* Madrid: Castalia, 1986. 7-70.

LA ESTRUCTURA RETÓRICA DE LA
RESPUESTA A SOR FILOTEA

L A *Respuesta a Sor Filotea* siempre ha tenido una buena acogida
crítica, aunque nunca tanto como en los últimos años, cuando
se la ha celebrado como uno de los primeros documentos feministas
en las letras hispanoamericanas, dando lugar a trabajos como "La
primera feminista de América,"[1] y ocasionando hasta un artículo
sobre este tema en la revista *Ms.*[2] Novedad aparte, hay dos razones
principales por las que la crítica se ha interesado en esta carta:
primero, porque constituye una valiosa fuente de información biográfica, y segundo, porque se ve como algo "singular," raro ejemplo
de prosa llana, totalmente alejada de la prosa ornamentada y
retorcida del barroco del siglo XVII.[3] Henríquez Ureña, por ejemplo,
admira "su gran valor de sinceridad y de llaneza, poco común en

---

[1] Rosario Hiriart, *Américas*, 25 (1973), 2-7. Otros trabajos que se ocupan del
feminismo de Sor Juana son: Alberto J. Carlos, "La conciencia feminista en dos
ensayos: Sor Juana y la Avellaneda," en *El ensayo y la crítica literaria en Iberoa-
mérica*, ed. Kurt L. Levy y Keith Ellis (Toronto, 1970), págs. 33-41; Carlos E.
Castañeda, "Sor Juana Inés de la Cruz, primera feminista de América," *Universidad
de Antioquia* (Medellín, Colombia), 26, Núm. 104 (1951), 701-17; José Luis Martínez,
"Feminidad y coquetería en Sor Juana," *Ars* (San Salvador), 1 (oct.-dic. 1951), 32-
36; María José de Queiroz, "Juana de la Cruz: O Feminismo ao Gosto Barroco,"
Minas Gerais, Suplemento Literário, 13 (13 sept. 1975), 1-2. De hecho, en México,
en 1974, se le otorgó oficialmente a Sor Juana el título de "Primera Feminista de
América." Véase la edición de la *Respuesta* preparada por el Grupo Feminista de
Cultura (Barcelona, 1979), pág. 19.

[2] Judith Thurman, "Sister Juana: The Price of Genius," *Ms.*, 10 (April 1973),
14-21. La autora dice que la *Respuesta* es "one of the greatest documents of Spanish
prose, and perhaps the first manifesto for the intellectual rights of women."

[3] Por ejemplo, en el Prólogo de Antonio Castro Leal a su edición de Sor Juana
Inés de la Cruz, *Poesía, teatro y prosa* (México, 1973), págs. xxii-xxiii.

aquellos tiempos," y así dicen otros comentaristas.[4] Aun los que más criticaron a Sor Juana por su barroquismo, por su excesiva adhesión a Góngora, dejan a un lado sus reparos para alabar abiertamente a la Sor Juana de la *Respuesta*. Uno de ellos es Francisco Pimentel, crítico mexicano de finales del siglo XIX, cuya célebre reacción ante el *Primero sueño* no podría ser más terminante: "¿Qué se saca en limpio de todo esto?," se pregunta perplejo tras leer los primeros versos. A lo que él mismo responde: "Nada absolutamente."[5] Pimentel, no obstante, no hace más que elogiar la *Respuesta*, señalando que "cuando Sor Juana cuenta sus propios acontecimientos lo hace con naturalidad, sencillez y ternura."[6]

Estas palabras—naturalidad, sencillez, ternura—se repiten una y otra vez en los numerosos estudios sobre la carta. Elizabeth Wallace, por ejemplo, alaba efusivamente la espontaneidad de la obra: "Se debe tener presente que Sor Juana escribió esta carta con un corazón desbordado. No se trataba de hacer obra literaria. No se trataba de hacer frases bonitas, eran estallidos de sus sentimientos que se producían en forma natural, impregnados de sinceridad genuina."[7] Anita Arroyo, por su parte, subraya la sencillez de la carta: "Juana nos da su Verdad con claridad, naturalidad y casta sencillez en un momento histórico de máxima oscuridad, de artificio extremo y de retórica."[8] Sin embargo, aunque Arroyo ve la *Respuesta* como una excepción, como un claro en esa selva de artificio y retórica, se puede demostrar que la retórica de hecho jugó un papel sumamente importante en la composición de la carta. Bajo la sencillez y naturalidad que todos notan, se oculta una elaboración cuyo máximo acierto consiste precisamente en no hacerse notar. Una lectura atenta advierte la continua selección operada, la maestría de Sor Juana en la argumentación y presentación de su *caso*, porque eso es lo que en esencia viene a ser la *Respuesta*: una lograda *defensa*, un discurso que encuadra perfectamente en la línea de la oratoria forense.

---

[4] "Clásicos de América, 2: Sor Juana Inés de la Cruz," *El Libro y el Pueblo*, 7 (1932), 5.

[5] *Historia crítica de la literatura y de las ciencias en México* (México, 1885), pág. 169.

[6] *Historia crítica*, pág. 205.

[7] *Sor Juana Inés de la Cruz. Poetisa de corte y convento* (México, 1944), pág. 167.

[8] *Razón y pasión de Sor Juana* (México, 1952), pág. 316.

En este trabajo nos propondremos, pues, estudiar la función de la retórica en la organización y contenido de la *Respuesta*, usando como punto de partida las discusiones sobre el discurso forense que se encuentran en los manuales de retórica clásicos.

Antes de proseguir, unas breves observaciones acerca de la retórica y de su presencia en la obra de Sor Juana en general. Aunque originalmente significaba ciencia del habla y se ejercitaba primordialmente en el arte de hablar (ya fuera en el discurso forense, el deliberativo, o el panegírico o epideíctico), posteriormente la retórica se proyectó sobre todas las formas literarias, y su sistema pasó a determinar la tradición y también la producción literarias. En el Renacimiento la narrativa sigue tan fielmente los moldes del discurso formal, que se la ha llamado "a literary 'counterfeit' oration."[9] En la época de Sor Juana, la retórica era una ciencia reconocida e indispensable, y se estudiaba en todas las disciplinas. La autora misma apoya en la *Respuesta* el estudio de este arte, explicando que le fue útil para comprender "las figuras, tropos y locuciones" de la Sagrada Teología.[10] También sabemos, a través de la reconstrucción de su biblioteca, que Sor Juana conocía las obras de Aristóteles, Cicerón, Quintiliano y otros retóricos.[11] De hecho, el primer párrafo de la *Respuesta* termina con una máxima de Quintiliano, a quien cita de nuevo hacia el final de la carta (ll. 1163-64). En el resto de su producción literaria, las alusiones a la retórica son frecuentes. Por ejemplo, entre los villancicos que aparecieron en 1676 dedicados a la Asunción, el séptimo está claramente basado en procedimientos retóricos. La Virgen María es la "Retórica nueva," pues en su persona se encuentra el mejor modelo para enseñar este arte: "Su *exordio* fue Concepción / libre de la infausta suerte; / su Vida la *narración*,

---

[9] Joseph F. Chorpenning, "Rhetoric and Feminism in the *Cárcel de Amor*," *BHS*, 54 (1977), 1. Véase también William G. Crane, *Wit and Rhetoric in the Renaissance* (New York, 1937), esp. cap. xi, págs. 162-78. Crane también discute la *Cárcel de Amor* y, hablando de los discursos y cartas que componen la obra, señala que "nearly all [are] of an oratorical nature." Con respecto a la traducción inglesa dice que "At times a speech is simply called an oration" (pág. 167).

[10] Ll. 319-20. Cito según *Obras completas de Sor Juana Inés de la Cruz*, ed. Alfonso Méndez Plancarte y Alberto G. Salceda (México-Buenos Aires, 1957), IV, 440-75. Las citas subsiguientes de la *Respuesta* se refieren a esta edición; las líneas en que figuran irán indicadas entre paréntesis.

[11] Ermilo Abreu Gómez, *Sor Juana Inés de la Cruz. Bibliografía y biblioteca* (México, 1934), págs. 342-45.

/ la *confirmación* su Muerte, / su *epílogo* la Asunción."[12] La soltura con que Sor Juana emplea el vocabulario retórico para formular las imágenes en el poema habla a las claras de que su conocimiento del tema distaba de ser superficial. Su interés en la retórica se refleja también en su admiración por ciertos oradores de su tiempo, a quienes dedica varias composiciones. Entre ellas se encuentran las décimas al desconocido autor de un sermón de la Concepción (núm. 105), las dedicadas al "Tulio español" (núm. 106) y el soneto al Padre Mansilla (núm. 201).

Por otra parte, las exageraciones de algunos predicadores la llevan a denunciarlos abiertamente, como sucede con el jesuita portugués Antonio Vieyra, famoso maestro de la oratoria sagrada. En su *Carta atenagórica* (1690), Sor Juana rebate la tesis que el padre Vieyra había expuesto en su "Sermón del mandato"—pues le parece excesivo atrevimiento el que este predicador haya discrepado con los Padres de la Iglesia—y defiende admirablemente a las autoridades patrísticas. Su exposición está ordenada de acuerdo con las divisiones del discurso forense, tal como las presenta Cicerón en su *De Partitione Oratoria* (I.4; II.33–51): el exordio o introducción va seguido de la narración (el recuento de los hechos del caso; ll. 71–131), después la prueba (que contiene tanto la confirmación o demostración del argumento como la refutación de las afirmaciones contrarias; ll. 132–898) y la peroración o conclusión (ll. 899–947).[13] Sor Juana presenta su caso con tal habilidad que el Obispo de Puebla encarga la publicación de la *Carta*, añadiendo como apéndice una carta suya a Sor Juana, firmada con el seudónimo de Sor Filotea de la Cruz. Aunque en esta carta el Obispo elogia "la viveza de los conceptos, la discreción de las pruebas y la enérgica claridad con que convence el asunto," luego pasa a reprobar el excesivo interés de Sor Juana en los estudios profanos, y la insta a dedicarse más a las letras divinas: "No pretendo que v. md. mude el genio renunciando a los libros, sino que le mejore, leyendo alguna vez en el de Jesucristo."[14] El tono es aparentemente cariñoso—aunque a veces decididamente sarcástico—pero la re-

---

[12] *Obras completas*, II, 13, selección núm. 223. Los poemas de Sor Juana que se mencionan más adelante también figuran en este volumen, y el número de la selección irá indicado entre paréntesis en el texto.

[13] La numeración corresponde a la edición de la *Carta atenagórica* que aparece en el t. IV de las *Obras completas*, págs. 419–39.

[14] *Obras completas*, IV, 695.

criminación es grave, especialmente si tenemos en cuenta que se le está reprobando por no leer nada menos que la Biblia. Tres meses después, Sor Juana escribe su *Respuesta a la muy ilustre Sor Filotea de la Cruz.*

A diferencia del de la *Carta atenagórica,* el tono de su *Respuesta* es, en general, como ella misma dice en el penúltimo párrafo, de "casera familiaridad." En esa sección de la carta Sor Juana se disculpa ante el Obispo, explicándole que la ficción del seudónimo terminó por apoderarse de ella, y que a eso se debe el tono informal de la carta. Se podría argüir, sin embargo, que la informalidad obedece a otras razones. Recuérdese que el Obispo la había recriminado por su excesiva erudición profana. Si ahora ella contesta con un despliegue de erudición semejante al de la *Carta atenagórica,* ordenando sus pruebas según la argumentación escolástica y asumiendo un tono polémico y formal, el resultado hubiera sido contraproducente, pues estaría recalcando lo que le convenía aminorar. De ahí que Sor Juana disimule un tanto el aspecto formal o judicial de su *Respuesta* (o sea, el hecho de que lo que ha compuesto es una defensa de sus derechos intelectuales), que encubra su identidad de *oratio* bajo el disfraz de confidencia, de carta familiar. De hecho, la carta familiar fue un género muy popular durante el Renacimiento. El adjetivo "familiar" por supuesto no significaba que las cartas fueran obras inconsecuentes, escritas a vuelo de pluma. Al contrario, la familiaridad se lograba tras una labor consciente, un esfuerzo premeditado, y existían manuales especiales para ayudar a conseguir este efecto. El formulario de Erasmo (*Libellus de Conscribendis Epistolis,* 1521), por ejemplo, fue una obra de consulta muy popular.[15] Los tratados que preceptuaban el arte de escribir cartas o *ars dictaminis* seguían muy de cerca las teorías de la retórica clásica.[16] La división de la carta en

---

[15] Las cartas familiares de Cicerón y las epístolas morales de Séneca también fueron ampliamente utilizadas como modelos. Véase William Mills Todd III, *The Familiar Letter as a Literary Genre in the Age of Pushkin* (Princeton, 1976), esp. págs. 21-22; y también E. N. S. Thompson, *Literary Bypaths of the Renaissance* (New Haven, 1924), cap. titulado "Familiar Letters."

[16] Crane lo explica así: "The Renaissance treatises on letter writing were almost entirely restatements of the rules of ancient oratory, even to the point of classing epistles as deliberative, demonstrative, and judicial. Erasmus or Macropedius might admit a fourth category, embracing the familiar letter; yet they, like other authorities, did little more than repeat the formulae of traditional rhetoric. All letters, according to their directions, must conform to the structural divisions of

cinco partes está claramente derivada de la división del discurso: salutación, *captatio benevolentiae*, narración, petición y conclusión. No es de extrañar, entonces, que en la *Respuesta*, donde se aúnan la autobiografía y la autodefensa, encontremos rasgos de ambos géneros. Por ejemplo, en las apelaciones al destinatario, Sor Juana a veces parece estar dirigiéndose en verdad a una "religiosa de velo," hermana suya (l. 1422), utilizando fórmulas del lenguaje conversacional, muy a propósito en una carta familiar. Fórmulas como "¿qué os pudiera contar, Señora?," "como sabéis, Señora," "Y así, Señora," y otras de este tipo. En cambio, en otros momentos se desvanece esta ilusión y, ayudado por la terminología legal que se encuentra por toda la carta (palabras como "proposición," "confirmación," "argumento," "pruebas," etc.), el tono se formaliza y nos parece estar escuchando una apelación ante un tribunal, como cuando Sor Juana le dice a su interlocutora: "Remito la decisión a ese soberano talento, sometiéndome luego a lo que sentenciare" (ll. 840-42). Más adelante regresaremos a este pasaje. La *Respuesta*, entonces, ya sea vista como discurso forense o carta familiar o una fusión de ambos géneros, está cuidadosamente concertada y tiene una estructura definida, estructura que se ajusta sin dificultad a los cánones de la retórica.

Observada de conjunto, la *Respuesta* contiene las mismas secciones que señalamos en la *Carta atenagórica*: exordio, narración (ll. 216-844), prueba (ll. 845-1418) y peroración (ll. 1419-38). Pero aquí, en armonía con la intención de informalidad, la narración—y no la prueba—es la sección más extensa. El exordio está cuidadosamente estructurado. La función de esta sección introductoria es obtener la benevolencia, atención y docilidad del oyente.[17] Los oradores, conscientes sin duda de la importancia del exordio, acudían a unos repertorios de fórmulas de probada eficacia para

---

an oration" (pág. 77). La aplicación de las teorías de la retórica clásica al arte de escribir cartas se remonta al siglo XI, principalmente a la figura de Alberico de Montecassino, y se ve afianzada ya a partir del siglo XII. Véase Aldo Scaglione, *Ars Grammatica* (Den Haag, 1970), esp. la útil bibliografía sobre Montecassino y las retóricas epistolares, pág. 139; también James J. Murphy, *Rhetoric in the Middle Ages* (Berkeley, 1974), cap. V, esp. págs. 224-25; y Thompson, *Literary Bypaths*, pág. 94.

[17] Según Cicerón (*De Inventione*, I.xiv.20), "Exordium est oratio animum auditoris idonee comparans ad reliquam dictionem; quod eveniet si eum benivolum, attentum, docilem confecerit."

los exordios, en busca del tema o de la fórmula introductoria que mejor viniera al caso. Sor Juana se sirve abundantemente de estos tópicos. La llamada "fórmula de modestia afectada" se percibe de inmediato. Los manuales aconsejaban que se adoptara desde el principio una actitud humilde y suplicante, ya que creaba un estado de ánimo favorable en el oyente.[18] Sor Juana comienza disculpándose por su demora en contestar la carta de Sor Filotea, atribuyéndola a su "poca salud" y "justo temor." Este tipo de excusa, por la que el orador alude a su propia debilidad y a su escasa preparación, deriva de la oratoria forense, y Quintiliano la registra en sus *Institutos de oratoria* (IV.i.8) como fórmula para captar la benevolencia del juez. Debido a su popularidad, este tópico pronto pasó a otros géneros, y Curtius lo ha trazado en numerosos escritores.[19]

A lo largo de esta sección (y de hecho por toda la carta, pues la fórmula de modestia no está limitada al exordio), Sor Juana continúa presentándose como una vasalla humilde y respetuosa. Lo hace de dos formas. Por una parte enaltece el carácter de su oyente, como en el pasaje donde—en un despliegue un tanto hiperbólico—emplea una serie de superlativos para caracterizar la carta de Sor Filotea ("vuestra doctísima, discretísima, santísima y amorosísima carta" [ll. 6-7]).[20] Por otra, rebaja su propia valía, empleando "fórmulas de empequeñecimiento."[21] Sor Juana insiste en su ineptitud, su insignificancia, usando expresiones derogatorias como "mi torpe pluma" (l. 4), "mis borrones" (l. 14) y más adelante, preguntas retóricas como "¿de dónde, venerable Señora,

---

[18] Cicerón, *De Inventione*, I.xvi.22.

[19] Ernst Robert Curtius, *Europäische Literatur und lateinisches Mittelalter* (Bern, 1963), pág. 93.

[20] El dirigirse a Sor Filotea al comienzo de la carta como "Muy ilustre Señora," así como el empleo de estos adjetivos y otros casos semejantes bien puede ser resabio de la tradición epistolar cristiana. James H. Baxter explica a propósito de las epístolas de San Agustín que la jerarquía eclesiástica determinó el uso de ciertos títulos según el rango del corresponsal lo requería: "To a reader unaccustomed to Christian Latin letters the use of honorific titles will appear at first strange and cumbersome. . . . The title bestowed by a writer upon his correspondent depends upon the circumstances of their respective relations, the purpose of the letter, and the degree of veneration and respect which the writer thought proper to assume" (en su edición de *St. Augustine. Select Letters* [London, 1930], págs. xxxviii-xxxix).

[21] Curtius, *Europäische Literatur*, pág. 94.

de dónde a mí tanto favor? ¿Por ventura soy más que una pobre monja, la más mínima criatura del mundo y la más indigna de ocupar vuestra atención?" (ll. 34–38). En su carta, entonces, las fórmulas de humildad aparecen al lado de las protestas de incapacidad, pero con tanta insistencia que, anticipando el escepticismo de su lector (quien sin duda reconocería en sus palabras las fórmulas de modestia tradicionales), le advierte: "No es afectada modestia, Señora, sino ingenua verdad de toda mi alma" (ll. 44–45). El procedimiento de Sor Juana es comparable con el de Cicerón en el proemio al *Orador*: le explica a Sor Filotea que responder a su carta es algo que está por encima de sus fuerzas (ll. 69–70), que mejor sería callar, y al fin accede a continuar sólo porque su destinatario se lo merece (ll. 91–99). Más adelante, en la prueba, Sor Juana regresa a este punto, recordándole a Sor Filotea que ha decidido responder, pero añade: "Y protesto que sólo lo hago por obedeceros; con tanto recelo, que me debéis más en tomar la pluma con este temor, que me debiérades si os remitiera más perfectas obras" (ll. 984–87). Esta popular excusa, conocida por el "tópico de la obediencia," a menudo acompañaba a las fórmulas de modestia.[22] Volviendo al exordio, en las líneas 104–05 podemos observar que Sor Juana se dispone a discurrir ("ya no me parecen tan imposibles los [reparos] que puse al principio"), pero antes de hacerlo se asegura de la docilidad de su juez, alabando su pasada generosidad y, en las líneas 115–16, agradeciéndole el haberle concedido "benévola licencia" para "hablar y proponer" en su "venerable presencia" (nótese que "proponer" es un término legal que significa presentar argumentos en pro y en contra).

Siguiendo el modelo de Cicerón, quien sugiere que ya en el exordio se introduzca la exposición o parte de la exposición del caso, Sor Juana comienza su defensa de las acusaciones que Sor Filotea le había hecho en su carta.[23] Dado que en este caso su juez y su acusador son la misma persona, procede con cautela. Por una parte, demuestra arrepentimiento y humildad, y así le dice: "Re-

---

[22] Curtius lo explica así: "Oft ist die Bescheidenheitsformel verbunden mit der Mitteilung, man wage sich nur deshalb an das Schreiben, weil ein Freund oder ein Gönner oder ein Höherstehender eine entsprechende Bitte, einen Wunsch, einen Befehl geäussert habe" (pág. 94).

[23] Véase James J. Murphy, *A Synoptic History of Classical Rhetoric* (New York, 1972), pág. 119.

cibo en mi alma vuestra santísima amonestación de aplicar el estudio a Libros Sagrados, que aunque viene en traje de consejo, tendrá para mí sustancia de precepto" (ll. 117-20). Pero a continuación presenta una larga defensa con la que (1) justifica el no dedicarse a las Letras Sagradas, aduciendo que lo prohibe "el sexo, la edad y, sobre todo, las costumbres" y (2) mantiene que no debe ser censurada por su inclinación a las letras porque, en primer lugar, es un "natural impulso" que Dios puso en ella y, en segundo, porque lo que ha escrito ha sido "por obligación y con repugnancia."[24] Con relación a esto último—una repetición del tópico de la obediencia—convendría recordar unas palabras de Curtius: "Unzählige mittelalterliche Autoren versichern, sie schrieben auf Befehl. Die Literaturgeschichten nehmen das als bare Münze. Doch ist es meistens nur ein topos."[25] Antes de poner fin a su exordio, Sor Juana apela a la simpatía de su oyente, relatando las represiones y las dificultades que ella ha sufrido. Por último hace uso de otra fórmula introductoria, el lugar común denominado "ofrezco cosas nunca antes dichas,"[26] cuando afirma: "Si yo pudiera pagaros algo de lo que os debo, Señora mía, creo que sólo os pagara con contaros esto, pues no ha salido de mi boca jamás, excepto para quien debió salir. Pero quiero que con haberos franqueado de par en par las puertas de mi corazón, haciéndoos patentes sus más sellados secretos, conozcáis que no desdice de mi confianza lo que debo a vuestra venerable persona y excesivos favores" (ll. 207-14). Habiendo aguzado el interés de su lector de esta forma, Sor Juana ya está lista para pasar a la narración de los hechos, que es la sección que sigue.

El principio de la narración está claramente indicado. Empieza así: "Prosiguiendo en la narración de mi inclinación, de que os quiero dar entera noticia, digo que no había cumplido los tres años," etc. Lo mismo ocurre cuando termina esta larga sección. Allí le explica a Sor Filotea que concluirá su discusión para no cansarla (el llamado tópico del *fastidium*):[27] "[Acabaré] por no cansaros, pues basta lo dicho para que vuestra discreción y tras-

---

[24] Sor Juana vuelve a hacer hincapié en esto—que su inclinación a las letras es un don divino—dos veces más, ambas en la narración (ll. 286-87 y 498-99).

[25] Curtius, *Europäische Literatur*, pág. 95.

[26] Curtius, *Europäische Literatur*, pág. 95. También en *Rhetorica ad Herennium* (I.4.7) y Aristóteles (*Retórica*, III.14.9).

[27] Curtius, *Europäische Literatur*, pág. 95.

cendencia penetre y se entere perfectamente en todo mi natural y del principio, medios y estado de mis estudios" (ll. 831–34). Y como si esto no fuera suficiente para indicar el fin de su narración, en el próximo párrafo, donde se introduce la *divisio* (o sea, la exposición del argumento que se dispone a probar), ella lo repite, diciendo, "pues esto no ha sido más de una simple narración de mi inclinación a las letras" (ll. 842–44). Esta insistencia en subrayar, en marcar los límites de su narración, apunta hacia la importancia que esta sección tiene para ella. Después de todo, es aquí donde explica *por qué* ha estudiado, lo mucho que ha sufrido haciéndolo y lo mucho que le está costando el haberlo hecho, y éstas son razones que su oyente tiene que tener bien presentes antes de escuchar su prueba. La estrategia que Sor Juana sigue aquí al recurrir al *ethos* (modo de persuasión por el que se trata de ganar el beneplácito del juez enalteciendo el carácter del orador) es básicamente aquélla recomendada por Aristóteles en *El arte de la retórica*, cuando advierte que es conveniente que el orador narre cualquier cosa que valga para demostrar su virtud (III.16.5). Sor Juana también hace uso del *pathos* (una exhortación a los sentimientos del público), señalando las vicisitudes que le ha ocasionado su "negra inclinación" y los "áspides de emulaciones y persecuciones" (ll. 511–12) que se han levantado contra ella. En esto coincide con lo aconsejado por Cicerón, quien explica que hemos de lograr la benevolencia del oyente si amplificamos sobre los infortunios que nos han sobrevenido o las dificultades que nos acosan (*De Inventione*, I.16.22).

Aun cuando inicie la prueba, necesariamente la parte más rigurosa o formal de su discurso, Sor Juana lo hará sutilmente, evitando el vocabulario jurídico dentro de lo posible. La *divisio* (o proyección de los puntos principales), por ejemplo, está formulada indirectamente: "Si éstos, Señora, fueran méritos (como los veo por tales celebrar en los hombres), no lo hubieran sido en mí, porque obro necesariamente. Si son culpa, por la misma razón creo que no la he tenido" (ll. 835–38). O, dicho de otro modo, más al grano: Opino que no soy culpable, y no lo soy por dos razones: primero, porque esto de que se me acusa no es injurioso—si acaso, es todo lo contrario, puesto que se celebra en los hombres; y segundo, porque esta inclinación mía es un don que Dios me dio y que no puedo evitar. La apelación al juez que sigue (la formalidad jurídica llamada *permissio*, mediante la cual se pone el caso en manos del juez) marca el cambio a un tono más formal: "Remito la decisión a ese soberano talento, sometiéndome luego a lo que sentenciare, sin contradicción ni repugnancia" (ll. 840-42). En un pasaje de la *Rhetorica ad Herennium* (IV.33) que Sor Juana bien pudo haber tenido presente, se recomienda esta fórmula como táctica para despertar la simpatía del auditorio. Aquí también sirve de eficaz transición a la prueba.

En ella Sor Juana argumenta a favor de los derechos de la mujer de estudiar y escribir libremente, y emplea dos tipos de prueba: la inductiva (por medio de ejemplos, como cuando da un catálogo de mujeres doctas que fueron celebradas en la antigüedad,[28] o cuando enumera aquellas mujeres que, en su propia época, sobresalen por su discreción) y la deductiva (por medio de entimemas). Sor Juana pasa del plano universal (los derechos de la mujer) al particular (una consideración de su propio caso). Prueba (1) que el escribir la *Carta atenagórica* no fue un crimen, (2) que tampoco lo es el escribir versos y (3) que su condición de mujer tampoco hace que el escribir versos sea algo criminal. Después de emplear toda esta terminología legalista, Sor Juana tiene que dar marcha atrás, o por lo menos, mitigar la impresión de que ha estado redactando una defensa, y a esto dedica el resto de la prueba. Sostiene (contradiciendo gran parte de su carta) que, dada su "aversión natural" por ese género de cosas, nunca tomará la pluma en su defensa y que, además, ella no se tiene por impugnada (ll. 1303-10). Regresando al tono humilde que había empleado en el exordio, le dice a Sor Filotea que su deseo es callar, y que su deber como católica es ser tolerante (ll. 1321-52). Con esta vuelta al tono de la introducción—a su modestia—va preparando a su corresponsal para la conclusión. Antes de entrar en ella, vuelve a valerse del *ethos*, subrayando los aspectos favorables de su carácter, su generosidad, su indiferencia ante la fama, etc.

Esta nota final produce el *pathos* necesario para llevarla a la peroración. En lugar de la tradicional recapitulación de los argumentos (que sin duda hubiera destruido el efecto de intimidad tan cuidadosamente creado), Sor Juana utiliza la conclusión para

---

[28] Sor Juana no se limita a hacer un catálogo. Para captar la atención de su corresponsal, actualiza la narración por medio del verbo *ver*, empleando la técnica que Aristóteles denomina "presentar las cosas ante los ojos" (*Retórica*, II.10.6): "Veo adorar por diosa de las ciencias a una mujer como Minerva. . . . Veo una Pola Argentaria. . . . Veo a una Cenobia" (l. 863 et passim).

reforzar sus vínculos con el lector. En sus *Institutos de oratoria,* Quintiliano señala que en ocasiones es más provechoso tratar de convencer al juez apelando a sus emociones que por medio de un recuento de los hechos del caso (IV.Pr.6; VI.i.23). Y esto es precisamente lo que Sor Juana hace. Hacia la despedida, el tono— ayudado por los juegos de palabras—se vuelve informal, casi travieso, como en el pasaje que comienza en la línea 1426: "Si os pareciere incongruo el *Vos* que yo he usado por parecerme que para la reverencia que os debo es muy poca reverencia la *Reverencia,* mudadlo en el que os pareciere." Habiendo salvado la distancia entre juez y reo, entonces, Sor Juana mantiene el acercamiento afectivo que le permite poner fin a su carta con una nota de familiaridad muy eficaz.

Las observaciones sobre la estructura de la *Respuesta* que hemos apuntado aquí establecen, creemos, la familiaridad de Sor Juana con los preceptos retóricos y la habilidad con que se sirvió de ciertos elementos para lograr la perfecta trabazón de su discurso. Ahora bien, el hecho de que en la carta se pueda observar esta estructura de por sí ni elimina ni confirma la espontaneidad u originalidad de la obra. Después de todo, las reglas de la retórica fueron originalmente formuladas inductivamente: del análisis de los discursos de los mejores oradores nacieron los preceptos que los demás luego imitaron. La ordenación del discurso de Sor Juana pudo por lo tanto haber sido fruto de una elaboración inconsciente, intuitiva. Habiendo dicho esto, podemos aventurar nuestro parecer de que en el caso de Sor Juana, teniendo en cuenta su erudición, su producción literaria y el momento histórico en que vivió, fueron la retórica en general y el discurso forense en particular los que le ofrecieron un patrón para presentar sus ideas y defenderlas de forma coherente. No se debe hablar, pues, de la "espontaneidad," "naturalidad" y "sencillez" de la *Respuesta* sin antes recordar que se trata de una espontaneidad sabia, de una sencillez docta, que trata de encubrir—aunque no logra hacerlo del todo—su deuda con el arte de la retórica.

ROSA PERELMUTER PÉREZ
University of North Carolina, Chapel Hill

A PROPÓSITO DE SOR JUANA INÉS DE LA CRUZ: TRADICIÓN POÉTICA DEL TEMA "SUEÑO" EN ESPAÑA ✑ POR GEORGINA SABAT MERCADÉ

✑ El título *Primero Sueño* ha hecho pensar desde luego en la *Soledad Primera* de Góngora, y esta evidente relación ha sido reforzada por el epígrafe de la primera edición, "que así intituló y compuso la Madre Juana Inés de la Cruz, imitando a Góngora." Es además innegable la presencia estilística de Góngora por todo el poema. Así es que los estudiosos anteriores se han fijado casi exclusivamente en lo gongorino: Eunice Joiner Gates en su conocido artículo (1939) ,[1] Emilio Carilla en su libro *El gongorismo en América* (Buenos Aires, 1946) , Alfonso Méndez Plancarte en su edición (1951) .

Pero en su *Respuesta a Sor Filotea*, la autora se refiere sencillamente a "un papelillo que llaman el *Sueño*." Vamos a fijarnos nosotros ahora en la palabra y concepto "sueño" como tema poético. Y antes de entrar a analizar el tema, recordemos al lector la ambigüedad existente en la lengua española con respecto a la palabra "sueño," la cual tiene doble significado. En efecto con este sustantivo no se distingue entre el dormir ("sleep") y el soñar ("dream"). El que duerme puede tener sueños, soñar con algo; pero ya antes de dormirse, tenía sueño, en el singular, es decir, tenía ganas de dormir. En español, cuando se dice "guardar el sueño" de una persona, se quiere decir que se evita el que esa persona sea despertada mientras duerme. De igual manera se dice "no dormir sueño" para expresar la imposibilidad de conseguirlo. Así el título del poema de Sor Juana podría traducirse al inglés como "dream," "sleep," o incluso "sleepiness." Esta ambigüedad se explica por la doble etimología de la palabra "sueño," que según Corominas combina las dos palabras latinas "somnus" ("sleep") y "somnium" ("dream") : ambigüedad rara entre las lenguas románicas. (Otra ambigüedad de la lengua española es el hecho de que antiguamente, y aun en nuestros días en ciertas zonas donde se conserva un español arcaico, se diga "recordar" por "despertar";

---

[1] "Reminiscences of Góngora in the Works of Sor Juana Inés de la Cruz," *PMLA*, LIV (1939) , 1041-1058.

es decir que a la persona quien despierta le vuelve el corazón, o la memoria, la conciencia en suma.)

Con la llegada del Renacimiento y la imitación de los temas clásicos, el del sueño aparece insistentemente a través de todo el llamado Siglo de Oro de la literatura española. Hagamos un recorrido para saber lo que la idea del sueño en sí implicaba en los poetas del Renacimiento y del Barroco, hasta llegar a la interpretación personal de Sor Juana. (Debemos advertir que no pretendemos haber agotado lo que se ha dicho con respecto al tema del sueño, sino sólo comentar lo que en nuestras lecturas hemos ido encontrando con referencia a estos temas.) Se le dedican, y así se titulan "Al Sueño," composiciones enteras, como la canción de Fernando de Herrera y la silva de Quevedo, ya señaladas por Emilio Carilla en su artículo "Sor Juana: ciencia y poesía . . ." [2] El tema del sueño es componente importante y clave de otras composiciones: sonetos, églogas, octavas, liras, romances, tercetos.

Encontramos en Boscán el Soneto XCV ("Dulce soñar y dulce congoxarme") enteramente dedicado al sueño de amor.[3] Es el "dulce soñar" que se repetirá más tarde, el sueño que convierte en realidad nuestros más íntimos deseos, amorosos en este caso:

> Dulce no star en mí, que figurarme
> podía quanto bien yo desseava . . .

Sueño que lo que tiene de malo es hacer que nos demos cuenta del engaño cuando despertamos a la realidad:

> . . . y es justo en la mentira ser dichoso
> quien siempre en la verdad fue desdichado.

Pero también el sueño puede representar una verdad insospechada. En los versos 113-115 de la Egloga I de Garcilaso de la Vega, encontramos una referencia al sueño que nos previene de males que nos aguardan: [4]

---

[2] "Sor Juana: ciencia y poesía. (Sobre el *Primero sueño*)," *RFE*, XXXVI (1952), 287-307.

[3] Juan Boscán, *Obras poéticas*, ed. M. de Riquer et al. (Barcelona, 1957), p. 192.

[4] Citamos por la edición de Elias L. Rivers, Garcilaso de la Vega, *Obras completas*, Columbus, Ohio, 1964. Utilizaremos siempre esta edición para nuestras citas de Garcilaso de la Vega, señalándolas por título y verso.

¡Quántas vezes, durmiendo en la floresta,
reputándolo yo por desvarío,
vi mi mal entre sueños, desdichado!

En su Egloga II, encontramos referencias al sueño amoroso y reparador, con el mismo marco de la naturaleza alrededor (vv. 64-69,
75-76) :

Conbida a un dulce sueño
aquel manso rüido
del agua que la clara fuente embía,
y las aves sin dueño,
con canto no aprendido,
hinchen el ayre de dulce armonía.
. . . .
Los árboles, el viento
al sueño ayudan con su movimiento.

En los tercetos siguientes esta idea del sueño se aclara: el sueño
es relajador, "aflojador" de los males de amor (vv. 78-79) :

¡Dichoso tú, que afloxas
la cuerda al pensamiento o al deseo!

Está también aquí la idea del sueño como descanso que hace posible
el redescubrimiento de la vida (vv. 83-88) :

el sueño diste al coraçón humano
para que, al despertar, más s'alegrasse
del estado gozoso, alegre o sano,
que como si de nuevo le hallasse,
haze aquel intervalo que á passado
que'l nuevo gusto nunca al bien se passe.

El sueño amoroso, al relajarnos, nos da nuevos alientos para, al
despertar, seguir viviendo (vv. 89-94) :

y al que de pensamiento fatigado
el sueño baña con licor piadoso,
curando el coraçón despedaçado,
aquel breve descanso, aquel reposo
basta para cobrar de nuevo aliento
con que se passe el curso trabajoso.

Pero el sueño también nos burla, nos hace creer lo que no es en
la realidad (vv. 113-118) :

¿Es esto sueño, o ciertamente toco
la blanca mano? ¡Ha, sueño, estás burlando!
Yo estávate creyendo como loco.
¡O cuytado de mí! Tú vas volando
con prestas alas por la ebúrnea puerta;
yo quédome tendido aquí llorando.

Más adelante la idea del sueño-muerte se expresa claramente. Es el "archisabido y citado tópico de *somnium imago mortis*," según José Manuel Blecua en nota de su edición de Quevedo (Barcelona, 1963, p. 480). Volvamos a la Egloga II de Garcilaso (vv. 778, 794-795) :

Camila es ésta que está aquí dormida;
. . . .
¿Qué me puede hazer? Quiero llegarme;
en fin, ella está ahora como muerta.

Estas variantes del tema del sueño se relacionan siempre, en Garcilaso, con el amor. Generalmente estos sueños obedecen a una estructura fija que responde a tres etapas naturales: armonía exterior que invita al sueño, sueño y despertar.

Fray Luis de León tiene en sus odas varias referencias al sueño. En la *Vida retirada* [5] nos habla de (vv. 26-35) :

Un no rompido sueño,
un día puro, alegre, libre quiero;
. . . .
Despiértenme las aves
con su cantar süave no aprendido;
no los cuidados graves
de que siempre es seguido
quien al ajeno arbitrio está atenido.

El "no rompido sueño" de Fray Luis es un sueño profundo y tranquilo, reparador normal de las fatigas del día, el sueño del justo.[6] Asimismo interpretado aparece en otra oda, una de las dirigidas *A Felipe Ruiz* ("En vano el mar fatiga," vv. 21-22) :

[5] Fray Luis de León, *Poesías*, Edición crítica por el P. Angel C. Vega, Madrid, 1955. Utilizaremos esta edición para las citas de Fray Luis, señalándolas por título y verso.

[6] Arturo Marasso, *Estudios de literatura castellana* (Buenos Aires, 1955), p. 66, nos dice que es "el *somnos leves* de Horacio no distraído ni por la abundancia ni la pobreza excesiva."

> ¿Qué vale el no tocado
> tesoro, si corrompe el dulce sueño?

Aquí ya el "dulce sueño" garcilasiano no se refiere para nada al amor. Al contrario, éste, como inquietud humana, se rechaza junto con otras causas perturbadoras del sueño, como descanso pacífico; en este caso se refiere específicamente a la ambición. En *Noche serena*, Fray Luis nos presenta el sueño como imagen de la muerte, pero en forma un poco más complicada que la que hemos visto antes (vv. 21-25):

> El hombre está entregado
> al sueño, de su suerte no cuidando;
> y con paso callado
> el cielo, vueltas dando,
> las horas del vivir le va hurtando.

Mientras el hombre duerme, o vive inconsciente, sigue participando de la vida fisiológicamente, pero no se ocupa entonces de su fin trascendental, "de su suerte no cuidando," mientras las estrellas cuentan las horas que le acercan irremisiblemente a la muerte; así el sueño se identifica con el acercamiento a ella. Perdemos esas horas de inconsciencia que pertenecen a nuestro vivir, sin hacer nada por nuestras almas, sin prepararnos para la eternidad; y cuando llegue la muerte, será ya tarde para hacerlo. Es el sueño como irresponsabilidad mortal. Esta idea se aclara en la estrofa siguiente (vv. 26-30):

> ¡Ay, despertad, mortales!
> Mirad con atención en vuestro daño.
> Las almas inmortales,
> hechas a bien tamaño,
> ¿podrán vivir de sombra o solo engaño?

Este último verso añade la idea de lo mentiroso del sueño, otro aspecto del sueño-burla encontrado anteriormente, y recalca el tópico sueño-muerte con la palabra "sombra."

El arrebato ascensional que aparece en la oda *A Francisco Salinas*, logrado a través de la música, tiene las características del sueño que conocemos: reposo, muerte, olvido. "Su estructura fundamental proviene del *Sueño de Escipión*, de Marco Tulio, que ofrece al siglo XVI la configuración armónica del universo," dice Marasso en la obra citada (p. 71). Así como los ruidos armoniosos de la naturaleza (árboles, río, aves) llevaban a los pastores de Garcilaso al sueño, Fray Luis es llevado a su sueño místico a través de la armonía producida por un instrumento que maneja una "sabia mano" humana. Su alma, antes olvidada de la importancia de la gloria eterna, ahora (vv. 8-15):

> torna a cobrar el tino
> y memoria perdida,
> de su origen primera esclarecida.
>   Y como se conoce,
> en suerte y pensamientos se mejora;
> el oro desconoce,
> que el vulgo ciego adora,
> la belleza caduca, engañadora.

Teresa Labarta de Chaves, en su artículo "Análisis del lenguaje en la oda a Francisco Salinas" (*Hispanófila*, No. 31, 1967), apunta en esta estrofa la aparición de las tres potencias del alma (memoria, entendimiento y voluntad) en las palabras "tino," "memoria" y "como se conoce," potencias de las que se ocupará también Sor Juana en el *Sueño*.

Boscán y los pastores de Garcilaso soñaban su bien deseado, su amada; Fray Luis llega por medio de este sueño de armonía universal a "ver" a Dios: "Ve cómo el gran maestro . . . ," en esa ola ascendente y soñadora que sube a las alturas (vv. 31-35):

> Aquí la alma navega
> por un mar de dulzura, y finalmente
> en él ansí se anega
> que ningún accidente
> extraño o peregrino oye o siente.

El alma goza de la unión con Dios, sueña con la eternidad, en ese "mar de dulzura," sin sentir ni oír, los sentidos suspendidos como en nuestros sueños. Y en la estrofa siguiente aplica a su sueño místico las características de otros sueños que hemos visto, aquí quintaesenciado (vv. 36-40):

> ¡Oh desmayo dichoso!
> ¡Oh muerte que das vida! ¡Oh dulce olvido!
> ¡Durase en tu reposo
> sin ser restitüido
> jamás a aqueste bajo y vil sentido!

Y es aquí donde Fray Luis, seguro conocedor de la tradición del
"sueño," recalca el carácter especial de los sustantivos que utiliza.
En su sueño superior utiliza las mismas ideas conceptuales de los
otros sueños, pero por su carácter especial pone cuidado en señalar
su aspecto paradójico: es muerte, pero que da vida; eterna, puesto
que lo acerca a Dios; es "dulce olvido," desmayo el no-ser irres-
ponsable, pero este olvido no es "no cuidar de su suerte" sino
procurarla. Y hay decepción al volver a la realidad del "bajo y
vil sentido," al despertar, completando así el recorrido: armonía
que invita al sueño, sueño, despertar. Este sueño es la verdadera
vida para el poeta, la gran aspiración de su alma conseguida a
través de la música, su "bien," como en amor, aquí divino (vv.
46-50) :

> ¡Oh! suene de contino,
> Salinas, vuestro son en mis oídos,
> por quien al bien divino
> despiertan los sentidos,
> quedando a lo demás amortecidos.

La autora del artículo que nombramos últimamente prefiere, al
contrario del padre Vega, la lectura de "adormecidos" en vez
de "amortecidos"; para los fines de este trabajo no tiene importancia el preferir una u otra lectura, pero sí la tiene señalar esa
vacilación de Fray Luis, la cual muestra su conocimiento de la
tradición que identificaba el sueño con la muerte. Hay además en
el agustino la expresión, por primera vez en la poesía de este
período, de la ambigüedad entre lo real y lo soñado. Para Fray
Luis su sueño místico es lo real, lo auténtico, la "origen primera
esclarecida" del alma humana destinada a la gloria.

En la canción de Fernando de Herrera, *Al Sueño*,[7] encontramos
algunas ideas que hemos visto anteriormente, y algunas novedades.
El sueño es aquí el dios mitológico que con sus "alas perezosas"
y "tardo vuelo" esparce por el "sereno y adormido cielo" la
armonía que induce al sueño. El poeta se dirige a él rogándole el
favor de procurarle el dormir, no conseguido, ya muy adelantada
la noche y cercana el alba, por tener su pensamiento en la amada.
Este poema de Herrera tiene aspectos del *Somnus* de Estacio.
Efectivamente es, como aquél, una invocación al Sueño, pidiéndole
el descanso que él da. Y se hallan las notas que tiene el poeta latino

---

[7] Fernando de Herrera, *Rimas inéditas*, ed. Blecua (Madrid, 1948) , pp. 80-82.

de queja por haber sido desprovisto de sus dones, y la quietud del cielo, la visión de la llegada de la Aurora "esparciendo el inmortal rocío," los adjetivos y propiedades tranquilizadoras que aplica al dios. Tiene también este poema tópicos que encontramos en Séneca, en la parte coral de la invocación al Sueño del *Hercules furens*: la cita del Oriente y Occidente, los adjetivos significando reposo y quietud, la denominación de su parentesco como personaje mitológico, y la propriedad que tiene de igualar al rey y al esclavo. En esta canción de Herrera *Al Sueño* aparece el "licor sagrado" que en Garcilaso era "licor piadoso." El sueño es "descanso alegre al mísero afligido," mísero por causas amorosas; desea el sueño que haga olvidar las penas de amor, recordando y lamentándose de épocas anteriores en que, al no estar enamorado, podía disfrutarlo tranquilamente:

> ¿Cómo sufres que muera
> libre de tu poder quien tuyo era?
> . . . .
> Sueño amoroso, ven a quien espera
> descansar breve tiempo de sus males.

La nota de sueño-relajador es la más característica de este poema, y por eso lo llama bajo los advocativos de "suave," "divino," "blando," "deleitoso," "sabroso," "manso," "gloria de mortales." Al dormir no sufrirá por los desdenes de la amada, encontrará descanso en su pena; o tal vez sueñe lo que la realidad le niega. Termina con ofrecimientos y buenos deseos al Sueño:

> Una corona fresca de tus flores,
> Sueño, ofrezco . . .
> . . . .
> Ven ya, Sueño presente,
> y acabará el dolor: así te vea
> en brazos de tu dulce Pasitea.

En las anotaciones de Herrera a las obras de Garcilaso de la Vega,[8] a propósito de Albanio, al comienzo de la Egloga II, le dedica más de siete páginas al comentario del sueño. Recoge las ideas sobre el particular de Plinio, Aristóteles, Levino Lenio, Galeno, Temistio, Apolonio Tianeo, Filóstrato, Homero y otros.

[8] *Obras de Garcilasso de la Vega con anotaciones de Fernando de Herrera,* Sevilla, 1580.

Nos transmite interpretaciones de las palabras griegas, algunas de
las cuales reflejará Sor Juana en su *Sueño*: " desatador del trabajo,
. . . apartamiento . . . , porque en él se aparta y retira el sentido
del dolor . . . y se levantan los mienbros cansados y sentimientos
del cuerpo . . ." Y recuerda a propósito del sueño lo que dice
Séneca en el *Hercules furens*, traduciendo sus versos. Sigue con la
explicación de la parte fisio-psicológica del sueño (p. 544) :

> proviene el sueño de la repleción de las venas del cerebro, con los
> vapores fríos o unidos del mantenimiento, o de la herida, o del
> fármaco, y esta repleción se hace en torno de aquella admirable
> trabazón y coligadura de las arterias en los panículos del cerebro,
> o venas de las sienes; y mayormente nace del enfriamiento de los
> espíritus cerca del corazón y del órgano de los sentidos, y entonces
> se entorpecen todos los sentidos, y sola la mente, no enlazada con
> algún órgano, se fatiga y congoja con los sueños que finge, présaga
> de lo futuro. De esta manera subiendo los humos y vapores
> unidos a la cabeza, cuando duerme alguno, y cerrando las vías,
> por las cuales descienden los espíritus, vienen a ligar los senti-
> mientos de suerte que entonces el animal no ejerce alguna obra
> según su naturaleza, mas sólo se cría y sustenta, y después que
> son gastados aquellos humores, torna en él la razón perdida, y
> puede obrar según ella.

En las mismas anotaciones de Herrera de que venimos hablando,
traduce él un poema de Petronio Arbitro donde aparecen las notas
de engaño del sueño, al entendimiento humano; la idea aristotélica
de repetir en sueños los pensamientos, deseos e imágenes que se
produjeron y percibieron estando despierto el hombre; la imagen
del cazador en el bosque y la del can, las cuales encontraremos en
el *Sueño*. Pero en la traducción del poema que hace Herrera, el
can no sólo se presenta dormido, como encontraremos después en
el poema de la monja, sino ladrándole a la liebre imaginada.

Según Oreste Macrí,[9] Fernando de Herrera es el primero de los
poetas renacentistas que hace ese derroche de erudición humanística.
Se veía obligado a estudiar textos clásicos para poder no solamente
explicar la poesía de otros, en todos sus aspectos científicos, sino
expresarse él mismo con conocimiento de causa cuando escribía la
suya propia. Citemos aquí lo que el crítico italiano nos dice
(p. 103) :

---

[9] Oreste Macrí, *Fernando de Herrera*, Madrid, 1959.

A través de la *Anotaciones* se percibe la nueva cultura humanística y renacentista del naturalismo pagano que, por primera vez en España, Herrera asimila sistemáticamente, poniéndola al servicio de una poética orgánica y "filosófica" en el sentido de estética contra-reformista expuesta por Escalígero. Estamos en el período culminante del aristotelismo. Los entes sicológicos surgen de la vida misma y del mundo interno de los "Cancioneros," herederos del decadentismo occitánico, del alegorismo franco-italiano y de la "rhétorique" francesa, para perfilarse y concretarse sobre el fondo de la ciencia clásica, aristotélica, estoica, epicúrea, a través del naturalismo renacentista italiano. Un estudio exhaustivo de Herrera debería revisar todas las definiciones y ejemplos de los términos de sicología, fisiología, geología, botánica, medicina, meteorología, geografía, retórica, interpretación de mitos, etc., tomados de textos científicos griegos, latinos e italianos.

Tiene Lope de Vega [10] un soneto, que aparece en su comedia *La batalla de honor,* dedicado al sueño. Es el sueño reparador de las penas de amor, donde aparece también la imagen del sueño-muerte y los sentidos suspendidos; y como en Herrera está en forma vocativa:

> Blando sueño amoroso, dulce sueño,
> cubre mis ojos por que vaya a verte,
> o ya como imagen de la muerte
> o por que viva un término pequeño.
> Con imaginaciones me despeño
> a tanta pena y a dolor tan fuerte
> que solo mi descanso es ofrecerte
> estos sentidos de quien eres dueño.
> Ven, sueño, ven revuelto en agua mansa
> a entretener mi mal, a suspenderme,
> pues en tus brazos su rigor amansa.
> Ven, sueño, a remediarme y defenderme,
> que un triste, mientras sueña que descansa,
> por lo menos descansa mientras duerme.

La imagen de la noche, lógicamente, aparecerá a menudo junto a la del sueño; lo hemos visto en Fray Luis y *Huerra.* Lope tiene otro soneto "A la Noche" (ed. cit., p. 141), donde la llama

[10] Lope de Vega, *Poesías líricas* ("Clásicos Castellanos," tomos 68 y 75), tomo I, pp. 182-183.

" mecánica, filósofa, alquimista "; en el último terceto aparece el tema del sueño-muerte:

> Que vele o duerma, media vida es tuya:
> si velo te lo pago con el día,
> si duermo *no siento lo que vivo*.[11]

La canción de Lope, " ¡Oh libertad preciosa! ",[12] termina con esta estrofa (p. 220) :

> Ni temo al poderoso
> ni al rico lisonjeo,
> ni soy camaleón del que gobierna,
> ni me tiene envidioso
> la ambición y el deseo
> de ajena gloria ni de fama eterna;
> carne sabrosa y tierna,
> vino aromatizado,
> pan blanco de aquel día,
> en prado, en fuente fría,
> halla un pastor con hambre fatigado
> *que el grande y el pequeño*
> *somos iguales lo que dura el sueño.*

Estos versos llevan implícitos un proceso, resumen y avance, de ideas: sueño igual a muerte; la muerte nos mide a todos por igual, grandes y pequeños (como en Manrique lo hace el mar, imagen de la muerte) ; luego todos somos iguales " lo que dura el sueño," y este sueño es la vida real, la que vivimos despiertos, como se ve por todos los versos anteriores que se refieren a cosas tan del vivir diario (comer, beber) ; luego la vida es sueño. Así, paradójicamente, el sueño se identifica tanto con la vida como con la muerte.

En la antología de Pedro Espinosa, *Flores de poetas ilustres*, publicada en 1605,[13] encontramos algunos poemas con el tema del sueño. El primero son dos octavas de Luis de Soto, sueño amoroso en el que el amante enumera, a la manera renacentista, las bellezas de la amada justo antes de que el sol, al brillar sobre sus ojos, le

---

[11] El subrayado es nuestro, al igual que los que aparezcan en lo sucesivo, a menos que se indique lo contrario.

[12] De la antología: *Poetas de los Siglos XVI y XVII*, Edición de Blanco Suárez, Madrid, 1933, pp. 214-220.

[13] Utilizamos la segunda edición de Quirós de los Ríos y Rodríguez Marín, Sevilla, 1896. Señalamos el número de las páginas para todos los poemas que aparecen en esta obra en el texto junto a los versos.

despierte, desvaneciéndose todo con la desilusión consiguiente, sueño-burla que hemos visto antes. Los últimos versos (pp. 23-24) :

> Deslizóse el sueño, y luego
> al vivo de mi vista quedé ciego.

Implica esto la idea de que la realidad anterior soñada, la deseada, constituye la verdadera vida para él, no la que le trae la luz del día, que al iluminar el mundo a su alrededor lo deja en sombras: "quedé ciego." Hay una oposición entre el sueño como realidad, y la realidad exterior, que expresa esa ambigüedad entre la vida y el sueño. Este último verso servía de epígrafe y de verso que se glosaba.[14]

Luis Martín de la Plaza tiene una canción donde repite las notas encontradas en Herrera: el dolor solitario en medio de la noche, todo en calma, sin conseguir el sueño a causa de sus preocupaciones amorosas, el sueño imagen de la muerte, y la referencia al "licor sagrado," aquí "sabroso" (p. 49) :

> Y si el sueño piadoso
> a vencerme viniere, de cansado,
> en su licor sabroso
> olvido hallaré de mi cuidado.
> ¡Oh venturosa suerte
> que el bien hallo en la imagen de la muerte!

El "licor" del sueño es la misma agua del Leteo. Este poeta tiene también un soneto donde aparecen juntos los temas de la noche y el sueño (p. 15) :

> Cuando a su dulce olvido me convida
> la noche, y en sus faldas me adormece,
> entre el sueño la imagen me aparece
> de aquella que fue sueño en esta vida.
> Yo sin temor que su desdén lo impida,
> los brazos tiendo al gusto que me ofrece:
> mas ella, sombra al fin, se desvanesce,
> y abrazo el aire donde está escondida.
> Así burlado, digo: "¡Ah falso engaño . . .

Además del sueño-burla, nos expresa la posibilidad del sueño dentro de otro sueño. Su amada es, por sus cualidades superiores o por

---

[14] Ver las notas de la página 320. Se dice ahí que es imitación de un soneto de Sannazaro.

la imposibilidad de alcanzarla, un sueño dentro de la realidad vivida, soñada en el sueño de la noche, y siempre inalcanzable. Son así los tercetos:

> Así burlado, digo: " ¡Ah falso engaño
> de aquella ingrata, que aún mi mal procura!
> Tente, aguarda, lisonja del tormento."
> Mas ella en tanto por la noche oscura
> huye; corro tras ella. ¡Oh caso extraño!
> ¿Qué pretendo alcanzar, pues sigo al viento?

Hay un soneto de autor incierto, donde encontramos la imagen del sueño burla y del sueño muerte (p. 88):

> Amor quiere que viva de esta suerte,
> engañado del sueño y su locura,
> dormido más dichoso que despierto.
> Y así, pues este es sombra de la muerte,
> y en él tengo más gloria y más ventura,
> démela ya mayor estando muerto.

Recordemos de Lupercio Leonardo de Argensola su conocido soneto "Al sueño," que repite las notas sabidas del sueño-muerte y el ruego del disfrute, por lo menos en sueños, de su amor: [15]

> Imagen espantosa de la muerte,
> sueño cruel, no turbes más mi pecho,
> mostrándome cortado el nudo estrecho,
> consuelo solo de mi adversa suerte.
> . . . .
> . . . y déjale al amor sus glorias ciertas.

Examinemos ahora la silva de Quevedo titulada "Al Sueño." [16] Es aquí el personaje mitológico (o abstracción personificada), "cortés mancebo"; el estilo es vocativo, como en Herrera, y como en éste también encontramos las mismas lamentaciones de abandono de parte del sueño, la súplica de remediar sus males de amor, cuyo pensamiento no lo deja dormir a pesar de la quietud y silencio de la noche. El tópico sueño-muerte tampoco falta aquí:

[15] De la antología *Poetas de los siglos XVI y XVII*. Edición de Blanco Suárez, Madrid, 1933, pp. 167-168.
[16] Utilizamos para Quevedo la edición de José M. Blecua *Poesía original* (Barcelona, 1963), pp. 418-420. En adelante citamos las páginas entre paréntesis en el texto.

¿Con qué culpa tan grave,
sueño blando y suave,
pude en largo destierro merecerte
que se aparte de mí tu olvido manso?
Pues no te busco yo por ser descanso,
sino por muda imagen de la muerte.
Cuidados veladores
han hecho inobedientes a mis ojos
a la ley de las horas . . .

Los adjetivos aplicados al sueño son los mismos que ya hemos
encontrado: blando, suave, manso. Al final hay promesas de
alabanza por si lo consigue:

y te prometo, mientras viere el cielo,
de desvelarme sólo en celebrarte.

Así que, básicamente y en cuanto al tema del sueño en sí, no hay
en Quevedo nada nuevo; sigue el mismo patrón de Herrera. Tiene,
sin embargo, algunos tópicos que no tiene éste, los del reposo y
quietud universal de la noche, que encontraremos luego en el *Sueño*
de Sor Juana. Méndez Plancarte [17] tiene una nota que se refiere
a este " sueño universal " de la monja, relacionándolo con el himno
latino de Estacio " Al Sueño," que ha inspirado también partes de
este poema de Quevedo; reproduce los siguientes versos:

Los mares y las olas . . . , entre sueños . . .
y a su modo también se duerme el río . . .
Yace la vida envuelta en alto olvido;
tan sólo mi gemido
pierde el respeto a tu silencio santo . . .

Quevedo tiene otra silva, " Sermón estoico de censura moral," [18]
en la cual dedica un verso al sueño y repite una idea que aparece
también en la silva anterior. No solamente son los cuidados de
amor los que desvelan, sino las preocupaciones nacidas de la avaricia,
la codicia. Recordemos que vimos esta idea en Fray Luis, en la
oda " A Felipe Ruiz." Y se repetirá con insistencia, como tópico

---

[17] *Sor Juana Inés de la Cruz. Obras completas.* tomo I, Lírica Personal. Edición
de Alfonso Méndez Plancarte, México, 1951, pp. 584-585. Utilizaremos este tomo
para todas las citas del *Sueño* y la paginación irá en el texto. El *Sueño* está en
las páginas 335-359.
[18] Edición citada, pp. 130-140.

que es muy de la época y preocupación especial del poeta que ahora nos interesa. Dice Quevedo en su silva " Al Sueño ":

> . . . dame siquiera
> lo que de ti desprecia tanto avaro,
> por el oro en que alegre considera,
> hasta que da la vuelta el tiempo claro.

Y en el " Sermón estoico de censura moral," hablando del oro (p. 133) :

> Sacas al sueño, a la quietud, desvelo.

En el famoso soneto de Quevedo encontramos estos versos (p. 363) :

> ¡Ay Floralba! Soñé que te . . . ¿Dirélo?
> Sí, pues que sueño fue: que te gozaba.

Aparece aquí el sueño como ilusión de amor, con la cual se consigue lo que la realidad niega, y además el sueño-burla y el sueño-muerte (p. 364) :

> Mas desperté del dulce desconcierto,
> y vi que estuve vivo con la muerte
> y vi que con la vida estaba muerto.

A los cuales aspectos podemos añadir el ambiguo que hemos señalado, de cuál sea la vida real, si el sueño o la vida que creemos como tal. En otro soneto de Quevedo hallamos estos versos (p. 378) :

> . . . .
> Lloraré siempre mi mayor provecho;
> penas serán y hiel cualquier bocado;
> la noche afán, y la quietud cuidado,
> y duro campo de batalla el lecho.
> El sueño, que es imagen de la muerte;
> en mí a la muerte vence en aspereza,
> pues que me estorba el sumo bien de verte:
> que es tanto tu donaire y tu belleza
> que, pues naturaleza pudo hacerte,
> milagros puede hacer naturaleza.

Aparte de la ya conocida imagen del sueño-muerte, parece sugerir Quevedo la idea de que durante el rato que duerme no puede ver a su amada, pues no sueña con ella, así que es peor el sueño que la muerte, después de la cual sí espera verla. Otra vez el tópico sueño-muerte-vida, con toda su ambigüedad: vivirá en la muerte, pues así podrá verla y amarla. Esta idea se repite, en tono jocoso, en un romance (p. 480):

> Dicen que el sueño es hermano
> de la muerte; mas yo creo
> que con la muerte y la vida
> tiene el vuestro parentesco.

Y volviendo al sueño como reposo de fatigas, también lo tiene Quevedo en su largo *Poema heroico de las necedades y locuras de Orlando el Enamorado* (p. 1359):

> El hermanillo de la muerte luego
> se apoderó de todos sus sentidos,
> y soñoliento y plácido sosiego
> los dejó sepultados y tendidos . . .

Lo de "la vida es sueño" lo declara Quevedo en forma dramática y casi plástica en sus sonetos a la fugacidad de la vida, pues por la rapidez que pasa se evapora como los sueños (p. 5):

> Fue sueño ayer . . .

Y son sueño todos los bienes que deseamos o de los que disfrutamos cuando vivimos:

> . . . la muerte me libró del sueño
> de bienes de la tierra.

Semejante desengaño moralista encontramos en la *Epístola moral a Fabio*, en la que hay unos tercetos que nos hablan de la brevedad de la vida y del sueño (p. 320): [19]

> ¿Qué es nuestra vida más que un breve día?
> . . . .
> ¿Será que de este sueño se recuerde?
> . . . .
> ¿Será que pueda ser que me desvío
> de la vida viviendo, y que esté unida
> la cauta muerte al simple vivir mío?
> Como los ríos que en veloz corrida
> se llevan a la mar, tal soy llevado
> al último suspiro de mi vida.

[19] Utilizamos *Poetas de los siglos XVI y XVII*, edición de Blanco Suárez. El número de la (s) página (s) irá (n) en el texto, al lado de los versos.

Vida-sueño-muerte, el círculo que ya conocemos, y en los últimos
versos de nuevo el recuerdo de las famosas coplas manriqueñas. Hay
en el terceto siguiente una nueva variante del sueño:

> ¡Oh si acabase, viendo como muero,
> de aprender a morir, antes que llegue
> aquel forzoso término postrero!

Es lo que podríamos llamar el magisterio del sueño, la misma idea
que se utiliza con la rosa: la rosa tiene vida breve, y como símbolo
de la fugacidad de la vida (y de la belleza femenina), debe prepararnos a bien vivir esta vida breve para conseguir la gloria. Siendo
el sueño imagen de la muerte, sin ser realmente ésta, nos prepara
a aceptarla y a llevar una vida acorde con ese fin; por eso se le
llama a la muerte el sueño eterno, del cual sí ya nunca despertamos.

Calderón tiene unos ovillejos en su comedia *El médico de su
honra* (jornada II, escena xviii) que comienzan: [20]

> En el mudo silencio
> de la noche, que adoro y reverencio,
> por sombra aborrecida,
> como sepulcro de la humana vida . . .

Hay una nota al verso tercero, del comentador Juan E. Hartzen-
busch, que dice, " Querrá decir ' aunque aborrecida de otros,' porque
si Gutierre ' la adora y reverencia,' no cabe que ' la aborrezca '
también. Acaso esté errado el verso, y deba leerse ' puesto que
aborrecida '." Nos parece que estos tópicos de la noche portadora
de sombras y de sueños, imagen de la muerte, eran ya tan conocidos
de todos que se pasaba de uno a otro sin transición. Gutierre
aborrece la noche porque durante ella se duerme, y el sueño es
muerte: " sepulcro de la humana vida," aborrece la muerte como
cualquier humano puede hacerlo; al mismo tiempo le acuerda el
carácter religioso que la muerte tiene, y por eso la adora y reverencia.

Huelga recordar al lector la importancia del sueño en la comedia
más famosa de Calderón, *La vida es sueño*, y la ambigüedad que
hay entre lo que se vive y lo que se sueña, y cuál sea la verdadera
vida. Se encuentra en ella, además, el sueño como maestro, con
una adición o complicación. La lección que Segismundo nos da
es no sólo la incapacidad humana para distinguir claramente la

[20] Calderón, *Obras*, ed. J. E. Hartzenbuch, BAE, tomo 7 (Madrid, 1944),
p. 358.

realidad de lo engañoso dentro de nuestra vida, sino también que ella nos enseña que aun en sueños debemos actuar rectamente, ya que ni en sueños el bien pierde su valor, pues nos asegura la vida futura, única en la que podemos confiar. Segismundo es ante todo un agente moral; le importa distinguir entre la verdad y la ilusión para poder actuar luego de un modo responsable. El protagonista anónimo de Sor Juana, que como en un auto sacramental es el alma humana en general, es un agente exclusivamente cognoscitivo: como científico "puro," es decir no "aplicado," sólo quiere saber la verdad para poder contemplarla. Ambos protagonistas sufren un fuerte desengaño inicial, y en su segunda prueba se comportan de una manera más cuidadosa, más racional. Pero si en su lucha por la verdad Segismundo gana una victoria clara e indiscutible, el protagonista más romántico de Sor Juana termina zozobrando (vv. 827-828).

Cosme Gómez Tejada de los Reyes, "ingenioso autor del siglo XVII, poeta y filósofo moral, de muy buen gusto literario y de mucha ciencia," [21] tiene una canción titulada "A la muerte," donde leemos:

> Al sueño llaman de la muerte imagen,
> si la muerte no es imagen suya,
> original y copia así conforman;
> duerman los hombres, sueñen y trabajen
> hasta que salga el sol, la noche huya,
> y si especies más gratas los informan,
> en reyes se transforman;
> hártase su ambición, mas no es probable
> aun por sueños la sed que es insaciable.
> . . . .
> Gozan su vanidad, y a la mañana
> trabajo y gusto es sueño, es sombra vana.
>   Siendo una misma cosa muerte y vida,
> bien concierta que mar también lo sea . . .

Tenemos aquí la conocida imagen del sueño-muerte, los sueños como realización vana de las ilusiones; las penas ("trabajos") o gustos del hombre, todo es "sombra vana," lo mismo si los experimenta en sueños o en la vida real. He aquí que Gómez Tejada de

[21] Según A. de Castro, en *BAE*, tomo 42, *Poetas líricos de los siglos XVI y XVII*, p. 535. Cosme Gómez Tejada y de los Reyes empezó a publicar sus obras: *León prodigioso, apología moral entretenida y provechosa a las buenas costumbres*, en Madrid, 1636, según nota en la misma página.

los Reyes nos presenta las mismas ideas de Calderón en *La vida es sueño* al año de su publicación, aunque si hemos de creerle,[22] tenía escritas estas composiciones hacía muchos años. Como Calderón, no sólo expresa esa ambigüedad entre lo real y lo soñado, sino que hasta transforma a sus hombres en reyes y hace la advertencia de que cuando la sed es insaciable, ni aun en sueños puede calmarse. Y notemos que cuando dice, "siendo una misma cosa muerte y vida," es porque las dos se parecen al sueño. En los versos que siguen a los copiados, pasa el poeta a reflexiones sobre la vida humana, barca en mar tempestuoso, hasta llegar a la imagen del arroyo que va a morir al mar, que es la muerte.

La idea del magisterio del sueño la encontramos en un soneto laudatorio que se halla entre las obras de Salvador Jacinto Polo de Medina,[23] soneto escrito para el libro *Vigilias del sueño* (Madrid, 1644) de Pedro Alvarez de Lugo y Usodemar (p. 237):

. . . .

> ¿No te basta viviendo lo entendido?
> ¿Aun del sueño en la muerte has de hallar vida?
> Sólo en ti lo que en todos homicida
> inhábil no se ve ni suspendido.
>   Maestro de la muerte es siempre el sueño,
> y tú a vivir con sueños persüades
> doctrinas vivas de lición tan muerta.
>   ¿Qué deidad te dispuso tanto empeño?
> Hoy, sin duda, te adquiere eternidades,
> pues tu dormir a todos los despierta.

El sueño es "homicida" porque nos procura la muerte, y la lección que se desprende de esa muerte provisional debe prepararnos a un mejor vivir (aceptado como realidad efectiva) en vistas a la muerte definitiva. Vemos, pues, que el tema sueño-muerte es tratado aquí sin la ambigüedad, con respecto a la vida humana, que hemos visto antes.

Gabriel Bocángel y Unzueta,[24] en *El cortesano discreto*, escrito

---

[22] Léase la nota donde da cuenta en la misma página 535.

[23] Utilizamos *Obras Completas de Salvador Jacinto Polo de Medina*, Edición de Angel Valbuena Prat, Murcia, 1948. Siempre que nos refiramos a Polo de Medina utilizaremos la misma obra y la numeración de la (s) página (s) irá en el texto.

[24] Utilizamos *Obras de Don Gabriel Bocángel y Unzueta*, Ed. de Rafael Benítez Claros, Tomos I y II, Madrid, 1946. Utilizaremos siempre la misma obra e irá en el texto el número de la (s) página (s).

en romances, entre los consejos que le da a un futuro cortesano le recomienda cuatro cosas importantes para " hazer al hombre felice " (t. II, p. 367) :

> La tercera, que de noche
> bastante se goze el sueño,
> que si es de la muerte imagen,
> no ha de batallar un muerto.

Aquí, dentro de la conocida imagen sueño-muerte, volvemos a encontrar nuestro casi olvidado sueño-descanso, reposo de las normales fatigas diarias, sin otras complicaciones. Si el sueño es como un morir, bien está que nos dejemos descansar en la tranquilidad de esa muerte provisional.

Agustín de Salazar y Torres [25] tiene un soneto amoroso que dice (p. 219) :

> Soñaba, ¡ay dulce Cintia!, que te vía,
> mejor diré que, ciego, te soñaba,
> pues si eclipse en tus ojos contemplaba,
> miento si digo que tu luz tenía.
>   Soñéte muerta, y como no podía
> aun en sueño vivir, si te admiraba
> imagen muerta, el sueño que en mí obraba
> de la muerte otra imagen me fingía.
>   Resucité del sueño pavoroso,
> y hallé que enferma estabas; no es tan fiera
> la pena cruel que en mi dolor se funda;
>   que en mis desdichas vengo a ser dichoso,
> pues teniendo presente la primera,
> no pudo darme muerte la segunda.

Veamos la complicación de este soneto: aquí el poeta considera la vida vivida durante el sueño, y la relaciona además con la de la realidad diaria. Durante el sueño no veía a su dama, sino que se la imaginaba " ciego," pues le venía la luz de los ojos de ella, y estando éstos en " eclipse," todo era oscuridad: un sueño dentro de otro sueño, en el cual murió a través de una imagen distinta de la de la muerte que conocemos. " Resucité " no se refiere ya al sueño como despertar (sueño-muerte), sino a volver a vivir realmente después de la muerte experimentada en ese sueño soñado.

[25] Utilizamos para Agustín de Salazar y Torres el tomo 42 de BAE, *Poetas líricos de los siglos XVI y XVII.*

Y es dichoso al comprobar que sólo es enfermedad lo que había soñado muerte.

Este mismo Salazar y Torres tiene una larga composición poética también en silvas. Está dividida en cuatro " discursos," que corresponden a distintas " estaciones " del día: Estación Primera, de la Aurora: Estación Segunda, del Mediodía; Estación Tercera, de la Tarde; y Estación Cuarta, de la Noche.[26] Esta composición se parece, en el título, la forma y algunos tópicos, al *Sueño*. Podría señalarse como obra anterior a la de Sor Juana influenciada asimismo por Góngora y sus pretendidas cuatro *Soledades*. (Ya José María de Cossío señala la influencia indudable de este poeta en Sor Juana, en el poema de ésta que empieza " Cátedras del Abril tus mejillas." [27]) Hay en las silvas citadas de Salazar un verso que se refiere solamente al sueño tranquilo, sin preocupaciones de ninguna clase, que hemos encontrado antes:

> . . . cuyos ojos divinos
> quizás tiene cerrados
> el dulce, blando y apacible sueño.

Terminamos así este largo recorrido dedicado al tema general del sueño en la tradición poética española. Recordemos la estructura triple que, muy frecuentemente, lo acompaña: dormirse, soñar, despertar. Hemos encontrado además los aspectos siguientes: el sueño como descanso, plácido y reparador del cuerpo humano o del trabajo diario, no perturbado por inquietudes algunas; el sueño amoroso, que es descanso porque nos relaja en las penas de amor y da nuevos alientos para seguir sufriéndolas; el sueño como ilusión de amor, a través del cual conseguimos nuestros íntimos deseos y que se convierte en burla cuando despertamos a la realidad; la variante del sueño místico (consecución también de deseos íntimos) como máxima aspiración humana; la imagen del sueño como muerte y como realidad vivida (sueño dentro de otro sueño), con la consiguiente ambigüedad de lo que sea efectivamente lo real (es decir, el círculo sueño-muerte-vida) ; y el magisterio del sueño que, preparándonos para la muerte sin retorno, nos consigue la vida eterna. Recordemos, por último, que alguna vez se relaciona

---

[26] Esta composición de Salazar y Torres se encuentra en la edición citada, pp. 221-228.

[27] Véase de José M. Cossío, *Homenaje a Sor Juana Inés de la Cruz en el tercer centenario de su nacimiento* (Madrid; Real Academia Española, 1952), pp. 16 y 21-22.

este tema con la mitología clásica, y que frecuentemente se le identifica al tema del río de las coplas de Jorge Manrique.

Veamos ahora lo que encontramos en el *Sueño* de Sor Juana, de los distintos aspectos del tema "sueño" que acabamos de ver. Sor Juana es fiel a esta estructura básica: armonía exterior que conduce al silencio y al sueño; sueño; y despertar. Así lo vemos en este abreviadísimo resumen del *Sueño*: "Siendo *de noche me dormí; soñé* que de una vez quería comprender todas las cosas de que el universo se compone. No pude ni una divisar por sus categorías, ni aun un solo individuo; desengañada, *amaneció y desperté.*" [28]

En cuanto a la primera parte (silencio, armonía universal), la expresa Sor Juana con los siguientes versos (vv. 19-24):

> . . . .
> y en la quietud contenta
> de imperio silencioso,
> sumisas sólo voces consentía
> . . . .
> que aun el silencio no se interrumpía.

Y sigue más adelante (vv. 80-88):

> El viento sosegado
> . . . .
> los átomos no mueve,
> con el susurro hacer temiendo leve,
> aunque poco, sacrílego rüido,
> violador del silencio sosegado.
> El mar, no ya alterado,
> ni aun la instable mecía
> cerúlea cuna donde el sol dormía . . .

Hasta que por fin (vv. 147-150):

> El sueño todo, en fin, lo poseía;
> todo, en fin, el silencio lo ocupaba:
> aun el ladrón dormía;
> aun el amante no se desvelaba.

Sor Juana se ocupa luego del sueño en sí, del dormir humano, primero como descanso, sea de fatigas físicas o de "deleite," los

---

[28] Véase Carlos Vossler, *Escritores y poetas de España*, Buenos Aires, 1947, p. 115, y A. Méndez Plancarte, *El sueño* (México, 1951), pp. XVI-XVII.

sentidos suspendidos; es el "dulce sueño" de Fray Luis (vv. 151-172):

> El conticinio casi ya pasando
> iba, y la sombra dimidiaba, cuando
> *de las diurnas tareas fatigados*
> —y no sólo oprimidos
> del afán ponderoso
> del corporal trabajo, mas cansados
> del deleite también (que también cansa
> objeto continuado a los sentidos
> aun siendo deleitoso) —
> . . . .
> así pues de profundo
> *sueño dulce* los miembros ocupados,
> quedaron *los sentidos*
> del que ejercicio tienen de ordinario
> —trabajo, en fin, pero trabajo amado,
> si hay amable trabajo—,
> si privados no, al menos *suspendidos*.

E inmediatamente sigue Sor Juana con el tema del sueño imagen de la muerte (vv. 173-191):

> Y cediendo al *retrato del contrario*
> *de la vida*, que—lentamente armado—
> cobarde embiste y vence perezoso
> con armas soñolientas,
> *desde el cayado humilde al cetro altivo,*
> sin que haya distintivo
> que el sayal de la púrpura discierna:
> pues *su nivel, en todo poderoso,*
> *gradúa por exentas*
> *a ningunas personas,*
> desde la de a quien tres forman coronas
> soberana tïara,
> hasta la que pajiza vive choza;
> desde la que el Danubio undoso dora
> a la que junco humilde, humilde mora;
> y con sin igual vara
> (como en efecto imagen poderosa
> de la muerte) Morfeo
> el sayal mide igual con el brocado.

El "retrato del contrario de la vida" es por supuesto el sueño (la "copia" de Gómez Tejada de los Reyes), que nos mide a todos por igual. Así Sor Juana también recoge el recuerdo de la danza de la muerte y de las famosas coplas, repitiendo la idea en varias formas: todos son iguales en la muerte como en el sueño, representado por la figura mitológica de Morfeo. (Sobre la misma idea en Góngora, véase la nota de Méndez Plancarte a los versos 179-191 y siguientes.) Y sigue Sor Juana insistiendo en la suspensión de toda actividad de los sentidos externos durante el sueño, o "muerte temporal" (vv. 192-203):

> El alma, pues, suspensa
> del exterior gobierno,
> . . . .
> solamente dispensa
> remota, si del todo separada
> no, a los de muerte temporal opresos
> lánguidos miembros, sosegados huesos,
> los gajes del calor vegetativo,
> el cuerpo siendo, en sosegada calma,
> un cadáver con alma,
> muerto a la vida y a la muerte vivo.

Sor Juana no se contenta con decirnos solamente que el cuerpo está con sus sentidos suspendidos y "muerto a la vida," sino que va a darnos toda una relación poético-fisiológica de esta "no intervención" de los órganos principales del cuerpo humano en la aventura del sueño; pasa del corazón al pulmón, y de ahí al estómago, hasta llegar al cerebro, único participante activo que, habiendo guardado por medio de la memoria las imágenes recogidas durante el día, dará a la fantasía campo de acción. Notemos que el último verso, "muerto a la vida y a la muerte vivo," expresa perfectamente esa ambigüedad que da origen al círculo sueño-muerte-vida.

La tercera parte de la estructura de que hemos hablado la resume el último verso del poema; como en otros de los pasajes vistos, el sol lo ilumina todo y llama de nuevo a la vida (vv. 974-975):

> . . . quedando a luz más cierta
> el mundo iluminado, y yo despierta.

Sin embargo, este sueño de Sor Juana es más que un rendirse

al descanso diario, y es más que sueño imagen de la muerte, ante
la cual todos somos iguales; es también un sueño soñado en otro
sueño, como nos lo dice José Gaos en su trabajo "El sueño de un
sueño."[29] Ese sueño que soñamos, puesto que es realización de
nuestro deseo íntimo, es presentado como la esencia de nuestra vida,
como nuestra vida misma. Así como hemos visto esos sueños de
amor, por medio de los cuales se alcanzaba lo que la realidad negaba,
este sueño de Sor Juana es materialización de su ansia de saber,
que ni aun en sueños puede alcanzarse; expresión honda de su
fuerza vital, no es ni sueño amoroso ni místico, sino, como se ha
dicho, un sueño "intelectual." Puede decirse con respecto al sueño
lo que dice Octavio Paz al referirse a la noche: "La noche de
Sor Juana no es la noche carnal de los amantes, ni la de los
místicos."[30] E incluso encontramos en el *Sueño* el aspecto magis-
terial del que hemos hablado. Vimos que el sueño, como imagen
de la muerte, transitorio y fugaz, debe prepararnos para bien
morir. La lección que se desprende del sueño de Sor Juana es
distinta: el sueño, transitorio y fugaz, imagen de la vida, debe
prepararnos para bien vivir, aceptando esa realidad en la cual no
podemos conseguir la aspiración máxima del saber, y poniendo en
el solo intento todo el valor del acto en sí. Durante el sueño, como
en la vida, el hombre es incapaz de comprender, de captar el universo; pero sólo el intentarlo nos salva. La figura mitológica que
simboliza en el *Sueño* este acto incansable y repetitivo, tomada como
modelo, es Faetón.

Sor Juana Inés de la Cruz ha resumido las ideas que se desprendían
del tema del sueño, tal como se había utilizado antes de ella, y las
lleva a sus últimas consecuencias, y aun más allá. Pensemos en la
identificación del sueño con la vida real, hecho materia poética, de
Nerval; en las reflexiones del vivir humano, de Unamuno ("¿Es
que todo esto no es más que un sueño soñado dentro de otro
sueño?"); en la importancia que da el existencialismo al "intento"
como explicación de nuestra vida. Nos damos cuenta ahora del
paso gigantesco dado por Sor Juana hacia nuestro propio tiempo.

Western Maryland College

[29] José Gaos, "El sueño de un sueño," *Historia Mexicana*, X (1960-61), 54-71.
[30] Octavio Paz, "Homenaje a Sor Juana Inés de la Cruz," *Sur* (Buenos Aires),
No. 206 (diciembre de 1951), pp. 29-40.

THE BURLESQUE SONNETS OF
SOR JUANA INÉS DE LA CRUZ*

In his controversial psychoanalytic study of Sor Juana Inés de la Cruz, Ludwig Pfandl offers her five burlesque sonnets as proof that the Mexican nun suffered from a chronic mental disorder, because of which she sometimes slipped into an abnormal and indecent deficiency of sensibility and taste. Says Pfandl:

> Por último podemos también aquí mencionar esos cinco malos sonetos que los biógrafos de nuestra monja no saben precisamente cómo justificar y declarar inofensivos y tampoco saben cómo ponerlos en consonancia con el elevado estado intelectual de la Décima Musa. . . . Nosotros . .
> consideramos que los cinco malcriados íncubos son productos de la Juana ya madura y monacal, pues sabemos cómo renovaba y resbalaba reiteradamente hacia un anormal estado de sensibilidad.[1]

Pfandl's observations neatly summarize the general critical posture with regard to the burlesque sonnets: they have long been both a source of perplexity for critics and an object of direct or indirect censure. Their rather frivolous, discordant rhymes have not been to everyone's taste, and their presentation of a picaresque sort of love (unrefined, even bawdy), along with the occasional indelicate word or reference, have struck a number of modern critics as incongruous and inappropriate, especially considering Sor Juana's sex and religious calling.[2]

A quick description of the form and content of the burlesque sonnets will help to explain why, as Pfandl correctly noted, critics have been hard-pressed to explain their presence within Sor Juana's oeuvre. All five are written in forced consonantal rhyme, and use farcical, sometimes coarse, language to describe aspects of love among the lower classes. The characteristic rhymed consonant of the first sonnet, «Inés, cuando te riñen por bellaca . . . ,» is /c/; the person addressed, perhaps by her suitor, is Inés, who is scolded for her loquacity in terms which do not exclude the scatologic. The second sonnet, «Aunque eres, Teresilla, tan *muchacha* . . . ,» has a characteristic *ch* in its rhyme scheme, and deals with the deceitful Teresilla and her

369

cuckolded husband Camacho. The only peculiarities in rhyme of the third sonnet, «Inés, y con tu amor me refocilo . . . ,» are the use of the prefix *re* in the rhymed words of the first quatrain and the first tercet, and the final *o* of all the lines. In this poem, an Inés is again addressed, this time by a suitor who describes his reactions to her fickle, and sometimes violent, moods. The consonant *f* is characteristic of the rhyme scheme in the fourth sonnet, «Vaya con Dios, Beatriz, el ser *estafa* . . . ,» in which a Beatriz receives the complaints of her *rufo*, who accuses her of being deceitful and unfaithful. In the last sonnet, «Aunque presumes, Nise, que soy *tosco* . . . ,» the characteristic rhyme is *-sco*. In this poem, a Nise is assured by the man in her life that he is not deceived by the traps she sets for him.

Where critics have gone wrong is to divorce these sonnets from the literary context which makes them intelligible: the courtly love tradition, in both its serious and burlesque forms. When examining this tradition, a convenient place to start is with Guillaume IX of Aquitaine, generally acknowledged as the first troubadour, at least the first whose works are extant. Guillaume's lyric manifests many of the refined notions of courtly love whose echoes are heard in the Baroque age of Sor Juana, yet in his songs on *con*, for example, Guillaume treats the most earthy aspects of physical love in a broad and bawdy fashion. But the presence of the exalted and the base is not schizophrenic in Guillaume, any more than it is in Rabelais or Quevedo, or for that matter, Sor Juana.[3] Rather, high and low treatments of love coexist as parallel and connecting modes, in constant dialogue with each other. Refined courtly love depends upon its burlesque counterpart; its elegant attitudes need to be somehow grounded in baser reality so as not to become empty posturing. Similarly, burlesque views of love depend on their refined counterpart for their humor and surprise; only as thematic and linguistic deformations of an ideal are they ingenious, and therefore amusing.[4]

This element of dialogue, a dialogue of texts, of voices and attitudes, to which the attentive reader is sensitive, is important in Sor Juana as well. Her burlesque sonnets do indeed stand in contrast to her sublime amorous lyric, a contrast whose intention is to surprise and delight. Pfandl is of course correct when he suggests that these poems cannot be put «in consonance» with Sor Juana's more elevated moments; his mistake is to view the dissonance of the burlesque sonnets in ethical and psychological terms rather than in terms of an evolving tradition.

The third sonnet is a good example of how burlesque love poems can best be appreciated as a deformation of the ideal courtly love lyric. It reads:

Inés, yo con tu amor me *refocilo*
y viéndome querer me *regodeo*;
en mirar tu hermosura me *recreo*,
y cuando estás celosa me *reguilo*.

> Si a otro miras, de celos me *aniquilo*
> y tiemblo de tu gracia y tu *meneo*;
> porque sé, Inés, que tú con un *voleo*
> no dejarás humor ni aun para *quilo*.
> Cuando estás enojada no *resuello*,
> cuando me das picones me *refino*,
> cuando sales de casa no *reposo*;
> y espero, Inés, que entre esto y entre *aquello*,
> tu amor, acompañado de mi *vino*,
> dé conmigo en la cama o en el *coso*.[6]

The sonnet is essentially a lover's lament, but this lover is not a courtier, and the object of his affections is no lady.

As in serious courtly love poetry, the beloved enjoys a superior position relative to her suitor, who rejoices in any sign of affection or attention on her part. And as in courtly love connection, the beauty of the lady, which the lover contemplates with delight, is the source of love. The beginning of the poem, then, presents a perfectly traditional situation: the lover rejoices in his lady's beauty and attentions. But the serious tone of this beginning is undermined by the discordant forced consonants of the quatrain; the last word of each line, the key verb which expresses the lover's emotions, begins with the prefix *re-*, a prefix which suggests repetition and intensification. Each of these verbs is also reflexive, preceded by the pronoun *me*. The repetition of these verbs («me refocilo,» «me regodeo,» «me recreo») vulgarizes the essential message, suggesting emotions that are more self-indulgent than courteous.

The lover goes on to treat the theme of jealousy; he is devastated when his beloved looks at another, and trembles when she herself is jealous. The lover's trembling recalls that of the ideal courtly lover, who manifests symptoms of love illness (*hereos*).[7] However, this lover trembles, not because of his extreme humility, not because his worship of the lady leads him to fear her slightest sign of displeasure, but rather, as it turns out, because of her habit of walloping her man when provoked. The ideal courtier's *heroes*, caused by the alteration of humors in his lady's presence, is thus parodied by the lower-class lover, the *rufián*, whose nervous trembling is a result of the fear of physical violence: «tú con un voleo / no dejarás humor ni aun para *quilo*.»

The first tercet of the sonnet returns to the use of words beginning with *re-*, and each line recalls a traditional courtly love theme. In the first line, the lover notes how he does not dare to breathe when Inés is angry. This corresponds to both a symptom of *hereos* (the «impedido aliento» found elsewhere in Sor Juana's verse) and the theme of the silent adorer, the *fenhedor* of courtly love lyric.[8] But here Sor Juana's lexical choice, the verb *re-*

sollar, colors the concept with a more vulgar shade of meaning: it recalls the noisy respiration of animals as well as the familiar meaning of «breathing a word,» speaking up. The next line echoes the courtly theme of the refining effect of love; the lover's courteous service is a source of virtue, a process of self-improvement through the exercise of humility, devotion, and self-discipline. But this lover's service is of a more prosaic nature; it is Inés' hen-pecking that keeps him in line. The last line recalls the courtly theme of the wakeful lover, Petrarch for example, whose lonely bed is his *duro campo di battaglia.* But in Sor Juana's sonnet, the lover's sleeplessness is not a result of unrequited passion; it is a more practical kind of vigilance, directed towards Inés' activities outside the house.

The sonnet ends with an expression of hope or expectation; this corresponds to the courtly lover's role of *precador,* or beseecher.[9] But the *guerdón* that this lover anticipates is ambiguous: He expects that Inés' love will land him in bed or out on the street. If bed is his fate, he will either have won the object of his heart's desire, or else he will be convalescing. If the street is his fate, he will either have been dismissed by his disdainful lady, or else he will have joined her in some mutually profitable enterprise.[10]

The fifth burlesque sonnet by Sor Juana also constitutes a humorous deformation of courtly love commonplaces. It reads:

> Aunque presumes, Nise, que soy *tosco*
> y que, cual palomilla, me *chamusco,*
> yo te aseguro que tu luz no *busco*
> porque ya tus engaños *reconozco.*
>
> Y así, aunque en tus enredos más me *embosco,*
> muy poco viene a ser lo que me *ofusco,*
> porque si en el color soy algo *fusco,*
> soy en la condición mucho más *hosco.*
>
> Lo que es de tus picones, no me *rasco*;
> antes estoy con ellos ya tan *fresco*
> que te puedo servir de helar un *frasco*:
>
> que a darte nieve sólo me *enternezco*;
> y así, Nise, no pienses darme *chasco,*
> porque yo sé muy bien lo que me *pesco.* (p. 636)

As with so many poems in the courtly love mode, this sonnet hinges upon the antithetical contrast of images and metaphors of heat and cold, light and darkness. But the lover who speaks in this poem uses these antitheses to systematically deny similarity between himself and the traditional courtier.

The first quatrain constitutes a reworking of one of the oldest and most common metaphors of courtly love verse: the lover as a moth attracted to the flame. The standard metaphor is well suited to the commonplaces of courtly love sentiment: just as the moth flits about the flame, unable to approach and unable to depart, so is the courtly lover trapped in a perpetual state of longing, of frustrated desire, of «have-and-have-not»; the moth's attraction is ultimately fatal, just as the lover's passion is self-destructive. [11] Poets traditionally noted the madness of the moth in its attraction to flame (in the words of the troubadour Floquet de Marseille, «parpaillos qu'a tant folla natura»), as well as its artless, ingenuous nature (Petrarch's «semplicetta far alla,» Herrera's «simple mariposa»), and its literal and figurative blindness (in Góngora's words, «Mariposa, no sólo no cobarde, mas temeraria, fatalmente ciega»). [12]

In Sor Juana's sonnet, all of these commonplaces are alluded to, but with a difference: the lover who speaks denies the relevance of the traditional metaphor; his is not the classic situation. He is not stupid («tosco») despite what Nise may think. He is not blinded with passion, but rather, exceedingly clear of eye: he sees Nise for what she is without seeking her «light»: «tu luz no busco,» «tus engaños reconozco.» In short, he is no butterfly, and no dreamy courtly lover; his love is lucid and self-interested, and he is not be its victim.

The second quatrain continues to contrast images of light and darkness. The lover, however deeply involved he may be with Nise, and even entangled in her deceitful plots, denies being confused («ofuscado»); his skin color may be dark («fusco») but his disposition is even darker («más hosco»). These lines recall many of Petrarch's which contrast the lover's dark and depressed state with Laura's bright and serene nature: «Che'l nostro stato è inquieto a fosco, / Sí come'l suo pacifico e sereno.» [13] But such sentiments are corrupted in Sor Juana's sonnet; the lover who speaks is not only dark of disposition, but also of skin color. He is probably a mulatto or mestizo, that is to say, of the lower classes. Thus, a kind of racial joke is used to parody the traditional courtly lover's spiritual darkness and despair.

In the tercets, the contrast of light and darkness gives way to the contrast of heat and cold, in antithetical image that recall qenerations of European love lyric. But here again, the classic situation is reversed: the lover is cool and collected, not burning with passion. He is the one whose heart is cold, who offers his snowy disdain to the lady. The poem ends on a defiant note: the lover knows what he is about, and is not to be trifled with.

This affirmation of control over the amorous relationship on the part of the suitor is a direct negation of courtly lover sentiment, and of the traditional roles of courtly lovers. Nise is warned not to play the cruel mistress, for her man is not the courtier of love lyric, and has no intention of being dominated. He is clever, self-possessed, keen of visions; even his skin color is a denial of resemblance to the poetic ideal. This denial of resemblance is carried out in the poem on the rhetorical level: standard comparisons are employed, but vulgarized or trivialized so as to stand the conventions of love lyric on their ear. The difference is obvious if one juxtaposes Petrarch's «stato fusco» with the «color fusco» of the lover in Sor Juana's sonnet, or if on one compares the standard expression of amorous disorientation, the «camino errado» of so many courtly love poets, ·with this lover's colorful and impudent expression of self-assurance: «yo sé muy bien lo que me pesco.»[14]

As the preceding analysis has suggested, it is the final word of each line which gives the five burlesque sonnets their farcical tone. Aside from the peculiar consonantal rhymes which they possess, these words are unique in their general semantic, morphological, and acoustic properties. Among them one finds examples of onomatopoeia (*triquitraque, chasco*), of *germanía* and colloquialisms (*mequetrefe, cuca,* and so on), of popular variants of words (*ducho,* rather than *docto*), and of *poliptoton* (*ofusco, fusco, hosco*). In addition, the first sonnet includes one common scatological word (*caca*), and the fourth sonnet concludes with a line that mimics the laughter of which the *rufián* will be the object («afa, ufo, afe, ofe . . .») and ends by naming the characteristic consonant of the sonnet, *efe.* In short, these final words are deliberately and self-consciously anti-poetic, if by «poetic» we mean mellifluous, idealized, euphemistic, and erudite. They are the direct antithesis of «poetic» language, just as the plebeian lovers who are referred to are, in their actions and emotions, the antithesis of the prototypical lovers of courtly tradition.

Antipoetic too, by traditional standards, is the consonantal rhyme of these sonnets, the insistent repetition of sound which is percussive but not musical. The result is a kind of vertical alliteration, read or heard downward from line to line, not the linear, mimetic alliteration of traditional verse. This alliteration is used in a playful, nonfunctional way; the forced consonants are, to borrow Severo Sarduy's words, a «divertimiento fonético,» an intratextual operation which invites an unorthodox, nonlinear reading, and which, like the anagram and so many other «curiosities of Baroque verse,» is ultimately self-referential.[15] If there is a correspondence, a harmony of sound and sense in these poems, then it is a cacophonous harmony; the acoustic discord of the final words reminds the reader of the general nature of the sonnets: their deliberate corruption of courtly love ideology, their lexical deviation from conventional poetic language, in short, their carefully contrived dissonance with regard to traditional amorous lyric.[16]

The burlesque sonnets, then, can be regarded as poems of contrived dissonance. The reader can attune his ear to the acoustic and intertextual dissonances of the poems, but what about the elements of contrivance? How can one explain the sonnets' systematic rhetorical and thematic upending of the courtly love tradition? They are obviously meant as humorous pieces; one must assume that their buffoonish humor was more engaging in the seventeenth century than in our own. And certainly the ingeniousness of the metrical tricks performed must have appealed to the Baroque Age's love of wit. Yet even allowing for differences in taste and humor between Sor Juana's century and our own, one cannot help but sense a certain ponderous quality in these sonnets; without judging them ethically or censuring them aesthetically, one can still recognize that they are something of a vulgar stunt. When read within a literary tradition, and especially when juxtaposed with serious treatments of courtly love, they are more then comical and clever: they are somewhat aggressive, even subversive. The trivaility of the situations presented does not change the fact that these sonnets turn back on the tradition in a critical way; this is cumbersome parody, but with a pointed tip.

Sor Juana's burlesque sonnets refer constantly to a poetic tradition, and ultimately, to themselves. This circular referentiality makes determining the fundamental sense and purpose of these poems a difficult task. But the task can be made practicable by stepping briefly outside the circle, by looking to another writer and another text as points of comparison. The humorously parodic nature of the burlesque sonnets, their metaliterary consciousness, their constant reference to an established literary genre, are all reminiscent of similar tendencies in the *Quixote*. Cervantes and Sor Juana share, among other things, a keen awareness of the permutations that can be realized by the writer who works with topoi that are over-familiar, time-worn. The *Quixote* offers a wealth of comparative possibilities, but one episode in particular, that of Don Quixote's penitence in the Sierra Morena, can serve as a virtual simulacrum for the feats performed by Sor Juana in the burlesque sonnets.

As the reader of the *Quixote* will remember, in part I of the novel the hero sends his squire on a mission: Sancho must ride to Dulcinea and communicate his master's love to her. During Sancho's absence, Don Quixote proposes to imitate the mad fury of Orlando and Amadís, two of his principal models in knight-errantry. The purpose of Don Quixote's imitation will be to prove his love for Dulcinea, to give, in his words, «testimonio y señal de la pena que mi asendereado corazón padece.»[17] To this end, it is necessary that Sancho be his medium; he must observe some of Don Quixote's actions before leaving and report them to Dulcinea: «'Por lo menos, quiero, Sancho . . . que me veas en cueros, y hacer una o dos docenas de locuras, . . . porque habiéndolas tú visto por tus propios ojos, puedas jurar a tu salvo en las demás que quisieres añadir . . .'» (pp. 138-139).

Sancho immediately begins to suspect what Don Quixote never does, namely that such actions will not make sense out of their conventional context. He notes that, while the chivalric heroes had sufficient cause to lose their sanity, Don Quixote's «madness» will be unprovoked. His master's answer is too pragmatic, too well reasoned, and is a reminder of the totally contrived nature of his enterprise: «'Ahí está el punto . . . , y ésa es la fineza de mi negocio; que volverse loco un caballero andante con causa, ni grado ni gracias: el toque está en desatinar sin ocasión y dar a entender a mi dama que si en seco hago esto, ¿qué hiciera en mojado?'» (p. 133). Don Quixote's purpose is too obviously rhetorical; he hopes to physically enact the figures and topoi of amorous convention in order to *convince* Dulcinea that he indeed is in love. As most often is the case in the novel, Don Quixote's real madness lies in his inability to recognize what Cervantes makes refreshingly clear to the reader: that literary conventions make sense only on a literary plane, that they cannot be translated into action without becoming absurd.

Sancho, again, realizes that his *amo* is embarked upon an enterprise doomed to failure. When Don Quixote mentions that he proposes to smash his head against the rocks as part of his amorous derangement, Sancho advises: «Por amor de Dios . . . , que mire vuestra merced cómo se da esas calabazadas: que a tal peña podrá llegar, y en tal punto, que con la primera se acabase la máquina desta penitencia. Y sería yo de parecer que . . . se contentase . . . con dárselas en el agua, o en alguna cosa blanda, como algodón» (p. 135). Sancho's premonitions turn out to be valid ones: Don Quixote's mad fury is never quite realized in action. His descriptions to Sancho of his proposed derangement are most of what constitutes his imitatio. Beyond that, all he does is to half undress, and, just as Sancho embarks upon his mission, stand upon his head, «descubriendo cosas, que, por no verlas otra vez, volvió Sancho la rienda a Rocinante, y se dió por contento y satisfecho de que podía jurar que su amo quedaba loco» (p. 140). Once Sancho is gone, Don Quixote decides, in a wave of pragmatism, to imitate the gentle penitence of Amadís rather than the violent variety of Orlando. Mostly he wanders and prays the rosary, and occasionally carves a love poem on a tree or traces one in the sand, since without a witness, a reader of his actions, and without the powers of linguistic figuration, his crazed actions are meaningless, merely absurd.

Within the story of Don Quixote's adventures, his penitence in the Sierra Morena is a dismal failure. His attempts to physically enact the figures of literary convention are impossible; the message he endeavors to send to Dulcinea never arrives, and even his medium, Sancho, does not understand the spirit in which his penitence is intended, even if he understands its concrete implications only too well. But the episode of Don Quixote's penitence is remarkably successful novelistically. The artificiality of Don Quixote's stunts effectively turns the convention upside down, and reveals the ridiculousness of the original literary theme. Don Quixote's imitation of his literary heroes' penitence may be a disaster for Don Quixote, but it is something of a novelistic coup for Cervantes; the episode is utterly successful as a parody of hyperbolic declarations of love.

Somewhat the same thing can be said for Sor Juana's burlesque sonnets. As love poetry, they are a deliberately garish failure, a grotesque inversion both of courtly love sentiment and of love poetry's euphonic metrics. A parallel can be drawn between Don Quixote's contrived poses and Sor Juana's contrived verses; in both cases, the trick is pre-announced. The consonants in the burlesque sonnets are indeed «forced» upon the reader; each line seems to be contrived so as to produce the prearranged word, which strikes the ear with its gratuitous discord. As with Don Quixote's physical displays of madness, the metrical trick performed comes across as too premeditated, too heavy-handed.

But as parody the sonnets are very effective. By presenting a farcical lower-class version of the idealized love of courtly tradition, the sonnets, like Don Quixote's penitence, demonstrate how the themes and tropes of a given literary mode are untranslatable from their conventional context; the parodic deformation of the convention, in turn, reveals the latter's artificial and arbitrary nature. If the trick performed is absurd, so are the original literary commonplaces which it apes. On this plane, the intrusive metrical design of the sonnets serve to complement their parodic mission: the percussive noise heard at the end of each line, in the repetition of the forced consonants, is really the sound of literary clichés being exploded, clichés which, too, have long been forced upon the reader.

It is this rather violent final image of the burlesque sonnets that perhaps best captures their essense and importance. These poems struggle to deal with a decadent and stifling courtly love mode, a mode which, in the seventeenth century, could be reworked or debunked but never sidestepped or merely ignored. But Sor Juana's struggle was carried forth without the eminently convenient persona of Don Quixote, who, living in a twilight world between literature and physical reality, could slip back and forth between the two, and thereby act out the fancies of Cervantes' sophisticated metaliterary consciousness. Without this mediating figure, Sor Juana's gymnastics are confined to the rhetorical plane, but as Pfandl and others have sensed without understanding, the trick performed in the burlesque sonnets is not just a brief, frivolous, somewhat scandalous cartwheel; it is also an aggressive and revealing one. As the sonnets turn literary convention upside down, they uncover a defiant and irreverent attitude with regard to tradition, an assertion of authorial will, a celebration of the generative power of the artist.

Colgate University   Frederick Luciani

NOTES

*An earlier version of this paper was presented at a conference entitled «Baroque and Neo-

Baroque: A Reappraisal,» held at Yale University on April 23 and 24, 1982, and co-sponsored by the National Endowment for the Humanities and the Yale Council on Latin American Studies. I wish to thank Professor Roberto González Echevarría for the invitation to participate.

[1]   *Sor Juana Inés de la Cruz, la décima musa de México: Su vida, su poesía, su psique,* trans. Juan Antonio Ortega y Medina (México: U.N.A.M., Instituto de Investigaciones Estéticas, 1963), p. 175.

[2]   The critical treatment of these sonnets by some eminent *sorjuanistas* is worthy of note. Pfandl, as has been noted, dismisses them as products and symptoms of mental illness. Anita Arroyo, in her *Razón y pasión de Sor Juana Inés de la Cruz* (México: Porrúa y Obregón, 1952), refuses to consider them at all in the section that deals with satire. Abreu-Gómez, in his *Sor Juana Inés de la Cruz: Bibliografía y biblioteca* (México: Secretaría de Relaciones Exteriores, 1934), endeavors to attribute them to Sor Juana's secular years, despite evidence that suggests that they may have been written in the later years of her life (p. 207). A much more reasonable approach to these sonnets is that of Octavio Paz in *Sor Juana Inés de la Cruz o las trampas de la fe* (México: Fondo de Cultura Económica, 1982). Not one to be scandalized that such verse could be written by a nun, Paz correctly sees in this «otro ejemplo de la conjunción de los opuestos que amó en época» (p. 401). He also takes Alfonso Méndez Plancarte to task for insisting, like Abreu-Gómez, that these sonnets could not have been written during Sor Juana's conventual years.

[3]   The case of Sor Juana's New World contemporary, Juan del Valle y Caviedes, is worthy of comparison. One finds, alongside his devout religious verse, satire of the most virulent and obscene kind. The inability of some modern readers to reconcile these disparate tendencies (which, available evidence suggests, were not irreconcilable for seventeenth-century readers) has led to some unfortunante editorial decisions, such as that which expurgated some of Caviedes' more raucous verse from an otherwise quite complete modern edition of his *Obras,* ed. Rubén Vargas Ugarte (Lima: Clásicos Peruanos, 1947).

[4]   See L.T. Topsfield, «The Burlesque Poetry of Guilhem IX of Aquitaine,» *Neuphilologische Mitteilungen,* 69 (1968), 280-302.

[5]   See Frederick Goldin's introduction to Guillaume's poetry in his edition of *Lyrics of the Troubadours and Trovères* (Garden City, N.Y.: Anchor Books, 1973), pp. 11-13.

[6]   In *Obras selectas,* ed. Georgina Sabàt de Rivers and Elias L. Rivers (Barcelona: Editorial Noguer, 1976), p. 635. Subsequent quotations from Sor Juana's work are from this edition.

[7]   See John L. Lowes, «The Loveres Maladye of Hereos,» *Modern Philology,* 11 (1913-1914), 491-546.

[8]   The scholar who has most thoroughly applied the concept of courtly love to Spanish literature is Otis H. Green. I follow his definition and examples of the *fenhedor* is his *Spain and the Western Tradition* (Madison: The University of Wisconsin Press, 1963), I, p. 100.

[9]   See Green, I, pp. 143, 177, 195-96.

[10]   An alternative definition of *coso* is «bullring,» in which case the meaning is perhaps that Inés' philandering will turn the lover into a cuckold, a *cornudo.*

[11] See Green, I, pp. 74-75.

[12] The complete poems are found in: *La troubadour Folquet de Marseille*, ed. Stanislaw Stronski (1910; rpt. Genève: Slatkine Reprints, 1968, pp. 52-55; Petrarch, *Sonnets and Songs*, trans. Anna Maria Armi (1946: rpt. New York: Grosset and Dunlap, 1968), p. 230; Fernando de Herrera, *Obra poética*, ed. José Manuel Blecua (Madrid: Aguirre, 1975), I, p. 301; Góngora, *Sonetos completos*, ed. Biruté Ciplijauskaité, 3rd ed. (Madrid: Clásicos Castalia, 1978), p. 244.

[13] *Sonnets and Songs*, p. 244.

[14] The theme of the «errant path» is amply represented in Golden Age verse, and perhaps derives from Petrarch's sonnet «Quand'io mi volgo in dietro a mirar gli anni . . . .» Garcilaso de la Vega's sonnet «Cuando me paro a contemplar mi 'stado . . .» is one of the most famous Spanish treatments of the theme, which is also found in Gutierre de Cetina, Lope de Vega, and Quevedo. Sor Juana takes up the theme in her sonnet «¿Vesme, Alcino, que atada a la cadena . . .?» (*Obras selectas*, pp. 641-42).

[15] Severo Sarduy, «El barroco y el neobarroco,» in *América Latina en su literatura*, ed. César Fernández Moreno (México: UNESCO, Siglo Veintiuno Editores, 1972), p. 179. For examples of «some curiosities of Baroque verse,» see the chapter with that title in Irving A. Leonard's *Baroque Times in Old Mexico: Seventeenth-Century Persons, Places, and Practices* (Ann Arbor: University of Michigan Press, 1959).

[16] The forced consonants, while an example of the metrical tricks so popular in Baroque poetry, nonetheless recall some much older metric forms, such as the *sestina*, popular among the troubadours and the Italians. The *sestina* rhymes the same six final words in each strophe, but each time in a different order. While definitely a trick requiring some cleverness and skill, *sestinas* often achieve a hypnotic, lyrical quality that is very much their own. But examples of a more corrosive use of alliteration are not absent among the troubadours. Peire Cardenal, for example, uses a kind of chaotic alliteration in a poem which rejects the ideology of courtly love; acoustic dissonance thus echoes a philosophical dissonance with regard to poetic tradition. Some sample lines are:

> Pauc pres prim prec de pregador,
> can cre qu'il, cuy quer convertir,
> vir vas vil voler sa valor,
> don dreitz deu dar dan al partir.

In *Lyrics of the Troubadours and Trouvères*, p. 288.

[17] Cervantes, *El ingenioso hidalgo don Quixote de la Mancha*, décima sexta edición (México: Editorial Porrúa, 1974), p. 134. Subsequent quotations from the *Quixote* are from this edition and are identified in the text by the apropriate page number.

BHS, LXIV (1987)

Juan del Valle y Caviedes:
El Amor médico

FREDERICK LUCIANI

Colgate University, Hamilton, NY

It is generally assumed that the *Diente del Parnaso* by Juan del Valle y Caviedes (1651?– 1697?), a collection of poems satirizing the medical profession in colonial Lima, has a primarily biographical basis.[1] The evidence is persuasive: in the preliminary passage of the book, dedicated to 'la Muerte, emperatriz de médicos', Caviedes describes himself as 'un enfermo que milagrosamente escapó de los errores de los médicos';[2] among the surviving documents pertaining to Caviedes' life is a last will and testament of 1683, that is, drawn up some fourteen years before the poet's demise, whose content reveals that Caviedes at that time thought himself near death;[3] in addition, the doctors inveighed against in the *Diente del Parnaso* are known to be historical personages, and their individual characters are carefully drawn (and quartered) by the poet.[4]

The other generally-held notion about Caviedes is that he is a Peruvian disciple of Quevedo, indeed, the 'Quevedo of America', a title which is somewhat diminishing for all its encomiastic intent.[5] While it is true that Caviedes shares Quevedo's mordant and pornographic wit, lifts lines from Quevedo's verse, and occasionally drops Quevedo's name, it is also true that, at least with regard to his attitude toward the medical profession, Caviedes situates himself within a 2300-year-old tradition: we can take as rough chronological guide-posts the prophet Isaiah and Calderón de la Barca, whom Caviedes mentions as satirical soulmates along with Socrates, Cicero, St Augustine, Alfonso X 'el Sabio', Erasmus, Cervantes, and others.[6] To this list we can add some of Caviedes' international contemporaries: his near-voyeuristic preoccupation with disease recalls the Daniel Defoe of *A Journal of the Plague Year*; his radiant humour is at times very close to that of Molière; his systematic irony and vision of a world gone mad parallel Jonathan Swift's 'Digression Concerning Madness' from *A Tale of a Tub*. In his conceptual wit, Baroque naturalism, and satirical pungency, Caviedes is very much a man of his age.

But study of biography and influence cannot give the full measure of the body of Caviedes' work, in part because of the paucity of documents pertaining to the poet: correspondence, contemporary appraisals, and so on. Such approaches also fail to capture the inner resonances of Caviedes' work, the patterns of themes and tropes which make poetry out of invective and help to distinguish a unique poetic figure from a background of literary archetypes. To this end, we shall examine Caviedes' *El Amor médico*, a *baile*, that is, an interlude with music and dance, which, with its companion pieces, *El Amor alcalde* and *El Amor tahur*, comprises the sum of Caviedes' extant theatre.[7] *El Amor médico* is entirely devoid of the personal and specialized satire that characterizes most of Caviedes' work. Thus free of a specific context, this interlude makes general connections which are illustrative of Caviedes' poetic enterprise as a whole.

The content of the *baile* can be summarized easily. The characters, all of whom speak in a densely *conceptista* style which wavers between subtlety of thought and utter nonsense, are Cupid, in the guise of a doctor, and five lovesick *enfermos*. Amor (singing and dancing, it is understood) calls in his patients, saying 'Venga quien / queriendo, quisiere / dejar de querer' (Vargas Ugarte, 326). Each patient enters individually and declares his ailment: number 1 suffers the chilling and burning effects of his beloved's disdain; number 2, racked with jealousy, is the victim of his own imagination; number 3 is torn between his amorous suffering and the pleasure he derives from it; number 4 is blind with love as a result of having seen the object of his affections; number 5 suffers from an ineffable malady. Doctor Love prescribes to each the appropriate remedy, in each case a linguistic resolution of a conceptual ailment, expressed in paradox, oxymoron, or nonsense verse. He concludes by saying:

> A el amor nadie le entiende
> porque su cautela es
> no ser de nadie entendido
> para dar más que entender. (Vargas Ugarte, 330)

As if to confirm the basic absurdity of Cupid's prescriptions, the five *enfermos* end the *baile* with alternating voices expressing the contradictory properties of love.

The genre to which *El Amor médico* belongs is a specialized form of interlude. It is an example of the 'bailes llamados de *oficios*, en que el *gracioso* o la *graciosa*, suponiéndose maestros en tal o cual profesión, iban recibiendo la visita de los necesitados de su arte, y cantando y bailando entretenían la curiosidad del público'.[8] But the general theme of Caviedes' interlude is also linked with several much broader traditions. The first is the literary prescription for the remedy of love; the principal classical antecedent is, of course, Ovid's *Remedia Amoris*, a kind of unwriting of his *Ars Amatoria*. In this sequel, Ovid, in the role of doctor, recommends everything from fresh air and exercise to sexual over-indulgence as cures for that annoying ailment, amorous passion. This pattern of first composing a primer of love and then systematically disarticulating it has a medieval reprise in Andreas Capellanus' *De reprobatione amoris*, which condemns the courtly love theory of his own *De amore*, and is a source of the Arcipreste de Talavera's *El Corbacho*. The pattern also has a lyrical analogue in the poetry of numerous troubadours who, after recounting the vicissitudes of their amorous passion, append a palinode, a renunciation of their sinful ways. In Spanish letters, a famous example of such a palinode would be Juan Boscán's *Conversión*. *La Celestina* is another variation on this pattern; the Spanish bawd both induces the love-sickness of Calixto and Melibea and effectively cures it, temporarily by arranging their rendezvous, permanently by occasioning their death. Many lines of courtly love verse echo the notion that death is the ultimate medicine of love.[9]

Not unrelated to this tradition is another, from which Caviedes' interlude, as a *baile*, must in part derive: the representation of the dance of madmen, fools, and lovers in medieval and Renaissance painting and literature. Some examples are Bosch's *Garden of Earthly Delights*, Breughel's *Peasant Dance*, the last part of Erasmus' *Moriae Encomium*, in which representatives from various professions partake in a great dance of folly, and, of course, Quevedo's *Sueños*. The dance of love and the remedy of love are linked in Chaucer's 'General Prologue' to the *Canterbury Tales*. Of the Wife of Bath he says, 'Of remedies of love she knew parchaunce, / For she coude of that art the olde daunce'.[10]

The several traditions that converge in *El Amor médico* furnish a repertory company of madmen, lovers, doctors, the love-sick, go-betweens, cupids and poets, who might seem, at first, to be chaotically jumbled in Caviedes' *baile*. But this is not the case: Caviedes' world view is not apocalyptic. His characters do not partake in a *danse macabre*, but rather, in a conceptual minuet which runs amuck in a most calculated way. Caviedes' satire is controlled and internally cohesive; this can be proved by demonstrating how the stock characters—lovers, doctors, and so on—are systematically connected in the *baile* and throughout Caviedes' work.

The first triangular connection that can be made is that of the poet, the lover, and the sick man or madman. Each side of the triangle merits individual attention, beginning with the lover as *enfermo*. The physical symptoms of *hereos*, love-illness, are well known to readers of medieval and Renaissance literature: pallor of skin, shortness of breath, insomnia, loss of appetite, feverish spells of freezing and burning, fits of sighing and weeping, and so on.[11] These are the afflictions of Ovid's lover in the *Amores*, of Dante in the *Vita Nuova*, of Calixto in the *Celestina*, and of countless courtly love poets. The origin of *hereos* is the theory of the humours developed by the ancients; love is regarded as a humoural alteration with both physical and behavioural effects. Often observed among the latter is the propensity of the lovesick to try their hand at the composition of verse. Robert Burton, in his *Anatomy of Melancholy* (1621), notes: 'But above all the other symptoms of lovers, this is not lightly to be overpassed, that likely of what condition soever, if once they be in love, they turn to their ability, rhymers, ballet-makers, and poets'.[12] This brings us to the second side of our triangle, whose vertices are the lover and the poet.

In Plato's *Symposium*, one of Socrates' interlocutors, Agathon, observes that 'anyone whom Love touches becomes a poet, "although a stranger to the Muse before" '.[13] Reading through the poetry of the courtly love tradition suggests that Agathon's terms can be shuffled: anyone whom *poetry* touches becomes a *lover*, although a stranger to *Venus* before. To be a lyric poet from the twelfth through the seventeenth centuries was, necessarily, to be a lover, and one of a conventional and well-defined cast. As Maurice Valency notes:

> The dictates of love came out of the rhetoric book to an extent which is all but incomprehensible in an age which has been conditioned by the romantic attitudes of the nineteenth century. For the Middle Ages, love was no untutored longing. It was a work of art, and involved a thorough grasp of the necessary masteries.[14]

If this was true throughout the history of the tradition, it was particularly so during the Baroque age in which Caviedes wrote. It is perhaps the best explanation of how Caviedes' contemporary, Sor Juana Inés de la Cruz, was able to maintain her double role of cloistered nun and composer of erotic verse. The following stanza of a *romance* by Sor Juana is an excellent indicator of the degree to which love and rhetoric were fused in the Baroque:

> Oye la elocuencia muda
> que hay en mi dolor, sirviendo
> los suspiros de palabras,
> las lágrimas de conceptos.[15]

Here Sor Juana draws on a very old courtly love theme, that of the poet who, while maintaining a respectful silence in the presence of his beloved, offers his symptoms of *hereos* as proof of his passion. But in Sor Juana, these symptoms crystallize into linguistic signs: sighs are words, tears are concepts. The poet's face becomes readable, a text. The lover, the amorous sufferer, and the poet become fused into one large signifier whose signified is love, amorous suffering, and above all, *poetry*. To put it another way, the love poetry of Sor Juana is as much about poetry as it is about love.

This is equally applicable to Caviedes' poetry of illness, amorous or otherwise. The link between the poet and the *enfermo*, the last side of our triangle, is strong in Caviedes, and is a key element of his poetics. In the *baile*, for example, it is clear that the ailment suffered by the five *enfermos* is primarily a linguistic one: the first four are afflicted with a severe case of *conceptismo*. What they say has less to do with the contradictory effects of love than with the paradoxical figures of love poetry. *Enfermo* number 3 says:

> Yo adolesco de un alivio
> porque goso un padeser,
> que con él no puedo estar
> y no puedo estar sin él. (Vargas Ugarte, 328)

It is not only that such examples of *retruécano* are inherently absurd; for Caviedes' generation they also must have seemed singularly tired. They are a throwback to the *cancionero* poetry popular some two hundred years before.

An even better example of 'diseased discourse' is that of the fifth *enfermo*, whose love-suffering is inexpressible and declared, appropriately, in nonsense verse:

> Yo tengo un cómo se llama
> despues que vi un no sé qué
> y me dió tal, como disen
> que me como se llamé.
> . . . .
> Yo estoy como se llamado
> desque a verlo llegué
> con un aquel que me hace
> salir fuera de mi aquel. (Vargas Ugarte, 329)

Caviedes is parodying two things: first, the troubadouresque practice of *trobar clus*, the cultivation of an obscure poetic language only fully intelligible to poet-lovers; second, the courtly love topos of ineffability, the claim by the poet that his passion exceeds the expressive possibilities of language. Caviedes takes these conventions to comical extremes: the fifth *enfermo* suffers from actual grammatical dysfunction. He expresses love's madness in the form of sick discourse. These lines are not quite like other Golden-Age varieties of nonsense verse such as *bernardinas*, which, as Gonzalo Sobejano tells us, are of two types, verbal and conceptual: 'La primera confunde al oyente con palabras que no existen dentro del idioma o que son oscuras, y aun ininteligibles, para él. La bernardina conceptual suspende al oyente con razones que, carentes de sentido, no violan sin embargo la materia misma de la lengua'.[16] Nor do Caviedes' nonsense lines resemble macaronic verse, Juan del Encina's 'disparates trovados', which are mostly a free association of absurd images, or the 'portmanteau' words of Quevedo studied by Manuel Durán.[17] All of the above are in some way decipherable; the *enfermo*'s lines are not. They are true linguistic madness, approaching Huidobro's *Altazor* in their radically disjunctive use of language.

There are other poems by Caviedes in which the link between illness and poetic practice is made much more explicitly. A prime example is a *romance* addressed 'a un poeta, que de hacer versos le dieron seguidillas'. As one might expect, the poem plays on the double meaning of *seguidilla*, which is both a metric form and a bowel disorder:

> Enfermo estás de tus obras,
> puesto, Vicente, que miras
> que adoleces por detrás
> de unas malas seguidillas.

> No son más limpias tus coplas
> que el mal de tu rabadilla;
> porque tus versos son caca,
> tus rimas cacofonía. (Palma, 418)

Caviedes goes on to suggest that, given the nature of Vicente's malaise, the paper on which his poems are written may yet have some use. In a way reminiscent of Quevedo, Caviedes puns on the double orificial referent of the word *ojo*:

> Si el ojo del amo engorda
> al caballo, qué rollizas
> estarán tus coplas si
> tú con tu ojo las miras! (Palma, 418)

It would seem that intestinal flux is the ailment that Caviedes most readily associates with poetry. In another *romance*, dedicated to 'las seguidillas de una dama', the poet concludes by saying:

> Y pues gustáis del humor
> vuestro, yo gusto del mío;
> que tengo cursos de versos
> y de ellos estoy ahito.
> Estos sucios me inspiraron
> los ingenios, poco limpios,
> de una Elviro [*sic*] Musa y un
> Apolo Vásquez su hijo. (Palma, 415)

Doña Elvira and her son were doctors of Lima whose speciality, as we know from Caviedes' work, was the 'ayuda'. Here they appear as muses who fill the poet with great winds of inspiration. The resulting music is not quite like that of the Aeolian harp, but does have a certain therapeutic value, if we are to believe what Caviedes asserts in another *romance*, the famous 'Defensa de un pedo':

> Que son contra la tristeza
> la experiencia lo declara
> pues así que se oye un pedo
> se suelta la carcajada. (Palma, 392)

The notion that poetic inspiration is a kind of divine afflatus is not original; indeed, it has the most remote classical origins.[18] In a satirical vein, Jonathan Swift, in *A Tale of a Tub*, suggests that not only madness, but all manner of human achievement, derive from 'a redundancy of vapours'. The trick is to match the brand of madness with the deed, to channel the vapour in the right direction, as it were.[19] Caviedes also notes:

> . . . un pedo,
> tirado a tiempo y con gracia,
> se debe de celebrar
> con repiques de campanas. (Palma, 392)

For both Caviedes and Swift, it would seem, timing is everything.

We have seen that in *El Amor médico* and elsewhere in Caviedes' work, the poet, the lover, and the sick have much in common. All three are what they are because of humoural imbalance. All three suffer from a similar kind of madness. For all three the ailment is identified with the remedy: the poet's flatulence is both inspiration and *cacofonía*; the cure the lover seeks is the amorous fulfilment which will increase his passion all the more; the sick man seeks help from doctors who are, in Caviedes' view, quacks by definition, who cure by killing. This leads to the second triangular connection that can be made: the poet, Cupid, and the doctor.

The link between the poet and the doctor derives in part from the tradition of *Remedia amoris*; the poet prescribes cures for love, an illness. What is particularly striking in Caviedes' *baile* is the proficiency of Doctor Love in both poetry and medicine. His prescriptions are in perfect accord with both the topoi of courtly love and with actual medicinal practice of the time. This can be seen best in the complaint of and prescription for *enfermo* number one, who says:

> Señor doctor, yo padezco
> de un riguroso desdén
> de una voluntad que helada,
> a la mía la hase arder. (Vargas Ugarte, 327)

This complaint is based, of course, on the metaphorical antitheses of fire and ice most often associated with Petrarch's *Canzoniere*. The terms of the basic metaphor are multireferential: fire is the ardour of passion, the beloved's glances, Cupid's flaming arrows, the bright light of Heaven, the threatening flames of Hell, Etna's lava, and Troy's flames; ice is the beloved's white skin, her cold disdain, her alabaster breast which deflects Cupid's arrows, the mirrors of her eyes which return the lover's ardent *oeillades*, the snows of winter whose melting will signify rebirth, and so on.

Doctor Love's prescription makes both poetic and medicinal sense: 'Póngase / en su fuego la nieve / de este desdén' (Vargas Ugarte, 327). The *enfermo*'s passion is fired by his lady's icy resistance. But Doctor Love knows that this resistance can also be useful as an antaphrodisiac, the equivalent of the cold shower. It is the manifestation of the virtue, health, and reason which reside in the lady and which can be contagious, for the ultimate physical and moral good of the patient. The prescription is also firmly grounded in the medicinal practice of *contraria contrariis curantur*, curing by opposites.[20] The four humours were thought to affect the organism not only by their movement but also by their qualities of relative heat and moisture. Physical and mental illness, including passion, were thus linked to alterations of temperature and humidity, and could be treated by purely mechanical means—ice water baths, for example. As Michel Foucault suggests, the distinction between physiological principle and rhetorical figure was tenuous; such pseudo-scientific notions seem partly derived from metaphor, antithesis, and so on.[21] Both come together in Caviedes' *baile*: Galen and Petrarch are equally prestigious authorities for the treatment of the physio-literary diseases of the five *enfermos*.

Curing by opposites is not only the basis for Doctor Love's prescriptions; it is also part of the general design of the *Diente del Parnaso*. In this collection of poems, Caviedes presents himself in the role of poet-doctor to the ill of Lima, a counter-doctor to its incompetent physicians. In several compositions, he recommends that patients do precisely the opposite of what their doctors prescribe:

> Y si médico llamaren,
> pues conocen su malicia,
> hagan lo contrario en todo
> de sus recetas malignas
> Verbigracia: si ordenare
> sangría, coma morcillas,
> porque esto es añadir sangre
> a las venas por las tripas.
> Si purga, coma membrillos

> de calidad que se extriña:
> y si ordena que no beba,
> péguese una de agua fría.
> Si le recetare ayuda,
> dé cien nudos a la cinta,
> y guarde sus ancas de
> don Melchor y doña Elvira.
> Porque si cuanto recetan
> son astucias conocidas
> de la muerte, el que al contrario
> hiciere tendrá más vida. (Vargas Ugarte, 216)

The message is clever: if doctors cure by opposites, and their cures are ultimately fatal, then the opposite of the opposite will restore health.

Caviedes is a counter-doctor, his *Diente del Parnaso* a counter-medical text which cures with a healthy dose of mirth:

> Más médico es mi tratado
> que ellos, pues si bien se mira,
> divierte que es un remedio
> que cura de hipocondría;
> pues para los accidentes
> que son de melancolía,
> no hay nada que los alivie
> como un récipe de risa. (Vargas Ugarte, 217)

The 'prescription of laughter' contrasts sharply with the linguistic practices of the doctors satirized by Caviedes, above all, their use of obfuscatory Latinate jargon to cover their own ignorance:

> Decir dos o tres latines
> y términos esquisitos,
> como *expultris, concoctrix,*
> *constipado, cacoquimio . . .*
> Los ignorantes vulgares
> que solo tienen oído
> se quedan atarantados
> amando al doctor-peligro. (Vargas Ugarte, 220)

The mesmerizing effect of such obscure diagnoses and prescriptions brings us back to Doctor Love, and his response to the gibberish of the fifth *enfermo*:

> De mal como se nombra,
> se ha de llamar llamase
> en el Pico de la lengua
> lo tenia y se me fué.
> (Estrivillo:)
> ¿Está Usted conmigo
> paresele a Ud.?
> pues eso y esotro
> ¿digo algo eh? (Vargas Ugarte, 329)

Doctor Love's evaluation of the case, a perfect imitation of the sick discourse of the patient, corresponds neatly to the obscurantist jargon of the physicians of Lima; he is as much a quack as they. His speech is a reminder that for Caviedes, physicians are, if anything, sicker than the patients they treat. Their illness is moral: greed, lust, ruthlessness, hypocrisy.

We have said that Doctor Love's method is one of curing by opposites, and that, linguistically, this is based on the antithetical metaphors of the Petrarchan tradition, such as fire and ice. But a second look at Doctor Love's prescriptions reveals that they also cure by imitation: he uses the same meretricious *conceptismo* of the first four *enfermos*, merely switching the terms of the antitheses; he imitates the babble of the fifth *enfermo*, while claiming a therapeutic value for it. In this, too, Caviedes is faithful to actual medicinal practice of his time. Michel Foucault tells us that a common treatment for madness was theatrical representation, to engage the patient's delusion by making his surroundings temporarily correspond to it. Such a treatment, Foucault tells us, had a discursive level:

> La *réalisation* dans *l'image* ne suffit pas; il faut de plus *continuer* le *discours* délirant. Car dans les propos insensés du malade, il y a une voix qui parle; elle obéit à sa grammaire, et elle énonce un sens. Grammaire et signification doivent être maintenues de telle sorte que la réalisation du fantasme dans la réalité ne paraisse pas comme le passage d'un registre à un autre, comme une transposition dans une langue nouvelle, avec un sens modifié.[22]

Presumably this is the sort of thinking that lies behind the effort on the part of several characters in the *Quixote* to cure Don Quixote by theatrical representation that corresponds to his literary dream world. If the success rate of these attempts is any indication, such treatment would seem somewhat counterproductive.

The link between the doctor and the poet in Caviedes' *baile* and throughout his work is based on his conviction that all doctors are *matasanos*, more likely to induce or aggravate an ailment than to cure it. In the *baile* this is clearly related to the traditional literary figure of Cupid, who wounds with his arrows and thus instils amorous passion, an illness. But Cupid also cures: his arrows can be fatal, and death is an effective quencher of passion; or, his arrows can drive the lover to seek satisfaction, another effective, if temporary, cure for love. The triple function of Cupid as wounder-healer-curer makes him a perfect source of metaphors for Caviedes throughout his thousands of lines of medical satire. Thus we can close the triangle of Doctor, Poet, Cupid.

Some metaphoric permutation of Cupid's arrow can be found in almost every one of Caviedes' doctor satires. Doctors are Cupids, they cure by wounding and killing. Their arrows are, first, their fatal prescriptions. One poem speaks of 'récipes flechadores' (Vargas Ugarte, 272). In another, Death herself speaks with gratitude to her servant, a doctor: '. . . cada récipe tuyo / son mis arpones severos' (Vargas Ugarte, 226). Cupid's arrows are thus also Death's arrows, more precisely, Death's traditional scythe. Says the poet to Death:

> . . . los doctores
> son, si a buena luz se nota,
> impulsos de tu guadaña,
> y de las flechas que arrojas. (Vargas Ugarte, 223)

Like Cupid, who is blindfolded and shoots arrows at random, doctors apply their treatments indiscriminately, in the darkness of their own ignorance:

> Diógenes dijo también
> que amor y médico eran
> hermanos en los aciertos,
> porque apuntaban a ciegas. (Vargas Ugarte, 316)

In Caviedes' metaphoric system, Cupid's arrow has a direct analogue in the physician's syringe, used to effect the *ayuda*, especially by Doña Elvira and her son, the enema experts. In their hands, the syringe metamorphoses not only into Cupid's arrow, but also into a more modern sort of artillery piece. In one poem, Caviedes suggests to the Peruvian viceroy that a fleet of doctors be sent to protect the coast, among them

> Una capitana Elvira,
> que en sí cabalga, bien largos,
> cien cañones de jeringa
> por cada banda o costado,
> los cuales con tanto acierto
> dispara, que a ojo cerrado
> por la cámara de popa
> abre a puro cañonazo. (Vargas Ugarte, 251)

The pun on the word *ojo* in these lines is repeated in a number of Caviedes' poems. The syringe wielded by ignorant doctors is to the sightless posterior eye what unseeing Cupid's arrow is to the eyes through which love enters, blinding its victim. As if this agglomeration of metaphoric puns were not complicated enough, Caviedes adds several new dimensions in a poem addressed 'a un curador de cataratas'. The poem begins:

> Cupido de medicina
> pues ciegas a los que curas,
> y ven menos los que ciegan
> con la plata que les chupas;
> Melchor Vásquez por delante
> eres, si los ojos curas
> de la cara con punzones,
> y los de atrás con ayudas. (Vargas Ugarte, 297)

Cupid's arrow is now both the syringe and the lance which cures cataracts but blinds the patient. A few stanzas later, it metamorphoses into a phallus:

> Por punzar las cataratas
> la niña del ojo punzas;
> pero ¿quién en la ocasión
> punzar las niñas rehusa? (Vargas Ugarte, 297)

This identification of arrow-syringe-phallus is often found in the *Diente del Parnaso* in reference to a certain Doctor Bermejo, who, it seems, practised medicine largely for the opportunity it afforded to seduce young ladies. He cures, not only his patients, but his own peculiar ailment:

> él se receta a sí mismo
> en geringas por delante,
> remedio que es importante
> para el mal del priapismo. (Vargas Ugarte, 227)

Or, to put it another way, '. . . es tan medicazo por delante / como Vásquez por detrás' (Palma, 417). If to this we add that Caviedes commonly refers to the female genitalia as the *llaga*, then his metaphoric system becomes complete: arrow-wound, lance-eye, syringe-anus, phallus-vagina, all related by parallel antitheses of life-death, illness-remedy, and sight-blindness (remembering that one of the effects of venereal disease can be the loss of eyesight).

Caviedes' intricate metaphoric system is put to good use in several *tour-de-force* poems in which the literary commonplaces of courtly love and the criticism of physicians are brought together with great ingenuity. One such poem is a 'pintura de una dama que con su hermosura mataba como los médicos' (Vargas Ugarte, 53), a poetic portrait in which the lady's individual physical charms correspond to the fatal practices of Caviedes' standard cast of physicians. Another poem is an amorous colloquy between a doctor-lover and his lady, Death. The poem transforms the standard courtly love life-death antithesis into a plea on the part of the dying doctor for a reprieve from that Lady he has served so well:

> No seas desconocida
> ni contigo uses rigores,
> pues la muerte, sin doctores
> no es muerte, que es media vida. (Vargas Ugarte, 230)

All of the above poems suggest that Caviedes' metaphoric system is not complete without one more element: to Cupid's arrow, Death's scythe, the Doctor's syringe, and the Lover's phallus must be added the poet's pen. Ultimately, all of these agents of life and death, health and illness, vision and blindness, sanity and madness, love and loathing, are united in the poet's satirical harpoon.

Caviedes' weapon against the physicians of Lima is the witticism, the *agudeza*, the product of a keen mind, a sharp tongue, and a well-honed pen. Like the surgeon's scalpel, it cuts in order to heal, and leaves a wound. The wound is Caviedes' incisive criticism of medicinal practice, the personal invective which destroys reputations. The cure is laughter and wisdom; both result from the sudden and surprising recognition of truth induced by the witticism, which brings together—sutures together, to belabour the conceit—what had been separate before. (We can recall Gracián's definition of the witticism as 'un acto del entendimiento que exprime la correspondencia que se halla entre los objetos'.)[23]

Such salubrious linguistic practice stands in contrast to the sick discourse of doctors and patients which is parodied by Caviedes in the *baile* and throughout his work. The hackneyed *conceptista* speech of the first four *enfermos* is utterly devoid of the novelty inherent in the true witticism; they speak in dead metaphors. The grammatical dysfunction of the fifth *enfermo*, and his use of neutral, unreferential pronouns, contrasts vividly with Caviedes' 'healthy' lines of poetry which virtually bristle with meaning, making more clever connections than the reader can easily follow. Finally, the obscurantist jargon of the doctors of Lima, the meaningless mush with which they deceive their patients, is countered by Caviedes' satire, whose purpose is to signify and 'undeceive'.

In the case of the *baile*, this process of 'undeceiving' involves deception in the form of theatrical illusion. Five lovesick madmen dance across the stage and are diagnosed by a dancing doctor as mad as they. The illusion is brief: the *baile* lasts but a few minutes. But the audience, presumably made up of the people of Lima, have perhaps recognized themselves in the players. In the 'great theatre of the world', the audience crosses life's stage fleetingly, their natural mortality compounded with their perennial foolishness; when sick, they look to the agents of their own death for a cure. The *baile* is a reminder that Caviedes' satire in the *Diente del Parnaso* is directed as much toward his audience as toward physicians. As he says in the prologue to the reader:

> Ríete de tí el primero,
> pues con la fé más sencilla
> piensas que el médico entiende
> el mal que le comunicas.
> Ríete de ellos después,

que su brutal avaricia
venden por ciencia, sin alma,
tan a costa de las vidas.
Ríete de todo, puesto
que aunque de todo te rías
tienes razón . . . (Vargas Ugarte, 217)

We have seen that throughout Caviedes' work, the poet is identified with the wounded and the sick, as well as the wounder and the healer. His satire, brimming with meaning, humour, and good sense, is nonetheless transient, perhaps touched with a trace of madness. In the last chapter of the *Agudeza y arte de ingenio*, Gracián recalls Seneca's statement that 'todo ingenio grande tiene un grado de demencia' (371). Of the mind's wit he says:

Depende también de la edad; niñea y caduca con ella; su extremado vigor está en el medio; hasta los sesenta años es el crecer, desde allí adelante ya flaquea, y conócese bien en las obras de los más grandes hombres; hasta los cuarenta años no está del todo hecho, y aunque a veces más picante, pero no tan sazonado, que es gran perfección la madurez; de modo que su florecer son veinte años, y si pareciere poco, sean treinta. (371–72)

The mind's wit, capable of so much—in Gracián's words, 'intenta excesos y consigue prodigios' (371)—is nonetheless mortal, subject to the accidents and infirmities of man. Likewise, for Caviedes the poet's art is fleeting. Its life span is the time of reading or performing, of salubrious laughter that wounds with its truth, and lasts until the dance ends and the players disappear.[24]

NOTES

1 Three book-length studies which examine the life and works of Caviedes in general are: María Leticia Cáceres, *La personalidad y obra de D. Juan del Valle y Caviedes* (Arequipa: El Sol, 1975); Glen L. Kolb, *Juan del Valle y Caviedes: A Study of the Life, Times and Poetry of a Spanish Colonial Satirist* (New London, Conn.: Connecticut College, 1959); Daniel R. Reedy, *The Poetic Art of Juan del Valle Caviedes* (Chapel Hill: Univ. of North Carolina Press, 1964). See also the following articles which, along with the books cited above, can serve as the core of a basic bibliography on Caviedes: Giuseppe Bellini, 'Actualidad de Juan del Valle y Caviedes', *Caravelle* VII (1966), 153–65; Guillermo Lohmann Villena, 'Un poeta virreinal del Perú: Juan del Valle Caviedes', *Revista de Indias*, IX (1948), 771–94; Luis Alberto Sánchez, 'Un Villon criollo', *Revista Iberoamericana* II (1940), 79–86; Luis Fabio Xammar, 'La poesía de Juan del Valle y Caviedes en el Perú Colonial', *Revista Iberoamericana*, XII (1947), 75–91.

2 Quoted from Juan del Valle y Caviedes, *Obras*, ed. Rubén Vargas Ugarte (Lima: Clásicos Peruanos, 1947), 212. This edition of Caviedes' works is far from complete, as it fails to include a number of the more ribald compositions of the author. These can be found in the edition of Ricardo Palma, *Flor de Academias y Diente del Parnaso* (Lima, 1899). Both editions are quoted in this paper, and indicated by editor and page number in the text.

3 See Guillermo Lohmann Villena, 'Dos documentos inéditos sobre Don Juan del Valle y Caviedes', *Revista Histórica* (Lima) XI (1937), 277–83.

4 See Cáceres, 51–95.

5 See Giuseppe Bellini, *Quevedo in America* (Milan: La Goliardica, 1966), 107–22.

6 In a *romance jocoserio* on p. 312 of the Vargas Ugarte edition.

7 The *bailes* were brought to light in the 1940s by Luis Fabio Xammar, who first published *El Amor médico* and *El Amor tahur* in 'Dos bailes de Juan del Valle Caviedes', *Fénix* (Revista de la Biblioteca Nacional, Lima), I (1945), 277–85. They are briefly analysed by José J. Arrom in *El teatro de Hispanoamérica en la época colonial* (La Habana: Anuario Bibliográfico Cubano, 1956), 137–38, and by Anthony M. Pasquariello, 'The Seventeenth-century Interlude in the New World Secular Theater', in *Homage to Irving A. Leonard*, ed. Raquel Chang-Rodríguez and Donald A. Yates (East Lansing: Michigan State University, Latin American Studies

Center, 1977), 105–13. Julie Greer Johnson offers an interpretative description of the three *bailes* in 'Three Dramatic Works by Juan del Valle y Caviedes', *Hispanic Journal* III (1981), 59–71.

8 Emilio Cotarelo y Mori, ed., *Colección de entremeses, loas, bailes, jácaras y mojigangas desde fines del siglo XVI a mediados del XVIII*, NBAE, XVII (Madrid: Casa Editorial Bailly Baillière, 1911), ccxxi. Cotarelo y Mori lists a number of related titles by various authors, including *El Amor sastre*, *El Amor relojero*, *El Amor capitán*, *El Amor pintor*, as well as a *Médico de amor* by Francisco de Avellaneda. See pp. clxiv–cclxxiii. Caviedes' title also recalls Tirso de Molina's *comedia* of the same name, as well as Molière's *L'Amour médicin*, but the *baile* does not appear to have been greatly influenced by either play.

9 The most complete study of courtly love topoi in Spanish letters is Otis Green's *Spain and the Western Tradition* (Madison: Univ. of Wisconsin Press, 1963), I.

10 In the *Norton Anthology of English Literature*, ed. M. H. Abrams *et al.* (New York: W. W. Norton, 1979), I, 112.

11 See John L. Lowes, 'The Loveres Maladye of Hereos', *Modern Philology*, XI (1914), 491–546, and Green, Vol. I.

12 Robert Burton, *The Anatomy of Melancholy* (London: Dent/New York: Dutton, 1932), III, 179.

13 Plato, *The Symposium*, trans. Walter Hamilton (Harmondsworth: Penguin Books, 1951), 70.

14 Maurice Valency, *In Praise of Love: An Introduction to the Love-Poetry of the Renaissance* (New York: Macmillan, 1958), 213–14.

15 Sor Juana Inés de la Cruz, *Obras selectas*, ed. Georgina Sabat de Rivers and Elias L. Rivers (Barcelona: Editorial Noguer, 1976), 367–68.

16 Gonzalo Sobejano, ' "Bernardinas" en textos literarios del Siglo de Oro', in *Homenaje a Rodríguez Moñino* (Madrid: Castalia, 1966), II, 247–59.

17 Manuel Durán, '¿Quevedo precursor de Lewis Carroll?' in *The Two Hesperias: Literary Studies in Honor of Joseph G. Fucilla*, ed. Americo Bugliani (Madrid: José Porrúa Turanzas, 1978), 143–59.

18 'The principal material means by which the oracular ecstasy at Delphi was believed by the Greeks to be induced was a kind of gas or vapour which, it was asserted, rose from a fissure in the ground beneath the Pythia and entered her womb.' Edwyn Bevan, *Sibyls and Seers: A Survey of Some Ancient Theories of Revelation and Inspiration* (Cambridge, Mass.: Harvard U.P., 1929), 157

19 Jonathan Swift, *A Tale of a Tub*, ed. A. C. Guthkelch and D. Nichol Smith (Oxford: Oxford U.P., 1958), 174–80.

20 Noted by Kolb, 32, and Johnson, 64. Caviedes himself uses this phrase in one of the compositions in *Diente del Parnaso*, p. 256 of the Vargas Ugarte edition.

21 See part II, chapter 3, 'Figures de la folie', of Foucault's *Histoire de la folie à l'âge classique* (Paris: Gallimard, 1972).

22 *Histoire de la folie*, 351.

23 Baltasar Gracián, *Agudeza y arte de ingenio* (Madrid: Espasa-Calpe, 1957), 17. Subsequent references are to this edition.

24 This paper was delivered at Yale University on 27 March 1984, as part of a Colonial Literature seminar series sponsored by the Yale Council on Latin American Studies and the Department of Spanish and Portuguese. I wish to thank Professors Kathleen Ross and Roberto González Echevarría for the invitation to participate.

EL LAZARILLO DE CIEGOS CAMINANTES, UNA VISION DE LA ORGANIZACION SOCIAL EN EL MUNDO VIRREINAL

Por *Rafael OCASIO*

L A producción literaria en las colonias americanas ha sido sometida a rígidos exámenes analíticos a partir de los movimientos de independencia. Los críticos hispanoamericanos se han empeñado en encontrar una razón de ser a la acual producción literaria en raíces coloniales. Quieren hacer ver que el hombre es el resultado de su pasado, que ambos se entremezclan y se confunden en el texto literario.

En este afán por la búsqueda de los orígenes de un pensamiento artístico se han señalado obras que realmente no merecen el sitial en que han sido clasificadas. Bajo un espíritu nacionalista que en ocasiones se convierte en fanatismo, libros como el *Lazarillo de ciegos caminantes* de Alonso Carrió de la Vandera, han adquirido erróneamente dimensiones que no poseen. No es que las obras no merezcan reconocimiento sino que es necesario enfocar su estudio bajo una perspectiva más amplia y menos parcializada. Esta ceguera de muchos de los estudiosos nace de su empeño en encontrar un ambiente intelectual en trabajos que consideran más complejos que simples crónicas o relaciones de viajes.

El estudio de Carrió de la Vandera y su peculiar obra es un buen ejemplo de este tipo de acercamiento un tanto irracional. El interés por el *Lazarillo* nace desde el momento en que se prueba la falsedad de la licencia del libro: Gijón, 1773, habiéndose probado que fue publicado en forma ilegal en Lima en fecha posterior a la señalada (C. 1775-76). Su carácter velado ha llevado algunos críticos a considerarla como subversiva.[1] El estudioso Emilio Carilla ha rechazado este argumento señalando que la obra es producto de su época: siglo XVIII y de la situación intelectual bajo Carlos III.[2]

---

[1] Arturo Uslar Pietri, *Breve historia de la novela hispanoamericana* (Caracas: Editorial Edime, 1955), p. 39.

[2] Carilla, *Libro de los "misterios". El Lazarillo de ciegos caminantes* (Madrid: Editorial Nova, 1971), p. 126.

Cree que no exhibe características que pudieran llamarse rebeldes, ésta sólo exige un cambio dentro del mismo sistema.

Si la obra es o no es fuente de riqueza literaria ha levantado una serie de candentes polémicas. Carilla ha apuntado: "lo que distingue al libro de Carrió (y no me cansaré de repetirlo) es que reúne valores literarios y valores científicos".[3] Por otro lado Marcel Bataillon, crítico francés, sostiene:

> No exageremos su valor artístico. Las gracias literarias con que ha sido adornado apresuradamente no deben obnubelarnos. Carrió, escritor por accidente, sentía suficiente respeto por la literatura para juzgar su libro árido y mal escrito. Es capaz de algunos accesos de humor picaresco, de algunas pullas contra el galicismo invasor, de algunos cuadros de costumbres un tanto rebuscados, como la descripción de las elegancias fastuosas y anticuadas del "gachupín" guatemalteco o, como el pasaje de los gauderios (antepasados de los gauchos del siglo siguiente).[4]

Bataillon no quiere desmerecer la obra, al contrario, es uno de los críticos que revela una posición más abierta. O como bien expresara:

> El *Lazarillo* está concebido como un itinerario útil a los viajeros, pero aparece sazonado de digresiones técnicas, de chanzas históricas y cuadros costumbristas, y presentado como extraído de Carrió por un personaje irresponsable e ingenuo.[5]

Estos "valores" que señalan los críticos son las múltiples referencias a escritores como Quevedo y Cervantes, además del uso de latinismos, proverbios y citas directas de cronistas americanos.

Para el lector del *Lazarillo* es de suma importancia recordar que se trata de una relación de viajes. Este tipo de literatura no pretende de ninguna manera presentar los datos en una forma ficticia. Al contrario, su propósito es puramente didáctico o informativo. Toda la data recogida en él se presenta en forma veraz y objetiva. Podría considerarse este tipo de género más afín a la historia que a la literatura en el sentido de que presenta un testimonio. Sin embargo no es posible desconectar completamente este género de la literatura, pues éste se vale de elementos literarios para presentar su material al lector.

---

[3] Ibid., p. 117.

[4] "Introducción a Concolorcorvo y a su itinerario de Buenos Aires a Lima", *Cuadernos Americanos,* 110-111 (1960), 207.

[5] Bataillon, p. 204.

El propósito de la obra está claramente definido por el supuesto narrador-autor de la misma, don Calixto Bustamante, alias el Concolorcorvo,[6] como "para entretenimiento de los caminantes".[7] Insiste en su papel de entretenedor al explicar el por qué del título:

> Los viageros (aquí entro yo), respecto de los historiadores, son lo mismo que los lazarillos, en comparación de los ciegos. Éstos solicitan siempre unos hábiles zagales para que dirijan sus pasos y les den aquellas noticias precisas para componer sus canciones, con que deleytan, al público y aseguran su subsistencia (p. 70).

Podríamos extender un poco este símil identificando a los ciegos con los españoles y a los viajeros como los cronistas. Recuérdese que Europa aún está ansiosa por conocer el territorio americano. Básicamente el lector demanda un conocimiento topográfico, condiciones socio-económicas, formación étnica, productos locales, etc. de las poblaciones ultramarinas. Como documento histórico-antropológico no tiene par en su época. El siguiente es un pasaje de los numerosos en el texto que refleja esta característica:

> Descripción de una carreta:

> Las dos ruedas son dos y media varas de alto, puntos más o menos, cuyo centro es de una maza gruesa de dos o tres quartas. En el centro de ésta atraviesa un exe de quince quartas, sobre el cual está el lecho o caxón de la carreta. Éste se compone de una viga que se llama pértigo, de siete y media varas de largo, a que acompañan otras dos de quatro y media, y éstas, unidas con el pértigo, por quatro varas o varejones que llaman teleras, forman el caxón, cuyo ancho es de vara y media. Sobre este plan lleva de cada costado seis estacadas clavadas, y en cada dos va un arco que, siendo de madera a

---

[6] Al momento de su aparición en Lima el *Lazarillo* circuló como obra originaria del Concolorcorvo, supuesto amuense que acompañó a Carrió en su recorrido por Buenos Aires a Lima. Investigaciones posteriores han clarificado el asunto. Debido al alto contenido de protesta contra ciertos altos funcionarios del gobierno, Carrió decidió negar la paternidad de su obra adjudicándosela a un ayudante indio. Este Buxtamante tuvo una existencia real y fue acompañante de Carrió en parte de su viaje. Los investigadores han devuelto la obra a Carrió basados en documentos que se refieren a él como su autor. Otros piensan que todo el conocimiento literario trasuntado por el escritor no sería posible en un indio.

[7] *El Lazarillo de ciegos caminantes*, ed. A. Lorente Medina (Madrid: Editora Nacional, 1980), p. 60. Citas subsiguientes a esta obra serán tomadas de esta edición y citadas por su paginación.

especie de mimbre, hace un techo ovalado. Los costados se cubren de junco texido, que es más fuerte que la totora que gastan los mendocinos y, por encima, para preservar las aguas y los soles, se cubren de cueros de toro cosidos, y para que esta carrera camine y sirva se le pone al extremo de aquella viga de siete y media varas un [y]ugo de dos y media, en que se unen los bueyes, que regularmente llaman pertigueros (p. 127).

Es claro el objetivo didáctico en este ejemplo: un interés por reflejar la vida americana y cómo ésta difiere de la europea.

Citas como la anterior son representativas en el sentido de que presentan el propósito ilustrativo de la obra. El *Lazarillo* debido a su génesis obviamente social requiere un enfoque más humanístico y menos literario. Es decir, que se hace imprescindible examinar el material presentado pues éste refleja el pensamiento de la época. En un segundo plano habremos de apuntar la forma de la expresión o el "estilo" del autor para comunicarse o relacionarse con el lector.

La posición del narrador/narradores[8] como observadores y relatores de la realidad americana se refleja en la incorporación de datos precisos que sólo interesan a desconocedores de un territorio en vías de desarrollo. Cada capítulo abre con una descripción detallada del número de habitantes y, lo que es más importante, de su composición étnica. Este interés por lo social parece ser la médula de la obra. Aunque existe una definida línea de narración central: la reproducción de elementos autóctonos, ésta se ve interrumpida por datos y anécdotas que se refieren al particular habitante de cada región. El lector tiene la impresión de que cada pueblo adquiere su distintivo sabor debido a su síntesis racial.

Los componentes de la sociedad americana están claramente establecidos y no se permite la traslocación de este orden: en primer lugar figura el europeo, seguido del criollo/mestizo, el indio y el negro. Cada uno de ellos es portador de características y actitudes de las que se valdrá el narrador para explicar las diferencias tan obvias entre los territorios. El *Lazarillo* se presenta, entonces, como un documento que pretende no sólo reproducir un mundo nuevo sino examinarlo bajo la luz de concepciones sociales. Esta novedosa posición, resultante del racionalismo europeo, nace del interés por considerar al hombre como una criatura social. En esto se diferencia Carrió del cronista colonial, es un colector/

---

[8] Aunque el libro está narrado mayormente por su supuesto autor, el Concolorcorvo, al final del mismo se desarrolla una especie de diálogo entre el amuense y su jefe Carrió de la Vandera.

observador que se basa en sus experiencias empíricas para explicar las situaciones que encuentra a su paso.

La estratificación de una sociedad en base de sus componentes ha sido una tajante desde los inicios de la conquista. Este orgullo por la raza parece tener una contrapartida indígena. Recuérdese el rencor que alimentaba el cronista Guamán Poma de Ayala contra el mestizo debido a la aniquilación del verdadero nativo. En el *Lazarillo* se refleja esta misma preocupación por una pureza racial. Refiriéndose al hombre blanco que habita el territorio americano se nombran tres categorías: el "español", recién llegado a las Américas, el "gachupín", aquél con una permanencia prolongada (aunque este mote también se aplicaba al español) y el "criollo", de ascendencia europea pero nacido aquí. (Destaco los términos en comillas, pues como se señalará más adelante, éstos no son muy claros o precisos.)

Un elemento que llama la atención en la presentación de estos grupos sociales lo es el uso de anécdotas. Estas se desarrollan de una forma variada y se moldean al interés de la narración. En ocasiones se convierten en el único medio para romper con el tedio resultante de la transcripción de información un tanto árida. Se sirve el autor de ellas para desarrollar una visión real y tangible de la sociedad virreinal que de otra forma sus miembros quedarían como simples siluetas. En esta forma se diferencia de relatos, como los *Comentarios reales,* donde los componentes de la sociedad incaica permanecen encapsulados o limitados a la organización. Por ejemplo, los mensajeros, adivinos, coyas, etc., no tienen una personalidad definida.

El conquistador, como se presenta en el *Lazarillo,* tiene una gran fuerza de carácter y será la causa de las divisiones que se analizan más adelante. Un español asesina a un indio, cuando al ser súbitamente levantado de sus sueños, cree que aquél lo pensaba matar cuando sólo quería que hiciera "tun" con su escopeta. A este incidente que ilustra la ignorancia del castellano, Carrió añade una pregunta retórica con la cual cierra el capítulo:

> Se pregunta a los alumnos de Marte si la acción de el español procedió de valor o covardía, y a los de Minerva si fue o no lícita la resolución del español (p. 121).

La confrontación entre la fuerza bruta del recién llegado y la maña del asimilado, producto de su prolongada estancia, explica sus diferencias. Claramente estos grupos se confrontan, guardándose mutuos resentimientos: "Aquí raro es el mozo blanco que no se aplique a las letras desde su tierna edad, siendo raro el que viene de España con una escasa tintura, a excepción de los empleados para las letras" (p. 402). El criollo se verá constantemente en la obligación de defender su intelectualidad frente al peninsular. Esta actitud es comprensiva al tomar en cuenta que es, para estos momentos, cuando los centros docentes americanos comienzan a tener una reputación internacional. No es una casualidad que la cita anterior se refiera al criollo de Lima, asiento de la Universidad Nacional Mayor de San Marcos. Se hace necesario una defensa del nivel intelectual de las colonias que, aunque alejadas de los importantes centros educativos europeos, mantienen un alto nivel intelectual.

La diferencia cultural-educativa no es tan importante en relación con las rencillas entre los grupos, pues como queda finalmente establecido en el texto: "Si los americanos saben tanto a la edad de cinquenta años como los europeos a la de sesenta, y fueron tan útiles por su doctrina y escritos, deben ser aplaudidos, así como aquel operario que con igual perfección hace una estatua en un día, como otro en dos" (p. 413). El aspecto racial que toma el asunto sí es relevante. Esencialmente para mantener a cualquiera de las categorías la persona habrá de ser un "mozo blanco". Es curioso resaltar que a través de toda la obra estos grupos se convierten en uno: "españoles, así europeos como americanos" (p. 303), frente a los mestizos, indios y negros. No se vuelve a establecer el orden hasta en aquellas anécdotas en que se ven envueltos los distintos integrantes blancos:

> Para evitar toda equivocación y sentido siniestro, es preciso advertir que fuera de Lima se dicen limeños a todos aquellos que tuvieron alguna residencia en esta capital, ya sean criollos o europeos. En la Nueva-España los llaman peruleros, y en la Península mantienen este nombre hasta en sus patrias, y así en Madrid, a mi cuñado y a mí y a los demás criollos nos reputaban igualmente por peruleros o limeños (p. 424).

Sin embargo en una ocasión el indio Concolorcorvo, refiriéndose a su persona, se denomina como "criollo natural" (p. 283). Lo que lleva a pensar que el uso del término no era claro en la época y no será hasta los momentos de la independencia cuando adquirirá las connotaciones modernas.

Finalmente resta por considerar el por qué de estas disputas. Estas nacen sin que fueran percibidas por el criollo. Este una vez aclimatado a su nuevo ambiente inconscientemente se siente parte de él. Por consiguiente se resiente cuando el peninsular, recién llegado ignorante de la realidad americana, recibe un respaldo mayor que el que le ofrecen a sí las autoridades. Es esta la base de que parte Uslar Pietri para considerar la obra subversiva. Realmente no se puede tomar el texto como revolucionario pues sería un anacronismo, los movimientos pro-independencia no comenzarán a sentirse hasta fines de siglo.[9] Sí se puede señalar un descontento y una denuncia que exige un arreglo: "...a excepción de un corto número de racionales corregidores, que comuniqué por más de veinte años en todas estas provincias, todos los demás me han parecido unos locos, por lo que creo cualquiera extravagancia que se refiera de ellos" (p. 257). En ocasiones este resentimiento contra funcionarios incompetentes es directo y fuerte: "Tiene su Cavildo Secular, compuesto de dos alcaldes y varios regidores, en cuyos honoríficos empleos interesan a qualquiera forastero, sin más averiguación que la de tener cara blanca y los posibles suficientes para mantener la decencia" (p. 232).

El orgullo de grupo o de pertenecer a una larga tradición parece ser cuanto cuenta en la sociedad colonial. El tratamiento del mestizo ilustra e introduce una serie de prejuicios que más tarde explicarán la situación de los grupos sociales inferiores. La caracterización de éste mediante anécdotas es nula, quedando su imagen en el anonimato. Se tiene casi la impresión de que no tiene características propias, como si no fuera considerado una raza debido a su naturaleza híbrida. Cuando éste se señala es para insistir en el elemento civilizador que inyectó el español en América.

Su posición en la escala social es segundo al blanco-nativo o al asimilado. Su presentación en el libro es peculiar: "Cuydado con mestizos de leche que son peores que los gitanos, aunque por distinto rumbo" (p. 59). Este refrán ilustra la visión negativa del español hacia el mestizo. Una actitud racista de la que ha sido partícipe por centurias, como por ejemplo, la radical expulsión mora de la península. En el caso americano se reconoce que una íntima relación español-indio es inescapable: "Estas mezclas inevitables son las que disminuyen más el número de indios netos, por tener un color muy cercano a blanco y las facciones sin deformidad, principalmente en narices y lavios" (p. 347). El blanco no sólo ha mejorado la calidad de una raza sino también ha cambiado sus bárbaros ritos. Cuando se señala la adicción del indio por la coca se excluye al mestizo de esta práctica. Además ha aprendido del

---

* Me refiero, por supuesto, en relación a la literatura. Los movimientos rebeldes indígenas se hacían sentir llegando a su punto culminante con la revuelta de Tupa Maru.

español técnicas agrarias y mineras que antes desconocían. Carrió señala, refiriéndose a las minas del Potosí: "Más plata y oro sacaron los españoles de estas tierras en diez años que los paysanos de Vm. en más de dos mil que se establecieron en ellas, según el cómputo de los hombres más juyciosos" (p. 229). Empero a estas transformaciones el hombre americano aún conserva costumbres primitivas: "Yo no sé si aquellos bárbaros [los indios] tenían por regalo comer los piojos, por que me consta que actualmente los comen algunos indios, mestizos..." (p. 211).

Continuando con esta visión parcializada del mestizo pasa a retratar a los gauderios, antecesores del gaucho. Estos aparecen exclusivamente en dos trozos del texto. El primer segmento es relativamente corto, escasamente dos páginas y media, y ofrece un punto de vista completamente negativo. El segundo ofrece interesantes facetas que más adelante señalaremos.

A manera de aviso, el narrador había informado al lector que habría de tratar sobre los gauderios, a los que señala como "holgazanes criollos" (p. 74). Esta definición viene a corroborar mi posición de la flexibilidad del término criollo. Aunque en el texto no se precisa su complexión racial, éstos son llamados "colonos", lo que apunta un origen español. Al mismo tiempo algunas raíces indígenas son visibles, como su manera de vestir "con uno o dos ponchos" (p. 177). Sus hábitos alimenticios, que son presentados de una forma cuasi bestial, podrían referirse a una naturaleza indiana:

> Se convienen un día para comer la picana [carne del anca de la res vacuna] de una baca o novillo: le lanzan, derriban, y, bien trincado de pies y manos, le sacan, quasi vivo, toda la ravadilla con su cuerpo, y haciéndole unas picaduras por el lado de la carne, la asan mal, y medio cruda se la comen, sin más aderezo que un poco de sal, si la llevan por contingencia (p. 79).

La voracidad del gauderio continúa enfatizándose a través de descripciones que subrayan su animalidad:

> Otras veces matan *solamente* por comer una lengua, que asan en el rescaldo. Otras se les *antojan* caracúes, que son los huesos que tienen tuétano, los decarnan bien, y los ponen punta arriva en el fuego, hasta que den un hervo[c]illo, y se líquide bien el tuétano que rebuelven con un palito, y se alimentan de aquella admirable sustancia (p. 79. El subrayado es mío).

De todas maneras el gauderio como miembro del sistema social colonial no está del todo definido. Si lo incluyo en esta clasificación es por su carácter rebelde y de fugitivo.

Un aspecto interesante en la segunda sección dedicada a los gauderios es su carácter rural:

> ...así el corto número de colonos se contentan con vivir rústica-mente, manteniéndose de un trozo de vaca y bebiendo sus al[h]ojas, [se refiere a la chicha] que hacen muchas vezes dentro de los montes, a la sombra de los coposos árboles que producen la algarroba (p. 199).

La descripción de sus costumbres adquiere una dimensión especial en la cual la naturaleza se presenta como forjadora de las mismas. Es en estos mismos "montes espesos" donde "tienen sus bacanales dándose cuenta unos gauderios a otros, como a sus campestres cortejos, que al son de la mala encordada y destemplada guitarrilla cantan y se echan unos a otros sus coplas, que más parecen pullas" (p. 199). La vida en las comunas parece ser tomada de alguna novela pastoril:

> Dos mozas rollizas se estaban columpiando sobre dos lazos fuerte-mente amarrados a dos gruesos árboles. Otros, hasta completar como doce, se entretenían en e[x]primir la aloja y preveher los mates y revanar sandías. Dos o tres hombres se aplicaron a calentar en las brasas unos trozos de carne entre fresca y seca, con algunos caracúes, y finalmente otros procuraban aderezar sus guitarrillas, empalmando las rosadas cuerdas. Un viejo, que parecía de sesenta años y gozaba de vida de 104, estaba recostado al pie de una coposa haya, desde donde daba sus órdenes, y pareciéndole que ya era tiempo de la merienda, se sentó y dixo a las mugeres que para quando esperaban darla a sus huéspedes, y las mozas respondieron que estaban espe-rando de sus casas algunos quesillos y miel para postres (p. 201).

Es sorprendente que lo que parece ser una teoría moderna haya ya sido señalado por Carrió. El ambiente y las condiciones natu-rales americanas se presentan como hacedores del hombre nuevo:

> Esta gente, que componen la mayor parte del Tucumán, fuera la más feliz del mundo si sus costumbres se arreglaran a los preceptos evangélicos, por que el pays es delicioso por su temperamento, y así la tierra produce quantos frutos la siembran, a costa de poco trabajo (p. 205).

Esta idea había sido presentada por cronistas que apuntaban la humanidad y mansedumbre del indio y del que sólo lamentaban que éste no conocía el cristianismo. Varios textos habían señalado lo bondadoso en el indio y su posible relación con la naturaleza; consúltese a Guamán Poma, Garcilaso de la Vega, Bartolomé de las Casas entre otros. Carrió se une a esta idea, presentando el escenario gauderio como una especie de paraíso perdido donde el ser humano regresa a su origen. Desgraciadamente, esta imagen del hombre que vive a lo natural como un salvaje noble es meramente sugerida y no adquiere dimensiones mayores.

Por otro lado el lector del *Lazarillo* recibe una fuerte sacudida al enfrentarse con la imagen del indio que allí se presenta. Primeramente, luego de la descripción de una relación gauderio-naturaleza se espera que ésta se reestablezca con el indio y se adentre en ella explicando sus variaciones. Esto no ocurre. El indio sí pertenece a la naturaleza: es un elemento más de lo salvaje que no merece consideraciones mayores. En segundo lugar los prejuicios sociales, que a estas alturas del siglo se esperarían ser menores, continúan rigiendo con igual fuerza. Es interesante señalar que la presentación del indio estará a cargo de ambos narradores: Carrió de la Vandera y don Calixto, el "indio neto". Ambos muestran distintas actitudes y sus puntos de vista reflejan concepciones y posiciones de la época. En ocasiones se hace necesario cuestionar la veracidad de los argumentos de don Calixto, pues, debido a su posición se inclina a una defensa del español que resulta ser forzada.

El indio recibe una cuidadosa caracterización. Las referencias en el texto son múltiples y abarcan todos los aspectos de la vida diaria. Rotundamente en todas ellas se aprecia un rechazo que casi llega al odio. Aún cuando se tocan aspectos folklóricos, éstos nunca llenan al narrador (sea Carrió o Buxtamante). El indígena es siempre un ser vil y vicioso, quien ha estorbado la labor de exploración y explotación de las Américas. El conquistador ha tenido que tomar tiempo para culturalizar y occidentalizar al aborigen.

El español se levanta como un reformador de las costumbres bárbaras indígenas. Uno de los vicios señalados por Carrió, y que había sido tratado por cronistas anteriores, es la sodomía. En el *Lazarillo* nunca se menciona por su nombre: "Estos indios pampas son sumamente inclinados al execrable pecado nefando" (p. 96). Más adelante en el texto, siguiendo el espíritu de la época, se ofrece una posible explicación para este comportamiento. En el caso de los incas sus susperiores Incas, caciques y otros oficiales tomaban para sí gran número de mujeres reduciendo considerablemente la población femenina para el indio casadero. De esta manera

"era muy común el pecado nefando y bestial, que hallaron muy propagado los españoles" (p. 299). Esta sencilla exposición es presentada por don Calixto que a continuación añade: "....casi lo extinguieron los españoles con el buen orden y establecimiento de los casamientos a tiempo oportuno, imponiendo graves penas a los delincuentes y castigándolos con proporción a su corto talento y fragilidad" (p. 299). Las costumbres occidentales nuevamente vienen al rescate de las barbaridades americanas. Don Calixto aprovecha la ocasión para lanzar un ataque a la Leyenda Negra: "...paso a defender a los buenos españoles de las injurias que publican los e[s]trangeros de sus tiranías con los indios, en que convienen muchos de los nuestros por ignorancia, falta de práctica y conocimiento del Reyno" (p. 299).

El indio ha sido difícil de civilizar y se continúa explicando el por qué. Su carácter es avaricioso (p. 53) e inclinado al vicio. El uso de la coca es subrayado a través de la obra:

> Unos la ma[s]can simplemente, como los marineros la hoja del tabaco, y lo que hemos podido observar es que causa los mismos efectos de atraher mucha saliva y fruncir las encías a los principiantes en este uso. Muchos indios que las tienen ya muy castradas, y que no sienten su natural efecto, usan de una salsa bien extraordinaria, porque se compone de [s]al molida y no sé qué otro ingrediente muy picante, que llevan en un matecito de cuello que llevan colgado al suyo, y de allí sacan unos polvitos para rociar las hojas y darles un vigor extraordinario (p. 263).

Como ya había indicado, la adicción a la coca se limita al indio. De esta cita merece destacarse su espíritu "criollista". Es decir que sobresalta lo autóctono americano. No es de sorprender este aspecto si tomamos en consideración que la mayor parte de las descripciones provienen de don Calixto. En ocasiones, como en el pasaje siguiente, su nacionalismo se expresa, aunque éste se reprime y se enfoca de una manera negativa. Sus areytos o danzas religiosas se describen: "...por medio de los cantares y cuentos conservan muchas idolatrías y fantásticas grandezas de sus antepasados", pero inmediatamente añade:

> ...de que resulta aborrecer a los españoles, mirándolos como a unos tiranos y única causa de sus miserias, por lo que no hacen escrúpulo de robarles quanto puedan, y en tumulto, en que regularmente se juntan cinquenta contra uno, hacen algunos estragos lamentables en los españoles, a que suele concurrir la imprudencia de algunos necios ayudantes de los curas y de los caxeros de corregidores (p. 324).

Los narradores se encargan de hacer resaltar la idea de que "más ganaron que perdieron los indios" (p. 349) con la llegada del español.

Los ejemplos que destacan cuán distintos ambos son abundan en el texto:

> El indio no se distingue del español en la configuración de su rostro, y así, quando se dedica a servir a alguno de los nuestros que le trate con caridad la primera diligencia es enseñarle limpieza; ésto es, que se laven la cara, se peynen y corten las uñas, y aunque mantenga su propio trage, con aquella providencia y una camisita limpia, aunque sea de tocuyo, pasan por cholos, que es lo mismo que tener mezcla de mestizo. Si su servicio es útil al español ya le viste y calza, y a los dos meses es un mestizo en el nombre (p. 342).

Es decir que del tratamiento con el hombre blanco, el indio adquiere cualidades que lo hace más humano. Sin embargo, no es alguien de quien confiar. En una anécdota donde fueron llamados a opinar si un negro había recibido ochenta y cinco u ochenta y seis latigazos, su falta de caridad obligó que se comenzara el recuento nuevamente:

> El negro decía de nulidad y rogaba a los indios que le pasasen en cuenta los ochenta y cinco en que estaban convencidos, pero éstos no entendieron sus lamentos y le arrimaron los ciento, sobre los ochenta y cinco, que es una prueva de la gran caridad que tienen con el próximo (p. 322).

Esta característica a la que se refiere el autor podría ser el resultado de las discrepancias entre el negro y el indio. Don Calixto, refiriéndose a ellos, indica: "Nadie puede dudar que los indios son más háviles que los negros para todas las obras de espíritu" (p. 326). Como se presenta en el texto el negro vino a desplazar al indio: "Los españoles los necesitaron en los principios de la Conquista, para tratar con los indios e informarse de sus intenciones y designios" (p. 326). Debido a estas rencillas históricas la imagen que recibe el lector del negro es completamente prejuiciada. Don Calixto en muy pocas ocasiones se refiere a ellos. Hacia el final del libro cuando éste establece un diálogo con Carrió lo hace exclusivamente para hablar del indio y desarrollar una defensa de la colonización del español.

La posición de Carrió es abiertamente esclavista. En su reseña de la ciudad de Córdoba se refiere a la población de esclavos como:

...la mayor parte criollo, de quantas castas se pueden discurrir, por que en esta ciudad y en todo el Tucumán no hay la fragilidad de dar libertad a ninguno, y como el alimento principal, que es la carne, está a precio moderado, y no hay costumbre de vestirlos sino de aquellas telas ordinarias que se fabrican en casa por los propios esclavos, siendo muy raro el que trahe zapatos, se mantienen fácilmente y alivian a sus amos con otras grangerías, y con ésta sugeción no piensan en la libertad con la cual se exponían a un fin funesto, como sucede en Lima (p. 112).

Los prejuicios sociales son más fuertes para esta clase social. En la obra se insiste en la forma humilde y pobre que el mulato o negro liberto debía de vestir. Una anécdota narra cómo una mulata fue golpeada y sus ropas quemadas por no vestirse de acuerdo con su clasificación social (p. 113).

La caracterización del negro es casi igual a la del mestizo. No se presentan anécdotas que los saquen del anonimato. En los capítulos finales se les describe como: "Los negros civilizados en sus reynos son infinitamente más groseros que los i[n]dios" (p. 339). Esta grosería a la que se refiere Carrió apunta hacia el carácter sensual de esta raza. Como prueba de lo tosco se señalan sus bailes:

...sus danzas se reducen a menear la barriga y las caderas con mucha deshonestidad, a que acompañan con gestos ridículos, y que trahen a la imaginación la fiesta que hacen al diablo las brujas en sus sábados, y finalmente sólo se parecen las diversiones de los n[e]gros a las de los indios en que todas principian y finalizan sus borracheras (p. 340).

El color de su piel los hace parecer satánicos y maliciosos. Pero toda la caracterización se queda ahí. No se conocen más datos concretos sobre sus costumbres o manera de vida.

El *Lazarillo de ciegos caminantes* es una obra de un obvio contenido social. En sus páginas se reconstruye la sociedad colonial americana. Su valor reside en que refleja los prejuicios sociales que explican las actuales confrontaciones entre las clases. No he querido desmerecer su carácter literario. Este se encuentra allí, sólo que no merece un reconocimiento tan excesivo como el que se le ha otorgado. Las constantes referencias literarias tienen un propósito didáctico. Carrió de la Vandera quería instruir en materia humanística a la vez que mostraba orgulloso el territorio americano. Esto último debe quedar claro en la mente del lector, pues el *Lazarillo* como itinerario de viaje es un género de por sí, que exige un acercamiento distinto al resto de las composiciones literarias.

BIBLIOGRAFIA

Anderson Imbert, Enrique. *Historia de la literatura hispanoamericana. La colonia. Cien años de república.* México: Fondo de Cultura Económica, 1982, pp. 176-78.

Bataillon, Marcel. "Introducción a Concolorcorvo y su itinerario de Buenos Aires a Lima". *Cuadernos Americanos,* 110-111 (1960), 197-216.

Borello, Rodolfo A. "Alonso Carrió de la Vandera". En *Historia de la literatura hispanoamericana. Epoca Colonial.* Coordinador Luis Iñigo Madrigal. Madrid: Ediciones Cátedra, 1982, pp. 151-157.

Carilla, Emilio. *El libro de los "misterios". El lazarillo de ciegos caminantes.* Madrid: Editorial Nova, 1971, pp. 117-131.

Franco, Jean. "La cultura hispanoamericana en la época colonial". En *Historia de la literatura hispanoamericana.* Coordinador Luis Iñigo Madrigal. Madrid: Ediciones Cátedra, 1982, pp. 35-53.

García Calderón, Ventura. "La literatura peruana". *Revue Hispanique,* 31 (1974), 339.

Greer Johnson, Julie. "Feminine Satire in Concolorcorvo's *El lazarillo de ciegos caminantes".* South Atlantic Bulletin, 45 (1980), 11-20.

Macera, Pablo, introd. *Reforma del Perú.* Por Alonso Carrió de la Vandera. Lima: Universidad Mayor de San Marcos, 1966.

Mazzara, Richard A. "Some Picaresque Elements in Concolorcorvo's *El lazarillo de ciegos caminantes".* Hispania, 46, Nº 2 (1963), 323-27.

Lorente Medina, A., ed. *El lazarillo de ciegos caminantes.* Por Alonso Carrió de la Vandera. Madrid: Editora Nacional 1980.

Mignolo, Walter. "Cartas, crónicas y relaciones del descubrimiento y la conquista". En *Historia de la literatura hispanoamericana.* Coordinador Luis Iñigo Madrigal. Madrid: Ediciones Cátedra, 1982, pp. 57-110.

Pupo-Walker, Enrique. "En el azar de los caminos virreinales: Relectura de *El lazarillo de ciegos caminantes".* En *La vocación literaria del pensamiento histórico en América.* Madrid: Editorial Gredos, s.f., pp. 156-190.

Soans, Alan. "An Idearium and Its Literary Presentation in *El Lazarillo de ciegos caminantes".* Romanische Forschugen, 91 (1979), 92-95.

THE VALUES OF LIBERALISM IN
*El Periquillo Sarniento**

Edmond CROS

I. *Literary Institution and Discursive Practices*

The study of the relationship between Literature and History whose existence we all postulate constitutes an extremely vast and complex field of reflection. For this reason, rather than examining one particular aspect of the question, I would like to pave the way by asking questions, making suggestions, settling details, with sociocriticism as the starting point. It is quite obvious that our comments concerning these relationships all depend on the disciplines we study (whether we are sociologists, historians, anthropologists or literary people), and within these disciplines they depend on our specializations (the evolution of thoughts, mentalities, literary criticism or the history of literature)... They also depend on the object of our criticism, and this explains why research on how works have been received may be based on a historical reading as well as the analysis of production contexts. Finally these relationships also depend on several controversial scientific or philosophical preliminaries or presuppositions.

If I focus the problem on my own preoccupations, I am led to place myself in relation to a first criterion which joints the literary text to literature and clears it of a certain number of historical or textual categories. This is where we meet up with the first definition problem : What do we mean by Literature and Literary ? The answers given to this question up to now do not satisfy everybody because they try to define « literariness » with formal criteria or

* Translated from French by Hélène Baïssus.

criteria concerning the contents. What we do know is that the criteria of literariness are likely to vary from one society to the next, and within the same society from one period to another.

In the present state of research and from a purely empirical point of view we shall consequently consider as literary what is *accepted* as being literary. Just as Pierre Bourdieu [1] reminded us, this implies the existence of legitimatization proceedings and more generally some kind of apparatus, specific communication networks, and a social practice.

Furthermore, if it does prove difficult to say what literature is, it seems possible to define what it is not, as far as the discursive practice is concerned. If we consider Renée Balibar's and Denis Laporte's analysis of academic practice during the democratic bourgeois revolution [2], and also Auerbach's earlier research on lower latinity [3], we are entitled to conclude the specificity of the literary discourse in comparison with other discursive practices. His specific and fictive nature turn the literary discourse into a secondary modeling system.

We shall therefore distinguish this discursive practice from the institution in which it functions, and note that should they both be jointed to the history of our societies, each one evolves in its own time. I shall here take as an example the « *Periquillo Sarniento* » written between 1815 and 1816 generally considered as the first Mexican novel.

In one of his introductory works Fernández de Lizardi, the author, indirectly describes the state of subordination of the Mexican literary institution which is only considered as the extension overseas of the Spanish literary institution. When mentioning the printing costs of books in Mexico, he works out a cost price which takes

---

[1] « Le marché des biens symboliques », *L'Année Sociologique*, t. 22, 1971, p. 49-126.

[2] Renée Balibar et Denis Laporte, *Le français national : constitution de la langue nationale à l'époque de la révolution démocratique bourgeoise*, Paris, Hachette, 1974 et Renée Balibar, *Les français fictifs, le rapport des styles littéraires au français national*, Paris, Hachette, 1974.

[3] E. Auerbach, *Literatursprache und Publikum in der Lateinischen der franzosichen Bildung*, Berna, 1951. See Edmond Cros, *Théorie et Pratique Sociocritiques. Paris/Montpellier. (First Part, Chapter 2 and Chapter 3.)*

into account the cost of export to Spain, and he concludes that these are unsaleable products. This constitutes « one of the main obstacles to seeing American talent on the literary scene. » [4] The author refuses any form of patronage and takes a definitely antiaristocratic stand when he treats all his potential readers as equals. Here appears the notion of a readership with very vast outlines. This discourse on equality, social homogenization and assimilation is to be related to the ever developing importance in the 18th century Europe of the « transition State Ideological Apparatus » (the expression belongs to Régine Robin) such as Academies, masonic lodges, or in Spain, the « *Society of the Friends of the Country* » (« *Sociedades de amigos del país* »).

Thus, Fernández de Lizardi just reproduces the tensions that the metropolitan institution undergoes and which condition the bourgeois future of culture in a country still dominated by a feudal structure. On the other hand, the F. de Lizardi's attitude towards the Church proves that this latter's power as S.I.A., has been shattered (like in Spain) but also that her weaknesses are far from being as perceptible in Mexico as her decline in the Iberian Peninsula (*cf.* F. L.'s carefully phrased remarks in another introductory text and this, in order to protect himself from any prosecution from the Church authorities, [5] and within the text itself his concern about counterbalancing his anticlerical portraits with the description of virtuous clergymen.) Thus, these prologues register the specificity of the colonial Institution's state. This specificity becomes more pronounced when we change from the institution to the discursive practice. The two levels of the readership probably do coincide from a certain point of view in the conception of what is the readership : On one hand only the extension of the apparatus will allow the passage from the era of patronage to that of market of symbolic values, and on the other hand, F.L.'s definition implies a social multiracial stratification which does not apply to the mother country; (« I know that some of you will be plebians, indians, mulatto, negros, vicious idiots, and imbeciles ».[6]). Projecting such

---

[4] *P.S.*, ed. Sainz de Medrano, Madrid, Ed. national. 1976, T. 1, p. 56. The translation is ours.

[5] Ed. quoted p. 65.

[6] Ed. quoted p. 60.

a readership implies that he institutes a narratee who would be sufficiently competent as far as the lower classes are concerned, and nevertheless adapted to the needs and expectations of the cultivated fringe of the potential readers. The author is aware of the difficulties of such a project, and in a kind of postface, he claims a style « which is neither down to earth nor pompous...a family and familiar style which is what we all commonly use and thanks to which we understand each other and are understood more easily ».[7]. This quotation might tempt us to try and discover what Bourdieu calls a medium style, destined to a middle class readership, which would prefigure the limits of a vast production field of symbolic values. This, of course, providing we leave aside a surprising passage in the second introductory text, already mentioned, in which the author notes that he has inserted digressions from Latin authors with this interesting emendation as far as we are concerned : « At the same time and in order to prevent the less cultivated readers from stumbling over the Latin, I have left the *Castilian* translation in the text, whereas I sometimes just mentioned the references which I happen to forget completely in a few cases » [8]. The adjective « *Castilian* » used in order to indicate the Spanish language constitutes an ideological turning point which is far from being insignificant. It is indeed a textual indication of the hegemonic institution and of its discursive practice. This contradicts what we have been told about the narrator all the more since the text is riddled with mexicanisms and popular expressions which imply just as many different discursive practices. But what happens with these mexicanisms and popular expressions is similar to what happens with the Latin quotations. Allow me to make a digression, so that things will be more clear. The author in this novel imagines two different and interwoven communication systems :

The essential and autobiographic part of the text is a father telling his children about his life in a didactic viewpoint. The trials and tribulations of his turbulent and nearly delinquent life should lead them to a virtuous way of life. But when the first narrator is too ill to keep on writing, he is replaced by a second one, called *El Pensador*. This is FL's pen name when he signs the articles in *El Pensador Mexicano*, the newspaper he founded.

---

[7] Ed. quoted, Book II, p. 966.

[8] Ed. quoted, p. 63. In the translation, the stressing is mine.

The latter has been set two tasks as far as the fiction is concerned : he very briefly ends the story in the 3rd person when it had been written previously in the first person.

Being the executor, and contrary to the will of the deceased, he corrects, organizes and publishes the autobiographic text. This means that the critical apparatus is part of the fictive text.

This fictive publisher never feels obliged to translate into Castilian any of the mexicanisms which the text is riddled with; he only interferes once with a mexicanism, and then it does not seem as though he is trying to enlighten a potential Spanish readership but wants to substitute a nahuatl word (*cataxtlé*) for another (*topextle*). This implies, on the contrary, that the narrator and narratee use the same code and are discussing its orthodoxy. [9] In spite of, and within the situation of tight subordination of the Mexican institution to the hegemonic metropolitan institution which I mentioned previously, a discursive practice is developing which is characterized by a certain level of autonomy and specificity and therefore much more distinguishable from the literary discursive practice of the peninsula than from the Spanish institution. If we cannot exactly measure this distance we are lucky enough though to be able to show its projection into the apparatus. An extratextual publisher thought it necessary in 1842 to translate many of these mexicanisms into Castilian. For example, he thought it advisable to say that the term *Pararse* « means *stand up, get up*. This *provincialism* is commonly used here although the verb *pararse* does not have this meaning in Castilian ». [10] He also says of « *chancleta* » : « This word is synonymous in Castilian with « chinela », but here it means a shoe with an unstuck heel which makes an unpleasant noise when you walk ».[11] This concern about mentioning the current norms in the peninsula, compared to which the Mexican language is accepted as a provincial dialect, proves, twenty odd years after the Independence, the absence of any cultural identity's awareness. In return, it also gives a great ideological significance to the claim for discursive autonomy which the mexicanisms in the text of the *Periquillo Sarniento* make implicit.

[9] Note of F.L. about the term *tepextle* (see ed. quoted, p. 566).

[10] Note of the 1842 editor concerning the term *párate* Edition quoted, p. 429.

[11] Note of the same editor concerning the word *chancleta* ed. quoted, p. 479. In the translation, I stress the terms *provincialismo* and *castellano*.

Does this interference of the extratextual publisher not prove the fact that in 1842, in spite of the political independence, the Mexican literary institution keeps on projecting itself in the cultural subordination to the ex-mother country, whereas some thirty years earlier, just at the end of the colonial period, the discursive practice was expressing itself in a perspective of rupture ? If we limit ourselves to Lizardi's case, we must draw the limits of this rupture and mention that it projects itself in the text as being in the process of realization rather than already realized. This is to be related to the fact that F.L. mentions that he is translating the Latin quotations into *Castilian* and not into Spanish. Whereas the latter, in the 19th century applies as well to the Creoles as to the peninsular Spaniards, the first term, though, is discriminatory and exclusive. This shows once more the backwardness and the difference between the cultural apparatus and the general evolution of the infrastructure, as well as that of the juridical-political superstructure.

In *Periquillo Sarniento*, the difference between the literary institution and the discursive practice is surprisingly neat. Whatever the effect of the individual factor, probably all the more perceptible since Fernandez de Lizardi was first and foremost a journalist, *time* for the institution is a lot slower, incredibly conservative, like a behindhand testimony to the long periodization of history, [12] and is opposed to a discursive practice which is far more sensitive to history, its gestation, and its destiny.

I wish to work on these various discursive practices of *Periquillo Sarniento* from a different point of view now. I would like to study an apparent contradiction where two irreconcilable elements seem to join : i.e., the maintenance of a close subordination to the Castilian cultural hegemony and the forming of a truly Mexican linguistic identity. We must therefore come back to the ambiguities which apply to the narratee's nature, as mentioned earlier. The

---

[12] This subjection of the Latin-American Institution still exists long after Latin America had obtained her independence. In the last quarter of the XIXth century, the Ecuatorian J.L. Mera exchanges letters with the Spanish writer Valera. Among the main topics that they discuss, we find the project concerning the « americanization of literature » which the Spanish academician considers as an absurd undertaking. His interlocutor's enthusiasm does not stop him from being convinced « that South American literature must keep on being Spanish through form and language; on the contrary, we like that the laws of Castilian good taste be observed, and we are the enthusiastic defenders of the language that our ancestors gave us. » in *Ojeada histórico-crítica sobre la poesía ecuatoriana...*2a édicion, Barcelona, Impr. de J. Cunil Sala, 1893, p.601.

illusive and consequently ideological character of F.L.'s ambitions is worthy of a close study when he claims that he is using a style « which we all commonly use and thanks to which we understand each other and get ourselves understood more easily » and at the same time addresses himself to a vast and open readership.

Thus we must be aware of what the text itself tells us of the learning of these various discourses and of how they are likely to function --or not-- in the national and unitarian communication system which F. L. wishes.

Following the preoccupations of the Age of Enlightenment which announce the upheavals to come and which will affect in all Europe the social role of the institution, the narrator describes another ideological Apparatus, in close symbiosis with the Cultural Apparatus, i.e. Education.[13] On one side we find primary school. Its task is to teach how to read, write, and count. [14] It is inseparable from religious tuition, [15] and is in the hands of teachers who don't know themselves how to read and write. [16] When the children leave school they know at the uttermost how to « understand and get understood ». On the other side, we have secondary schools and universities to which poor people do not have access. [17] This social bipartition is in no way surprising. What I am interested in is the fact that this bipartition is not obscured since the narrator says that at primary school he was amongst poor peoples' children [18] whereas he seemingly but not surprisingly mixes with young men with money at high school. [19]

These two schooling levels, from which originate two obvious practices of the Spanish language, have specific functions in the

[13] For practical reasons I use here the term « ideological apparatus » although it is impossible that there exists an *autonomous schooling Apparatus* under the Ancien Regime. See R. B. and D. L. in *Le Français National* (ed. quoted p. 35) It is quite obvious that this also applies to Spain and its colonies.

[14] Cf. ed. quoted, p.103.

[15] « that day, there was no writing, no reading, no praying, no doctrine. Nothing happened », (Ed. quoted, p.95).

[16] See what the narrator says about his own schoolmaster, i.e. that he knew barely enough about reading and writing to understand and get understood. (Ed. quoted, p.88).

[17] See ed. quoted p. 116.

[18] « La tal escuela era a más de pobre mal dirigida, con esto sólo la cursaban los muchachos *ordinarios* ». We shall remember that *ordinario* is synonymous with *vulgo*. (See the dictionary of Covarrubias).

[19] See ed. quoted, p.119.

society. This explains why Periquillo's parents have an argument about the child's future when he leaves primary school : whereas his father considers himself poor and old and wants to destine him to become a manual worker, his mother puts forward the nobility of her family in order to guard against the possibility of what would be to her mind a sign of decline. In the Ancient Regime's logic which is extremely important in Mexico, social tasks are the reflection of social discriminations. If he goes to high school or to a university, Periquillo is preparing to take up the future of a « letrado » or an ecclesiast and he obeys his social vocation. [20] He will then undergo a linguistic training based on Latin grammar and authors, normally destined to prepare the administrative elite of the civil servants. But the father's personal position on the problem comes and disrupts this social panorama since he recommends a professional manual career which is not based on the child's birth but essentially on its natural aptitudes and abilities.

Let's come back to our first intention and we will observe that the narrator's discursive practice is obviously what he was taught during his humanities. The narrator's style is so close to that of a famous author of the Spanish Golden Era that I could say about the former what I have written about the latter, i.e. that he takes advantage of the whole legacy of the humanist period.[21]

The fact remains, as we noticed, that this extratextual practice of the letrados y ecclesiasticos language in the discursive practice of the Periquillo forms the subject of a kind of internal subversion due to the emergence of a contradictory socio-linguistic practice around which we find effects true to reality.

You will have noticed that I have never referred to what we call History and that I contented myself with letting the text speak for himself in order to bring out more clearly a double relevant contradiction, i.e. :

1) a contradiction of classes, which is explicitly revealed by the text and this does not mean knowingly,

2) a textual contradiction between the indomitable former contradiction and the narrator's declared pretence of writing in « the way we all speak » which creates a utopian space where the former contradiction would be solved.

---

[20] See ed. quoted, p.111.

[21] See E. Cros, *Protée et le gueux, recherches sur l'origine et la nature du récit picaresque* in Guzmán of Alfarache of Mateo Alemán. Paris, Didier, 1967.

Thus we are confronted with a projected ideological discursive practice--in so far as the class-differences are abolished within it--which nevertheless shows (due to backlash) what in a real discursive practice is jointed on a forming History.

After these few remarks we can of course think about Renée Balibar's and Dominique Laporte's studies, even if they are centered on slightly different facts, i.e., the direct State intervention on the structure of linguistic exchanges, and the effect of these exchanges on the development of a fictive literary French language. Moreover, these studies concern a society quite distinct from the Mexican, I will nevertheless approve of the connection that they establish between the linguistic standardization processes, and the emergence of the nation form and constitution of a national market which implies a modification of the juridico-linguistic practices in so far as it implies the free movement of goods and labour. (« ...the practice of the standardized language *must* be one of the requirements for the realization of the bourgeois law ») [22].

Thus a national and unitarian linguistic practice appears as one of the fundamental requirements for liberalism. Consequently, when projecting this utopian discursive practice, the author is transcribing the aspirations of a social class in forming and a political project.

If we change our viewpoint now and consider the textual genetics, this transcription will become even more apparent.

II. *The Testamentary Structure : Inheritance* ↔ *Merit Passivity* ↔ *Independence. The Paternal Concept of Obligations.*

The *Periquillo Sarniento* appears first and foremost as belonging to intimate literature as this autobiography was written by a father for his children, so that his unfortunate life would be a lesson to them. The dying man feels too ill to continue his story and he confides the manuscript to the care of his friend Lizardi, well-known under the name of *El Pensador Mexicano*. Lizardi accepts the task of being his executor. Thus, the whole text must be considered as the spiritual will of a father.

[22] In *Le Français National, op.* quoted, p. 68.

This communication situation is fully brought to light through the fact that the narrator's last words concern the clauses of his will. Once these are settled, he calls his wife and sons to his bedside in order to speak to them one last time and he exhorts them to love and honor God as this is the only way to happiness on earth and to salvation in the beyond. In this last harangue, he tells his offspring to refer to his autobiographic confessions and more particularly to the last recommendations of his own father which he has reported.[23] Lastly, by way of conclusion, the description of his death is followed by a conversation between his widow and executor, where they have to decide whether this spriritual legacy will have to be published or not. These few remarks are enough, I think, to show how the *Periquillo Sarniento*, semantized by two interwoven wills and explicitly presented as the text of a will, is linked to a social practice which it does not only transcribe but also seems to question. And this precisely because its existence is only due to the violation of the fundamental norms which rule this practice, i.e., the religious and sacred respect of a deceased person's will. I must indeed remind that, in his prologue, the narrator wishes that the manuscript always stays in his sons' possession, and contemplates at the uttermost that it could circulate within the limits of a close circle of friends.[24]

No doubt there is an apparent non-appropriateness between the explicit wish to have a readership limited to his sons and between his resorting to a prologue which constitutes a marked sign of the public circulation of the edition and whose existence would justify the fictive publisher's unscrupulessness. A close analysis of this same prologue would prove that the addresser hesitates between two types of addressees, or rather, more precisely, that he superimposes two communication situations. (The I/You, my sons ↔ The I/You reader). This will remind us of the *Lazarillo of Tormes* but we shall nevertheless immediately underline that the respective fictive situations of each autobiography are not comparable (a letter exchange in the first, and the text of a will in the second). Moreover, the *Periquillo Sarniento* presents the process of its making as having a symbolical value, from the moment when the executor takes over

---

[23] See *Notas del Pensador*, p. 925-930.

[24] « No quisiera que salieran estos cuadernos de sus manos y así se lo encargo; pero como no sé si me obedecerán, ni si se les antojará andar prestándolos a éste y al otro me veo precisado (...) a hacer yo mismo una especie de Prólogo »...p.67.

the manuscript until the moment when, as editor, he corrects it and gives it a critical apparatus. Within the framework itself of the fiction, it is of some importance that the executor be a journalist whose function consists in publishing all his informations, and whose social function, beyond the particular case of Lizardi, is felt by the community as conveying social criticism. In other words, the fact that the narrative authority appoints a journalist to become the actant of the transgression gives this transgression a significance which goes beyond the mere anecdote. We shall therefore avoid talking about a contradiction, and we shall consider how complex the communication situation is, which links together two seemingly irreconciliable systems.

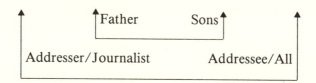

Father   Sons

Addresser/Journalist   Addressee/All

Due to the double fact that the will is subjected to a transgression by a public man who is destined to be the conscience of the community, and that it is jointed to another situation which includes it, the intimate situation of the will's practice appears as something to look at and to look into.

This is all the more remarkable since what I shall briefly, and for the time being, call « the theme of the last will and testament » re-occurs all along the text, either directly, or through one of its main motives. To the three occurrences which I have already noted (the will of Periquillo's father -Periquillo's will- and the Periquillo as text) we find in addition :

--The will of Antonio Sánchez, represented by the evocation of his *albacea's* dishonesty (p. 363 and ff)

--The will of the marquis who wishes to make amends for his conduct prejudicial to Antonio Sánchez (p. 432)

--The will of the *Trapiento's* father (p. 571)

--The Colonel's will in Periquillo's favor (p. 735)

--The inheritance of the *mayorazgo*, after Damian's death (in favor of Don Tadeo Mayoli, called *El Trapiento*) (p. 895)

--The will of Periquillo's master, in favor of Periquillo (p. 915)

This series is significant in itself, and functions as a kind of narrative relay which gives impulse to, moves and reverses situations as far as the diegesis is concerned. The executor is a *deus ex machina* who sometimes ruins young people with money through his embezzlements, and who, in Antonio Sánchez' case, is at the origin of the numerous misfortunes of this unlucky characʳᵉ Sometimes, on the contrary, he gives fortune and happiness to people who thought they'd always be deprived of them. Here the executor plays the part of fate and acts in the text as the main dramatic moving forces of the story.

The major part played by the transcription of this social practice in the meaning production is confirmed if I put together the various textual realizations of the main components which amount to what I shall now call the *testamentary structure*.

First and foremost the central figure of the father. The Periquillo is conceived in the manner of a treatise on education and is intended for fathers more than sons : (Book I, Ch. III, « ...-ch. XIV... »). [25] On the other hand, the characteristic opposition on which is built the picaresque story between the old man and he new man, the actant and the narrator, significantly confronts here an unworthy son (in the first 25 chapters in particular) and the exemplary father that Periquillo has become. This distance enables us to measure the structure of the will. Whereas the reading of his father's will had only very slightly moved Periquillo, [26] this is the only precise passage that he mentions to his sons from his deathbed, and thus implicitly shows them that it contains all the pieces of advice and moral that his autobiography illustrates in a different manner, and more precisely with the *argumentum a contrario* [27].

Thus, in the (short) series of Periquillo's words to his sons [28] the respective voices of the two men seem to coincide. I am therefore

---

[25] Vol. I, Chap. III, « En el que Periquillo describe su tercera escuela y la disputa de sus padres sobre ponerlo a oficio » -- Chap. XIV : Critica Periquillo los bailes y hace una larga y útil digresión hablando de la mala educación que dan muchos padres a sus hijos »...

[26] « Esta carta no hizo mas efecto que entristecerme algunos ratos, pero sin profundizar sus verdades en mi corazón »...(p.233).

[27] « Por último : observad los consejos que mi padre me escribió en su última hora (...) y os quedan escritos en el capítulo XII del tomo I de la historia » (p.929).

[28] See one example amongst others : « No hijos, por Dios, no aumentéis el número de esos ingratos »...)

able to say that Periquillo's spiritual will functions like knowledge that he inherited from his own father. I shall also add that both the utopian organization of the Society[29] and the divine order follow the pattern of the paternal figure, which explains the use of the terms « *Padre Amante* » (p. 870), « *Padre Celestial* » (p. 210) and « *Gran Padre de Familia* » to qualify God.

It is therefore not surprising to find a new series, that of the paternal figure's substitutes :

--the good master in Ch. III...

--San Francisco (210) and the Provincial father (Ch. XI)

--Antonio [30]

--the inn's owner, to whose care he entrusts the small fortune won in a lottery : the latter is not explicitly called father but functions as such as well through the advise and help he gives the narrator and through the emotional ties that they share.[31]

--the colonel [32]

--Limahotón who, in the same way as the inn's owner, refers to the paternal figure through the double indication of the paternal ties and the role of *protector* (p. 250) or *favorecedor* (p. 781) [33].

--the new Martin Pelayo [34]

--the last master of Periquillo who is the spiritual son of Martin Pelayo (p. 862) and will act as a father to the narrator.

This same figure applies to other characters who don't implicate Periquillo; Antonio Sánchez' father is yet another paradigm of the same type [35] and after this latter had died, another one serves as a substitute for him [36].

[29] « Todos los individuos del cuerpo político deben reputarse en esta parte, *hijos de un familia* (p. 284)

[30] « se hizo dueño de mi voluntad en términos que yo lo amaba y lo respetaba *como a mi padre* »...(p.414).

[31] « Yo me prendé de aquel hombre que tan bien me aconsejó sin interés; pero no trataba de admitir por entonces sus consejos »...(p.597).

[32] « llegué a querer y respetar el coronel *como a mi padre* y él llego a corresponder a mi afecto con el amor de tal » (674); « Tales eran los consejos que frecuentemente me daba el coronel quien a un tiempo era mi jefe, mi amo, *mi padre*, mi amigo, mi maestro bienhechor »...(686).

[33] « Desde entonces me trató el isleño con el mayor cariño » (741).

[34] « En el confessionario, soy *tu Padre* » (861).

[35] « Mi buen padre no perdonó fatiga, gasto ni cuidado para suplir esta falta (of the mother E.C.) y así (...) pasé mi puerilidad con aquella alegría propia de la edad, sin dejar de aprender aquellos principios de religión, urbanidad y primeras letras en que no se descuidó de instruirme mi amante padre, con aquel esmero y cariño con que se tratan por los buenos padres los primeros y únicos hijos » (p.363).

[36] « los favores que le debí a este *mi nuevo padre*, pues así lo amaba, y él me quiso *como a su hijo* » (367).

As opposed to this very model of intelligence and wisdom to which the lexical field of kindness and protection refers, on which are focused and regarded as sacred all the exemplary and didactic material, we find the cruel father (the misanthrope's father p. 888 and ff), devoid of sense (the *Trapiento's* father p. 572 and ff), who hits his children (Andrés' padrastro p. 511) or disinherits them (the *Trapiento's* father).

In a novel which strangely reminds us of *Guzmán of Alfarache*, where the story's discursive thread is constantly interrupted and overwhelmed by all kinds of considerations, the paternal figure and the *testamentary structure* which includes it both rebuild the textual coherence, a coherence where the romanesque and the didactic find strength and join up.

Thus, this series of paradigmatic types which develops within the diegesis is jointed amongst other things to the exemplary portrait of the father, a prop to social and moral order, whose presence is enough to compensate the mother's congenital weakness : [37] (p. 265) (about this notion of a good education, and criticism of female weakness, see ch. XIV, p. 264 and ff)

The practice of the last will and testament belongs to the wider context of preparation to death, and this explains why it is linked amongst other things to a certain number of situations and moods in the social imagination. Being the expression of truth par excellence, it constitutes the mythical spot of revelations, shows the depth and sincerity of feelings, acknowledges and makes up for injustice, rewards devotion, so that it enables us to bring to light the final toll of an existence, to different degrees but in a material and tangible manner.

It therefore implies some soul-searching and functions like the corollary of a general confession. No doubt this is how any autobiography appears and *a fortiori* a picaresque autobiography, but I am nevertheless surprised at the number of textual occurrences where this discursive pattern appears as such. Periquillo tells the story of his life many times, either to characters he has just met, or to old friends he happens to see again, and all these people tell him of their own life in return : we would need to give dozens of quotations.

---

[37] « Sin embargo Zaza vez deja de servir de cierto freno la presencia del padre pero si éste muere todo se acaba de perder. Roto el único dique que había, aunque débil, se sale de caja el río de las pasiones, atropellando con cuanto se pone por delante »...(P.265).

These micro-autobiographies come and complete the narrator's. They sometimes give a new version of it, either incomplete (p. 47) or untrue (p. 511). Lastly, Periquillo makes a general confession to Martin Pelayo, which lasts 7 days, and which we could theoretically imagine as being the plain copy of the novel (p. 859). To my idea, this phenomenon is slightly different from the *autobiography inside the autobiography* that we can find in other picaresque novels, (even if it does include it, for example in the case of Antonio Sánchez and the *Trapiento*).

What seems to repeat itself in the *Periquillo*, and this is where the difference lies, is not a type of discursive practice but the sign of its textual inscription, and this refers more directly to the seme of confession. This particularity, or at least what seems to be one, obviously enters the semiotic text of the *testamentary structure* which we have just discovered and which it contributes to institute. This social practice, nevertheless, is not only transcribed; as I mentioned earlier, it forms the object of a calling into question. First, in its objectively most questionable aspects, i.e. either the poor functioning of the Institution (*cf*. the satire of the bad executors), or the practices which pervert it (*cf*. the judgment passed on the birthright p. 572 and ff). and this comes straight from the 18th century reformist literature viewpoint. I am particularly thinking of what it said about the social origins of a certain number of prelates and popes, of the archbishop of Maguncia in Germany, the son of a carter; of Benoit XI, son of a washerwoman; of Benoit XII, son of a miller, of Boniface VIII. These few, seemingly non-relevant examples, illustrate the assertion according to which « the manual works and poverty don't degrade the man neither keep him from getting the highest positions and responsabilities when his virtue and culture entitle him to them ». (p. 292).

This same idea is reproduced by Periquillo's father when he tries to convince his wife that social functions have to be shared out according to talents and abilities, and not to birth. (*cf*. Ch. IV, p. III). The theme of filiation is clearly indicated here, and in both cases, *in terms of rupture, i.e., in total opposition with the will practice*, which, is contrary, is meant to rebuild and pass on a continuity.

Apart from his last inheritance, which occurs after the narrator's reaching the status of *homo novus*, this coincidence, of the narrator's explicit opinion and the development of the diegesis which we have already studied, appears again in the fact that when the narrator inherits a fortune by will and testament (from the colonel, for example), he looses it very soon in a shipwreck, an episode which is to be read like an epilogue and related to an exemplary antique illustration. [38].

This valorization of the paternal figure and its moral and spiritual responsibility, which coexists within the text with the rejection of the ancestry's social implications, bursts the *testamentary structure*. Thus it can no longer be considered as a plain reproduction made by the text of a discursive or even imaginary pattern. It is well-worth questioning this internal contradiction, first from a diachronic point of view and in comparison with what appears in the Spanish picaresque novels of the « Golden Era ».

In these, indeed, the novel's underlying vision of the family, whether in the *Lazarillo of Tormes* or the *Guzmán of Alfarache* or the *Buscón*, is that of lineage, ancestry, birth, either in the form of a counter-value or of an authentic value. In these three classics, the paternal figure is the negative of the social role that the contemporary society expects (disqualified, ignominious, and with no resources ↔ noble and rich *pater familias*.) Other aspects of these three classics announces the upheavals which are about to affect the family life. Whereas the hegemonic model of family life valorizes all transmissions (of title, possessions, positions), remembers its agrarian roots (through title), and its community functioning, the picaresque novel, as urban novel, ignores all that refers to land and country, only remembers the transmission of ignominy which it tries to rub out, shows the rupture of the family tie; this is how we have to understand the narrator's state of orphan, or the son denying his father, and most and foremost the part played by the uncles (Guzmán's, who denies him, Pablo's, who, as executioner, kills his own brother, or brother-in-law, the barber).

Through determinism, the concept of transmission survives merely in its negative aspect, which in return justifies it in the text's ideological space and thus reproduces the hegemonic model and its values.

---

[38] « ¿ Qué suerte hubiera corrido Aristipo si cuando aportó a la isla de Rodas, habiendo perdido en un naufragio todas sus riquezas, no hubiera tenido otro arbitrio con qué sostenerse por sí mismo ? Hubiera perecido; pero era un excelente geómetra y conocida su habilidad le hicieron tan buen acogimiento los isleños que no extrañó ni su patria ni sus riquezas y en prueba de esto les escribió a sus paisanos estas memorables razones « Dad a vuestros hijos tales riquezas que no las pierdan aun cuando salgan desnudos de un naufragio » (p.284).

On the contrary, as far as the *Periquillo* is concerned, a new hegemonic model of the family is shaping up, which, contrary to what happens in the Golden Era novels, no longer appears through a counter-value but directly within the text. It also contrasts, point by point, with what had been produced by the feudal Social Formation. This new family is to have a cellular structure, turned towards the future. From this point of view, Periquillo's father's pieces of advice, which Periquillo takes up, are destined to;build up his children's future.[39] and to settle on them this middle welfare, (*medianía*) that squares with the political project of the Liberalism.[40]. In this context, we shall easily understand that the individualism praised by the liberal bourgeoisie induces this same liberal bourgeoisie to fight with determination against birthright (cf. *supra*), and to bring discredit on transmission by will in favor of what is obtained by merit and work.[41].

It is indeed remarkable that, in his will, Periquillo says nothing about the material possessions he would bequeath to his wife and sons. The only beneficiaries mentioned are a certain number of « decents, virtuous and married poors » (« pobres decentes, hombres de bien y casados »). It is nevertheless wellworth reminding the measures taken by the testator, in so far as they revive the topic of charity which appears in the 16th century Europe and which is more or less revealed in the *Guzmán of Alfarache* and the *Lazarillo of Tormes*. This question was reactivated in the 18th century Spain and is based on the distinction between the *pobre fingido* (simulated poor), *pobre legítimo* (legitimate) and *pobres vergonzosos* (ashamed). Periquillo adds another two parameters to these two traditional criteria : the beneficiaries of his legacy must be married and have either a profession or a talent.[42] To tell the truth, they

---

[39] « Yo os aseguro que seréis más felices que vuestro padre »...(p.930).

[40] « Pasado este cruel invierno, todo ha sido primavera, viviendo juntos vuestra madre yo y vosotros, y disfrutando de una paz y de unos placeres inocentes en una medianía honrada que, sin abastecerme para superfluidades, me ha dado todo lo necesario para no desear la suerte de los señores ricos y potentados »(p.913).

[41] « sé económica y no desperdicies en bureos lo que yo te dejo ni lo que tu marido adquiera » p.928).

[42] « certificación del cura de su parroquia en que conste son hombres de conducta arreglada, legítimos pobres, con familias pobres que sostener, *con algún ejercicio o habilidad* » (p.925).

are in fact not donations but interest free loans to help the beneficiaries set up, and which they will have to repay as soon as possible so that the sums put into circulation may be used under similar conditions by other beneficiaries. The clauses of the narrator's will constitute the taking shape of a state banking system according to a thinking which concerns economics more than charity. Indeed these lucky beneficiaries, however poor and deserving, will have to find citizens liable to stand surety for them and who will have to repay the advanced sums should their protégé misappropriate the funds [43]. No need to stress the significance of these two new parameters (existence of a family, guarantee of professional success). This project of a social organization destined to promote arts, crafts and trade in order to enable the most deserving fringe of the small people to live reasonably comfortably confirms what I have said about the new family.

With these remarks and in their light, we may get on to the general significance of the narrator's trajectory as well as on to its relation to the situation at his time. We did meanwhile note that, except for what happens after his « conversion », Periquillo very quickly loses all his fortunes, whether big or small, which were attributed to him by a stroke of luck (when he wins on the lottery) or by will. This seems to prove that « *bien non acquis ne profite jamais* ». This reading of the autobiographic fable which I am proposing is confirmed by an epilogue inserted in the second part of the novel. It shows a selfish merchant refusing to get rid of his fortune during the wreckage of the ship he is aboard. In the same way as all the other passengers of the ship he will have to throw his possessions overboard, and, then only, the ship and its occupants are saved. These two versions of the same theme most clearly indicate that money is not only an obstacle in the way to salvation but also and mainly to the success and happiness of the individual. In order to illustrate this assertion, the colonel tells his protégé a fable in which two young people are confronted, one is rich, the other poor[44]. Let the rich one lose his fortune and he is poorer than the poor one. This fable is only inserted in the colonel's speech in order to justify the physiocratic theories [45]. According to this

---

[43] « y, a más de esto, con fianza de un sujeto abonado que asegure con sus bienes responder por mil pesos que se le entregarán para que los gire y busque su vida con ellos, bien entendido de que el fiador será responsable a dicha cantidad siempre que se le pruebe que su ahijado la ha mal versado » (p.926).

[44] « y el muchacho que nació pobre es más rico que el que lo fue, como que su subsistencia no la mendiga de una fortuna accidental sino del trabajo de sus manos » (703).

[45] « pero me agrada mucho el pensamiento de los que han probado que no consisten las riquezas en la plata, sino en las producciones de la tierra, en la industria y en el trabajo de sus habitantes (...) Si la felicidad y la abundancia no viene del campo, dice un sabio inglés, es en vano esperar de otra parte » (701).

theory, the colonel considers that the mines of precious metal discovered in the New World are prejudicial to it [46]. As soon as a mine is opened, craftsmen become scarce [47], peasants abandon their land [48], the poor young people no longer learn a trade [49]. We shall remember that Periquillo's father wants his son to learn a trade precisely because he is poor [50]. It appears clearly that it is quite impossible to consider unmarked this preocupation of the narrator's father, his pleas for the dignity of labor which he considers as being the only authentic and stable fortune although he expresses himself in other terms. When compared with the colonel's economist discourse, these pleas, on the contrary, appear as being the expression of a well-argued thought; this discursive element functions within a general conception which neglects the moral inplications of idleness to the benefit of economics, and the individual to the benefit of the community. [51] Thus, while weaving together the discursive thread of the diegesis and the whole of its presumed digressions the text builds semantic equivalences between values of different kinds and origins around a conceptual axis with contradictory polarities (transmission ↔ acquisition). This axis relates the discovering of precious metal mines to nobiliary ancestry from which would ensue, on one hand and in the short-term, outrageous privileges and illusory advantages, and, on the other hand, a series of reverses of fortune in the long-term.

[45] « pero me agrada mucho el pensamiento de los que han probado que no consisten las riquezas en la plata, sino en las producciones de la tierra, en la industria y en el trabajo de sus habitantes (...) Si la felicidad y la abundancia no viene del campo, dice un sabio inglés, es en vano esperar de otra parte » (701).

[46] « es en mi entender una de las peores plagas que puede padecer un reino; porque esta riqueza que para el común de los habitantes es una illusión agradable, despierta la codicia de los extranjeros y enerva la industria y laborío de los naturales ». *(Ibid).*

[47] « o si hay algunos, se hacen pagar con exorbitancia su trabajo » (702).

[48] « o porque se dedican al comercio de metales o porque no hay jornaleros suficientes para el cultivo de la tierra » *(Ibid.).*

[49] « ...no se dedican ni los dedican sus padres a aprender ningún oficio contentándose con enseñarlos a acarrear metales o a espulgar las tierras, que vale tanto como enseñarlos a ser ociosos ».*(Ibid.).*

[50] « Mi padre (...) considerando que era viejo y pobre, quería ponerme a oficio porque decía que en todo caso más valía que fuera yo mal oficial que buen vagabundo »...(p.106).

[51] « Esta misma comparación hago entre un reino que se atiene a sus minas y otro que subsiste por la industria, agricultura y comercio...(703) » « Muchas naciones han sido y son ricas sin tener una mina de oro o plata y con su industria y trabajo saben recoger en sus senos el que se extrae de las Américas »...

In this context, the autobiographic text is the vector of an economic conception that we must illustrate. The colonel himself keeps his opinions free of moral or senequist interpretation. To fight against monetarism, he tells Periquillo, does not mean to preach the contempt for wealth.

Let's not be hypocrites, like Seneca, who at the same time praised poverty and « enjoyed big unearned incomes » (p. 705). This is why, he adds « I don't ask you to despise the wealthies ». This is when the fictive publisher finds it necessary to intervene, when he points out, as though it were indispensable : « In this way, the colonel means that he is not speaking about evangelical poverty ». This corresponds to the contents of the peroration of Periquillo's protector. « I advise you not to think that happiness lies in the wealthies but on the other hand I advise you to work in order to subsist and to look for and to be content with the middle welfare that is the best social condition for living peacefully. » (p. 706)

But, as I pointed out, the individual problem is conceived merely as the illustration of a society and nation-wide problem. Thus, the fable of *the Poor and the Rich* is only told in order to explain more clearly what is happening for Spain and its colonies.[52] Whereas England, Holland and Asia have become prosperous countries, without one single silver or gold mine « numerous politicians think that the decline of the (Spain's) industry, agriculture (...) trade, proceeds from his colonies' wealthies ». (p. 703). America's prosperity implies the rupture with the economic circuits in use, i.e., the exhaustion of the wealth of the mines from which should ensue an autarkical way of life, an autarky which should allow the development of industry, agriculture and crafts in the colonies.[53]

---

[52] « *Esta misma comparación hago entre un reino* que se atiene a sus minas y *otro* que subsiste por la industria, agricultura y comercio. Este siempre florescerá y aquél caminará a su ruina por la posta ».

[53] « la dichosa pobreza alejaría de nuestras costas las embarcaciones extranjeras que vienen enpos del oro a vendernos lo mismo que tenemos en casa » (703), « Y sus naturales, precisados por la necesidad, fomentaríamos la industria en cuantos ramos de la vida la divide el lujo o la comodidad de la vida; ésta sería bastante para que se aumentaran los labradores y artesanos, de cuyo aumento resultarían infinitos matrimonios que ahora son inútiles y vagos (...); los preciosos efectos que cuasi privativamente ofrece la Naturaleza a las Américas en abundancia tales como la grana, algodón, azúcar, cacao etc...serían otros tantos renglones riquísimos que convidarían a las naciones a entablar con ellas un ventajoso y activo comercio y finalmente un sinnúmero de circunstancias que precisamente debían enlazarse entre sí » (704).

This quotation calls for several comments.

1) The colonel describes a colonial economic circuit to which he opposes, thanks to the evocation of an autarkical organization, a future founded on an economic independence although he doesn't consider the possibility of a political rupture with Spain.[54] We may be surprised at the narrator's degree of awareness, and note the obvious contradiction between this lucid analysis of the colonial structure (even though the effects are not explicitly related to the causes) and his refusal to take a stand on insurrection,[55], whereas in his will, Periquillo's father asks his children to respect the established authorities.(p. 231)

2) It nevertheless remains true that this colonial structure is described in its perverse effects and that the narrator hopes it will be abolished.

3) Somewhere in the genetics of the text, the description of this perversity coincides with the rejection of the nobiliary ancestry and the process of transmission. This brings to light a whole chain of significances which relates several semantic trajectories to one another, and according to which the autobiographic confession merely appears as the vector of a discourse which goes beyond it. Each time this discourse emerges in the text, it seems to correspond to a semiotic whole where the problematization of the *testamentary structure* is related to anything concerning the Father-Mother and family relationships. Thus it is quite relevant that the increase in the number of marriages is what the colonel considers the first beneficial effect of what can be expected from the new economic order which he hopes for.

4) As we have just noticed, this new order is built on a three-step process :

a) the rupture with the former order

b) the autarky which enables to conquer and control its production

c) the authentic insertion in international trade and on an equal footing with its partners. This means that it is possible to go into

[54] « harían el reino y su metrópoli más ricos (...) que lo han sido desde la época de los Corteses y Pizarros »... (704).

[55] « es muy peligroso escribir sobre esto y en México en el año de 1813 »... (920).

trade providing it is done freely and with the necessary means for this freedom. Independence must not be mistaken for self government. Autonomy must be *gained*, through industry and labour before any contract may be passed. As opposed to the colonial structure which maintains the people's *passivity*, the colonel pleads for the realm of India to take its destiny in hand and gain the instruments of action. Thus I am able to notice that the conceptual opposition between *Transmission* and *Acquisition* that we noted in the will structure is lined or projects itself in another opposition, whose emergence allows us to specify the former and its field of applications, and where the conquest of the *Act* is opposed to *Passivity*.

I must now return to the autobiographic anecdote in order to show how it is articulated, more deeply in the text. In order to follow the way it is articulated, I shall resort to Gerard Mendel's most suggestive studies. Let's consider once more the quarrel between Periquillo's mother and father concerning his future. The first projects herself in the context of the former hegemonic model of the family, built on the existence of close ties [56]. She overprotects her son, hence her responsibility in the moral and material decline of the latter.[57]. Thus she extends Periquillo's dependency. (He will need other people to survive). The father's position on the matter is quite the opposite. His main concern is to make his son independent of the family[58], and of society[59].

In order to understand how far beyond the simple anecdote this quarrel is, which could hastely be considered as being a misogynous point of view, let's come back to the narrator's description of the maternal omnipotence, illustrated with the myth of Omphale. The aged Periquillo stigmatizes the castrating mother in these terms :

---

[56] « Dios no se muere; parientes tiene y padrinos que lo socorran; ricos hay en México harto piadosos que lo protejan »...(115).

[57] « Ah, lágrimas de mi madre, vertidas por su culpa y por la mía. Si a los principios, si en mi infancia, si cuando yo no era dueño absoluto de los resabios de mis pasiones, me hubiera corregido los primeros ímpetus de ellas y no me hubiera lisonjeado con sus minos, consentimientos y cariños, seguramente yo me hubiera acostumbrado a obedecerla y respetarla »...(264).

[58] « ¿qué le darán sus parientes el día que lo vean sin oficio, muerto de hambre y hecho pedazos ? »(109).

[59] « quiere proporcionarle algún arbitrio útil y honesto para que solicite su subsistencia sin sobrecargar a la república de un ocioso más »(106).

> It's good and right for the man to love his wife, and to grant her what is reasonable but not to admire her in such a way that in order to avoid offending her, he transgresses the fairness, rendering himself and his sons liable to the consequences of his unwise attachment, as it happened to me (...) don't be effeminate like this brave Hercules who (...) allowed himself to be reduced to slavery by his love for Omphale in such a way that this latter took off his lyon's fur, dressed him up as a woman, set him to spin, and even scolded him for having broken some distaff or not doing the work she had ordered him to do (...) The women know perfectly how to take advantage of this foolish passion and try to rule over such faint husbands... » (p. 117)

When the narrator internalizes the maternal imagos, the image of the *Good Mother* who fulfills all desires is turned into the image of the *Bad Mother*, almighty and capricious :

> « Then, they develop suddenly their inclinations to the dominations and every one of them is an Omphale and every one of the men a shameless queer Hercules. In this case, when the women do what they want to do, when they don't take the men into account, when they are unfaithful to them, when they give them orders, they insult them and even beat them as I often saw them to do it, they comply with their natural inclination and punish the vileness of their husbands and lovers ».(p. 117).

To my mind, this internalization of the « primary objectal relationship » explains the intratextual resort to the father's mediatory function, which alone can give the subject the means of its independence : « The paternal images », « the good paternal imago », corresponding to the Ego's ideal, is « that of a just, strong, free and benevolent father. Just means that he does not go beyond the limits of his rights : no arbitration. Strong means he has influence over things and people, without being omnipotent. Free, mainly in relation to the mother, i.e., independent of her power (See in G. Mendel, *La Révolte contre le Père*, Paris Payot 1969 p. 96). Faced with the mother's irrationality and capriciousness, Periquillo's father represents freedom, benevolence and wisdom (« He had a great experience of the world and perspicious judgment » p. 116) although he did not manage to free himself from the woman's castrating power : « but these qualities usually disappeared because he gave in to my mother's caprices » (*ibid.*)

Contrary to what we could think at first, Periquillo does not change in order to identify himself with his father, but rather with the ideal father, and indeed, the internalization of these paternal images is at the origin of the sense production.

For Gerard Mendel, these paternal images are articulated with history within the sociogenesis of the unconscious. Thus the internalization of the paternal figure, whose evolution would be conveyed by what he calls the sociocultural institutions would have built the necessary conditions for the development of Science and Technology, i.e. for the development of the means of knowledge and rational action on the environment.[22]. In these terms, the Age of Enlightment and its exalting rationality, science and technology, which is the narrator's constant reference point, would express the impact of this evolution's outcome. From this viewpoint, the subject balances his relation to Mother Nature's omnipotence by establishing new relationships built on justice, i.e., on a set of rights and duties, and on his freedom. This kind of relationship is explicitly expressed in the *P.S.* :

> « The mothers usually help the bad inclinations of their sons keeping the fathers from giving the *right punishment* » (p. 118).

> « when I'll be dead, you'll have to manage yourself and subsist *by the sweat of your brow*; you'll be destroyed if you'll *trespass against this law*... » (p. 175).

The suggestive hypothesis of the author of *La Révolte contre le Père* makes it possible to bring to full light the coincidence between these various textual realizations in which are implied :

a) economic conceptions and the critic expression of the colonial situation (*cf. supra*).

b) what we have called the *testamentary structure*

c) the problematic of the Father's identification.

These various realizations may indeed be reduced to a contradictory conceptual whole, which opposes the colonial and filial subjection--a factor of passivity where everything is granted--to the conquest of independence through the Act, which admits as only value what is gained. This long digression leads us to understand how, as symbols of Mother Nature's omnipotence, the gold and silver mines in India may be assimilated, within the text's ideological space, to domination tools, whose legacy must be rejected, which can only be a source of alienation. In the same way as free nations only may establish fair transactions between one another [60], the son, after having been freed by the father's

---

[60] « convidarían a las naciones a entablar con ellas un ventajoso y activo comercio »...(704).

mediation, may hope for a reasonably comfortable life *at the expense* of his own efforts and labor. Thus we notice, that, whichever the viewpoint, the outcome is always the notion of a *contract*, a notion which is to be found in all individual and liberal 'thoughts and which always implies the autonomy of will (here, that of the colonies opposed to the *mother* country portrayed as a *castrating* mother).

The expression in the text of the *Periquillo Sarniento* of the liberal theories implies the mediation of the French physiocrats and Adam Smith. We would now study the *discursive marks* of this mediation. (antimercantilism, abolition of the obstacles hindering trade, exposure of the drawbacks due to the acquisition of colonies, exalting of individualism...).

Acknowledgments

Benítez-Rojo, Antonio. "Bartolomé de Las Casas: entre el infierno y la ficción." *Modern Language Notes* 103 (1988): 259–88. Reprinted with the permission of Johns Hopkins University Press.

Dowling, Lee H. "Story vs. Discourse in the Chronicle of the Indies: Alvar Núñez Cabeza de Vaca's *Relación*." *Hispanic Journal* 5 (1984): 89–99. Reprinted with the permission of *Hispanic Journal*.

Molloy, Sylvia. "Alteridad y reconocimiento en los *Naufragios* de Alvar Núñez Cabeza de Vaca." *Nueva revista de filología hispánica* 35 (1987): 425–49. Reprinted with the permission of Colegio de Mexico.

Carreño, Antonio. "*Naufragios,* de Alvar Núñez Cabeza de Vaca: una retórica de la crónica colonial." *Revista iberoamericana* 53: 140 (1987): 499–516. Reprinted with the permission of the International Institute of Ibero–American Literature.

Cascardi, Anthony J. "Chronicle Toward Novel: Bernal Díaz' History of the Conquest of Mexico." *Novel: A Forum on Fiction* 15 (1982): 197–212. Copyright NOVEL Corp. Copyright 1982. Reprinted with permission.

Brody, Robert. "Bernal's Strategies." *Hispanic Review* 55 (1987): 323–36. Reprinted with the permission of *Hispanic Review*.

Boruchoff, David A. "Beyond Utopia and Paradise: Cortés, Bernal Díaz and the Rhetoric of Consecration." *Modern Language Notes* 106 (1991): 330–69. Reprinted with the permission of Johns Hopkins University Press.

Johnson, Julie Greer. "Bernal Díaz and the Women of the Conquest." *Hispanofila* 28: 82 (1984): 67–77. Reprinted with the permission of *Hispanofila*.

Zamora, Margarita. "Language and Authority in the *Comentarios reales*." *Modern Language Quarterly* 43 (1982): 228–41. Reprinted with the permission of *Modern Language Quarterly*.

Chang-Rodríguez, Raquel. "Coloniaje y conciencia nacional: Garcilaso de la Vega Inca y Felipe Guamán Poma de Ayala." *Cahiers du monde hispanique et luso–Brésilien* (Caravelle) 38 (1982): 29–43. Reprinted with the permission of Institut d'études hispaniques.

Ortega, Julio. "Garcilaso y el modelo de la nueva cultura." *Nueva revista de filología hispánica* 40, no.1 (1992): 199–215. Reprinted with the permission of Colegéo de Mexico.

Lerner, Isaías. "América y la poesía épica áurea: la versión de Ercilla." *Edad de Oro* 10 (1991): 425–40. Reprinted with the permission of Ediciones de la Universidad Autónoma de Madrid.

Perelmuter-Pérez, Rosa. "El paisaje idealizado en *La Araucana*." *Hispanic Review* 54 (1986): 129–46. Reprinted with the permission of *Hispanic Review*.

Arrom, José Juan. "Carlos de Sigüenza y Góngora: relectura criolla de los *Infortunios de Alonso Ramírez*." *Thesaurus* 42 (1987): 23–46. Reprinted with the permission of Instituto Caro y Cuervo.

Schons, Dorothy. "Some Obscure Points in the Life of Sor Juana Inés de la Cruz." *Modern Philology* 24 (1926): 141–62. Reprinted with the permission of the University of Chicago Press. ©1926 University of Chicago Press.

Scott, Nina M. "Sor Juana Inés de la Cruz: 'Let Your Women Keep Silence in the Churches...'" *Women's Studies International Forum* 8 (1985): 511–19. Reprinted with the permission of Elsevier Science Ltd.

Martínez San-Miguel, Yolanda. "Engendrando el sujeto femenino del saber o las estrategias para la construcción de una conciencia epistemológica colonial en Sor Juana." *Revista de crítica literaria latinoamericana* 20: 40 (1994): 259–80. Reprinted with the permission of *Revista de crítica literaria latinoamericana*.

Perelmuter-Perez, Rosa. "La estructura retórica de la *Respuesta a Sor Filotea*." *Hispanic Review* 51 (1983): 147–58. Reprinted with the permission of *Hispanic Review*.

Sábat Mercadé, Georgina. "A propósito de Sor Juana Inés de la Cruz: tradición poética del tema 'Sueño' en España." *Modern Language Notes* 84 (1969): 171–95. Reprinted with the permission of Johns Hopkins University Press.

Luciani, Frederick. "The Burlesque Sonnets of Sor Juana Inés de la Cruz." *Hispanic Journal* 8 (1986): 85–95. Reprinted with the permission of *Hispanic Journal*.

Luciani, Frederick. "Juan del Valle y Caviedes: *el amor médico*." *Bulletin of Hispanic Studies* 64 (1987): 337–48. Reprinted with the permission of the *Bulletin of Hispanic Studies*.

Ocasio, Rafael. "*El Lazarillo de ciegos caminantes*, una visión de la organización social en el mundo Virreinal." *Cuadernos americanos* 261, no.4 (1985): 170–83. Reprinted with the permission of the Universidad Autonoma de Mexico.

Cros, Edmund. "The Values of Liberalism in *El Periquillo Sarniento*." Translated by Hélène Baïssus. *Sociocriticism* 2 (1985): 85–109. Reprinted with the permission of *Sociocriticism*.